Rudolf Wötzel
Über die Berge zu mir selbst

Rudolf Wötzel

Über die Berge zu mir selbst

Ein Banker steigt aus
und wagt ein neues Leben

INTEGRAL

Für meine Familie

FSC
Mix
Produktgruppe aus vorbildlich
bewirtschafteten Wäldern und
anderen kontrollierten Herkünften
Zert.-Nr. SGS-COC-1940
www.fsc.org
© 1996 Forest Stewardship Council

Verlagsgruppe Random House FSC-DEU-0100
Das für dieses Buch verwendete FSC-zertifizierte Papier *Munken Premium Cream* liefert Arctic Paper Munkedals AB, Schweden.

Integral Verlag
Integral ist ein Verlag der Verlagsgruppe Random House GmbH.

ISBN 978-3-7787-9208-7

Erste Auflage 2009
Copyright © 2009 by Integral Verlag, München,
in der Verlagsgruppe Random House GmbH
Alle Rechte sind vorbehalten. Printed in Germany.
Karten-Abbildungen: Graf Illustration, Berlin
Fotos (bis auf S. 13 und S. 28): © Rudolf Wötzel
Einbandgestaltung: Guter Punkt GmbH & Co. KG, München,
unter Verwendung einer Abbildung von © For Alexanda/Shutterstock
Gesetzt aus der Stone Serif bei Buch-Werkstatt GmbH, Bad Aibling
Druck und Bindung: GGP Media GmbH, Pößneck

Inhalt

Ausbruch und Aufbruch   9

Die Mauer   59

Klimax und Demut   197

Ende und Anfang   389

SALZBURG – GROSSGLOCKNER

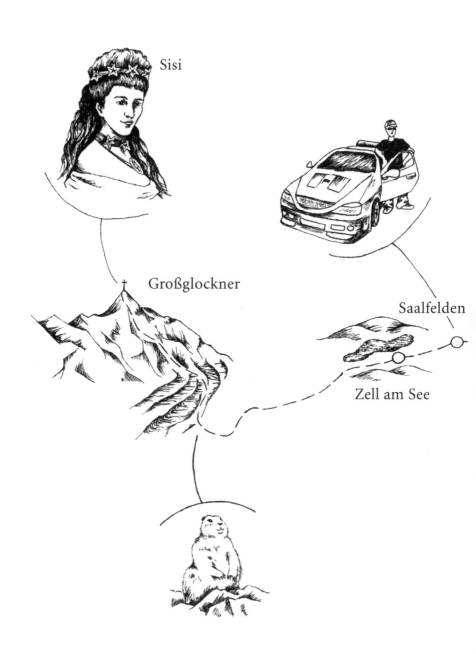

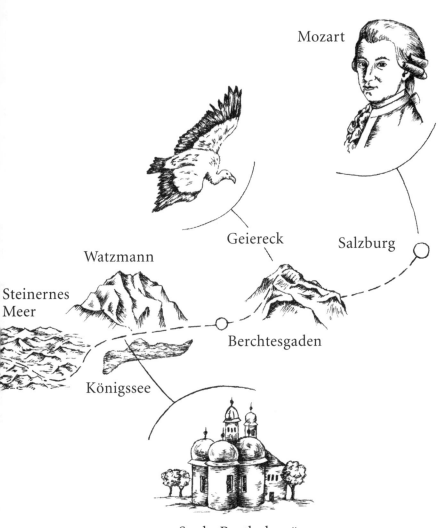

Ausbruch und Aufbruch

Von Salzburg zum Großglockner
1. bis 10. Etappe,
22. Mai bis 5. Juni 2007

Herr W. *stand am Fenster seines Frankfurter Büros an der Fressgasse und blickte auf die Passanten unter ihm in der Fußgängerzone. Leichter Nieselregen fiel, die Menschen hatten es eilig.* Herrn W., Managing Director *und Chef des Bereichs* Mergers & Acquisitions *einer global agierenden Investmentbank, bereitete es Mühe, sich auf seine Arbeit zu konzentrieren. Denn etwas Störendes hatte sich in seinem Kopf eingenistet. Erst war es nur ein flüchtiger Gedanke gewesen, der vor einigen Wochen aus dem Nichts auftauchte und zunächst wieder verschwunden war. Doch der Gedanke kehrte zurück, zaghaft zunächst, dann wieder und wieder, in immer kürzeren Abständen. Er forderte, weitergedacht, präzisiert zu werden. Er übernahm unaufhaltsam eine Hauptrolle im inneren Dialog W.'s. Inzwischen war der Gedanke zur Idee, war die Idee zur Vision geworden, ein permanenter,* überaus hartnäckiger Begleiter. Ein Virus, das allmählich alle Fasern des Bewusstseins befallen hatte. W. nahm seinen Regenschirm, verließ das Büro und ging hinüber in die große Buchhandlung. Er kaufte eine Landkarte, die erste von vielen. Region Salzburger Land. Die Inkubationszeit war vorbei. Das Virus war ausgebrochen.

Die Reifen knirschen im Kies, als das Taxi auf den Parkplatz vor den Toren Salzburgs rollt. Der Wagen hält unter dem schattigen Blätterdach einer alten Kastanie. Ich zahle und steige aus. Die ersten Eindrücke meines neuen Lebens sind elementare sinnliche Erfahrungen, wie die schüchternen Atemzüge eines Neugeborenen: vorsichtig prüfende Schritte, das Abrollen der weichen Gummisohle meiner brandneuen Wanderschuhe, das geschwätzige Mahlen der Steinchen unter meinen Füßen im Ohr. Ich schnuppere das frische Grün des Laubwaldes. Es ist Frühling, fast Sommer schon, im beschaulichen Salzburger Land. Eindrücke, die sich in meinem Gedächtnis einprägen wie Fußabdrücke im frischen Ton. Ich atme die Erwartung des kommenden halben Jahres ein: Unbeschwertheit und Freiheit, Fülle an Zeit. Die Ahnung von Gefahr und Abenteuer. Ich habe ein komisches Gefühl im Bauch. Drehe mich um und blicke noch einmal zurück. Das Taxi ist weggefahren.

So fühlt sich das also an. Der Beginn meiner langen Wanderung zu mir selbst. Mit dem Taxi ist das letzte sichtbare Verbindungsglied zur alten Welt verschwunden. Es muss ein eingespielter Reflex gewesen sein, dass ich mich heute in ein Taxi setzte, um an diesen Punkt zu gelangen.

Oder habe ich es getan, um jetzt den ersten Schritt ins Unbekannte noch abrupter zu setzen, um ihn auf möglichst klare Weise unumkehrbar zu gestalten? Früher wäre ich direkt aus dem Taxi womöglich in die Vorstandsetage eines DAX-Konzerns gehetzt – nervös, unausgeschlafen und verschwitzt, mit Präsentationen unter dem Arm. Um einen hochwichtigen Termin mit einem hochwichtigen Vorstand wahrzunehmen. Oder ich hätte mich an einem Fünf-Sterne-Hotel vorfahren lassen. Hätte der Rezeptionistin eingeschärft, eingehende Faxe umgehend auf mein Zimmer bringen zu lassen. Vielleicht hätte ich eine halbe Minute routiniert mit ihr geflirtet, während der Boy mein Gepäck versorgte. Alles gewesen, alles vorbei. Das alte Leben endet lakonisch mit dem Zuschlagen einer Autotür.

Glücklich hatte mich dieses Leben schon lange nicht mehr gemacht, doch es war vertraut, alles lief glatt. Und ich wusste ja nicht so recht, was ich sonst machen sollte. Nun stehe ich hier, am Saum eines Waldes, der bereit ist, mich in sich aufzunehmen mit seiner Kühle. Alles, was ich in den nächsten Monaten zu meiner Verfügung haben werde, trage ich in einem Rucksack auf dem Rücken. Um mich herum ist nur noch Natur. Und Stille. Mein Herz klopft.

Beflissen, wie zur Ablenkung, nestle ich an den Riemen, um mir das ungewohnte Gewicht auf den Schultern etwas angenehmer zu machen. Klar, ich habe mein neues Leben bis ins letzte Detail durchgeplant, aber eben nur vom Schreibtisch aus. Nun ist es Wirklichkeit geworden! Von einem Augenblick auf den nächsten, wie mir scheint. Ich bin zutiefst überrascht. Und habe doch so ein vages Gefühl, nicht einfach nur abgereist zu sein. Ankommen, endlich.

Meine erste Lektion: Das Leben auf der Straße spielt sich nicht im Kopf ab, sondern vor deinen Füßen: Ein Räuspern lässt mich aus meinen Gedanken auffahren.

»Jo Servus, Rudi! Aufi geht's aufm Berg!«

Ich wende mich um und schaue in die unternehmungslustig blitzenden Augen von Onkel Simon. Ein paar Schritte hinter dem Parkplatz wartete er bereits auf mich. Vorgestern habe ich ihn in seinem Bauernhaus nahe Salzburg besucht und ihm von meinem Projekt erzählt.

»Jo mei, der Rudi, jetzt lauft der einfach nach Nizza! Bist scho a Sauhund!«

»Simon, warum kimmst ned einfach mit auf d'erschtn Etappen?«

Meine spontane Einladung erfolgte nicht ganz ohne Hintergedanken. Aber ist es nicht verständlich, sich eine vertraute Seele als Fährmann ins Unbekannte zu wünschen? Jemanden, der mein Ego notfalls wieder aufbauen könnte, falls mich doch im letzten Moment der Mut verlassen sollte. Und ... jemanden, der gewiss nicht zu schnell den Berg hinaufläuft. Onkel Simon ist einfach ideal als seelische Hebamme. Eben der sympathische Archetyp eines kernigen und naturverbundenen Urbayern.

»Guade Idee, i bin dabei!«

Das war gestern. Noch nie war ich so froh, ihn neben mir zu sehen, wie gerade in diesem Moment!

Unsere gemeinsame Tour – von mir natürlich akribisch bis ins Letzte geplant – führt uns in die Voralpen. Auf waldbedeckte, in ihrer rundlichen Massigkeit mir auf willkommene Weise harmlos erscheinende Gebirgszüge aus karstigem, grauem Kalkgestein. Die idealen Aufbaugegner für den kommenden Gipfelstürmer! Eine dieser Bergketten ist der Hochthron. Aber wenn man direkt davor steht, erhebt er sich doch ziemlich unvermittelt und steil aus der saftiggrünen Ebene. Eine dumpfe Vorahnung luftiger Höhen, die mich noch vor ganz andere Herausforderungen stellen werden, befällt mich. Weg mit solchen Gedanken – es gilt, meine neuen Schuhe einzulaufen und ganz entspannt das Hier und Jetzt zu genießen. Am nördlichen Fuß verläuft der Dopplersteig, hinauf zum Zeppezauer Haus. Ich fühle mich großartig und knipse die ersten Fotos für meinen Blog. Freunde und Kollegen über meine Fortschritte auf dem Laufenden zu halten ist cool. Hmmm … vielleicht sollte ich es doch nicht gleich ins Internet stellen, dass ich mein großes Abenteuer in einem Taxi und in Begleitung meines Lieblingsonkels beginne.

Das vom österreichischen Alpenverein im Jahr 1914 errichtete Zeppezauer Haus am Untersberg (Salzburg). (© Roland Kals)

Herr W. ging nun regelmäßig in den Buchladen. Jede Woche mindestens einmal. Um die neuen Informationen effizient zu verarbeiten, entwickelte er ein Ritual der Gewöhnung, was sowieso eine seiner Spezialitäten war: Zuerst studierte er genau die Karte, die er vergangene Woche bestellt hatte und die nun geliefert worden war. Er legte eine Route fest und bestimmte, wo diese Route anschließend eine Fortsetzung finden sollte. Dann bestellte er die entsprechende nächste Karte. In den folgenden Tagen und Wochen berechnete er Laufzeit, Aufstiegshöhe und Etappenlänge, wählte Unterkünfte und stellte wichtige logistische Informationen zusammen. Herr W. schöpfte dabei aus der gesammelten Erfahrung seines beruflichen Erfolgsweges: sauber recherchieren, relevante Quellen identifizieren, Fakten zusammentragen und ordnen, klare logische Strukturen schaffen. Er arbeitete mit dem Excel-Tabellenprogramm und fertigte präzise Dokumentationen an. W. war davon besessen, die Route weiterzuentwickeln und die »Ideallinie« vom Fuß des ersten Berges bis zum Mittelmeer zu finden. Jeder Besuch in der Buchhandlung bewirkte einen Fieberschub, der ihn anstachelte, die Planung wieder ein paar Kilometer voranzutreiben. Wie bei einem Tunneldurchstich bohrte er den Stollen immer weiter in unbekanntes Gelände, in der Hoffnung, eines Tages an der gewünschten Stelle ins Sonnenlicht zu gelangen. Und im Laufe einiger Monate entstand ein exakter Plan, eine Blaupause für die Durchquerung der Alpen zu Fuß. Von Ost nach West, von Salzburg bis Nizza.

Die Alpen – zum Himmel strebende Sehnsuchtslandschaft. Der Atlas zeigt das höchste Gebirge Europas als einen weit nach Norden hin ausgreifenden Bogen von der Adria zum Golf von Genua, von der Region um Triest bis in die Provence. In über 100 Millionen Jahren entstanden die Alpen in einem unumkehrbaren Lebensprozess, als Faltungen im Gesicht der Erde. Wie das *versteinerte Skelett eines Saurierriesen liegen sie da. Ihr Hauptkamm bildet das Rückgrat, gewaltige Gipfel seine Wirbel, ausladende Gebirgszüge die Rippen. Und das war der Plan von W.: An dieser Wirbelsäule Europas wollte er sich fortbewegen, bis exakt zu der Stelle, wo die Landmassen ins Meer abtauchen. Bis zum Steißbein des Kontinents gleichsam.*

Im Hochwald steigen wir auf. Schwül ist es hier, ein Gewitter zieht heran – und an uns vorbei. Nur ein paar fette Tropfen zerplatzen mit leerer Drohung auf dem Boden und bilden winzige Krater im Sand. Wir passieren die Baumgrenze. Da ist der Dopplersteig. Er windet sich über schmale, in den nackten Stein geschlagene Stufen hinauf in aufragende, überhängende Felsrippen. Na, immerhin ist er mit Stahlseilen gesichert. Kurz danach befinden wir uns in einem lichten Latschenfeld. Nach konzentriertem Aufstieg im immer steileren Fels spazieren wir das letzte Stück zu unserem Ziel auf weichem Waldboden. Neben der Hütte setzen wir uns nieder, auf einer prächtigen Wiese, in der milden Maisonne. Als großer grüner Fächer breitet sich das Voralpenland vom Chiemsee bis zum Salzburger Land vor uns aus. Namen von Seen, Flüssen, Bergen, Ortschaften, Straßen kommen uns spontan in den Sinn. Heiter und redselig ordnen wir das Landschaftspuzzle bei einem kühlen Glas Weißbier und Onkels selbst geräuchertem Schinken. Bis sich die Abendsonne rötlich färbt und im dunstigen Horizont in den Chiemsee sinkt.

Wie schnell es kühl wird hier draußen! Dankbar beziehen wir unser Nachtquartier. Es ist keineswegs meine erste Nacht in den Bergen, als Kind bin ich mit meinem Vater oft und relativ weit hoch gewandert. Doch jetzt ist alles anders! Ich komme mir vor wie ein kleiner Junge, der ein Spielzeug erhält, das er noch nicht recht zu benutzen versteht. Das kleine Zimmer mit den eingebauten Schlafnischen, den karierten Bettbezügen und dem kleinen Fensterchen, es gleicht einer Puppenstube: Alles ist ordentlich und niedlich, und es duftet nach der Kühle des Bergwalds. Erinnerungen an die unkomplizierte und heitere Seite meiner Kindheit werden wach. Und doch scheint es seltsam unwirklich, dieses Idyll.

Mein Wunsch nach innerem Frieden und Geborgenheit hätte keine bessere Projektionsfläche vor meinen Augen erschaffen können. Dies ist der radikale Gegenentwurf zum Designer-Hotel mit üppig gefüllter Minibar, 24-Stunden-Room-Service, Wireless-LAN-Zugang, Flachbildschirm und Marmorbad. Ein Punkt für mein neues Leben in meinem inneren Logbuch!

Abends wärmt uns die Behaglichkeit der Stube. Ihre Wände sind mit dunklem Holz getäfelt, die alten, glatt polierten Holzbohlen knarzen, und aus der Küche duftet es nach zünftigem Abendessen. Ein schwarzer Hirtenhund trottet herein und legt sich neben den Ofen. Monika, die Hüttenwirtin, setzt sich zu uns an den Tisch.

»Buam, Ihr miasts wos Gscheits essn, damits Kraft hobts morgn! Wo gehtsn hi, eas zwoa?«

Unbefangen sprudelt es aus mir heraus: »Also, der Simon, der fährt wieder heim, ich laufe noch ein wenig weiter bis nach Nizza.«

Uuups – da ist es gesagt. Von einem Moment auf den anderen habe ich einen Kloß im Hals. Doch hinter diese Ansage komme ich nicht mehr zurück – und sie erweist sich als idealer Einstieg in ein anregendes Gespräch.

»Was, bis nach Nizza! Des is ja der Wahnsinn! Wia bistn auf die Idee kemma? Du, do muasst mir oba echt a Koartn schreibn vom Meer!« Der Kommunikations-Stratege in mir erkennt sofort: Ein einziger Satz nur, aber er wird mir noch so manche Tür öffnen. Nun sind bei Monika die Schleusen geöffnet. Wir hören ihre persönliche Geschichte. Lange hat sie für andere gearbeitet, in allen möglichen Bereichen der Gastronomie. Immer schon wollte sie ihre eigene Wirtschaft. Heute ist ihr erster Tag als Hüttenwirtin! Eine fröhliche Person, die bei allem, was sie sagt und tut, Herzenswärme ausstrahlt. Eine gute Gastgeberin. Sie wünscht uns einen schönen Abend und geht weiter zum Tisch nebenan, wo zwei junge Geologen sitzen. Unweit von hier liegt eine Eishöhle, die sie in den kommenden Tagen erforschen und kartieren wollen. Mit wahrer Inbrunst sprechen sie von Dolomit, Stalaktit, Stalagmit und Stalagnat. Die Alpen, das Objekt von Begierden und Leidenschaften höchst unterschiedlicher Art. Wo werde ich meine Bereitschaft zur Hingabe finden? Werde ich die Vergangenheit loslassen können?

Der Genuss von Weißbier, Presskäse und Sauerkraut löst die Zunge. Onkel Simon und ich schwelgen in Erinnerungen. Seit Jahrzehnten haben wir ein freundliches, aber eher verwandtschaftlich-rituelles Verhältnis zueinander. Mein Onkel eben. Heute wird das endlich anders. Er blüht förmlich auf. Ich sehe, wie seine Augen vor Begeisterung leuchten. Und ich habe gespürt, welche Energien er beim Aufstieg freisetzte. Jetzt sitzen wir als Freunde nebeneinander, fast wie zwei Komplizen, die sich an vertraulichen Abenteuern ergötzen.

Ein guter erster Tag endet in frisch duftenden, flauschigen Bettdecken. Ich bin felsenfest überzeugt, die richtige

Entscheidung getroffen zu haben. In unserem zehn Quadratmeter großen Zimmerchen schlafe ich mit dem Gefühl ein, den Schlüssel für ein Königreich in den Händen zu halten. Ich muss ihn nur noch umdrehen.

Der Tag, an dem Herr W. das letzte Puzzleteil in seinen Plan einfügte, die Etappe hinunter nach Nizza, ans Meer, war ein Tag wie jeder andere, und doch sollte W. sich später deutlich an jeden einzelnen Moment erinnern. Eine der Teamassistentinnen kam freudestrahlend mit seinem Blackberry in der Hand in sein Büro. Wieder einmal hatte W. das Gerät irgendwo liegen lassen, und ihr war es nach stundenlangem Telefonieren mit Flughafenverwaltung, Hotelmanagern und Taxiunternehmern gelungen, das kostbare Stück wieder zu erlangen. W. war so vertieft in die Planung der letzten Kilometer hinunter zum Meer, dass er sie zunächst gar nicht bemerkte und nur ein gedankenverlorenes »Danke« murmelte.

Als sie enttäuscht das Büro verlassen hatte, schloss W. das Dossier und verstaute es in seinen Unterlagen. Er gab seinem Projekt einen Codenamen: »Hannibal«. Das war W.'s Arbeitsstil, über Jahre erprobt und eingeschliffen, und dieser Stil hatte auch der Planung der Alpendurchquerung seinen Stempel aufgedrückt. Es lag für W. eine sichtliche Befriedigung darin, das Projekt als intellektuelle Übung anzugehen. Er war stolz, eine individuelle Route durch das höchste Gebirge des Kontinents entwickelt zu haben und nicht einfach einem Plan zu folgen, den andere ausgearbeitet hatten und der keinen Platz für individuelle Gestaltung ließ. Sein eigener Weg, seine eigene Kreation.

Die Umsetzung des Konzepts erschien W. damit schon fast

zweitrangig und in ferner Zukunft zu liegen. Doch es sollte anders kommen. Die Vision entwickelte eine subversive Sprengkraft, unterminierte seinen Arbeitswillen. Der erste Dominostein war gefallen. Er war nicht mehr derselbe. Schon wenige Wochen später sah sich W. ohne Anstellung. Er hatte seinen lukrativen Job bei der Bank selbst gekündigt, ansatzlos und völlig überraschend für sein persönliches Umfeld. 40 Jahre Kontinuität im Leben des W. waren gebrochen, abgerissen wie das letzte Kalenderblatt eines abgelaufenen Jahres. W. war frei.

Nach einem kernigen Frühstück geht's im kühlen Morgendunst hinaus. Wir wollen aufs Geiereck – der erste »Gipfel« meines großen Abenteuers. Nicht, dass Hannibal stolz auf mich sein müsste, wenn wir denn oben sein werden. Der Aufstieg führt durch ein Feld Latschenkiefern hindurch, die sich an das karge Kalkgestein schmiegen, und dauert gerade mal eine halbe Stunde. Dabei hat dieser Berg seinen Namen redlich verdient, tatsächlich sehen wir einmal ein paar Geier über uns kreisen. Ob die uns mit feinem Gespür als Kandidaten für ihre nächste Mahlzeit ausfindig gemacht haben? Na, wir bleiben jedenfalls auf sicherer Distanz zueinander.

»Bergheil, Simon!«

»Rudi, wann i no amoi so oid wia du wär, dann dat i mitkemma, bis nach Nizza!«

Wir umarmen uns, ich knipse noch ein Gipfelfoto.

Unweit des Gipfels liegt die Bergstation der Seilbahn. Mit ihr will Onkel Simon wieder ins Tal. Auf einem menschenleeren Plateau nehmen wir Abschied voneinander.

»Rudi, des war so schee mit dir! Pass guat auf di auf! Dei Muater ko stoiz sei auf di! Pfiad di God!« Simon verdrückt eine Träne, wendet sich um und geht langsam zur Seilbahn. Ich bin selbst ein wenig wehmütig. Langsam verschwinden seine Umrisse im Dunst. Keine Sentimentalität! Ich marschiere jetzt nach Berchtesgaden, auf einem Höhenweg über den Salzburger und dann über den Berchtesgadener Hochthron.

Da ist es also soweit: Ich bin wirklich allein, das erste Mal allein unterwegs in der Wildnis. Na ja, wenigstens in freier Natur. Was mir jetzt auffällt, ist diese bleierne Stille. Diese äußerste Monotonie des Nebels. Hier gibt es keinerlei Ablenkung. Dafür umso mehr unkontrollierbare Gedanken im Kopf. Zum Kuckuck – was mache ich hier eigentlich? Auf einmal komme ich mir ziemlich bescheuert vor. Und das soll monatelang auf diese Weise weitergehen? Wie soll ich das aushalten – diese reizlose Einsamkeit? Und das sind nur die ersten zarten Kilometer einer 2000-km-Wanderung, das ist ja Wahnsinn! Um nicht völlig durchzudrehen, konzentriere ich mich auf meine Schritte und versuche alle Gedanken einfach zu verdrängen.

»Erstmal easy, Rom ist auch nicht an einem Tag erbaut worden!« So versuche ich mich zu motivieren.

Trüber Nebel hängt zäh in den sattgrünen Latschenkiefern. Ein feiner Wasserfilm überzieht das alpine Gestein allüberall, schwarzgraue Kalkfelsen, die mir plötzlich überaus mächtig und bedrohlich vorkommen, obwohl sie doch höchstens als kleinere Geschwister jener himmelhohen Berge gelten dürften, die mich in den kommenden Wochen und Monaten erwarten. Der Weg ist glitschig, ich muss meine Schritte behutsam setzen. Nieselregen setzt ein, der Nebel verdichtet sich zu einem Meer aus nasser, leichtester

Watte, die alle Geräusche zu ersticken scheint. Stumm grüßend ragen hier und dort ein paar Zweige oder Felsen aus einer Lücke im Dunst. Ich komme mir vor wie ein Geisterschiff, das durch die gespenstische Kulisse eines verlassenen Planeten gleitet, ohne dass der Kapitän wüsste, was das Ziel ist. Kein atmendes Wesen weit und breit. Nur ein paar Gämsen sehe ich irgendwann, aber auch sie stehen nur starr und apathisch auf einem Schneefeld.

Der Rucksack lastet schwer auf meinen ungeübten Schultern. Um den Druck zu mindern, verstelle ich im Fünf-Minuten-Takt die Riemen an Brust, Bauch und Schultern. Das gibt mir etwas zu tun, hilft aber nur wenig. Jeder Schritt ist mühsam und kostet Überwindung. Und langsam sickert er ein, der Zweifel, ein gänzlich ungebetener innerer Gast: Alpendurchquerung zu Fuß, was für ein hirnrissiges Unternehmen! Der Junge hat stolz seine Sandburg gebaut, und schon die erste Welle spült alles weg. So fühle ich mich. Und rutsche prompt aus, pralle hart mit dem Knöchel an eine dieser allgegenwärtigen Gesteinsecken. Auch das noch! Das Gelenk schmerzt höllisch, mir wird speiübel. Ist meine Expedition bereits jetzt zu Ende? Das kann doch nicht sein! Humpelnd und in mich hinein fluchend tapere ich voran. Fühle mich nur noch elend und einsam.

Wie ein geschlagener Hund schleppe ich mich auf den Salzburger Hochthron. Ganze 1852 Meter hoch, ein Alpenwinzling! Wie soll ich denn da jemals die Viertausender packen, wenn ich jetzt schon fast kollabiere?

»Lass die Truppe rasten!«

Ah, Hannibal meldet sich zu Wort. Schön, dass ich nicht ganz allein bin. Sich zu stärken, das kann nicht schaden. Simon füllte meinen Rucksack mit Kostbarkeiten bayerischer Brotzeitkunst: krustiges selbstgebackenes Brot, Schinken aus der Hausräucherei, Tomaten aus Eigenanbau. Die Früchte seiner Arbeit schenken mir ein mentales Zwischenhoch, ausreichend, um in Wanderlaune den Berchtesgadener Hochthron zu erklimmen. Brotzeit, Teil zwei, diesmal der Apfelkuchen von Tante Brigitte. Wenigstens kulinarisch ist der Übergang ins neue Leben angenehm. Aber jetzt der erste Schritt bergab, stechender Schmerz an der Prellung. Abermals setzt Nieselregen ein. Na prima! Der Wettergott will es sich wohl nicht nehmen lassen, mir gleich von Anfang an zu zeigen, wer von uns beiden der Stärkere ist. Um nicht ein weiteres Mal zu stürzen und um die inzwischen ebenfalls schmerzenden Kniegelenke zu schonen, tipple ich im Zeitlupentempo hinunter. Ein anderer Wanderer überholt mich. War das etwa ein aufmunternder Blick, so von Kollege zu Kollege? Ich glaub's nicht! Diesen Gesichtsausdruck kenne ich nur zu genau: In vordergründiges Mitgefühl mischt sich gönnerhafte Überheblichkeit – ich der Schlaue, du der Trottel. So habe ich noch vor kurzem meine Junior-Analysten gemustert, wenn sie eine Arbeit ablieferten, die ich am liebsten direkt in den Papierkorb befördert hätte. Doch jetzt habe ich weder die Zeit noch die Nerven für Vergangenheitsbewältigung. Ich beschließe, die dünkelhafte Botschaft einfach zu ignorieren. Hab genug mit mir selber zu tun.

Endlich im Tal, aber immer noch Kilometer vom Etappenziel entfernt. Der Wettergott setzt noch eins drauf mit seinem Erziehungsprogramm und lässt ein schweres Gewitter krachend über mich hinweg rollen. Es gießt wie aus Kübeln. Ich muss mich mit äußerster Mühe des Drangs erwehren, den Rest der Strecke nach Berchtesgaden per Anhalter zu bewältigen. Doch mein Trotz siegt.

Ich habe schließlich meine Projekt-Prinzipien! Kein Auto, keine Bahn, kein Sessellift – jeder Meter der Strecke *muss* zu Fuß absolviert werden. Und eine preußische Disziplin habe ich auch, obwohl ich geborener Bayer bin. Bei strömendem Regen, im dürftigen Licht zuckender Blitze, bis auf die Haut durchnässt und völlig am Ende meiner Kräfte schleiche ich mich in Berchtesgaden ein. Meine Instinkte im Erspüren angemessener Kost und Logis, geschärft durch viele Jahre des Herumzigeunerns im Auftrag der internationalen Geschäftswelt, sind – gottlob! – noch intakt. Mit geübtem Blick mache ich ein zünftiges Wirtshaus aus. Erstmal absitzen!

Ausgeprägter Vollkörperschmerz, der Rucksack trieft und wiegt wohl noch ein paar Kilo mehr. Eine einzige taktische Maßnahme habe ich noch im Köcher, und sie wird jetzt unfehlbar zum Erfolg führen: Ich bestelle Schweinebraten und Weißbier. An diesem Labsal wird mir das charakteristische Potenzial der gutbürgerlichen Küche meiner Heimat wieder einmal bewusst: kein filigraner Gaumenkitzel, zugegeben, aber schier unerreicht als Energiespender, Antidepressivum und Seelentröster. Das Erhoffte tritt prompt ein. Meine Lebensgeister kehren zurück.

Noch beim Kauen und Schlucken meldet sich allerdings auch der unangenehme mentale Nager, genannt Selbstzweifel, wieder zurück und schlägt seine scharfen Zähnchen in mein bräsiges Wohlgefühl. Schaffe ich das? Ist ein Banker mit Wohlstandsbauch und Seelentief einer solchen körperlichen Herausforderung überhaupt gewachsen? Kann ich mich schnell genug regenerieren oder werden die körperlichen Beschwerden in einer Katastrophe kulminieren? Möglicherweise breche ich am nächsten Tag einfach zusammen! Soll ich umkehren? So nagt und nagt der ungebetene innere

Gast immer weiter an meinem Selbstbewusstsein. Aber da ertönt noch eine andere Stimme in mir, und sie wird immer lauter, obwohl ich jetzt langsam so müde werde, dass ich am liebsten gleich hier in der Gaststube einschlafen würde, trotz pitschnasser Kleidung. Hier spricht mein Freund Hannibal:

»Jetzt reiß dich verdammt nochmal am Riemen! Ich kann dein Greinen nicht ertragen. Ich dachte, du bist der strahlende Held, der dynamisch in die Welt hinauszieht! Immerhin hast du dein Projekt, wie gewohnt, an die große Glocke gehängt! Stell dir nur mal das süffisante Grinsen deiner ehemaligen Kollegen vor, wenn sie von deiner Pleite erfahren. Und dein blödes Gesicht und hilfloses Gestammel, wenn du kleinlaut, im Anzug und mit Krawatte, wieder bei ihnen auftauchen müsstest, um erneut dort anzufangen, wo du gerade erst aufgehört hast.«

»Okay, okay, Hanni, hast ja recht, ich gebe nicht auf! Aber lass mich jetzt mal ausruhen. Bitte!«

Ich beschließe, erst einmal hier zu bleiben. Ich werde die beiden nächsten Tage in Berchtesgaden verbringen. Wer hetzt mich denn? Hannibal hat bestimmt auch länger gebraucht, über die Alpen zu kommen, als er es sich in Afrika träumen ließ. Und lieber will ich etwas Zeit und Geld in körperliche und seelische Wiederaufbauarbeit investieren, als sehenden Auges in den Untergang zu laufen. Ich werde mir eine Massage gönnen. Die hiesigen Physiotherapeuten haben sich doch ohnehin auf die Behandlung einer Klientel spezialisiert, die meinem aktuell gefühlten Alter entspricht: Leute mit Hüftleiden, Osteoporose, Bandscheibenvorfällen.

Eine Wohltat, sich von einer jungen Physiotherapeutin die Waden kneten und die verkrampfte Oberschenkelmuskulatur lockern zu lassen. Ihr Blick bleibt vage bis zweifelnd, als ich ihr von meinem weiteren Marschprogramm erzähle. Eine höfliche Frau! Ich bin auch viel zu kaputt, um charmant rüberzukommen, und schweige jetzt lieber. Was mochte Alpenheld Hannibal zu seiner Masseurin gesagt haben, als sie seine geschundenen Füße knetete? Immerhin: Der Duft der frischen weißen Laken und des würzigen Massageöls suggeriert mir so etwas wie schnelle Heilung für meine lädierten Beine, sodass ich mir gleich noch Latschenöl zur Pflege der ramponierten Füße kaufe. In meiner Kammer im Wirtshaus versuche ich mein Ego aufzumöbeln – »Ich schaff das, ich schaff das!« – und vertraue dann sicherheitshalber noch auf die Wirkung weiteren Weißbiers, als therapeutische Unterstützung. Es funktioniert: Die Strahlkraft der Vision gewinnt wieder die Oberhand.

Aber etwas Kraft zu schöpfen kann nicht schaden, auch wenn das Projekt drängt, fortgeführt zu werden. Zwei Tage Rast gönne ich mir. Eine neue Erfahrung, was mache ich da am besten? Als Banker hatte ich immer meine Agenda, tagesfüllend. Aber jetzt? Aus Gewichtsgründen habe ich nichts zum Lesen dabei. Herumlaufen nicht empfehlenswert, ich will ja meine Gelenke schonen. Und da tue ich etwas, was mein Innerstes bisher mit bittern Gewissensbissen bestrafte: schlafen, im Schatten einer Kastanie sitzen und einfach nur nachdenken.

Berchtesgaden ist eine Stadt voller Widersprüche. Die epische Bergkulisse von Watzmann und Kalter erdrückt einen fast mit ihrer majestätischen Schwere. Diese klotzigen Felsriegel wirken wie eine düstere Bühne, hergerichtet für die monumentale Aufführung einer Wagner-Oper. Adolf Hitlers Größenwahn bot der Obersalzberg eine ideale Projektionsfläche. Heute lässt der Massentourismus den ehemals so ideologiegeladenen Ort banal erscheinen. Horden von Touristen werden in klimatisierten Bussen hergekarrt, um leutselige Biermomente zu genießen. Berchtesgaden ist überaltert und atmet das Flair der kommenden europäischen Seniorenkultur. Wer beim Frühstück damit zu prahlen gedenkt, schon seit 47 Jahren in derselben Pension seinen Urlaub zu verbringen, wird hier unter Gleichgesinnten auf seine Kosten kommen. Wie freue ich mich jetzt auf meine nächsten Etappenziele Königssee und Nationalpark. Ganz früh, noch im Morgengrauen, breche ich auf. Die Straßen liegen zu dieser Uhrzeit wie ausgestorben da, ich fühle mich wie ein Zechpreller, der sich heimlich davonschleicht.

Herr W. war Banker. Einer von denen, die es durch geschickte Karriereplanung, unermüdlichen Arbeitswillen und klugen Stellenwechsel in den Orbit der hoch bezahlten Top-Leute der Finanzindustrie geschafft hatten. Die Banken – nennen wir sie der Einfachheit halber einfach A-Bank, B-Bank oder C-Bank – lassen sich am ehesten wohl durch die Farbe ihrer Logos unterscheiden: blau, grün, gelb oder rot-schwarz beispielsweise. Die Unterscheidung nach Firmenmottos gestaltet sich schon schwieriger, denn es dreht sich bei allen um »Leistung, Beratung, Leidenschaft«, natürlich immer im Interesse des Kunden. Wirklich problematisch wird es aber, wenn es darum geht, unverwechselbare Merkmale zu definieren, um die einzelnen Banken tatsächlich voneinander zu unterscheiden. Denn man findet bei allen eine gleichartige Mischung aus Kompetenz und aufgeblähten Egos, aus kraftvoll-effizienten Organisationen und intrigant-politischen Hühnerhaufen vor.

Seit acht Jahren arbeitete W. nun bei der A-Bank. Alles lief hervorragend. Seine Arbeit wurde geschätzt und honoriert, W. selbst war zufrieden und fühlte sich anerkannt. Dann kam dieses verführerische Angebot der B-Bank: ein deutlicher Karrieresprung und eine spürbare, risikolose Verbesserung seines Salärs – das war zu verlockend, um es auszuschlagen. Um Herrn W. zum Wechsel zu bewegen, war die B-Bank sogar bereit, sein komplettes Team zu übernehmen. Er entschloss sich zur Kündigung. Einen lange zuvor geplanten Urlaub, Heliskiing in Kanada, mochte er deshalb jedoch nicht verschieben. Also rief er jemanden aus der Chefmatrix von dort aus per Satellitentelefon am Sonntagmorgen zu Hause an.

»Ich möchte dich darüber informieren, dass ich meinen Job kündige.« Schweigen. »Ist das dein endgültiger Entschluss?« – »Ja, ich habe bereits den Vertrag bei einer anderen Bank unterschrieben. Meine Kündigung wird morgen schriftlich bei euch eingehen.« Schweigen. »Das kommt sehr überraschend für mich.« – »Ich weiß. Wir können alles Weitere nach meiner Rückkehr aus dem Urlaub besprechen. Ach ja, und der T. wird auch kündigen. Aber ich muss jetzt los, der Heli wartet auf mich.« Herr W. verdrängte entschlossen seine Schuldgefühle. Schließlich wäre sein jetziger Arbeitgeber im umgekehrten Fall auch nicht zimperlich gewesen, ihn zu feuern. Hier jedoch saß er selber am längeren Hebel, und er genoss es. Er nahm seine Skier, der Helikopter wartete bereits.

Der Watzmann ist heuer selbst noch Ende Mai von tiefem Schnee bedeckt. Gipfelüberschreitung unmöglich. Also beuge ich mich Mutter Natur – heute nicht ungern, wenn ich ehrlich bin. Es hat für mich etwas Beruhigendes, nicht den

Sankt Bartholomä und Watzmann
(© Rolf Kosecki/Picture Alliance, Frankfurt)

Gipfel erklimmen zu müssen, sondern einen viel leichteren Weg zum Königssee nehmen zu dürfen. Just unterhalb der Ostwand komme ich gut voran und kann die Ehrfurcht gebietende Größe des Bergriesen mit den Augen genießen. Ein Klettersteig führt hinunter nach Sankt Bartholomä und eröffnet ein grandioses Panorama: rechts die Furcht einflößend schroffe Ostwand, links sein Spiegelbild im glatten Wasser des Königssees, umrahmt vom hellgrünen Frühlingslaub weitläufiger Wälder.

Da, was war das? Ein beunruhigendes Geräusch, irgendwo zwischen Prasseln und Rieseln, weiter vorn am Weg. Klack-klack-klack macht es – eindeutig Steinschlag, und da scheinen auch größere Brocken herunterzukommen. Ich halte inne und krame meinen Helm heraus. Tief durchatmen und einfach weitergehen! Und bloß dem Reflex widerstehen, nach oben zu schauen – so hat schon mancher sein Gesicht verloren, trotz Helm. Und es geht weiter gut voran, schon kommt Sankt Bartholomä in Sicht. Strahlend weiß leuchtet die barocke Kapelle, unaufdringlich schiebt sich der rundliche Bau, gekrönt von einem kessen Zwiebeltürmchen, zwischen den spiegelglatten, farngrünen Königssee und die üppigen Bergwälder ringsum. Sympathisch, wie unverbildete Natur und menschliche Kultur hier zusammenfinden.

Der Anblick wirkt versöhnlich auf mein Gemüt, aus dem die Erinnerung an meine ersten Begegnungen mit der unbeugsamen Größe der Bergwelt doch noch nicht ganz weichen will. Da gleitet eine Fähre heran und spuckt eine schwatzhafte Touristentruppe aus, doch selbst das kann mir die sakrale Gestimmtheit des Ortes nicht vermiesen. Ich trete in die Kapelle ein. Ihr Inneres schenkt mir Kühle und einige Minuten ruhevoller Besinnung. Ich sammle Kraft für den stundenlangen Aufstieg, der vor mir liegt.

Doch kaum bin ich wieder draußen, kann ich der Versuchung eines schattigen Biergartens und kühlen Klosterbiers nicht widerstehen. Und noch weniger der Verlockung eines Bads im smaragdgrünen, kalten Wasser des Königssees, der so kompakt und plastisch vor mir liegt, dass es scheint, als könnte ich das Wasser mit den Händen auseinanderfalten. Ein immenses Wohlgefühl durchströmt mich, und ich fühle mich wie ein spielendes Kind, indem ich jetzt in seine spiegelglatte Oberfläche eintauche. Wasser, Licht, Sonne, Luft, Erde: In der Grundformel des menschlichen Lebens meine ich das Geheimnis von Frieden und Entspannung zu entdecken. Ich gleite durch Felsbrocken und Baumskelette, die sich im klaren Wasser widerspiegeln, wie schwerelos wenige Meter über dem Grund des Sees. Das Wasser ist kalt, fühlt sich auf der Haut an wie ein leicht metallischer Film, belebend, nicht erdrückend. Tief atme ich die würzige Bergluft ein, lasse mich auf dem Rücken treiben und spähe in den Himmel, der zwischen den schneebedeckten Gipfeln blau aufgespannt ist. Meine Haut prickelt, als ich aus dem Wasser steige. Hell schimmernde, flache Kieselsteine geben knirschend unter meinen Füßen nach. Ihre abgerundeten Kanten drücken in die Fußsohlen und massieren sie – ein Gefühl, angesiedelt irgendwo zwischen Lust und Schmerz. Der Stamm eines umgestürzten Baumes, mit seinen knorrigen Ästen in den See hineinragend, dient mir als Rückenlehne. Meine Füße baumeln im Wasser. Eine warme Brise kommt vom See her und trocknet meine Haut. Ich genieße die wohlige Balance aus frühsommerlichen Sonnenstrahlen und kühlem Nass, blinzle ins Sonnenlicht, fühle mich gewärmt und gleichzeitig erfrischt. Sinne und Geist sind hellwach. Ich nehme einen Kieselstein in meine Hand und betrachte seine feine Maserung: filigrane grafitfarbene Sprenkel, eingebettet in schimmerndes Hellgrau. Warm und schwer liegt er in meiner Handfläche. Nur ein flüchtiger Moment, jedoch auf geheimnisvolle Weise mit der Ewigkeit verschmelzend.

Schweißgebadet stürmte Herr W. in die First Class Lounge. Wie immer, nachdem er – mit schwerer Aktenmappe und einem Koffer beladen – durch die langen Korridore des Flughafens gehetzt war. Und jetzt fröstelte er, denn in solchen Lounges leistet die Klimaanlage ganze Arbeit. Das Hemd klebte nass an seiner Haut, und Bäche kalten Schweißes liefen ihm den Rücken hinunter. Eine knappe halbe Stunde Zeit noch bis zum Einchecken. Er ließ sich ein Glas Champagner einfüllen und Lachshäppchen hinstellen.

Ringsum Anzugmenschen an geöffneten Laptops und mit Blackberrys am Ohr. W.'s müder Blick fiel durch die Panoramafenster auf das Rollfeld. Der Asphalt flimmerte vor Hitze, es schien ein heißer Sommertag zu sein, da draußen.

Welche Überwindung es doch kostet, jetzt wieder loszuziehen. Die schweren Bergstiefel anziehen, den Rucksack schultern. Wieder einen Schritt vor den anderen setzen. Der Steig zum Funtensee ist steil und führt durch dichte, blattreiche Vegetation. Uralte Baumriesen recken ihre Kronen in den Himmel, Moos bedeckt den Boden. Klares Quellwasser sprudelt an allen Seiten, umspült kleine und große Gesteinsbrocken und nährt einen rauschenden Bergbach. Dann lichtet sich der Wald, und das enge Tal öffnet sich zu einer gebirgigen Parklandschaft. Farne entrollen kraftvoll ihre Stängel, der Almenrausch öffnet um diese Jahreszeit seine zarten rosa Blütenknospen.

Das Kärlinger Haus, mein Ziel heute, liegt wenige Meter neben dem kreisrunden Funtensee. Einer jener Bergseen, die sich in Wäldern und zwischen aufragenden Felsen gut zu verstecken verstehen, um den Wandersmann umso mehr mit ihrer stillen Schönheit zu überraschen. Ich trete ein in die Hütte – »Haus« klingt eigentlich zu vornehm und wird der gemütlichen Atmosphäre wenig gerecht – und werde Zeuge der letzten Vorbereitungen für die Saisoneröffnung. Es geht so wuselig und lautstark zu, dass der allererste Gast des diesjährigen Sommers erst einmal überhaupt nicht wahrgenommen wird. Aus der Kommandozentrale Küche erteilt eine kräftige Frauenstimme einem Putz- und Räumteam letzte Instruktionen zur Aufmöbelung der Einrichtungen. Meine Anwesenheit muss der Chefin wohl doch gemeldet worden sein, denn da zeigt sie sich schon. Respekt erheischend baut sie sich mit in die Hüften gestemmten Armen vor mir auf. Offenbar bin ich zuerst am Zuge, etwas zu sagen.

»Guten Abend, ich würde gerne hier übernachten. Haben Sie ein freies Bett?«, frage ich unterwürfig.

»Jo Servus, wie hoaßt du?«

»Rudi hoaß i.«

Ist wohl angezeigt, dass ich mein bestes Bairisch auspacke.

»Jo, der Rudi! I bin die Hilde! Du schlofst mit de zwoa Preißn aufm Zimma siebn. Obendessn um siebn, Friastück um sechs. Wos wuist'n trinken?«

»Für mi a Weißbier, bitte.«

Passt perfekt! Das Eis ist gebrochen.

Alpenhütten lassen sich am einfachsten im Hinblick auf ihre Schlafräume kategorisieren. Die Holzklasse unter ihnen verfügt über ein, maximal zwei sogenannte Massenlager. Da liegen dann Dutzende Bergsteiger nebeneinander gedrängt. Schnarchen, furzen und stinken um die Wette, keine Sache für zart besaitete Menschen mit flachem Schlaf. Einzige Schlafhilfen: ein hartes Brett als Unterlage und eine von Milben, sonstigen Mikroorganismen und Hausstaub satt durchtränkte Militärdecke. In manchen Hütten unternimmt man den Versuch, auch Gäste mit Massenlagerphobie zu gewinnen. Dort gibt es dann außer dem Massenlager Vier-, Sechs- oder Acht-Bett-Zimmer. Da kann man sich zumindest neben den Schnarcher eigener Wahl betten. Das First-Class-Segment der Berg-Refugien bietet – sehr zum Ärger traditionsbewusster Hüttenfundis – den Kuschelkomfort von Zweibettzimmern mit eigener Dusche und Bettbezügen im rot-weißen Karo, teilweise noch über echten Federbetten.

Immer mehr Wanderer treffen jetzt ein. So füllt sich die Gaststube, und schon werden große dampfende Suppentöpfe herein getragen. Ich bin müde und gehe bald zu Bett. Die Nacht ist bitterkalt. Der Funtensee hält mit minus 45 Grad den Kälterekord in Deutschland. Auch das Schnarchen meiner beiden Zimmergenossen ist rekordverdächtig.

Obwohl am nächsten Morgen nicht eben fit wie ein Turnschuh, werde ich durch eine lakonische Mitteilung Hildes doch sofort auf Betriebstemperatur hochgefahren. Es hat in diesem Jahr noch niemand den Weg durch das Steinerne Meer gewagt! Genau das ist aber meine Route nach Österreich. Ein gut drei Kilometer breiter, von Ost nach West verlaufender Sperrriegel aus verkarstetem Kalkfels. Ihn muss überwinden, wer zu Fuß den direkten Weg von hier aus nach Süden, in die Zeller Gegend, sucht. Ich spüre einen leichten Kloß im Hals – ausgerechnet ich soll der erste sein, der das heuer macht? Aber ich muss da durch, wenn ich auf meine Ideallinie gelangen will, entlang des Hauptkamms der Alpen, mit dem Großglockner als Auftakt meiner persönlichen Alpinisten-Saga. So habe ich es mir vorgenommen. Das ist mein Projekt – und da kennt der Hannibal in mir kein Pardon.

Bis zur Baumgrenze komme ich eigentlich ganz gut voran. Aber dann! Die Schicksalsmächte haben entschieden, dass es heute erstmals zum Kräftemessen zweier ungleicher Größen kommen soll, einer Begegnung, die in den kommenden Wochen und Monaten ebenso unausweichlich wie folgenreich sein wird: der Schnee und ich! Erst sind es nur einzelne Felder, an Stellen, wo die Sonne nicht hinkommt. Aber je höher, desto mehr, und irgendwann flächendeckend. Erst wate ich knöcheltief, dann knietief in der von der Sonne inzwischen aufgeweichten, pappigen Pampe. Nicht selten schließt es mich bis zu den Hüften ein. Von Wegmarkierungen keine Spur. Was mache ich jetzt? Eine in erbarmungsloser Gleichförmigkeit ansteigende Ebene liegt vor mir, so weit das Auge reicht. Massige Buckel grauen Gesteins türmen sich höher und höher. Wie die zu Eis erstarrten Wogen eines schmutzigen Meeres. Dazwischen Felder von Altschnee, aufgebrochen durch spitz aufragende Felszacken. Unter Aufbietung aller Kräfte kämpfe ich mich verbissen voran. Aber jetzt habe ich den Weg verloren! Meine Karte hilft mir auch nicht weiter. Meine Güte, was dort aufgezeichnet ist, lässt sich mit meiner Wahrnehmung beim besten Willen nicht zur Deckung bringen. Wie nur Orientierung finden? Zu allem Überfluss ziehen auch noch bedrohliche schwarze Quellwolken auf ... Soll ich umkehren? Umkehr – wie eine heiße Kartoffel fasse ich dieses Unwort an, schiebe es in Gedanken und Gefühlen hin und her. Und lasse es schließlich fallen. Umkehren, nein Danke!

    Endlich! Da vorn, eine Einkerbung in der bisher so monotonen Linie des Horizonts. Der Pass! Nun kann ich mich an einem Fluchtpunkt orientieren. Auf einmal ist auch die Welt vor meinen Augen wieder im Einklang mit meiner Landkarte. Wie beruhigend. Völlig abgekämpft, aber überglücklich und auch ein wenig stolz erreiche ich Stunden später den Pass und freue mich tierisch auf Rast und Wegzehrung. Denn dort liegt auch das Riemann-Haus, wie meine Karte verrät. Recht hat sie, nur dass es noch geschlossen ist, weiß sie natürlich nicht. Jetzt aber fühle ich mich so exaltiert, dass es mir gar nichts mehr ausmacht. Es ist Mittag geworden und schon richtig warm hier. Also trockne ich erstmal meine quietschnassen Schuhe und Kleider in der lachenden Sonne und vertilge das letzte Stück von Onkel Simons Räucherschinken, bevor ich mich an den Abstieg nach Saalfelden mache. Und welch krasser Gegensatz im Wechsel des Klimas, außen wie innen! Über eine vor Hitze flimmernde Geröllhalde wandere ich lustig pfeifend hinunter nach Saalfelden.

Erneut markiert das Ende der Etappe auch das Ende meiner Kräfte. Wird das jetzt etwa die ganze Zeit so bleiben? Ich schiebe alle düsteren Erwartungen beiseite und beginne im Schatzbichl-Biergarten freudig den regenerativen Teil des Tages. Im Schatten von Kastanienbäumen den brennenden Durst mit einem Glas kühl perlendem Weißbier stillen – das hat doch was. Ein Bier ist ja schon an einem ganz normalen heißen Sommertag ein erquickender Genuss. Nach einem Leidensweg durch arktischen Tiefschnee und über subtropische Geröllhalden bedeutet es jedoch ein geradezu unbeschreibliches Glück. Fest steht: Ohne mein vorheriges Martyrium wäre das nur die halbe Freude!

Während ich noch über den geheimnisvollen Zusammenhang zwischen Lust und Leid meditiere, röhrt ein schwarzer Renault mit getönten Scheiben und kaminrohrgroßem Auspuff heran. Aha, der lokale Platzhirsch! Eine gekonnte Schleuderbremsung, und der Feuerstuhl kommt nach einer dreiviertel Drehung im spritzenden Kies zum Stehen, eingehüllt in Fontänen von Staub. Im dramatischen Moment der langsam herabsinkenden Dreckswolke erfolgt der Auftritt. Die Kippe lässig im Mundwinkel, entsteigt der Platzhirsch seinem präsidialen Gefährt, in absoluter Gewissheit, das unbestrittene Alphatier weit und breit zu sein. Mit der Aura des provinziellen Märchenprinzen schlurft er um seine Karosse herum und öffnet zwei weitere Türen. Aha, die Frauen! Oder besser Groupies:

bauchfreies Top, Piercing an strategischer Stelle, pechschwarz getönte Haare, aufgegelt zu turmartigen Hauben, hart wie Beton. Und ein Dobermann springt mit heraus! Drei Zweibeiner blicken durch mich hindurch wie durch die Luft, dafür knurrt der Vierbeiner, herzlich die Zähne fletschend, eindeutig in meine Richtung, aus welchem Grund auch immer. Man nimmt schräg gegenüber Platz, im Bewusstsein der allgemeinen Aufmerksamkeit herausfordernd in die Runde blickend. Erwartungsvoll lehne ich mich zurück. Was für ein kurzweiliges Unterhaltungsprogramm nach einem anstrengenden Tag! Man unterhält sich in standesgemäßer Lautstärke, ergeht sich in differenzierten Betrachtungen zur »Wer mit wem«-Thematik. Ich genieße still. Es ist noch so ungewohnt für mich, ein anonymer Teil des Publikums zu sein. Einfach zuzusehen, wie andere ihre Show abziehen, statt – ob gezwungenermaßen oder aus eigenem Antrieb – meinen eigenen Auftritt zu inszenieren.

Herr W. zupfte seine Krawatte zurecht. Show Time. Wie in jedem Jahr besuchte er die renommierte Business School, um vielversprechende Talente unter den Studenten für eine Karriere im Banking zu gewinnen. Natürlich bei der A-Bank, für die er selbst gerade tätig war. Er öffnete die große Tür und ging voran in den Hörsaal, in seinem Schlepptau eine Schar jüngerer Kollegen. Es wirkte authentisch und vertrauensbildend auf die Studenten, wenn sie junge, begeisterte Analysten hautnah erleben konnten. Die Banker stellten sich in einer Reihe vor dem Auditorium auf, die Show war perfekt: dunkelblauer, maßgeschneiderter Anzug, gegelte Haare, dynamisch-selbstsicherer Blick, gewinnendes Lächeln in die

Runde. Ein anerkennendes Raunen ging durch das Auditorium: Ja, diese smarten Jungs, die hatten es geschafft. Herr W. schaute in die erwartungsvollen Gesichter. Sie verrieten Neugier und Bewunderung. Er gewahrte nur wenige spöttische Mienen. Aha, ein paar Frauen waren auch dabei, sehr gut. Man musste dem Eindruck entgegenwirken, Investmentbanking sei eine Männerdomäne, Diversity war angesagt.

Die Finanzmärkte waren in blendender Verfassung, die A-Bank Marktführer; Herr W. wusste, dass er heute eine reiche Beute in Form von vielen Bewerbungen einfahren würde. Er nahm das Mikrofon in die Hand, knipste den Beamer an und begann mit seiner Präsentation.

Die Region um Zell am See schmiegt sich wie ein sattgrüner Gürtel zwischen Steinernes Meer und Großglockner-Massiv. Beschwingt und leichtfüßig bewege ich mich durch die liebliche, hügelige Seenlandschaft. Es ist Wochenende, die Mountainbiker und Nordic-Walker sind unterwegs. Auf einem Fußballplatz kicken die Einheimischen. Für mich ist es ein Tag, an dem ich mich auch über Kleinigkeiten so richtig freuen kann. Zum Beispiel, als mir bewusst wird, dass es diese erhöhte Aktivität anderer Menschen im Freien ist, an der ich in den kommenden Monaten erkennen werde, ob gerade Arbeitstag oder Feiertag ist. Denn die Trennung in Wochentage und Wochenende, die ist für mich nun aufgehoben. Für den Beruf hatte ich jede Woche in scharf rhythmisierte Aktivitäts-Intervalle eingeteilt: voller Sprint an den Arbeitstagen, bis jenseits der Schmerzgrenze, physische und seelische Schadensbegrenzung am Wochenende. Wahlweise sieben Tage Sprint, plus Durchstarten in die nächste Arbeitswoche. Work-Life-Balance nennt man das – aber jetzt habe ich gut Lachen über solche beschönigenden Schlagworte, die doch nur das Elend im Luxus verbergen sollen. »Leben« als Gegenentwurf zu »Arbeit« – welcher Schwachsinn! Als ob Ersteres per se gut und Letztere per se schlecht sei. Warum nicht gleich Death-Life-Balance? Ich fühle mich gut, ich fühle mich meiner Sache schon jetzt völlig sicher: Egal, wohin und wie weit meine Wanderschuhe mich tragen werden, mit dieser Schizophrenie der Work-Life-Apostel werde ich Schluss machen! Das Leben ist eine Einheit und darf nur so gelebt werden. Jawohl.

In Zell am Zeller See beginne ich meine wirklich ernsthaften Privatstudien im Fach »Psychologie des gemeinen Alpenländers«. Der Wirt meiner schlichten Pension verbringt den Großteil des Tages vor seinem Computer. An seinem Bauch erkenne ich unerfüllte Vorsätze zu mehr Körperbewegung. Am bauchfreien Top, schrägen Tätowierungen, lasziv aufgetragener Schminke und nicht zuletzt in ihren Augen entdecke ich unerfüllte Sehnsüchte seiner jungen Frau. Der komme ich wohl gerade recht. Vermutet sie in mir, dem wagemutigen Wandervogel mit beginnender äußerlicher Verschlampheit, etwa die verwandte Seele? Ausgiebig erkundigt sich Frau Wirtin nach meinem Wohlbefinden und bringt mir ganz unaufgefordert Badetuch, Sonntagszeitung, Kaffee und Kuchen zu meinem Liegestuhl. Dieses Weibsbild meint es ernst damit, den Service ihrer bescheidenen Pension in die Fünf-Sterne-Stratosphäre zu katapultieren. Als sie sich gezielt in meiner Sichtlinie bückt, um den Kuchen abzustellen, darf ich endlich des Prachtstücks gewahr werden: ein Arschgeweih! Jetzt wird mir doch etwas mulmig. Nach Lektüre der Zeitung suche ich unauffällig das Weite, fest entschlossen, meine Sinne mit einem Schlemmerdinner im ersten Haus am Platz zu verwöhnen.

In erstklassiger Gutbürgerlichkeit will ich mir heute einmal erlesene Gerichte und eine Weinauswahl vom Feinsten genehmigen. Ich habe kaum Platz genommen, da spüre ich schon bohrende Blicke im Rücken. Alles klar, die Chefin ordnet mich einer für sie exotischen sozialen Kategorie zu, die sonst nicht den Fuß über die Schwelle ihres Hauses setzt. Der heutigen psychologischen Feldstudie zweiter Teil, mit glasklarem Erkenntnisgewinn: Ein tendenziell landstreicher-

Meine Ausgehschuhe

haftes Äußeres, gepaart mit einwandfreien Tischmanieren, stilsicherer Konversationsfähigkeit und gutem Geschmack in der Zusammenstellung der Speisen- und Getränkefolge beschert den Betreibern alpenländischer Gourmet-Tempel ein wahres Mysterium der gemischten Gefühle. Auch gut in diesem Fall – dann lässt die Dame des Hauses nämlich ihre gut aussehende Tochter vor, um mich zu bedienen. Mit der unterhalte ich mich blendend, sie scheint vom Seelen tötenden Virus des Standesdünkels noch nicht unheilbar befallen zu sein. Und ich kann immer noch nachlegen, verqualme genüsslich stundenlang den Gastraum mit einer Zigarre. Erst als ich meine privilegierte Karte zücke, um die nicht unbeträchtliche Rechnung zu begleichen, entspannen sich die Züge der strengen Wirtin sichtlich. Zumal sie jetzt wohl erwartet, mich endlich loszuwerden. Durch *diese* Rechnung allerdings mache ich ihr genüsslich einen ganz dicken Strich! Kurzerhand quartiere ich mich für die kommende Nacht in ihrem Provinzpalast ein. Schockschwerenot! Gequält nimmt sie meine Buchung entgegen, mit dem Gesichtsausdruck einer Dame im Nerz, die von einem Penner um einen Euro angebettelt wird, während sie gerade die Stufen zum Opern-Festspielhaus emporsteigt. Meine Bilanz als Mann des Tages: der einen Frau eine Abfuhr erteilt, von der anderen eine Abfuhr erhalten. Hätte der Banker im Maßanzug wohl besser abgeschnitten?

Im Investmentbanking gibt es – etwas vereinfacht gesehen – grundsätzlich zwei Möglichkeiten, Werte zu vernichten: Entweder man verbrennt das Geld der Kunden, oder man verbrennt das Geld der Bank und ihrer Aktionäre. Diesen unterschiedlichen Schadenspotenzialen entsprechend lassen sich die Grundtätigkeiten von Investmentbankern zuordnen. Da gibt es die Händler, die mit großen Vermögenssummen ihrer Kunden spekulieren. Idealerweise, um sie zu vermehren. Die Hybris der Händler ist, dass sie entweder eine realistische Einschätzung der eingesetzten Summen verlieren, oder sich aufführen, als seien sie die Eigentümer

der Vermögen – natürlich nur solange, wie das Geld nicht verzockt ist. Scharen kreativer Produktentwickler helfen den Händlern, die Fantasie der Kunden und deren Gier nach unermesslicher Rendite anzustacheln.

Das Geld der Bank vernichten jene ihrer eigenen Manager, die Firmen Kredite gewähren, welche niemals zurückgezahlt werden. Besonders Heuschrecken verstehen ihr Handwerk, den Banken diese riskanten Kredite, oft Unsummen, zu entlocken. Die Bank selber investiert natürlich auch ihr eigenes Vermögen, etwa in Beteiligungen an Firmen oder in renditeträchtige amerikanische Immobilienanleihen. Das ist die Aufgabe von »Private Equity« in der Bank.

Dann gibt es noch die Beratergruppen – wie die Fusionsberatung von Herrn W. etwa. Die sind an sich harmloser für die Bank, weil sie ohne eigenen Kapitaleinsatz arbeiten. Für den Kunden kann es dennoch teuer werden, wenn er sich den falschen Rat teuer einkauft und sich von seinen Beratern überzeugen lässt, etwa die falsche Firma zu einem völlig überrissenen Preis zu erwerben. Die Bank mag ihre Fusionsberater, denn oft können sich die anderen potenziellen Wertevernichter an die Deals der Berater dranhängen, um ihre eigenen Produkte loszuwerden. »Cross-Selling« nennt man das.

Mein neues Quartier verfügt über einen kleinen Privatstrand mit Bootshaus am See, ein kleines Wäldchen schirmt das Gelände zur Straße hin ab. Dort verbringe ich den Großteil des Tages, teils badend, teils in einem Liegestuhl schlafend. Ein warmer Föhnsturm rauscht in den Kronen der Bäume, er kräuselt das Wasser zu kleinen Schaumkronen, am Horizont leuchten die schneebedeckten Gipfel der Glockner-

Gruppe. Es ist ein Weiß von unnatürlicher, fast überirdischer Reinheit, wie in den mittelalterlichen Porträts von Heiligen, wo sich der Himmel öffnet für den göttlichen Lichtstrahl.

Auf der Terrasse sitze ich mit Blick auf See und Berge und lasse das Lokalkolorit auf mich wirken. Ein Kellner in makellos weißem Frack reicht den ersten Gang eines leichten Sommermenüs. Ein willkommener Kontrapunkt zur schweren Wanderkost der vergangenen Tage: Schwertfisch-Carpaccio, hauchdünn geschnitten, kühl serviert mit einem Hauch von Limetten und frischem Koriander. Die feine Maserung des Fisches hebt sich gefällig vom weißen Porzellan des Tellers ab. Der leichte, gut gekühlte Veltliner fügt sich trefflich in die Geschmackskomposition und umspült sie mit sommerlicher Frische. Winzige Wasserperlen überziehen das Weinglas – herrlich, diese Kühle auf den Fingerkuppen zu spüren. Meine Lust auf mehr ist erwacht: Als Hauptgang kommt frisch gefangener Hecht aus dem Zeller See, behutsam gebraten und mit ein wenig Olivenöl beträufelt, eingebettet in Farbtupfer aus Sommergemüse. Keine schnörkelige Soße stört den kernigen und fordernden Geschmack des Fisches. Ich schließe die Augen – ein leichtes krosses Knuspern – und spüre den leichten Wind, der vom See heraufweht. Ein fast mediterraner Traum. Und schon naht das Dessert: Himbeersoufflé, eine zerbrechliche Kostbarkeit. Sachte führe ich die Gabel hinein und entdecke reife, dunkle Früchte, die schon die Ahnung der süßen Schwere von langen, heißen Sommertagen in sich haben. Dazu genieße ich einen Sauternes, schon ein samtener Ausblick auf die mürbe Wärme des Herbstes.

Resümee: Ein passabler Ruhetag für einen, der die Alpen durchqueren will. Wer sagt, dass Hannibal nicht geschlemmt hat, bevor er sich anschickte, Rom in die Knie zu zwingen?

Nach diesem Festtag der Sinne werde ich noch mit einer nervigen Nebensächlichkeit konfrontiert: Meine Wäschevorräte sind aufgebraucht, eine Reinigung ist dringend nötig – ansonsten laufe ich Gefahr, sogar an weniger peniblen Adressen zurückgewiesen zu werden. Hinterhältig nähere ich mich der Rezeption, eine Plastiktüte mit der Schmutzwäsche fest im Griff. Die Chefin persönlich sitzt dort und mustert mich misstrauisch, wie der Drache den Helden Siegfried, als der den Nibelungenschatz klauen wollte.

»Entschuldigung, ich möchte gerne meine Wäsche reinigen lassen.«

»Da kommen Sie aber reichlich spät.«

Ein Blick wie ein Messer trifft mich. Wenigstens könnte der Drache stilvoll Feuer schnauben, oder? Ich fühle mich am Drücker, denn ich weiß: Sie kann nicht raus aus der Rolle der Gastgeberin, eingeübt mit eisenharter Disziplin, wie es sich für Führungskräfte in Häusern dieser Qualität gehört.

»Geben Sie her«, zischt der Drache leise.

Ich reiche ihr mit meinem charmantesten Lächeln die Tüte über den Tisch. Sie nimmt sie mit spitzen Fingern und resigniertem Blick entgegen. Ich wähne, dass ich ihren Widerstand gebrochen habe. Da werde ich doch jetzt nicht lockerlassen! Schließlich habe ich noch etwas Wichtiges zu erledigen.

»Ähm, dürfte ich vielleicht Ihren Computer benutzen? Ich möchte gerne ein paar Fotos für meinen Blog herunterladen.«

»Nein, Sie sehen doch, ich arbeite gerade an dem Computer.«

Schluck, sie ist doch eine härtere Nummer, als ich dachte.

»Ja, vielleicht ein wenig später?«

Sie wittert meine Schwäche, wie jeder gute Drache, der einen Schatz bewacht. Jetzt ist sie es, die Oberwasser hat.

»Nein.«

Letzter Versuch. Hinterlistiger Themenwechsel.

»Okay. Wäre es vielleicht möglich, dass ich die Sauna benutze?«

Doch nun weiß sie, ich bin endgültig in die Flucht geschlagen. Die Ablehnung ist nur noch Formsache und kann in säuselndem Service-Tonfall erfolgen:

»Nein, leider nicht, die heizen wir nur im Winter!«

Den Hinweis auf das Saunafoto im vor mir liegenden Sommerprospekt verkneife ich mir und trolle mich. Die Hoffnung, in diesem Etablissement irgendwann einmal zu den Lieblingsgästen zu zählen, muss ich wohl begraben.

In der Nacht bricht der Föhn zusammen, Starkregen prasselt gegen die Fenster, in der Ferne ertönt tiefes Donnergrollen. Ein Temperatursturz wurde vorhergesagt. Am nächsten Morgen glaube ich zu hören, wie die Tür hinter mir schnell abgeschlossen wird, als ich hinaus in den Dauerregen und in einen kalten Tag laufe. Nass und saftig grün sind die Wiesen, kalt und laut platschen die fetten Regentropfen auf meine Kapuze. Langsam steigt das Tal Richtung Großglockner-Hochalpenstraße an, ich bewege mich bereits wieder knapp unterhalb der Schneefallgrenze.

Heute, im Dauerregen, kann ich beweisen, dass ich mich mehr und mehr zum Outdoor-Experten entwickle: Da der Rucksack wasserdurchlässig ist, habe ich in Anbetracht der erwarteten Unwetter all meine Habseligkeiten in Plastiktüten und Gefrierbeutel verstaut. So bleibt alles schön trocken. Ich komme mir sehr professionell vor. Und etwas beschämt. Die Entdeckung, welche Befriedigung doch darin liegen kann, die kleinen, praktischen Dinge des Alltags selber in den Griff zu bekommen, ist ganz neu für mich. Ich nehme mir vor, nach meiner Rückkehr in die Zivilisation mein Leben drastisch zu vereinfachen. Holz hacken und Pilze sammeln gehen. Meinem Dasein ein klares Ziel setzen. Arbeit und Freizeit zu einer gelebten Ganzheit vereinigen. Noch schemenhaft, nur als magnetische Kraft gefühlt, dämmert vor meinem inneren Auge die Vision einer radikal veränderten Existenz herauf. Ein ruhigeres, entspanntes, glücklicheres Leben – das dennoch von einer Aufgabe erfüllt ist. Doch im nächsten Augenblick ist dieses unscharfe Bild bereits wieder verschwunden. Das Hier und Jetzt fordert mich voll und ganz.

Tagesbesprechung zwischen Herrn W. und seiner Assistentin: Nach der Business-Terminplanung kamen sie auf die wirklich wichtigen Dinge zu sprechen. Wobei dieses Gespräch eher einseitig verlief. »Jenny, kannst du bitte im Wäscheservice des Hotels anrufen, die sollen nach der Reinigung auch gleich noch neue Knöpfe annähen. Und noch was: Nächste Woche fahre ich ja in den Urlaub. Bitte such doch einen günstigen Leihwagen und einen netten Beachclub in der Nähe meines Hotels raus!« Jenny ist ein Schatz, sie trägt ihren Chef auf Händen. »Wenn sich Kumar, mein indischer Schneider, meldet, dann bestelle ihn heute Nachmittag ins Büro, ich brauche ein paar neue Hemden!« Und sie trägt alles mit, aber sie trägt ihm nie etwas nach. »Ich habe mein Ladegerät für mein Handy im Flieger liegen gelassen. Besorge mir doch bitte ein neues!« Herr W. bemerkte gar nicht, dass er längst seine Autonomie verloren hatte. Die Dinge des täglichen Lebens

waren für ihn zu Delegationsobjekten geworden. Das Dogma des »Outsourcing«, eine ideologische Monstranz, die sein Berufsumfeld vor sich hertrug, hatte sich längst auch in seinen persönlichen Alltag eingefressen. Hatte ihn mehr und mehr zu einem hochgezüchteten Spezialisten gemacht, der sich gerade noch alleine die Schuhe binden konnte.

Stundenlanges Tippeln durch triefende Wälder und über pitschnasse Wiesen. Keine Menschenseele weit und breit. Nur ein einsamer Verrückter ist hier jetzt unterwegs. Nichts lenkt ihn ab, und erstmals hadert er nicht mit den widrigen Umständen. Er ist tatsächlich ganz bei sich selbst! Er schreitet nicht einfach aus, er *ist* das Ausschreiten selbst. Gleitet förmlich über den federnden, vor Nässe schmatzenden Waldboden. Die Kronen großer Bäume bilden ein Dach über seinem Pfad. Er verspürt wohlige Geborgenheit. Er pfeift sogar lustig vor sich hin! Lässt die Gedanken fliegen in schlichter, unbeschwerter Fröhlichkeit.

Urplötzlich lichtet sich der Wald. Mich erwartet ein Kontrastprogramm, wie es schauriger nicht sein könnte, und zwar ohne jede Ansage. Übergangslos stolpere ich in eine Schneise von der Größe mehrerer Fußballfelder hinein, die jemand in den Wald gefräst und mit Asphalt versiegelt hat: der Parkplatz von Ferleiten, an der Mautstation für die Glockner-Hochalpenstraße. Zivilisationsschock pur, ansatzlos, und keine Spur mehr von freier Natur. Wie vor den Kopf geschlagen irre ich über den nassen, harten Beton, hilflos und einsam wie ein ausgesetztes Tier. Gespenstische Leere allüberall. Aus lauter Verzweiflung steuere ich das total überdimensionierte Restaurant an. Eine bizarre, surreal anmutende Welt nimmt mich auf, mit einem beängstigenden Labyrinth aus Verkaufsfluchten für jedweden albernen Touristen-Schnickschnack. Tausende trauriger Stoffmurmeltiere – ich erkenne fünf verschiedene Größen – paradieren auf vielen, vielen Regalmetern. Doch kein Mensch weit und breit, der das Zeugs kaufen will. Alles total leer hier drin, wie der Parkplatz da draußen. Ich kriege ein Würgen im Hals, weil ich mich des Eindrucks nicht erwehren kann, die Viecher werden gleich lebendig und fallen über mich her. Nur schnell wieder raus hier!

In der einsamen Pension am Waldrand, wo ich mich für die Nacht einquartiere, bleibe ich heute der einzige Gast. Zum ersten Mal schließe ich die Tür hinter mir ab. Ein Sturm kommt auf und schlägt immer wieder Zweige an die Fenster. Fast scheint es, als wollte der zornige Wald mit seinen Baumsoldaten das kleine Häuschen umstellen und es einfach verschlingen. Die ganze Nacht regnet es weiter. Eine unheimliche, pechschwarze Finsternis.

Tonnenschwere grauschwarze Marmorkugeln rollten langsam und knirschend auf dem harten Untergrund einer endlosen Ebene auf Herrn W. zu. Unaufhaltsam, unerbittlich. W. versuchte auszuweichen, die steinerne Lawine drohte ihn zu zermalmen. Mitten in der Nacht wachte er auf, schweißgebadet und zitternd. Sein Herz raste, er nahm seinen Puls: 200. Schon wieder hatte ihn eine dieser Panikattacken befallen. »Nicht kopflos werden, ruhig bleiben, sonst kollabierst du. Tief durchatmen, langsam aufstehen«, versuchte er sich selbst zu beruhigen. W. zog sich an und ging ins Freie auf die Straße. Es war drei Uhr nachts. Langsam sog er die kühle Luft in seine Lungen und streifte um

den Häuserblock. Allmählich wurde er ruhiger. Aber er hatte Angst vor dem Rest der Nacht. Sobald sich der Puls verlangsamte, schossen die Gedanken an morgen durch sein Hirn. Alles erschien ihm wie ein schwarzer riesiger Berg unlösbarer Probleme, einfach alles: der Brief, den er noch schreiben wollte, das Betanken des Leihwagens, die Korrektur der Präsentation, der längst fällige Anruf beim Zahnarzt.

Nach meinem Aufbruch am frühen Morgen geht der Regen rasch in Schneetreiben über. Dichter Nebel durchdringt den Wald. Stille. Das Eintauchen in einen Bergnebel gleicht dem Tauchen im Meer: Geräusche dringen, wenn überhaupt, nur wie ferne Klänge ans Ohr, und die Sichtweite ist stark eingeschränkt. Umso stärker konzentrieren sich die Sinnesorgane auf das wenige Wahrnehmbare. Wodurch die Eindrücke immer dichter und unmittelbarer werden. Schon bald verlieren sich die Spuren meines Pfades im Schnee. Wieder einmal habe ich meinen letzten Orientierungspunkt verloren. Weiter oben am Berg verschwinden auch noch die Bäume aus dem Blickfeld, ich fühle mich wie einbetoniert ins weiße Nichts. Es ist, als wäre ich sehenden Auges blind. Des Menschen Gesichtssinn versagt in einer solchen Situation ebenso wie seine Landkarten. Mir bleibt nichts übrig, als meiner Intuition zu vertrauen, meinem nackten, naturhaften Instinkt – einem Sinn, der unter Bankern nicht gerade hoch im Kurs steht, vertrauen sie doch lieber auf Charts und Bilanzen. Ob nun Intuition oder Zufall: Nach einem irritierenden Streifzug durchs milchige Nichts stoße ich tatsächlich auf eine Autostraße, der ich bis zur Passhöhe folge.

So habe ich viel Zeit verloren und beschließe deshalb,

vor Einbruch der Dunkelheit in der Fuschl-Wirtschaft einzukehren, die sich etwas unterhalb der Passhöhe befindet. Der Wirt erweist sich als echtes Original. Seine Spezialität: das Zähmen von Murmeltieren.

Murmeltiere – diese liebenswerten Tierchen begegnen einem immer wieder in den Alpen. Sie scheinen irgendwie die Ur-Rasse dieser Weltgegend zu sein, sind aber erst nach der letzten Eiszeit hier eingewandert, weil ihr angestammter Lebensraum zu warm geworden war. Mir Leistungsfreak führen sie ganz unverblümt vor, dass man auch auf ungezügelt hedonistische Weise ein recht passables Leben führen kann. Unverschämt entspannt räkeln sie sich, wo und wann es nur geht, auf warmen Steinen in der Sonne. Oder sie mümmeln würzige Alpenkräuter. Der Höhepunkt der Murmeltier-Satisfaktion: im trockenen Bau zu schlafen – und das bis zu neun Monate im Jahr. Schon leichtere körperliche Bewegung verbietet sich per se, haben diese possierlichen Geschöpfe doch keine Schweißdrüsen – ja, sie können nicht einmal hecheln. Wer es noch nicht wusste: Das soziale Leben von Lebewesen, die nicht schwitzen können, ist wirklich bemerkenswert. Ein dominantes Pärchen führt die Murmeltierkolonie und sorgt für Nachwuchs, ein Tier hält Wache und pfeift bei herannahender Gefahr, der Rest akzeptiert seine Rolle als Fußvolk und sonnt sich oder frisst. Und die Evolution gibt dieser Lebensweise Recht: Während die Murmeltier-Population nach neuesten Zählungen wieder zunimmt, wurde die der Banker gerade in jüngster Zeit stark ausgedünnt. Vielleicht sollte ich mich davon inspirieren lassen und mein Leben ein wenig mehr »vermurmeln«. Ich bin ja schon fleißig dabei!

Ich beschließe also, es heute den Murmeltieren gleichzutun, und sitze bald mit dem Mankeiwirt – so nennen ihn die Einheimischen – bei einem Glas Bier zusammen und lausche seiner Lebensgeschichte, einer Geschichte, wie sie nur das Leben in den Bergen schreibt. Der Mann hatte eine freudlose Jugend in einer kinderreichen Familie, lief als Kind von zu Hause weg, fand Unterkunft und Arbeit bei Bergbauern. Sein Traum war es, eines Tages eine eigene Berghütte zu bewirtschaften. Dieser Traum gab ihm Orientierung und Motivation; er nahm sein Schicksal in die eigenen Hände und fand hier oben sein Glück: eine Frau, seine eigene Hütte und seine Tiere. Er ist fürwahr ein glücklicher Mensch, und das stimmt mich nachdenklich. In seinem Leben gab es keine Karriereplanung, keine elitäre Ausbildung und auch kein Umfeld, das ihm Vielseitigkeit abverlangte. Was trieb diesen Menschen dazu, unbeirrt seinen Weg zu gehen?

Später, in meiner winzigen Stube, denke ich noch einmal über meine heutige Odyssee im verschneiten Gelände nach: Wenn alle fünf Sinne versagen und auch das Denken nicht mehr weiterhilft, ist man zurückgeworfen auf nichts als das Bauchgefühl. So habe ich es heute im Bergnebel erlebt. Der Banker in mir würde erfolgreiche Orientierung so erklären: Die Sinne, die ein ständiges Feedback ans Gehirn geben und sozusagen jede Abweichung der Außenwelt vom SOLL registrieren, ermöglichen eine rationale Gegensteuerung und vermitteln dem Gemüt dadurch das Gefühl der Sicherheit. Es findet ein permanenter SOLL-IST-Abgleich statt. Beim intuitiven Handeln dagegen fehlt diese Möglichkeit des Abgleichs. Nur den ersten Schritt zu tun, kostet schon große Überwindung, und wer seiner Intuition folgt, muss oft längere Wegstrecken in der Unsicherheit zurücklegen. Und dennoch kann gerade das intuitive Handeln das sicherere, vielleicht sogar das einzige Hilfsmittel sein, um ans Ziel zu gelangen.

Nutzen Menschen, die naturnah leben, ihre Intuition besser? Und lässt sich diese Intuition nicht nur zur Orientierung in der Natur, sondern auch zur Orientierung im Leben nutzen? Dann hätte ich es mein Leben lang verpasst, die Ressource Intuition zu nutzen. Ich vertraute stets meinem Kopf und steuerte meine Lebensplanung, indem ich mich an die bewährten »Eckwerte« hielt: Abitur, Examen, Meilensteine der Karriere. Wenn Erfolg bedeutet, seinem Herzen zu folgen und glücklich zu werden, und sei es auf die allergewöhnlichste und schlichteste Weise, dann muss ich nicht ohne Neid eines anerkennen: Der Mankeiwirt mit seiner Hütte und seiner kuriosen Passion für Murmeltiere ist weit erfolgreicher gewesen als ich mit meinem Muster-Lebenslauf und meiner Hochglanz-Karriere. Dieser Mann handelt aus innerer Überzeugung, unterwirft sich keiner Fremdsteuerung – und ist nicht gezwungen, seine Seele zu verkaufen.

Herr W. wartete und mit ihm eine Handvoll wichtiger Bankerkollegen aus London. Das Meeting mit einem globalen Industriekonzern würde in wenigen Minuten beginnen. Mehrere Banken waren eingeladen worden, um ihre mögliche Beratungsleistung beim geplanten Verkauf eines Konzernteils vorzustellen. »Beauty Parade« heißt das im Bankerjargon, eine Art Finalrunde für die Kür der »schönsten« Bank, die das Beratungsmandat erhält. Auf den ersten Blick eine einzigartige Chance für W.'s Bank, ein prächtiges Stück von diesem üppigen Beraterkuchen abzubekommen. Dabei war längst klar, dass die C-Bank das Mandat bekommen würde, denn der Finanzchef des Industriekonzerns war mit der Tochter des Bankchefs der C-Bank verheiratet. W. ahnte,

dass der ganze Aufwand für den heutigen Tag nutzlos war. Aber er wollte es nicht wahrhaben, denn das hätte ihm komplett die Laune verdorben.

Auf einem Bildschirm wurden in roter Leuchtschrift die Uhrzeiten von Tokio, Berlin, London und New York eingeblendet, dazu der aktuelle Börsenkurs des Konzerns. Globale Vernetzung. Herr W. blätterte mit den Kollegen die Präsentation durch. Wie immer blieb man auf Seite vier hängen, dem bankinternen Teamchart, einer grafischen Darstellung der für das Mandat relevanten Banker. Einer der Anwesenden war der Meinung, die Box mit seinem Namen sei falsch, nämlich zu weit unten eingezeichnet worden. Das Teamchart war sehr wichtig: Es sollte dem Kunden zeigen, dass alle relevanten und wichtigen Manager im Falle der Mandatierung an dem Projekt arbeiten würden. Dabei hegte W., wenn er ehrlich gegenüber sich selbst war, schon Zweifel daran, ob er überhaupt jemals einen der Kollegen, die ihn heute begleiteten, hier noch einmal sehen würde.

Die Tür des Konferenzraumes öffnete sich, das Team der C-Bank verließ den Raum – Siegertypen mit lackiertem Seitenscheitel und selbstgefälligem, verräterisch selbstsicherem Grinsen. Männlich klackten die harten Ledersohlen der makellos glänzenden, handgefertigten Schuhe auf dem Boden. Man kannte sich, es waren allesamt Ex-Kollegen oder zukünftige Kollegen, denn in diesem Söldnergewerbe diente man vielen Herren. Jetzt war W.'s eigenes Team an der Reihe: Begrüßung des Kunden, aufgesetztes Lächeln, Eintreten in den Raum. Männerparfüm und Beraterschweiß klebten in der Luft. Der Konzernvertreter, Leiter der M&A-Abteilung, genoss die Macht, die er in diesem Moment über die Banker hatte. Eine süße Genugtuung für die permanente Demütigung seines Egos durch diese jungen Herren, die seiner eigenen Meinung nach viel weniger konnten als er, viel weniger hart arbeiteten als er, und die dennoch ein Vielfaches seines eigenen

Salärs einsteckten. Nun gefiel er sich in seiner Rolle als eine Art feingeistig-zynischer Türsteher und Rausschmeißer. W. blickte in die dauergrinsende Grimasse seines Gegenübers. Er verspürte den starken inneren Drang, in dieses Dauergrinsen hineinzuschlagen, einfach damit es aufhörte. Doch er grinste zurück und begann, sich mit innerem Widerstreben seinem Gegenüber zu verkaufen. W. ekelte sich vor sich selber.

Der nächste Morgen ist kalt und klar. Der frische Schnee erstrahlt im Sonnenlicht. Mein Atem kondensiert zu Dampfwolken, als ich die Hütte des Mankeiwirts verlasse und ins Freie trete. Ich will heute gut vorankommen, und um den Abstieg in Richtung Heiligenblut zu beschleunigen, nehme ich den Weg über eine Schneerinne – ein etwa 300 Meter langes mit Altschnee bedecktes Bachbett. Ein mutiger Entschluss, wie sich herausstellt. In meinem Übereifer unterschätze ich die Gefahr meines Unternehmens, verliere im abschüssigen Gelände das Gleichgewicht und stürze. Kopfüber rutsche ich mit Affenzahn völlig unkontrolliert den beängstigend steilen Hang hinunter. Mit Schnittwunden an den Händen komme ich noch einmal davon. Glück gehabt! Ziel meiner Etappe ist das Glocknerhaus am Fuße des Großglockners. Dort ist aller Schmerz vergessen. Zum ersten Mal ist für mich ein Gletscher in Reichweite! Der Pasterzenferner an der Ostflanke des Großglockners ist ein wahres Prachtexemplar. Ich fühle mich wie elektrisiert von seinem Anblick. Er sorgt für einen ungeahnten Energieschub, und ich mache mich gleich noch auf zum Gletscher-Wanderweg.

Gletscher sind die ungekrönten Könige des Hochgebirges – faszinierend und gefährlich wie ungezähmte, wilde

Tiere, dann wieder beglückende Orte tiefsten Friedens zwischen Himmel und Erde. Von zarter, anrührender Schönheit im einen Moment, und dann plötzlich heimtückisch-unberechenbar, lebensgefährlich. Der Mensch sollte sich ihnen mit Respekt und Vorsicht nähern, denn sie können leicht sein Leben auslöschen.

Wie wir Lebewesen haben auch Gletscher eine Anatomie: Dort, wo der Gletscher hoch am Berg beginnt, wo ihn der Schneefall nährt, ist sein Körper makellos weiß und glatt. Frischer lockerer Schnee überzieht das harte Eis wie eine schützende Haut. Weiter unten wird der Schnee, der den Gletscherkörper bedeckt, dünner und schmutziger, bis er schließlich ganz verschwindet. Das blanke, bläulich schimmernde Eis liegt dort offen da, es tun sich tiefe Spalten auf, und das Schmelzwasser zerfurcht seine Oberfläche. Es ist, als hätte ein Pathologe mit scharfem Skalpell die weiche Haut und Fettschicht des Gletschers abgetragen, um seine kräftige Muskulatur freizulegen.

Am Pasterzenferner blicke ich auf die dunstige Silhouette des Großglockners. Ich habe mein Ziel der Aufbruchsphase erreicht: die »Ideallinie« des Alpenhauptkamms. Rückblickend auf die ersten zwei Wochen resümiere ich: Es war eine Zeit der Prüfungen und der körperlichen Grenzerfahrungen, eine Zeit des Zweifelns und des Umkehrwunsches, aber auch der Gewissheit, die richtige Entscheidung getroffen zu haben. Die ersten intensiven Naturerlebnisse stimmten mich euphorisch, Begegnungen mit Menschen nachdenklich. Ich fühlte mich einsam, ich fühlte mich geborgen, ich erlebte alle Verwerfungen des Umbruchs. Die Verwundbarkeit einer Libelle ist am größten, wenn sie aus der Larve schlüpft, im Moment der Metamorphose. Ich war in diesen ersten Wochen verwundbar, da der Entschluss zum Ausstieg noch frisch, das neue Lebensgefühl noch nicht gefestigt war und Entscheidungen noch rückgängig gemacht werden konnten. Ständig beobachtete ich mich selbst nach Anzeichen in die eine oder andere Richtung. Doch von hier aus wird mich nun der Weg nach Westen führen, immer an der klaren Linie hoher und höchster Gipfel entlang.

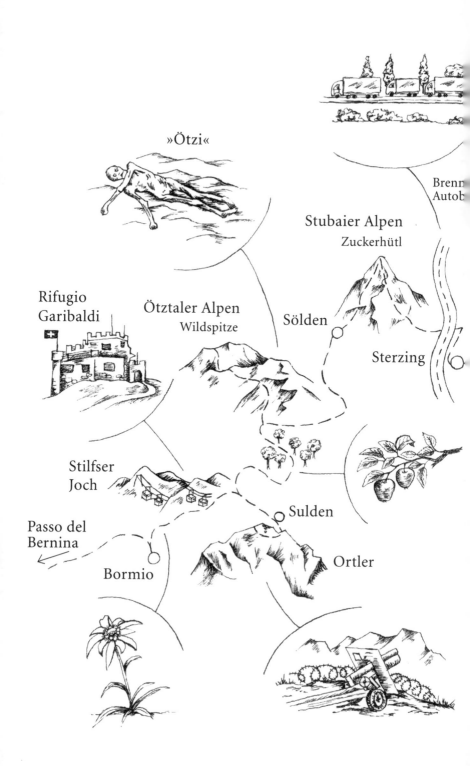

GROSSGLOCKNER – PASSO DEL BERNINA

Die Mauer

Vom Großglockner zum Passo del Bernina
11. bis 42. Etappe,
6. Juni bis 18. Juli 2007

Großglockner – steinerner Gebieter der Ostalpen, höchster Gipfel Österreichs. Meine Verehrung, Eure Majestät! Im Angesicht dieses Bergriesen fühle ich mich wie ein Sparkassenlehrling im Handelssaal der Frankfurter Börse. Ich habe nur eine vage Vorahnung davon, was mich erwartet. Wie schwierig wird es sein, seinen Gipfel zu erklimmen? Wie lange wird es dauern? Wird meine Kraft reichen? Einen Giganten des Hochgebirges zu bezwingen, gleicht immer einem Ringkampf. Der Bergsteiger ist prinzipiell Außenseiter, der Berg übermächtiger Champion.

In der warmen Gaststube des Glocknerhauses sitze ich vor meinem Glas Rotwein und fühle mich wie David, der sich für den Kampf mit Goliath rüstet und Kiesel für seine Steinschleuder sammelt. Nachdenklich blicke ich auf den regennassen Vorplatz. Werde ich der Herausforderung gewachsen sein? Packe ich das? Ein großer Berg ist unberechenbar, seine stärkste Waffe die Überraschung. Ihn zu bezwingen heißt zuallererst, seine Abwehrtaktik zu durchschauen. Die Schlüsselstelle knacken. Davon habe ich immer wieder in den Büchern gelesen, mit denen ich mich auf mein Projekt vorbereitete. Die Schlüsselstelle ist die kniffligste Aufgabe beim Aufstieg. Ein ganz spezielles Hindernis, das im Wege steht. Sozusagen der Inbegriff des Bergriesen-Widerstands. Goliath Großglockner, was ist deine Schlüsselstelle? Ich werde es herausfinden! Einen Fehler jedenfalls werde ich hier nicht begehen: den Gegner unterschätzen und mich übernehmen. Die Wirtin schenkt mir zum wiederholten Male nach. Regen trommelt an die Fenster. Die Zeit ist noch nicht reif. Bergsteigen ist auch geduldiges Warten – warten darauf, dass der Riese die Erlaubnis gibt, sein Reich zu betreten.

Schlagartig werde ich aus meinen Gedanken gerissen. Die Tür fliegt auf, eine Gruppe Jugendlicher stürmt herein und macht sich in der Gaststube breit. Auch an meinem Tisch, und ohne zu fragen! Krakeelend und rülpsend, saufend und rauchend zelebrieren sie ihre flüchtige Freiheit von elterlicher Aufsicht. Na toll! Der Lehrer-Aufseher hockt da drüben und unterhält sich angelegentlich mit seiner jungen Praktikantin.

Schon vorgestern, am Aussichtspunkt der Kaiser-Franz-Josef-Höhe, fremdelte ich mit dieser Art von Leuten. Als einziger Bergsteiger eingekeilt in Busladungen von Tagesbesuchern. Es war für mich das erste Mal überhaupt, dass ich den Gipfel des Großglockners sah, und ich hatte das als bewegendes Erlebnis für mich vorgesehen: freie Sicht auf den ersten wirklichen Bergriesen! Ganz schlechte Planung, wie ich vor Ort erkennen musste. Dass ich mir dafür ausgerechnet die Geburtsstätte des alpinen Tourismus auswählen musste! Bereits 1875 wurde das Glocknerhaus erbaut, passenderweise mit Geldern aus einer öffentlichen Lotterie. Und schon 1908 war die Hochalpenstraße bis dort fertiggestellt, sodass elegant gekleidete Menschen sich in luxuriösen Motorfahrzeugen stilgerecht hinauf chauffieren lassen konnten. Kaiserin Sisi blickte durch ihr Opernglas melancholisch auf die muskulösen Firnflanken des Großglockner, und Erzherzog Ferdinand hätte hier wohl besser zur rechten Zeit ein weiteres Mal Urlaub gemacht, anstatt nach Sarajewo zu fahren ...

Meine Tischnachbarn tunken mit fettigen Fingern Pommes Frites in Tomatenketchup, und ich trinke meinen Rotwein in immer rascheren Schlucken. Wie ich von meinem Platz aus erkennen kann, ist aus einer schmalen Straße längst eine eindrucksvolle Asphaltpiste geworden. Von der ausladenden Basis des Pasterzer Gletschers schlängelt sie sich in zahllosen Serpentinen zum Aussichtspunkt hoch. Wie die Windungen eines prall gefüllten Darmes. Auch heute kämpfen dort drüben Aberhunderte Busse und Autos mit der üblichen Verstopfung. Als ob man, endlich oben angekommen, dort etwas anderes sehen würde als schon auf den 15 Kilometern zuvor, nämlich einen Gletscher und einen Berg. Was treibt die Menschen?

In der Gaststube wird der blaue Dunst immer dicker und dicker. Ich kriege langsam Kopfschmerzen. Aber noch mag ich mich nicht losreißen. Zu viele Gedanken gehen mir durch den Kopf, eine fiebrige Erwartung des Unbekannten, eine Ahnung von Freiheit und Abenteuer ist in mir. Ich bestelle noch einen Wein und schaue weiter träumend aus dem Fenster.

Anders als ich selbst suchen sich die meisten Tagesbesucher sogar hier droben im Hochgebirge ein Ziel, das sich im Grunde durch nichts von ihrer gewohnten Lebenswelt unterscheidet: eine durchbetonierte Infrastruktur mit ausgeklügeltem Parkleitsystem, auf Wunsch auch ganz ohne lästigen direkten Naturkontakt. Findige Besucher haken den Großglockner bei laufendem Motor vom Parkdeck aus ab und knipsen ihre Erinnerungsfotos durch die Windschutzscheibe hindurch. Alle sind zufrieden und essen ihre Butterbrote.

Stumme Opfer der Massenmotorisierung sind die Vertreter einer Spezies, die am Ende der letzten Eiszeit hier ihr einzig verbliebenes Refugium erkannte und eroberte: die Murmeltiere. Diese possierlichen Tierchen lieben es, sich auf dem Asphalt zu wärmen. Und so geraten sie, trotz zahlreicher Warnschilder für die Autofahrer, immer wieder unter die Räder und werden an Kühlerhauben zerschmettert. Und ihre überlebenden Artgenossen? Die sollen von den Ausflüglern auch erspäht werden können, ohne dass man nur einen Fuß in die freie Wildbahn setzen müsste. Dank eines einfachen Hinweisschildes am Parkplatz: Ein Pfeil in Verbindung mit dem Wort »Murmeltier« weist auf einen imaginären Punkt in der Landschaft. Lässt sich heute kein Kultkuschler blicken? Na, macht auch nichts. Im Souvenirshop kann man immer noch die gepriesene Murmeltiersalbe von unterm Ladentisch erwerben. Ob die aus den Murmeltier-Verkehrsopfern gewonnen wird? Schon wieder ein Tierverarbeitungsskandal? Nie im Leben werde ich Murmeltiersalbe kaufen! Ich schwöre es, so wahr ich hier sitze.

Allzu lange Selbstgespräche am Abend sind ein klares Signal für den solitären Wanderer, sich endlich in die Federn zu begeben. Von einem Mangel an Bettschwere kann nun, nach dem dritten Viertele Wein, jedenfalls nicht mehr die Rede sein.

Doch auch am nächsten Tag geht das für mich so weiter: in der Stube des Glocknerhauses warten und in den Regen starren. Und wieder stürmen Scharen von Touristen herein. Die Gefahr einer tiefen Depression zieht herauf. Mich ergreift Torschlusspanik. Genug jetzt! Wie von der Feder geschnellt stürze ich aus dem Raum, packe auf der Stelle meinen Rucksack, begleiche die Rechnung und fliehe in den Regen. Nur raus hier, einfach immer Richtung Westen. Das bringt mich vorwärts und schafft Spielraum. Ich werde den Großglockner erst einmal südlich umgehen und ihn gründlich begutachten, um ihn dann von Westen aus zu besteigen. In der Ruhe liegt die Kraft. Ringkämpfer belauern sich ja auch erst einmal, bevor sie loslegen.

Ein ekelhafter Nieselregen, aber mit jedem Schritt finde ich ein kleines Stückchen mehr zu mir selbst. So wandere ich auf dem Wiener Höhenweg an der Salmhütte vorbei und über die Pfortscharte hinunter nach Kals. Erstmals habe ich einen Bergführer aus der Region gebucht. Ich treffe Helmut im Lucknerhaus, oberhalb von Kals, und dort übernachten wir auch. Helmut ist ein entspannter Typ, abends unterhalten wir uns in angenehmer Atmosphäre. Seine Gegenwart gibt mir ein gutes Gefühl für den morgigen Tag, und das lässt mich gut einschlafen.

Es ist soweit: Mein erstes Bergabenteuer, endlich! Aufbruch um drei Uhr morgens. Gut 1800 Höhenmeter Aufstieg liegen vor uns. Das ist auch das einzige Argument, um diese Weckzeit durchgehen zu lassen! Die Nacht hat das Tal noch fest im Griff und lässt um uns herum keine Farben zu, nur unglaublich viele Grautöne. Am Horizont jedoch leuchtet die weiße Gipfelflanke des Großglockner, von der Morgensonne grell bestrahlt wie mit einem starken Scheinwerfer. Ich bin ganz ergriffen. Wie überirdisch entrückt ist der Bergriese, im makellosen Glanz seines Hauptes. Ich mustere sein versteinertes, eisiges Antlitz, erkenne aber nur schemenhaft die Einzelheiten. Keinerlei Hinweise auf die Stimmungslage. Hoffentlich ist er uns wohlgesinnt! Geschickt wählt Helmut ein Tempo, das meinen Möglichkeiten entspricht. Ohne uns zu erschöpfen kommen wir rasch vorwärts. Wolkenfetzen huschen heran und schieben sich vor die aufgehende Sonne. Wir erreichen den Rücken des Riesen, einen nach beiden Seiten in atemberaubende Tiefe abfallenden Felsgrat. Die Schlüsselstelle, wo ist die nun? Eigentlich ist diese ganze Kletterei für mich neu und ungewohnt. Wir durchklettern den Grat einsam im Nebel, meine alpinistische Feuertaufe. Meine Schlüsselstelle sind die ersten Meter! Es ist wie das erste Mal als Schüler an einem Turngerät, einem Barren etwa. Ich fühle mich kritisch beobachtet, unsicher, weil ohne Erfahrung. Schaffe ich das? Ein wenig verbissen gehe ich die neue Herausforderung an, habe Angst, mich in den Augen des Bergführers dumm und ungeschickt anzustellen.

Erste Lektion Klettern: Während ich unten warte, steigt Helmut eine Seillänge hoch, fixiert an der Sicherungsstange (vom Alpenverein verankert) das Seil und sichert mich so von oben. Alles komfortabel organisiert, hier am Glockner! Jetzt klettere ich hinterher. Auf seiner Höhe angekommen, fixiere ich das Seil an der Stange, und Helmut klettert wieder voraus, durch mich von unten gesichert. Wiederum eine Seillänge höher, sichert er mich erneut. Bevor ich ihm folge, löse ich das Seil von der vorigen Sicherungsstange. Auf diese Weise bin ich, der Lehrling, stets vollständig absturzgesichert, mein Chef indes müsste im schlimmsten Fall eine Sturzhöhe von zwei Seillängen verkraften. Für uns beide ist diese Rollenverteilung selbstverständlich. Betrachten sich die Mitglieder einer Seilschaft jedoch als gleichwertige Partner, so ist es stets eine Frage des gegenseitigen Ausgleichs, wer voran klettert. Wo der Aufstieg nicht präpariert ist und die Bergsteiger die Sicherung erst einschlagen müssen, werden höchste Anforderungen an die Kameradschaft und Hilfsbereitschaft, ja, im Extremfall an den persönlichen Opfermut gestellt.

So arbeiten wir uns Stück für Stück voran. Noch bin ich ungeübt und muss mich im schroffen Felsgelände an den Griff- und Trittfolgen meines Lehrers orientieren. Dicker Nebel löst die markanten Konturen des Gipfels zu einer unscharfen Ahnung auf. Ich finde, das nimmt ihm jetzt doch einen Teil seiner Erhabenheit. Aber ich sollte besser nicht immer wieder dort hinaufspähen, denn sechs Stunden konzentrierter Aufstieg, dazu meine Unsicherheit, das lähmende Nebelnichts und die immer dünnere Luft saugen meine Energiereserven mehr und mehr auf. Jeder Griff, jeder Schritt ist nun anstrengend und wird zunehmend zur Qual. Was mir jedoch die Kraft zum Weitermachen gibt, ist die fiebrige Vorfreude auf mein erstes Gipfelerlebnis. Je größer die Anstrengung, desto größer die Erwartung an die Belohnung, »oben« zu sein. Moment, das kenne ich doch? So ähnlich war das ja auch in den Gefilden der Hochfinanz – je unbarmherziger gegenüber mir selbst ich wurde, je mehr ich mich reinhängte, um so exorbitanter wurden auch meine Bonuserwartungen. Mit dem einen Unterschied: Damals wurde ich fürstlich honoriert und war doch ferngesteuert –

hier und heute quäle ich mich aus freien Stücken und bezahle meinen Chef auch noch selbst …

»Bergheil, Rudi, gut gemacht, gratuliere!«

Helmut ist plötzlich stehen geblieben und reicht mir die Hand. Ich bin etwas konsterniert, muss erstmal gehörig verschnaufen.

»Sind wir oben?«

Mehr kriege ich jetzt einfach nicht raus.

Helmut grinst und macht mit beiden Armen nach allen Seiten eine ausladende Bewegung. Was ich sehe, ist – Nebel. Nichts als Nebel. Nun, da vorne geht es zum ersten Mal seit Stunden wieder runter, ergo sind wir auf dem Gipfel. So habe ich mir das aber nicht vorgestellt! Wo, bitte schön, ist das Panorama?

»Wir sind die Einzigen heute, die es gepackt haben.«

Helmut ist sichtlich bemüht, mich aufzumuntern.

»Guter Punkt«, maule ich, »aber frustriert bin ich trotzdem.«

Meine ganze Vorfreude auf den Gipfel ist in sich zusammengefallen wie ein plötzlich erkaltendes Soufflé, gerade in dem Moment, da das Wasser im Munde zusammenläuft. Niedergeschlagen, fröstelnd und ausgepumpt sehne mich jetzt nur nach einer heißen Suppe.

Das Abitur – *für den jungen W. war es 13 endlose Jahre lang das ersehnte Heilserlebnis, der Leitstern für eine verheißungsvolle Zukunft, sein ausschließliches Lebensziel. Als sei die Reifeprüfung das Jüngste Gericht, saß W. die Angst davor im Nacken: Wenn er versagte, drohte die ewige Verdammnis, wenn er als Jahrgangsbester abschnitt, erwarteten ihn himmlische Zukunftsaussichten.*

In den Hades gestoßen werden oder in den Olymp aufsteigen – das waren die Perspektiven, die seinen Lern- und Arbeitswillen anstachelten. Was ihm Kraft gab, war die Hoffnung, dass die Sterne umso heller leuchten würden, je steiniger der Weg wäre.

Das Ersehnte trat ein: W. ging als Erster durchs Ziel, wurde als Bester gefeiert und beneidet, wähnte sich auf dem Gipfel des Erfolgs. Doch in jenem Moment, da er die Süße seines Triumphs auskosten wollte, da schmeckte er nur eine faule Frucht. Denn er sah sich seines größten Ziels beraubt. Unversehens stand er orientierungslos und deprimiert da.

Zweite Lektion Klettern: Beim Abstieg wechselt die Reihenfolge in unserer Zweierseilschaft. Jetzt gehe ich voran, und der Bergführer sichert mich von oben. Ich fühle mich wie ein Hund an der Leine, der schon mal vorausschnuppern darf. Muss zum ersten Mal Verantwortung tragen, denn es gilt den richtigen Weg zu finden und sich zu überlegen, ob ich mich besser vorwärts, mit dem Gesicht nach vorn, oder rückwärts, mit dem Gesicht zum Berg hin, fortbewege. Mitunter ist das wie bei der sprichwörtlichen Entscheidung zwischen Pest und Cholera: Geht es vorwärts hinunter, muss ich immer wieder in schwindelnde Tiefe blicken – und im Rückwärtsgang weiß ich nie so genau, wohin ich als nächstes trete.

Bedrohlich schieben sich jetzt auch noch schwarze Wolken heran, ein Gewitter naht. Helmut gibt mir mehr Leine, damit ich beschleunigen kann, und beim Eintreffen am Lucknerhaus klatschen uns die ersten großen Tropfen ins Gesicht. Die Berggötter haben uns nicht nur vor dem hereinbrechenden Unwetter bewahrt, sondern auch meine

Stoßgebete erhört: In der Hütte bekomme ich tatsächlich die heiß ersehnte Suppe! Und was für eine: Wiener Eintopf mit Rindfleischeinlage und Gemüse, deftig gewürzt. Genüsslich kaue ich die kernigen und schmackhaften Fleischwürfel, die kräftige Brühe wärmt den Körper. Immerhin, ein gewisser Ausgleich für das mickrige Panorama bei meiner ersten Gipfel-Erstürmung.

Zum ersten Mal bin ich »am Seil gegangen«. Klingt banal, hat es aber in sich. Zur Illustration ein Modell – immerhin habe ich in meinem Beruf gelernt, auch für die banalsten Zusammenhänge ein solches zu erstellen. Also, Bergführer A und Anfänger B klettern einen massiven hohen Felsen hinauf, jeder für sich allein, ohne Seil. Das ist keine gute Idee, zumindest nicht für B. Denn der wird zitternd stehen bleiben, mit weichen Knien auf der Stelle festkleben, weil er fürchten muss, abzustürzen. Nun verbinden wir A und B mit einem Seil – und schon klettert B wacker hinter A her. Ja, B bewegt sich jetzt sogar dort sicher, wo er unmöglich hochkäme, wenn er Nerven zeigte. Denn jetzt ist er ja am Seil. Er weiß, dass er sich einen Ausrutscher erlauben könnte. Das Seil sichert also nicht nur sein Leben, es gibt ihm darüber hinaus auch enormes Selbstvertrauen. Kopfsache!

Sicherheit gewinnt aber auch A, selbst wenn er mit einem Anfänger wie B unterwegs ist, denn B sichert ihn ebenfalls und beschränkt seine maximale Absturzhöhe auf die doppelte Seillänge. Das ist für A zwar eine weniger komfortable Situation als für B, aber immerhin noch besser als der Totalabsturz. Selbst am Seil hängend geht mir zum ersten Mal auf, welches psychologische Potenzial darin schlummert, einem anderen Menschen das Gefühl von Sicherheit und Selbstvertrauen zu verschaffen. So einer wächst über sich selbst hinaus, sogar mit einem nur mittelmäßigen Talent! Oder anders herum: Welche zerstörerische Kraft doch wirkt, wenn das Gefühl von Sicherheit genommen wird! Wenn Menschen scheitern, dann oft auch deshalb, weil andere ihnen ihre Sicherheit und ihr Selbstwertgefühl nehmen. Oder noch schlimmer, sie kommen gar nicht bis zum Scheitern, weil ihnen schon der Mut fehlt, überhaupt etwas anzupacken.

»*Du kannst das nicht! Du bist so unendlich dumm!*«, *brüllte der junge W. Wie so oft, wenn er diesem Schüler Nachhilfe in Mathematik gab. Je mehr er tobte, desto falscher wurden dessen Lösungsansätze. Mit erstaunlicher Präzision erfüllten sich seine Prophezeiungen seines Versagens.*

Die Begegnung mit dem Goliath Großglockner lässt Klein-Davids Selbstvertrauen wachsen. Ich fühle mich fit und tatendurstig! Und auch die äußeren Bedingungen scheinen heute für mich zu arbeiten: Bei Bilderbuchwetter führt mein Weg nun, da ich wieder auf mich allein gestellt bin, durch eine regelrechte Bilderbuchlandschaft. Schlappe 1200 Höhenmeter von Kals auf die Blauspitze und den Weißen Knopf, und dann gleich wieder hinunter nach Matrei. »Peanuts!«, hätte einer meiner früheren Chefs gesagt. Fehler Nummer eins von mir hier: Ich traue mir zu viel zu. Ich bin halt nicht in den Bergen aufgewachsen, sondern nur in Sichtweite von ihnen. Und das allenfalls bei wohlwollender Betrachtung, weil von München aus die Gipfel nur erkennbar sind, wenn der Föhn die Luft kristallklar werden lässt. Forsch und geradezu beschwingt schreite ich also aus, entlang eines Gebirgsbachs, durchsichtig wie poliertes Glas. Munter, wie ich selbst es bin, klatschen seine Fluten an glänzende Klippen. Anfang Juni hat der Frühling endlich auch hier kraftvoll Einzug gehalten, das junge Laub der Wälder strotzt vor grüner Frische, die Flora der Bergwiesen explodiert förmlich in knallbunten Farbkaskaden. Mein Weg zweigt in einen Bergwald ab, er führt nun in herausfordernder Abruptheit bergauf.

Wie aus einem Luftballon binnen kürzester Zeit alle Luft entweichen kann, so zerfällt jetzt im Nu meine Euphorie zu faseriger Mattigkeit: Flüssiges Blei scheint in den Adern zu strömen, Trägheit ergreift Besitz vom Gemüt, die bisher so geschmeidigen Bewegungen werden unrund. Nur unlustig kämpft mein erlahmender Wille gegen die übermächtige Schwerkraft an, höchst mühsam schleppe ich mich weiter. Schritte hinter mir! Näher und näher kommen sie, aber ich mag mich gar nicht umsehen. Fast wie in einem Angsttraum scheinen meine Füße wie festgeklebt auf dem Grund. Ein junges Paar zieht jetzt lächelnd an mir vorbei! So mühelos und leichtfüßig, dass ich mich richtig überwinden muss, ihren freundlichen Gruß zu erwidern. Was ist nur los mit mir?

Endlich habe ich den Wald hinter mir, aber nun, auf baumlosen Grasmatten, die sich bis zum Horizont ausdehnen, bin ich schutzlos der prallen Sonne ausgeliefert. Gnadenlos richtet sie ihr Brennglas auf mich und verfolgt mit ihm jeden einzelnen meiner Schritte. Jede Bewegung erscheint so nutzlos wie das ungelenke Krabbeln eines Käfers, der die Sahara durchqueren will.

Ich krieche über Blauspitze und Weißen Knopf und bin zu apathisch, um mir über die eigenartige Namensgebung dieser beiden Gedanken zu machen. Fehler Nummer zwei, hier und heute: Anstatt auf dem gut begehbaren Forstweg hinunter nach Matrei zu laufen, will ich Schlaumeier den Weg abkürzen. Prompt verlaufe ich mich und lande in einer Schlucht. Die Versuchung ist allzu groß, einfach weiter und immer tiefer ins Schlamassel zu laufen … Fehler Nummer drei: Wie im »richtigen« Leben ignoriere ich geflissentlich die eindeutigen Signale für eine rechtzeitige und sinnvolle Umkehr – ich verfüge einfach nicht über die Antennen dafür. Wie auch? Es ging für mich doch immer nur in einer einzigen Richtung weiter – nach vorne, und zwar ohne Kompromisse!

Einer schlüpfrigen Felsbarriere fällt die Aufgabe zu, den ersten größeren Stein aus einer inneren Mauer zu brechen, die in den kommenden Wochen und Monaten Stück für Stück zerlegt werden soll. Aber das weiß ich jetzt keineswegs zu würdigen. Zerknirscht, ja wütend kapituliere ich jedoch, angesichts dieses formidablen Hindernisses. Bloß nicht auch noch dort hochkraxeln, über diese rutschigen Felsen! Ich fluche grimmig vor mich hin und schimpfe wie ein Rohrspatz über mein »Pech«. Doch bald fehlt mir selbst dazu die Kraft. Alles schmerzt, ich kann nicht mehr. In diesem Moment, nach zehn Stunden Leidenszeit, gönne ich mir zum ersten Mal den Griff zu meinem Handy. Ja, ich werde jetzt an geeigneter Stelle einen SOS-Notruf absetzen. Bisher reichte die Kommunikation per SMS, aber nun brauche ich eine intensive Packung moralischer Unterstützung. Gott sei Dank, meine Freundin hebt ab. Alles klar: Sie räkelt sich auf dem Sofa, ein Glas kühlen Weißweins in der Hand. Na wunderbar, das motiviert mich schon mal gewaltig.

»Schatz, ich kann nicht mehr. Ich bin fertig. Also, richtig fertig.«

Schweigen.
»Aha, und wo bist du jetzt?«
»Am Berg, noch zwei Stunden bis ins Tal. Ich kann nicht mehr.«
»Du Armer, das tut mir aber leid!«
Soweit das Zuckerbrot. Pause, auf beiden Seiten. Und dann die Peitsche:
»Jetzt reiß dich zusammen und lauf weiter. Du schaffst das schon. Ich glaub an dich!«
Hörbar ein weiterer Schluck vom Weißwein.
Zehn Minuten noch geht das so weiter, mit mitleidvollem Bauchpinseln und rüden Durchhalteappellen, dann habe ich mir den Frust von der Seele geredet und schultere trotzig den Rucksack. Erstaunlich, welche Energien ich plötzlich noch einmal freisetzen kann! Tatsächlich finde ich zu meiner gewohnten Disziplin zurück und laufe gekräftigt weiter bis nach Matrei. Falle in der nächstbesten Pension ohne Verzug ins Bett.

Disziplin war das Mantra und Trotz der Motor der Eltern von W. Und Arbeit das täglich Brot der Seele. W.'s Vater, denunziert im jungen SED-Staat, setzte sich in den Westen ab und ließ alles zurück: eine gescheiterte Ehe, eine Tochter, ein kleines Vermögen. Er kam mit »nichts« an, wie das damals hieß. Auch W.'s Mutter, eingesperrt im kleinbürgerlich-erzkatholischen Milieu der Oberpfalz, floh: in die Großstadt. Ebenfalls mit »nichts« im Gepäck, außer ein paar selbst gestrickten Socken. Beide Eltern verband der unbändige Wille, etwas zu erreichen im Leben. Und es ganz bestimmten Menschen so richtig zu zeigen: den Denunzianten, den Spöttern der Socken.

Muße war für sie wahlweise das Konzept des Teufels oder die Erfindung der Salonsozialisten. Das spürte der junge W., wenn er nach der Ankunft im Urlaubsort auf die sonderbare Idee kam, ein Buch in die Hand zu nehmen. Er konnte sicher sein, dass seine Eltern andere Vorstellungen von einer sinnvollen Tätigkeit hatten. Einmal musste er für die Schule einen Hausaufsatz zu einem Essay über »Die Kunst des Müßiggangs oder das aktive Nichtstun« schreiben. W. einer nachhaltigen Gehirnwäsche in Sachen Fleiß und Disziplin zu unterziehen, darauf hatte sein Vater nur gewartet. Er ruhte nicht eher, als bis sein Sohn ein glühendes Pamphlet für die Tugend der Arbeit und wider das Laster des Müßiggangs verfasst hatte. Am Ende war W. sogar richtig überzeugt von »seinen« Thesen, noch mehr aber freute es ihn, den häuslichen Frieden gewahrt zu haben.

Cornelia trägt keine selbst gestrickten Strümpfe. Und sie hat keinen ungesunden Ehrgeiz. Im Tauernhaus, meinem Startpunkt für die Durchquerung der Venediger-Gruppe, bin ich der einzige Gast. Der überraschende Leistungseinbruch von gestern erleichtert meinen Entschluss, hier erst einmal alle Fünfe gerade sein zu lassen. Mit der Servierfrau Cornelia kann man bei einigen Gläsern Bier trefflich über das Leben philosophieren. Moderate Alkoholisierung plus Zigarre ermöglichen selbst dem müdesten Krieger den Entwurf weit gespannter Lebenskonzepte – und lassen ihn die Planung der unmittelbaren Zukunft getrost auf später vertagen!

Später, in meiner Koje liegend, ich sehe mich eigentlich schon in der Abklingphase eines ereignisreichen Tages, passiert noch etwas Merkwürdiges. Der übliche innere Dialog, der kurz vor dem Einschlafen vom mentalen Autopiloten in

Gang gehalten wird, verändert sich ohne mein direktes Zutun. Ich höre plötzlich *zwei* Stimmen in meinem Kopf!

»Diese Frau ist extrem entspannt und total gut drauf: keine übermäßigen Ambitionen, keine hochtrabenden Pläne. Einfach erfrischend, natürlich, fröhlich.«

So denke ich, und fühle mich behaglich unter meiner Decke. Der Satz bleibt aber nicht einfach so im inneren Raume stehen. Ich habe jetzt einen Gesprächspartner zwischen den Ohren:

»Cornelia hat gut reden. Sie muss nicht raus aus dem Hamsterrad, weil sie schlicht niemals drin war! Also kein Vorbild für dich.«

Wer oder was war das? Immerhin kommt mir die Argumentation nicht unvertraut vor. Und nun beginnt eine regelrechte Diskussion in meinem Kopf!

»Nein, verlockend auch für mich, so eine Lebenseinstellung – gänzlich ungequält vom Stachel permanenter innerer Unruhe. Das ist es doch, wie ich werden will!«

Aha, das war wieder »ich« – zu wem aber gehört dann die zweite Stimme? Und sie gibt noch immer nicht Ruhe:

»Geht doch nicht, komplett ohne Ehrgeiz durchs Leben zu schlittern! Keinerlei Ziele zu verfolgen! Wenn die Frau schon keine Karriere machen will, dann doch bitte schön irgendwas mit einem gewissen intellektuellen oder künstlerischen Anspruch! Wo bleibt da der Biss? Sie könnte ja wenigstens an ihre Fortbildung denken. Und hätte immer noch jede Menge Zeit, eine Fremdsprache zu erlernen …!«

Halt, halt, der sprudelt ja nur so aus mir heraus! Ein böser Verdacht beschleicht mich: Werde ich jetzt noch zur multiplen Persönlichkeit? Ist der Preis des Persönlichkeitswandels eine Phase innerer Zerrissenheit? Aber ich bin jetzt wirklich zu müde, um weiter in den Untiefen meiner eigenen Seele zu gründeln ...

Bereits am folgenden Morgen wird mir die rätselhafte Volatilität meiner Stimmungen erneut eindrucksvoll vor Augen geführt. Es fühlt sich so an, als ob sich alle Riemen lösten, die mein Gefühlskorsett bisher zusammen- und die Schwankungsbreite meiner Emotionen innerhalb relativ enger Grenzen hielten. Nur drei Schritte hinter der Haustür erlahmt mein Wandertrieb ganz und gar, zu verlockend ist die Terrasse des Tauernhauses. Dort steht diese grob gezimmerte Holzbank, schön warm von den milden Strahlen der Morgensonne. Ringsherum Tröge mit bunten Blumen. Vögel zwitschern. Eine geballte Versuchung, ein Anschlag auf mein Leistungsethos! Willenlos lasse ich mich auf der Holzbank nieder und gebe mich ohne jedwedes schlechtes Gewissen dem Zauber des Moments hin. Ist es möglich, dass Cornelia mich mit dem Virus des süßen Nichtstuns infiziert hat?

Ein Stück frische Sachertorte muss jetzt her! Und da ist es schon, dieses Gedicht von einem österreichischen Kuchentraum. Mürber, tiefbrauner Teig, umschlossen von schimmernder Schokoglasur, die in der Sonne zu einer zarten Creme schmilzt. Eingebettet zwischen Glasur und Teig: bernsteinfarbene Aprikosenmarmelade, in der die Fruchtstückchen funkeln. Bevor ich mir genussvoll den ersten Bissen einverleibe, drehe ich die Gabel mit dem Tortenstück noch einmal nach rechts und links, um im einfallenden Sonnenlicht das warme und körnige Farbspektrum der Schichtung zu bewundern. Die Hauskatze schnurrt um meine Beine und erbettelt ein Stück.

Wie ein Murmeltier in der Sonne dösend, verweile ich auf der Holzbank und blinzle versonnen in die Ferne. Am Horizont eine Parade prachtvoller, schneebedeckter Berggipfel, wie mit einem scharfen Messer aus dem stahlblauen Himmel ausgestochen. Und da ist sie, die innere Ruhe, die ich gesucht habe. Der Moment wunschlosen Glücks, wonach ich mich so lange sehnte. Hier, auf dieser Holzbank, in der heiteren Frühlingssonne, finde ich Freude und Frieden. Einfach so.

Bilder aus meiner Kindheit kommen hoch. Mein Vater und ich, wir beide in den Bergen. Sorgenfrei und unbeschwert stromern wir durch die freie Natur. Ein schon vergessen geglaubtes Bild steht mir mit einem Mal wieder vor Augen: Vater, braungebrannt und lachend im Unterhemd auf der Bank vor der Berghütte sitzend, wie er mit dem Taschenmesser Brot und Salami für uns beide schneidet. Wie er auf die Bergkette am Horizont zeigt und mir den Namen jedes einzelnen Gipfels nennt. Erinnerungen, die lange verloren schienen. Denn ein anderes Vaterbild hatte sich wie eine starre, hässliche Kruste darübergelegt: sein strenges Gesicht, seine verkrampfte Miene, Worte, die einfach gnadenlos waren. Ein engstirniger Patriarch mit betonharten Ansichten und Erwartungen. Schließlich ein alter und kranker Mann. In Gedanken bricht es regelrecht aus mir heraus:

»Vater, ich habe immer alles getan, was du von mir verlangtest. Und bin unglücklich! Hast du das gewollt?«

Tote können mehr Macht über Menschen haben als Lebende, weil die Möglichkeit fehlt, sich mit ihnen auseinanderzusetzen. Immer habe ich darauf gehofft, dass die Zeit eine Lösung brächte. Dass irgendwann der Tag käme, an dem sich diese Verbitterung löste, doch auf diesen Tag wartete ich vergebens. Bis zu dieser Stunde. Ein weiterer Stein aus der inneren Mauer fällt zu Boden.

Vielleicht bin ich auch deshalb in die Berge gegangen, weil ich zu meinen Anfängen zurückkehren wollte, dorthin, wo alles begann und wo ich als Kind im Einklang mit mir selbst lebte. Wie meine Reise auch verlaufen, was auch immer am Ende meiner Auszeit stehen mag, ich will herausfinden, was mir wirklich wichtig ist. Ich möchte einen Lebensentwurf finden, für den es sich zu leben lohnt. Noch bin ich jung genug für ein neues Leben!

Wehmütig betrachte ich das Laken aus Eis und Schnee, das die Venediger-Gruppe verhüllt. Dorthin will ich. Eure Geheimnisse will ich lüften! Doch dafür brauche ich wieder einen Bergführer. Der freundliche Hüttenwirt ist mir bei der Suche behilflich. Gar nicht so leicht, einen Bergführer zu finden! So früh in der Bergsteigersaison halten die meisten offenbar noch Winterschlaf. Oder sie sind beim Tauchen auf den Malediven. Der Hüttenwirt wählt sich fast die Finger wund, wird aber schließlich fündig: Anton – schon dieser Name klingt nach einem Mann der Berge, irgendwie geradlinig und erdverbunden. So stelle ich mir das vor! Anton und ich verabreden uns für den frühen Abend auf der Neuen Prager Hütte, zu der ich mich durch ein rosa Meer aus Almenrausch vorarbeite. Im Tal lastet drückende Schwüle, und weiter oben ist kalter, nasser Nebel.

Anita, die Hüttenwirtin, serviert Kaiserschmarrn. In meinen Augen die herausragende Errungenschaft der K.u.K-Monarchie! Und genau so muss er sein: luftig-locker (statt Mehlpampe), reife Rosinen als dezente Zugabe (statt murmelgroßer Klumpen), eine leicht karamellisierte Kruste. Und dazu fruchtiges Zwetschgenkompott. Zu mir an den Tisch gesellen sich Roland und sein Kumpel aus München, nette Jungs, die am nächsten Tag ebenfalls auf den Großvenediger wollen. Da ist auch schon Anton, gerade rechtzeitig für die nächste Runde Weißbier. Na, wenn er droben in Eis und Schnee ebenso sicheren Instinkt beweist, darf ich mich bei ihm wohl gut aufgehoben fühlen. Ein vortrefflicher Hüttenabend! Dem alltäglichen Leben drunten entrückt, in schwereloser Behaglichkeit, lassen vier Menschen, die noch vor wenigen Stunden Fremde waren, ganz unkompliziert Nähe und Vertrautheit zu. Sozialer Dünkel, Unsicherheit, hierarchische Positionierung – all das lässt der Zauber einer einsamen Berghütte im Nu verschwinden. Und er scheint ein feiner Typ zu sein, der Anton.

Spontaneität, Gefühle zeigen oder gar physische Nähe, das lag dem jungen W. nicht. Küsschen, Umarmungen, gefühlsduseliges Tätscheln – damit gab man anderen nur unnötige Angriffsflächen. Wenn man dagegen immer schön die emotionale Distanz wahrte, konnte nichts passieren. Korrektes Händeschütteln, bei der Begrüßung seiner Eltern mit einem deutlichen »Grüß Gott«, oder unter Freunden begleitet von einem kernigen »Servus« – so ging das. Und so hatte alles seine Ordnung. Das empfand W. als gelebte zwischenmenschliche Hygiene; es bestand keine Gefahr, sich mit unnötiger Emotionalität anzustecken.

Der Sonnenaufgang am nächsten Morgen: wie eine Schicht Orangenmarmelade zwischen zwei weißen, glatten Toastscheiben – unter uns Nebel, über uns Nebel. Dazwischen klare Sicht auf den Gletscher. Ich kann mich kaum sattsehen.

Die List, mein Gepäck in Plastik einzutüten, entpuppt sich heute als Rohrkrepierer. Auf dem Gletscher öffne ich den Rucksack, um die Thermosflasche herauszunehmen.

Schwuppdiwupp! – schon entwischt mir der Beutel mit Pass und Geld. Durch das Plastik noch beschleunigt, zischt er auf dem Gletschereis in die neblige Tiefe.

»Mist, das kann ich abschreiben!«, hört man einen Banker in die stille Bergwelt rufen.

In der Tat: Wie soll ich hier, mitten in der Wildnis, an einen neuen Pass kommen? Nichts als Ärger und Unannehmlichkeiten! Und das Geld? Ist halt weg, das kann ich verschmerzen ... Ertappt! Die alten Reflexe sind noch ungebrochen: Gelassenheit des Überflusses und Panik vor dem Unbequemen ... Was einem in so einer Situation alles durch den Kopf schießt ... Zum Glück gibt es immer noch Anton. Sein Vorschlag haut mich fast um:

»Wir genga jetzt da runter und hoin dei Zeigs!«

Eigentlich nahe liegend, nur nicht in meiner Gedankenwelt. Aber schon sind wir auf dem Weg nach unten, allerdings frage ich mich, warum Anton exakt diese Richtung wählt. Der Beutel flog doch ganz woanders hinunter! Wir steigen immer weiter hinab. Mann, die ganze Strecke müssen wir auch wieder hoch! Jetzt bleibt Anton plötzlich stehen. Bückt sich und hebt etwas vom Boden auf. Meinen Beutel! Als handle es dabei sich um die selbstverständlichste Sache der Welt. Ich bin sprachlos. Wie hat er das geschafft? Wenn ich diesen unfehlbaren Instinkt bei der Vorhersage von Aktienkursen an den Tag gelegt hätte, wäre ich bereits jetzt eine Legende! Anton selbst ist herzlich wenig beeindruckt von seiner Leistung. Er lächelt vielwissend und erwähnt noch beiläufig, dass direkt hier unter uns drei verunglückte Tourengeher im Eis begraben liegen.

»Wie, du meinst, wir stehen gerade auf drei Leichen?«

Beklommen betrachte ich den Grund zu meinen Füßen.

»Jo, des moan i.«
Jetzt steht meine Welt total auf dem Kopf. Dieser Mann, der mir überaus sympathisch ist, tickt doch wirklich ganz anders als ich.

Der österreichische Alpenverein ist für alle da! Und Gipfelkreuze zu montieren ist offenbar seine Haupttätigkeit. Oder wenigstens eine davon. Ist auch keine einfache Aufgabe am Gipfel des Großvenediger, denn der besteht komplett aus einer pyramidenförmigen Eiskuppel. Mangels Felsfundaments war hier also Kreativität am Bau gefragt: Als Verankerung für das Kreuz wurde ein kastenartiges Holzgestell gewählt. Doch sind die Ehrenamtler vom Alpenverein meist weder Physiker noch Statiker. Und so mag man es ihnen nachsehen, wenn sie nicht bedachten, dass Holz recht viel Wärme absorbieren kann und daher das schwere Konstrukt schnell im Schnee versinken würde. Das Absinken geschah aber nicht gleichmäßig, und so ist das Gestell eben im Laufe der Jahre Stück für Stück seitlich vom Gipfel gekippt. Da hängt es nun, schräg wie ein Soldatenkäppi auf einem kahlen Schädel. Irgendwie leidet die Würde des Berges, denke ich pikiert.

Beim Abstieg glüht die Sonne wie ein Lötkolben und verdichtet den Neuschnee auf dem Obersulzbachkees zu einer pampigen, knietiefen Soße. Wir waten zur Kürsinger Hütte, bei jedem Schritt quietschen die Schuhe vor Nässe. Sepp, der Hüttenwirt, führt hervorragenden Schweinebraten im Programm. Man kann das Fleisch fast zwischen Zunge und Gaumen zerdrücken, und das Sauerkraut ist gut abgelagert. Sepp hegt den Traum, nach Sizilien auszuwandern, wie er

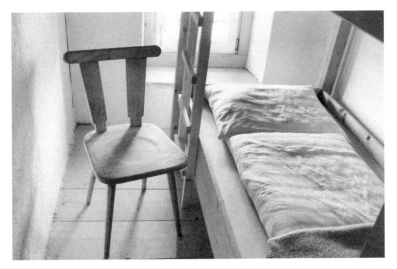

8 qm Himmelreich

mir erzählt. Wenn er Spaghetti so gut kocht wie heute seinen Schweinebraten, dann könnte er doch eine Hütte am Ätna aufmachen.

In einem winzigen Zimmer liege ich behaglich im luftigen Federbett und bin einfach nur glücklich. Warum eigentlich? Es ist wohl diese Art zu leben, die mir ein ganz ungewohntes Gefühl von Leichtigkeit und Aufgehobensein gibt. Jeden Tag ein klares Ziel vor Augen. In der Natur sein, frei vom Erwartungsdruck anderer Menschen (wenn auch noch nicht ganz frei von dem Druck, den ich mir selbst mache). In einem schlichten, erdverbundenen Umfeld schalten und walten, wie es mir beliebt. Und acht Quadratmeter Privatsphäre für ein paar Stunden Schlaf. Unschätzbare Wonne!

W. fühlte sich wie eine Kugel in einem ständig bewegten Radlager, an der die Fliehkräfte unaufhörlich ziehen. Da waren Freunde, Familie, Freundin, Kollegen, Kunden. Da waren die eigene Eitelkeit, der eigene Ehrgeiz. Ist der Mensch längere Zeit einer derartigen Situation ausgesetzt, deformiert das seine Persönlichkeit. W.'s Wesen wurde extrem geschmeidig, elastisch und anpassungsfähig. Mit für sein Alter erstaunlichem diplomatischem Geschick manövrierte er sich durch widerstrebende Interessen hindurch, blieb scheinbar unbeschadet, und war in den Augen seiner Umwelt auch noch erfolgreich im Bemühen um Ausgleich und Verständigung. Der Preis der – überaus erfolgreichen – Strategie, sich stromlinienförmig anzupassen und Konflikten aus dem Wege zu gehen, war jedoch hoch: W. verlor seine eigene Mitte und das ureigene Wissen darum, wer er eigentlich war und was er wollte. W. lernte vieles, aber das nicht.

Mein Anton, ganz der Naturbursche? Von wegen! Heute überrascht er mich mit einer Hightech-Errungenschaft: dem Bergsteiger-Navi. Genauer gesagt, einem GPS-Navigationsinstrument, das Höhenlinien, Wegpunkte und ganze Routen anzeigt. Anschauungsunterricht in Sachen globaler Erwärmung: Folgten wir heute einfach den Wegpunkten, die Anton vor zwei Jahren eingespeichert hat, wo würden wir landen? Im Wasser! Denn inzwischen ist die Gletscherzunge des Obersulzbachkees auf einer Länge von nicht weniger als 300 Metern (!) weggebrochen und zu einem schmutzig-grünen See degeneriert. Wie ein schwindsüchtiger Patient, so kauert der einst stolze Eiskoloss armselig, grau und schlapp in der Talsohle. Bräunlicher Schlamm bildet die letzte Verteidigungslinie seines aussichtslosen Rückzugsgefechts. Da kann ich doch froh sein, mein Hannibal-Projekt noch vor 2050 angepackt zu haben, wenn fast alle Gletscher verschwunden sein sollen. Oben, in der Gipfelregion des Großen Geiger, in die ich erwartungsvoll hinaufspähe, weil wir dort jetzt hinaufwollen, liegt üppiger Neuschnee. Allerdings nur so viel, um den Schwund an Substanz optisch zu kaschieren. Gletscherbotox, sozusagen.

Oben angekommen, verblüfft mich einmal mehr die Artenvielfalt österreichischer Gipfelkreuze. Es grüßt den Gipfelbezwinger ein dynamisch-schnörkelloses Modell aus witterungsbeständigem Aluminium mit asymmetrischem Zuschnitt aus runden Pylonen. Sehr spirituell.

Gipfelkreuze sind so eine Art Visitenkarte der Bergwelt eines Landes. Es präsentieren sich bayerische, österreichische, französische, italienische, Südtiroler und Schweizer Exemplare. Am sympathischsten sind mir persönlich die bayerischen, vielleicht weil sie meiner barocken Lebensart entsprechen: Sie wirken lebensfroh, verstecken sich nicht und fügen sich meist gut in die Landschaft ein. Angesichts der österreichischen Exemplare habe ich unwillkürlich das Bild fleißiger Vereinsleute vor Augen, wie sie melancholisch ihre Kreuze polieren, weil sie darin den Abglanz verlorener Größe erkennen. Die *crux austrianensis* gibt sich eine enorme Bandbreite der Ausdrucksmöglichkeiten, von wuchtig-monumental bis kitschig-verspielt, nicht ungern auch postmodern-protzig. Ein willkommenes Vorbild für die Südtiroler! Die leben an ihren Kreuzen ungehemmt die gefühlte Nähe zu Österreich aus, ausnahmsweise ungestört durch ihre italienischen Aufpasser. Die Schweizer, wen wundert es, pflegen ihr Profil kultivierter Bescheidenheit mit eisernem Durchhaltewillen: Sie montieren schlichte, gemäßigt dimensionierte Gebilde sogar auf die monumentalsten Gipfel. Selbst im katholischen Wallis hat sich im künstlerischen Genre der Gipfelkreuze die staubtrockene Mentalität des Herrn Zwingli aus Zürich durchgesetzt – und zwar ohne jedweden Hang zur regionalen Individualität, wie er sonst den Eidgenossen zu eigen ist. Aber die Italiener – Madonna! Ihr absolutes Lieblingsmotiv, wie könnte es anders sein, ist die heilige Jungfrau: vorzugsweise im Retrolook, Aluminium-eloxiert. Und die Franzosen? Mon Dieu! Nach der Säkularisierung ist da wohl jemand die Berge hochgelaufen und hat alle Kreuze einfach abgeschraubt. Oder sollte der französische Klerus endlich gelernt haben, sein Geld besser zusammenzuhalten? Na, wo es keine Kirchensteuer gibt, da sind Gipfelkreuze wohl unnötiger Luxus.

Auf der Essener-Rostocker Hütte sind Anton und ich die einzigen Gäste. Passend zum ersten Teil dieses Namens spricht Björn, der Wirt, astreines Ruhrplatt. »Zechenchef« muss man ihn hier wohl nennen. Wenn der lacht, dann bröckelt der Putz von den Wänden! Er macht seinen Job mit Leib und Seele, hat sogar sein eigenes Geld in die Renovierung der Hütte gesteckt. Ob die Einheimischen in dem Bochumer als Pächter der Traditionshütte wohl eine Bedrohung ihrer territorialen Hoheit sahen? Jedenfalls schlitzten sie ihm zur Begrüßung die Reifen seines Autos auf.

Björn ist ein sehniger, drahtiger Typ mit wehenden langen Haaren. Wenn man ihn so sieht, glaubt man ihm die Geschichte seines größten Abenteuers sofort: Einmal blieb die Seilbahn stehen, mit der er aus dem Tal Proviant hinauf zu seiner Hütte transportiert. Er selbst stand dabei in der Kabine. Unter ihm gähnende Tiefe. Was machte der Kerl? Kletterte hinaus, hangelte sich über eine Entfernung von gut hundert Metern an den Stahlseilen entlang und erreichte, mit blutenden Händen, aber sonst unversehrt, die rettende

Bergstation. Ob es seine »Freunde« im Tal waren, die ihm den Strom abstellten?

Für uns kocht er heute Abend wie ein Besessener Unmengen von Pasta. Ein Typ, der alles mit Hingabe und Leidenschaft tut – oder es gleich ganz sein lässt. Einer wie er interessiert sich für alle Einzelheiten meines verrückten Projekts. Ich bin perplex, als er nur die Hälfte dessen verlangt, was ich ihm eigentlich schulde. Menschen wie Björn kannte ich bisher nicht. Der Quell seiner erfrischenden Lebensfreude ist eine große innere Stärke. Ihm ist es egal, was andere von ihm denken. Der Antityp des gewieften Beraters, wie ich es war! Der berechnend um die Gunst des Kunden buhlt und sich freiwillig zur Karikatur seiner selbst macht.

W. lernte früh, dass er von Feinden und bösen Menschen umgeben war. Homo homini lupus – »Der Mensch ist dem Menschen ein Wolf« – statt der Weichspülerformel »Der Mensch ist von Natur aus gut.« Niemandem durfte man trauen, das war das Credo seiner Eltern, am wenigsten den Russen und den Sozis, die einem immer nur alles wegnehmen wollten. Diese Welt ist ein Nullsummenspiel, entweder man nimmt oder es wird einem genommen. W.'s eigene Erfahrungen bestätigten ihm frühzeitig, dass seine Eltern wohl recht haben mussten: Als noch kleines Kind ging er zum ersten Mal mit seiner Großmutter einkaufen. Beim Zahlen an der Kasse beobachtete er fasziniert, dass einige Münzen wie von Zauberhand in die schwarze Schale am Kassentisch rollten. Dies musste das Wechselgeld der Kundin vor ihnen sein. W. wollte helfen und griff in die Schale, um es der Dame zu reichen. Statt eines freundlichen »Dankeschön« erntete er jedoch entsetzte Blicke. Dazu von seiner Großmutter eine saftige Ohrfeige und

wüste Anschuldigungen. Da begriff er, dass die Sache mit dem Geld eine heikle Sache ist, bei der man aufpassen musste, nur nichts falsch zu machen.

Die Morgendämmerung begrüßt mich mit Schädelbrummen. Am Abend zuvor ist der Alkohol reichlich geflossen. Björn ist nicht nur rhetorisch gut drauf, sondern auch absolut trinkfest, zwei Eigenschaften, die bei einem Hüttenwirt optimal harmonieren. Letztere ist auch eine Kernkompetenz der meisten Bergführer. Anton ist da keine Ausnahme, er trank deutlich mehr als ich und wirkt jetzt trotzdem topfit.

Ein reißender Bach, der sich gurgelnd um größere Felsbrocken herum seinen Weg talwärts bahnt, versperrt uns den Weg. Irgendwie nicht ganz bei der Sache, versuche ich es Anton gleichzutun: Von Stein zu Stein springend, verliere ich jedoch prompt das Gleichgewicht und kann ein Vollbad gerade noch durch eine Hechtrolle aufs andere Ufer vermeiden …

Mein Restalkohol entweicht, wenn auch nur unter Qualen, als mich Anton leichtfüßig und, wie ich vermute, mit einer gewissen Schadenfreude zum Reggentörl hetzt. Nur immer weiter hinauf in dieser steil ansteigenden, endlosen Firnrinne!

Das muss erklärt werden: Der »Firn« ist eine der am weitesten verbreiteten Oberflächen im Hochgebirge, nämlich gefrorener Altschnee. Je nach Gegebenheit kann er entweder als Partner oder als Gegner des Bergsteigers in Erscheinung treten, da es sich dabei um eine äußerst wetterwendische, ja launische Sache handelt. Firn ist, wenn man so will,

Teil eines hochalpinen Mehrschichtenmodells mit variabler Ausprägung: Ganz unten ist natürlich das Gestein, darüber – optional – blankes Eis. Darauf liegt eine Schicht Altschnee, die im Wechsel von Tag und Nacht immer wieder antaut und anfriert – unser Firn eben. Sie kann recht dick sein, ihre verharschte Oberfläche ist manchmal sogar so tragfähig, dass man darüber zu gehen vermag. Oder man bricht ein! Ganz oben drauf ist – optional – noch eine Schicht Neuschnee, deren Mächtigkeit stark variiert. Man weiß im Firngelände also nie wirklich genau, auf welchen Grund man als nächstes seinen Fuß setzt!

»Rinnen« sind im massiven Berggestein natürlich ebenfalls nichts Ungewöhnliches. Sie sind für den Bergsteiger deshalb interessant, weil man in ihnen in direkter Linie und auf dem kürzesten Weg auf- und absteigen kann. Je nach Gefälle und Schlüpfrigkeit der Oberfläche – Firn! – bilden sie aber auch ein eigenes Gefahrenpotenzial. Eine Rutschpartie nach unten kann einen ungeahnten Beschleunigungseffekt auslösen, weshalb der Alpinist bei besonders steilen Rinnen auch gern von einem »Kanonenrohr« spricht.

Nun, meinen ersten Ritt auf – oder vielmehr »in« – einem Kanonenrohr habe ich also hinter mich gebracht. Weit hinten im Blickfeld erkenne ich jetzt eine halbkreisförmige Gletscherarena, deren Bogen sich bis zum äußersten Horizont spannt. Das also ist das Umbalkees, gleichsam ein von Gotteshand geschaffenes, natürliches Amphitheater von zyklopischen Ausmaßen. An seiner westlichen Kante thront die Dreiherrnspitze, unser heutiges Ziel.

Wie scheues Wild schnüren wir durch eine unberührte, stumme Welt funkelnder Kristalle. Und als zwergische Besucher dieser Arena für Giganten betreten wir an ihrer Ostflanke staunend die obersten Ränge, um auf gleichbleibender Höhe hinüber zur anderen Seite zu gelangen. Zunächst trägt der in der Nacht gefrorene Schnee noch, es ist ein Spaziergang über knusprig harten Firn, jeder Schritt fühlt sich an wie ein leichtfüßiger Tanz auf Knäckebrot. Allmählich weicht die Sonne dieses Geläuf zu knietiefem Matsch auf, und jetzt fühlen wir uns wie Zwangsarbeiter, die in der Mittagshitze Samba tanzen müssen – mit zentnerschweren Bleikugeln an den Füßen. Eigenartig, denkt es in mir, während ich mich so voranquäle, eben noch war derselbe Weg kinderleicht und gefahrlos zu bewältigen. Es scheint hier vor allem darauf anzukommen, den richtigen Zeitpunkt zu erwischen. Gilt das nicht auch für meinen Lebensweg? Würden die Pflichtetappen des Lebens uns nicht auch leichter fallen, wenn wir sie früher in Angriff nähmen? Oder später? Und wie finde ich den richtigen Zeitpunkt?

Auf dieser monumentalen Bühne ohne Zuschauer spielte sich im Zweiten Weltkrieg ein Fliegerdrama ab. Hier ging eine deutsche Maschine mit einer Bruchlandung nieder. Sie wurde, wie alles in der arktischen Wüste, allmählich vom »ewigen« Eis verschluckt – und tauchte doch sechzig Jahre später ein paar hundert Meter weiter unten wieder auf. Gletscher töten und Gletscher konservieren. Ist also der Preis jedes Festhaltens immer ein Stück Sterben? Vielleicht hatte der Pilot kurz vor dem Absturz sogar jene Stelle überflogen, wo er als Leiche später wieder gefunden wurde. Hinwärts brauchte es wenige Sekunden bis zum Aufprall – der Weg zurück dauerte Jahrzehnte. Wie relativ ist doch unser Zeitbegriff.

Beim Abstieg bekomme ich, überhaupt nicht mehr von metaphysischen Gedankenspielen belastet, den empirischen Beweis für etwas ebenfalls Unsichtbares, dabei aber doch sehr Handfestes frei Haus geliefert: die Gravitation.

Auf der Eisflanke der Dreiherrnspitze bin ich nur einen Moment lang unachtsam, verhake mich mit den Zacken des Steigeisens im Hosensaum, falle hin – und rutsche unaufhaltsam den stark abschüssigen Hang hinunter. Mein Sturz reißt auch Anton, der mich am Seil führt, von den Beinen. Schönes Gedankenmodell, dass der eine den anderen mit Seil und Haken sichert! Wo im Alpenraum gibt es so festes Eis und so weichen Fels, dass man ein Eisen tief genug hineinschlagen kann, damit es zwei ausgewachsene Menschen beim Sturz in die Tiefe wirklich aufhält? So schlittern wir beide im Affentempo auf einen lotrecht abfallenden Abgrund zu ...

Wie gelähmt starre ich geradeaus, unfähig zu denken, unfähig zu handeln. Als wäre ich Zuschauer eines Films! Ganz anders Anton. Er wirft seinen Körper geistesgegenwärtig und mit der Geschmeidigkeit einer Katze in einer halben Drehung herum, sein Gesicht nun Richtung Berg. Schlägt kraftvoll seinen Pickel ins beinharte Eis und sucht mit den Zacken seiner Steigeisen Halt. Gut gemacht! So kommen wir beide zum Stillstand – reichlich unsanft, aber glücklicherweise noch rechtzeitig. Die Bilanz: Anton mit Schnittwunden an den Händen, ich mit blutigem, dreizackigem Abdruck seines rechten Steigeisens am Po. Gut, dass ich in den kommenden Wochen keinen Badeurlaub plane, dieses Hinterteil würde ich nur ungern am Strand präsentieren.

Durchatmen – und das tun, was in solchen Situationen das einzig Wahre ist: einfach weitermachen. Wir lassen also die Venediger-Gruppe hinter uns liegen und nähern uns von Osten dem Ahrntal. Tagelang waren wir in Eis und Schnee. Unser Auge sah nur das schwarze Gestein, das Weiß des Schnees, das Blau des Himmels. Doch nun das krasseste Kontrastprogramm, das sich denken lässt: Wie im

Zeitraffer durchmessen wir alle Vegetationszonen, von arktischer Wüste bis in den mitteleuropäischen Frühling. So ein frisches Grün kann einen richtig blenden! Quellwasser stürzt sprudelnd und rauschend zu Tal, und ein feiner kühler Film aus zerstiebendem Wasserdampf legt sich auf die Haut. Der buschige Almenrausch macht seinem Namen alle Ehre, ein grandioser Augenschmaus.

Im Tal trifft Anton seine Familie. Man umarmt sich, ich fühle mich wie einer von ihnen, so herzlich begrüßt werde ich. Zusammen sitzen wir auf der Terrasse eines Cafés, schwelgen in gemeinsamen Erinnerungen, feiern fröhlich und ausgelassen. Wenige Wochen später wird Anton mir mitteilen, dass sein Sohn beim Steilwandklettern ums Leben gekommen ist. Wird Anton deshalb seinen Beruf aufgeben? Nein, er liebt die Berge. Das ist eine Eigentümlichkeit der Bergmenschen. Wie in der Natur ihrer Heimat liegt auch in ihrem Leben Hell und Dunkel dicht beieinander, nicht selten übergangslos. Das Leben feiern und den Tod betrauern – in beidem wirkt ein tiefer Zusammenhang, und so kann das eine auch nur sein, weil es das andere gibt.

W. zwang sich, in das wächserne Gesicht seiner toten Großmutter zu schauen, um Abschied von ihr zu nehmen. Wohlvertraute Züge, mit einem friedlichen Ausdruck, und doch schon so entrückt. Und so viel kleiner, dieses Gesicht. Weil das Leben und die Seele aus dem Körper gewichen waren? Es war nun das zweite Mal innerhalb weniger Monate, dass er mit dem Tod konfrontiert wurde. Zuerst war sein Vater verstorben, nun seine Großmutter. Er war erstaunt über seine Ruhe und die Gelassenheit, mit der er der Toten gegenübertrat. Der Leichnam war eine Endgültig-

keit, die nicht infrage zu stellen war. W. spürte die existenzielle Wucht des Todes. Sie durchbrach alle Konventionen und traf direkt seine nackte Seele.

Der Tod wartete nur wenige Monate, dann holte er sich den besten Freund des jungen W., Thomas. Beide hatten sie die typischen Erlebnisse Heranwachsender geteilt, für dieselben Mädchen geschwärmt und altklug über das Leben philosophiert. Aber da war noch mehr: Ein feines Netz affiner Gedanken und Befindlichkeiten verband zwei Seelen. Einer wusste, ohne zu fragen, was der andere dachte und fühlte. Und in allem eine schwärende Lebensmelancholie, das Gefühl, auf dieser Welt fehl am Platz zu sein. Thomas war von brillanter Intelligenz und ein begnadetes Musiktalent. Als Absolvent der Musikhochschule hatte er gerade die Aufnahmeprüfung als Pianist bei den Berliner Philharmonikern bestanden. Tags darauf sprang er vom Hochhaus. Er war sofort tot, hinterließ keinen Abschiedsbrief. Die Welt des W. wurde in ihren Grundfesten erschüttert. W. fragte sich nun, wie stark sein eigener Lebenswille eigentlich sei.

Dem Ahrntal hat sich der Tourismus bisher nur zaghaft genähert. Schön, dass ich ein paar Kilometer gefahrlos auf der Landstraße wandern kann. Welle um Welle satter Regenschauer zieht über mich hinweg. Wo ringsum alles aufgeweicht ist, kann sogar eine asphaltierte Straße ungeahnten Charme entfalten! In einem winzigen Lebensmittelladen will ich ein wenig Verpflegung kaufen. Meine tägliche Nahrung ist – von seltenen kulinarischen Highlights wie am Zeller See abgesehen – einfach und wenig abwechslungsreich. Aber immer schmackhaft, gewürzt von der Freiheit und dem Appetitanreger der täglichen zehntausend

Schritte. Frugale Frühstücke auf den Alpenvereinshütten, ein Paar Scheiben Brot – meist Graubrot, das lässt sich tagelang aufbewahren – mit Marmelade oder mal einem Stückchen Käse, dazu möglichst viel Tee. Ich achte darauf, täglich mindestens fünf Liter Flüssigkeit zu mir zu nehmen. Unterwegs brauche ich nicht viel zum Essen, ein Stück Brot, eine Salami, einen Apfel, einen Müsliriegel. Wenn ich in Feiertagslaune bin, auch mal eine Tomate, Trockenobst oder ein Stück Schokolade. Nur eines vermisse ich wirklich: mein Stückchen Kuchen am Nachmittag! Abends lasse ich mich gern von den Kochkünsten der Hüttenwirte verwöhnen. In manchen Hütten – vor allem in Österreich – wird inzwischen sogar à la carte angeboten, ich bevorzuge aber das Bergsteigermenü. Salat oder Suppe, Fleisch mit einem Schlag Kartoffelpüree oder Salzkartoffeln, Obst aus der Dose. Der Alpinstandard.

Etwas verloren stehe ich vor dem Regal.

»Kann ich dir helfen? Suchst du was Bestimmtes?«, fragt mich eine freundliche Männerstimme.

Ich drehe mich um. Der Eigentümer, vielleicht fünf Jahre älter als ich. Wieso duzt der mich eigentlich, kennen wir uns etwa?

»Äh ja, wo sind denn bitte die Müsliriegel, ich bräuchte so vier Stück davon? Und hast … ähem … du auch ein paar Äpfel? Und eine Pfeffersalami?«

Er holt die Lebensmittel und legt mir alles in den Korb. Dazu auch noch zwei Bananen, einen Apfelsaft und eine Packung Studentenfutter – ist der bescheuert, das wollte ich doch gar nicht! Bevor ich aber protestieren kann, fragt er mich:

»Wohin geht's denn, du bist ja ziemlich hochalpin unterwegs?«

Da hat er aber bei mir die richtige Taste gedrückt. Er hört mir mit großen Augen zu, ist ehrlich interessiert an meinem Vorhaben. Ich erzähle es ihm gern ...

»Du, ich muss jetzt weiter, was kostet das? Und das hier« – ich zeige auf das Studentenfutter – »brauche ich eigentlich nicht!«

»Lass mal gut sein, ich schenke dir alles! Und viel Erfolg mit deinem Projekt!«

Was ist denn das? Er will mir die Lebensmittel schenken! Einfach so. Proviant für zwei Tage, es ist unglaublich! Sehe ich etwa so aus, als sei ich schon kurz vor dem Verhungern? Komplett mittellos und abgebrannt? Stammelnd bedanke ich mich und verlasse schneller, als eigentlich höflich wäre, den Laden. Mein Wohltäter hat mich in ein emotionales Wechselbad gestürzt. Ich fühle mich beschämt – aber, wenn ich ganz ehrlich bin, auch irgendwie beleidigt. Schließlich befinden wir uns im 21. Jahrhundert und mitten im reichen Europa, da schenkt man doch nicht einfach einem wildfremden Menschen sein Brot! Noch viel weniger, wenn dieser sehr gut in der Lage ist und sogar darauf bestehen will, dafür zu zahlen. Mein Weltbild lässt das nicht zu! Ich fühle mich, als hätte in meinem Innern eine Abrissbirne in eine Mauer eingeschlagen ...

Das Stärkste in mir ist immer noch der Pragmatismus. Um kommende Strapazen zu überdauern, muss ich jetzt mein inneres Gleichgewicht wieder herstellen. Da kann ich keine Kompromisse eingehen, also widme ich den kommenden Tag einem ausgiebigen Wellness-Programm, gesäumt von den Pflichtübungen eines Wanderers im 21. Jahrhundert: Tagebuch schreiben, Blog aktualisieren, SMS lesen und beantworten. Am darauf folgenden Tag gelange ich nach Taufers, eine alte Festungsstadt. Hier ist die Heimat von Hans Kammerlander, einem der berühmtesten Bergsteiger weltweit und Freund von Reinhold Messner. Er unterhält ein Büro, in dem ich für die kommenden Tage einen Bergführer zur Überquerung der Zillertaler Alpen vermittelt bekomme. Siegfried, so wird mir zugeraunt, ist ein Mann aus dem Umfeld Messners. Einer, der mit den ganz Großen geklettert ist.

Schon bei unserer ersten Begegnung ist zu erahnen: Schneller als mir lieb ist, wird dieser Mann mir meine physischen Grenzen aufzeigen. Alpinisten, die in den Achttausendern des Himalaya geklettert sind, umgibt eine besondere Aura. Dabei ist Siegfried klein, zwar sehnig, aber nicht besonders muskulös, eigentlich eine ziemlich unauffällige Erscheinung. Sofort ins Auge fallen aber seine ökonomischen, athletisch-geschmeidigen und scheinbar mühelosen Körperbewegungen. Ein kräftiger, kurzer Händedruck. Ich schaue in ein offenes Gesicht, in das große Strapazen und härteste klimatische Bedingungen tiefe Furchen gegraben haben. Die Haut zeigt eine derbe Bräunung wie bei einem Bauarbeiter. Wache, klare Augen und ein fester Blick. Die harschen Bedingungen der Natur haben offenbar auch Siegrieds Seele imprägniert. Ich erfasse gefühlsmäßig: Einer wie er hat dort oben in der Höhe auch schon Menschen sterben sehen.

Siegfried wirkt nach innen gekehrt, ja verschlossen, er ist kein Smalltalker, kein Mann für hohe Sympathiequoten. Ich bin fasziniert. »Echte Bergtypen« will ich unbedingt kennen lernen – aber jetzt, da dieses Prachtexemplar vor mir steht und mich mustert, fühle ich mich auf einmal ganz klein. Ist etwa auch dies hier eine Welt, in der Schwäche zu zeigen tabu ist? Ganz weit oben durch brutale Disziplin zu überleben – kommt mir irgendwie bekannt vor. Das ist es doch jedenfalls nicht, was ich hier will! Aber ich will Siegfried eine ehrliche Chance geben. Unter dieser abweisenden Imprägnierschicht, erspüre ich da nicht auch den feinfühligen Charakter? Um ihn aufzuschließen, werde ich Geduld brauchen, werde ich mich in meinem Verhalten erklären müssen, nicht in Worten. Unser erstes Zusammentreffen ist wie ein Spiegel meiner bisherigen Erfahrung der Bergwelt: das Gefühl, distanziert, ja, abgewiesen zu werden – dann aber, nach respektvoller gegenseitiger Erforschung, wünscht man sich Nähe und Vertrautheit.

Ich kann jetzt dennoch nicht umhin, mir Siegfried als Gegenüber am Konferenztisch vorzustellen, und versuche, mein Schmunzeln zu verbergen. Zumindest in jenem Rahmen würde ich mich überlegen fühlen. Zwei völlig unterschiedliche Welten würden da aufeinanderprallen. Fragt sich allerdings, wer der eigentliche Alien wäre, Siegfried oder ich.

Charles, Kollege von Herrn W., Managing Director im Investmentbanking London oder Paris oder Mailand. Die Stadt ist austauschbar, ebenso wie Charles selber, Leute wie ihn findet man überall. In diesem Sinne sind es wahrhaft globale Typen. Dieser Charles also verkörpert mit jeder Faser seiner Persönlichkeit und jedem Zentimeter seines makellosen, aalglatten Äußeren den Status intellektueller Unfehlbarkeit. Charles liebt es, andere Menschen mit fein zeliertem Zynismus auf ihre geistige Unterlegenheit hinzuweisen. Ganz klar, dieser Typ figuriert in der Hierarchie des Universums als gottgleiches Wesen. Da aber selbst in der Welt der Hochfinanz nicht jeder ein Chef – und damit ein Gott – sein kann, lassen alle großen Investmenthäuser ihre Personalabteilungen mit viel kreativem Elan für jeden neuen

Managing Director einen klangvollen Titel schaffen, der suggeriert, er sei Gott in seiner eigenen Welt. Als »global Player« ist Charles global vernetzt. Wer ihm zuhört, weiß: Dieser Mann geht bei Menschen an den Schalthebeln der Macht ein und aus. Jeden gewichtigen Satz – prinzipiell jedoch sind alle seine Sätze gewichtig – beginnt Charles mit Worten wie: »Bei meinem letzten privaten Gespräch mit dem Vorstandsvorsitzenden ...«

Sein soziales Verhalten steuert Charles mit einem einfachen und praktischen Menschenbild: Andere Menschen sind umso wertvoller, je mehr Geld sie haben. Oder je mehr Macht. Wer nichts oder zumindest weniger als er selbst davon hat, ist wertlos. Für die »Freundschaft« eines wirklich Reichen oder Mächtigen verkauft er seine Großmutter. Das größte Übel ist der Staat, der ihm in seiner eigenen Vermögensmehrung Schranken auferlegt.

Charles versteht sich auf subtile Charakterisierungen seiner privaten Vermögenslage, etwa bei Einladungen von Kollegen in seine Villa, oder durch lässig eingeworfene Sätze wie: »Meine Frau fährt ja lieber den offenen Bentley, mein neuer SLR ist ihr irgendwie doch zu stürmisch.« Oder: »Ach, weißt du übrigens, wem ich auf der Jacht von XX in Saint Tropez begegnet bin? Komm doch zu meiner Einladung in mein Chalet in Sankt Moritz, da triffst du ihn wieder.«

Die Kür dieser hochgradig spezialisierten Persönlichkeitsentwicklung ist ein sorgfältig differenziertes Verhalten gegenüber anderen Hierarchieschichten: gegenüber dem eigenen Chef eloquente Unterordnung, gegenüber Gleichgestellten gekünstelte Kumpelhaftigkeit, wie man sie bei Mitgliedern elitärer Clubs antrifft, gegenüber Untergebenen, aber nur dort, wo man etwas braucht, gönnerhafte Großspurigkeit. Der Rest, also 99,99 Prozent der Menschheit, sind für Charles irrelevant und auch dementsprechend zu behandeln. Taxifahrer, Rezeptionisten oder Zimmermädchen hassen Gäste wie Charles. Plagt ihn dann doch einmal das Gewissen des Sozialdarwinisten, verkauft er lächelnd bei einem Charity-Event Zuckerwatte.

»Zuckerwatte ist dem hier sein Ding sicher nicht!«

Ich arbeite gerade innerlich an einem Vergleich zwischen Charles und Siegfried, um mich wenigstens etwas davon abzulenken, dass Letzterer mich auf unserer ersten gemeinsamen Tour, wie erwartet, sofort an meine Grenzen treibt. Es geht auf den Schwarzenstein. Da die Hütte noch geschlossen ist, müssen wir die fast 2000 Höhenmeter in einer einzigen Etappe vom Tal aus bewältigen. Eine Selbstverständlichkeit in Siegfrieds Augen. Der Weg verläuft durch unberührten Hochwald, oberhalb der Baumgrenze an bezaubernden Almen entlang, dann über ein nicht enden wollendes Geröllfeld. Als nächstes kommt ein Klettersteig: ein mit Stufen und Leitern präparierter Aufstiegsweg. Über ihn erreichen wir die Schwarzenstein-Hütte, aber wie gesagt, die ist ja zu. Weiter geht's also nach einer kurzen Pause. Da oben, hinter der Hütte, breitet sich ein glitzerndes Schneefeld wie ein weißes Cape aus, hingeworfen über hellgrauen Granit. Wir betreten diesen schimmernden Stoff, er ist gut gepolstert und flauschig. Auf ihm, oder vielmehr durch ihn stapfen wir bis kurz unterhalb des Gipfels. Die letzten 100 Meter klettern wir im kompakten Fels. Jetzt sind wir oben!

Aber dieses Mal ist es nicht das schlechte Wetter, sondern mein gestrenger Zuchtmeister, der mir den Genuss vermasselt.

»Kimm, Rudi, weiter geht's! 's san no amoi guat zweitausend Meter Abstieg! Mia ham net fui Zeit.«

Widerspruch zwecklos. Ich erlaube mir gerade noch

die Wasserflasche anzusetzen, um endlich wieder etwas zu trinken. Jetzt nur keinen längeren Blick auf das fulminante Bergpanorama riskieren! Das könnte Schwierigkeiten geben. Und schon geht's wieder runter.

Puh! Es ist ein schwülheißer Tag. Siegfried muss doch ahnen, dass meine Kräfte schwinden! Kein Thema für ihn, er dreht sich einfach nicht mehr um und behält stur sein Tempo bei. Was bleibt mir anderes übrig, als mit letzter Kraft hinterherzuhecheln? Irgendwie erinnert mich der heutige Tag an meine Grundausbildung bei der Bundeswehr und Siegfried an meinen stahlharten Spieß von damals. Endlich sind wir unten im Tal angekommen. Jetzt gilt es, das Gesicht zu wahren und Größe zu zeigen! Am besten, ich lade ihn noch zu Kaffee und Kuchen ein. Sich nur ja nichts anmerken lassen! Dabei bin ich so fertig, dass ich es gerade noch schaffe, den Kiefer auf und ab zu bewegen, um einen butterweichen Mürbeteig zu verarbeiten. Und was macht Siegfried? Verzehrt ungerührt zwei gewaltige Sahneriegel und empfiehlt sich alsbald, um noch ein paar Stunden an der Kletterwand zu trainieren. Nichts könnte meine eigene Leistung brutaler in die richtige Perspektive setzen ...

»Siegfried, du Tier!«

Nein, das sage ich ihm nicht ins Gesicht. Ich presse es zwischen den Zähnen hervor, während ich ihm freundlich lächelnd nachwinke. Mister Gnadenlos. Ein Charles der Berge?

Nicht weiter überraschend, dass mein Zuchtmeister mir vor dem Schlafengehen noch einbläut, den Wecker unfehlbar auf drei Uhr zu stellen. Spätestens um vier Uhr soll ich strammstehen, startklar zum Angriff auf den Großen Möseler. Na, das frühe Aufstehen kenne ich ja schon. Ausgerechnet um vier Uhr setzt Regen ein, was meine Motivation nicht gerade hebt. Mister Gnadenlos stört das Wetter nicht im Geringsten, einmal auf der Piste, zieht er ab wie eine Rakete. Ein Hasardeur jedoch ist Siegfried nie und nimmer. Als sich der Regen zum Gewitter entwickelt und uns mit Blitz und Donner bedroht, fackelt er nicht lange.

»Umkehren, sofort!«

Dieses eine Mal ist sein Kommandoton Musik in meinen Ohren! Zumal wir noch nicht weit gekommen sind und schnell zurück zur Hütte gelangen. Traumhaft, wieder hier zu sein, das Bett ist noch warm! Schnell schlüpfe ich unter die Decke. Wider Erwarten doch noch eine Runde Schlaf mitnehmen zu können, das ist jetzt ein Geschenk des Himmels im wahrsten Sinn des Wortes: Danke, Zeus, für Blitz und Donner! Wohlige und behagliche Entspannung auch späterhin, in der Sauna des Alpinums von Taufers. Kann nicht schaden, sich ein emotionales Polster zuzulegen, um Frustrationstoleranz für künftige Exerzierübungen in Schnee und Eis aufzubauen. Was ein Extrembergsteiger in dieser Situation wohl so treibt? Ist doch auffällig – Mr. Gnadenlos hat sich den ganzen Vormittag nicht blicken lassen. Warum also nicht die günstige Gelegenheit nutzen, um meinen Kräftetank ganz zu füllen? Sehr bald schon werde ich ihn bis zur Neige ausschöpfen müssen. Also auf zum Lunch! Wirklich empfehlenswert, dieser Zwiebelrostbraten im Restaurant gleich nebenan: eine üppige Tranche dünn geschnittenen Fleisches, dazu kross angebratene Zwiebelringe und eine sämige Sauce, die den vollen Bratengeschmack nussig abrundet. Zum Schwärmen bringt mich der lauwarme Apfelstrudel. Und vor meinem geistigen Auge erscheint Siegfried, wie er bei Regen in einer überhängenden Kletterwand herumturnt, um überschüssige Energie abzubauen. Von meinen hedonistischen Entgleisungen erzähle ich ihm lieber nichts, sonst läuft er mir morgen noch schneller voraus.

Mit einer Charmeoffensive kann ich Sarah, die attraktive und freundliche Rezeptionistin im Hotel, überreden, mich zum Dinner zu begleiten. Wir unterhalten uns prächtig. Sie ist eine natürliche und fulminant feminine Person, sprühend vor Energie und Lebensfreude. Sie hat soeben eine neue Beziehung begonnen und ist bis über beide Ohren verliebt. Heute hilft sie wieder einmal ihrer Freundin im Hotel aus. Als selbstständige Beraterin in der Tourismusbranche kann sie sich ihre Zeit selbst einteilen. In ihrer Gegenwart fühle ich mich wie in einer gelungenen freien Stunde an einem Tag im »richtigen« Leben: in angenehmer Umgebung und mir gegenüber am Tisch eine attraktive Frau. Nur dass ich jetzt nicht auf die Uhr schauen muss, weil ich gleich wieder zum Flieger muss.

Ach, die Frauen! Böse Zungen behaupten, der wahre Hintergrund meines Verschwindens sei, dass ich vor ihnen weglaufe. Gut und schön, sehr wahrscheinlich würde ich mehr Frauen auf der noblen Goethestraße in Frankfurt begegnen als im kargen Hochgebirge. Wo es dagegen wahrscheinlicher ist, die *richtige* Frau zu finden, das sei dahingestellt. Eine Frau, seelenverwandt, mit der mich ein unzerstörbares Band aus Vertrauen und Liebe verbände. Mit der ich Werte und Anschauungen teilen, einen Schatz gemeinsamer Erinnerungen pflegen könnte. Sich begeistern an der Lebensfreude und Neugier des anderen! Noch nie Gedachtes denken und nie Getanes tun! Die Intensität eines Glücks erleben, wie es alleine nicht erfahren werden kann. Marmelade zusammen kochen, nicht Fernsehen gucken. Meinetwegen auch mal Marmelade kaufen, während die Frau fernsieht. Liebe – nicht hinterfragt, einfach so. Sich fallen lassen und aufgefangen werden. Das ist auch eine Sehnsucht, die mich umtreibt, selbst in den entferntesten Winkeln, die ich aufsuche.

W. wuchs in einer Art weiblichem Hofstaat auf, umgeben von drei Frauengenerationen: Großmutter, Mutter und Schwester. In der Ferne thronte der König, sein Vater, zwar meist auf Geschäftsreise, aber omnipräsent. Die Großmutter schirmte W. gegen die Unbill der Welt ab und strich Leberwurstbrote für den Schultag. Hin und wieder erlöste sie ihn bei Tisch, wenn der Vater streng und geduldig wartete, bis W. den Teller mit dem ihm verhassten fetten Fleisch leer gegessen hatte. Nicht selten gelang es W., einen besonders ekligen Bissen heimlich in die Hand zu nehmen und ihn geschickt unter dem Tisch seiner Großmutter durchzureichen, die ihn ebenso unauffällig in ihren Mund bugsierte.

Heute werde ich Siegfried zeigen, was in mir steckt! Mein mentales und körperliches Aufbauprogramm wird doch wohl Früchte tragen ... Der Hohe Weißzint ragt keck in den Himmel, wie ein felsiger Hahnenkamm auf einem runden Gletscherkopf. Zu nachtschlafener Zeit laufen wir los, durch eine mondbeschienene Märchenlandschaft. Das schimmernde Licht des Erdtrabanten lässt den Lago di Neves erglänzen wie eine silbrige Gurke. Doch ich soll nicht eine einzige Chance bekommen, mich von Naturwundern beseligen zu lassen! Mein Schrittmacher bolzt Tempo. Wenigstens ist Toni, der Edelrauthüttenwirt, schon wach, als wir bei ihm ankommen. Sogleich bietet er uns dampfenden Tee an. Er versteht sich auf sein Geschäft, betreibt er die Hütte doch bereits seit 34 Jahren. Mit den putzigen, schon bedenklich ausgefransten Holzschindeln und den winzigen Fenstern sieht seine Wirkungsstätte aus wie eine Mischung aus Hexenhaus und Geräteschuppen. Just heute wird die 35. Sommersaison eröffnet! Und schon wieder ärgert sich Toni – wie jedes Mal, wenn er die Hütte bezieht – über die »schlechte Bauweise«, wie er es nennt. Stimmt schon, der kalte Wind bläst ungemütlich durch zahllose Ritzen in den Wänden. Aber schlechte Bauweise? Ist doch eine ganz normale Hütte. Kein Neuschwanstein, aber eben auch kein Schuppen, zumindest vom Potenzial her. Toni ist einfach ein großer Grantler! Eine der ältesten Gilden der Bergwelt, und an unserem Tisch hockt einer ihrer profiliertesten Protagonisten: grummeln und greinen wie ein Weltmeister, dabei aber innerlich grinsen und die eigene Freiheit in vollen Zügen genießen.

Toni ignoriert mich mit aller Konsequenz. Mit Siegfried dagegen spricht er gern. Und der ist nicht nur Spitzenalpinist, sondern auch Diplomat, wie ich staunend erleben darf. Ganz geschickt, nur eben so am Rande, bezeichnet er mich als »Freizeit-Hannibal«. Das ist das Stichwort – Tonis Neugier an mir ist jetzt geweckt. Dieses Alpenoriginal scheint in mir wohl den kongenialen Spinner zu erkennen. Ich mache mit und lasse ihn in Fahrt kommen …

Toni erzählt und erzählt, und wenn ich ihn recht verstehe, hat auch er in diesem Jahr ein großes Projekt in Planung. Nun werde ich neugierig und verlange zu wissen, was er vorhat. Doch er lässt sich Zeit. Erst nachdem er kräftig Erwartungen geschürt hat, kommt er damit heraus: Zum ersten Mal seit 34 Jahren will er ein paar Nachbarhütten besuchen! Siegfried und ich schauen uns vielsagend an. Da spricht dieser Witzbold über eine kleine Wanderung, als wollte er mit Frodo Beutlin nach Mordor laufen! Na, dann mal los, wenn er es weiter aufschiebt, wird es noch zur unüberwindlichen Aufgabe.

Toni und ich, wir haben uns gegenseitig inspiriert. Denn letztlich haben wir etwas gemeinsam. Tragen wir Menschen nicht alle etwas sehr, sehr Kostbares mit uns herum, dem die Eigenschaft innewohnt, zur immer größeren Last zu werden, solange unsere persönliche Bestimmung unerfüllt bleibt?

Die letzte Woche seines Studiums war angebrochen. Die Examensarbeit war geschrieben, die Diplomarbeit abgeliefert, alles lief hervorragend. Einige Tage zuvor aber war der Vater gestorben. Der junge W. fühlte wie in Trance das Examen und die Beerdigung an sich vorbeischweben. Er hatte das Gefühl, als ob ihn ringsum alles in immer schnellerer Kreisbewegung auf immer enger werdendem Raum umschlänge und ihm die Luft zum Atmen raubte. Er überraschte sich selber und entschloss sich zum Ausbruch: Indien! Monatelang in eine Fremde eintauchen, die ihn freundlich und mit Wärme empfangen, die ihm alle Anspannung, Verbitterung und Trauer nehmen würde. In Indien fand W. keinen Guru (was ihn ohnehin nicht sonderlich interessiert hätte), aber erstaunlicherweise eine Familie, die ihn aufnahm, dazu eine Arbeit, neue Freunde, sogar unter den Einheimischen. Er lernte, mit einem Dollar pro Tag auszukommen, sah Kinder ausgelassen spielen, die nicht einmal diesen einen Dollar zur Verfügung hatten. Doch als in der brütenden Schwüle des Monsuns tote Ratten in den überfluteten Gassen trieben und er das weiße Glitzern des Schnees schmerzlich vermisste, entschloss sich W.

zur Heimkehr nach Europa. *Die schmerzlose Abortion eines Seelenteils, der noch nicht ausgetragen werden wollte.*

Warmer Tee und weitläufige Gespräche hinterlassen ihre Wirkung an diesem Tag, der so früh begann. Jetzt, da wir unseren Weg fortsetzen, fühle ich mich ein wenig schläfrig. Aha, dort geht es weiter, sieht locker aus. Nur ein harmloses Geröllfeld. Peng! Schon liege ich auf dem Gesicht. Tut weh, macht aber nichts. Also Geröll mit Blitzeis, na gut, immer wieder Mal was Neues. Glatt, schlüpfrig, tückisch. Ich stakse herum wie auf Stelzen. Nur nicht zu Boden gehen! Und Siegfried? Scheint Saugnäpfe an den Füßen zu haben. Der tänzelt nur so über die losen, spiegelglatten Geröllbrocken hinweg, während sie bei mir ständig unter den Füßen wegrutschen. Ich glotze ihm staunend nach wie der ungläubige Thomas dem Messias auf dem Gang über den See Genezareth und krieche wie ein ungelenker, fetter Käfer hinterher. Zum Glück ist es nicht besonders weit bis zum Gipfelgrat. Der steigt zwar mächtig an, besteht aber aus großen Felsblöcken, die wenigstens ihre Position beibehalten, wenn man drüberklettert. Ich versuche, soweit es geht, den Kopf in den Nacken zu legen, um aus meiner Käferposition heraus möglichst weit nach oben schauen zu können. So weit das Auge reicht, lauter Felsblöcke aller Größen, mit Schnee eingepudert, wie überdimensionale Kandiszuckerwürfel. Gut, dass dieser Grat nicht besonders schmal ist, denn auch hier ist es rutschig, und es wäre mir einfach zu viel jetzt, wenn rechts und links noch ein neckischer Abgrund klaffen würde. Und schon wieder zerrt Siegfried von oben am Seil, um mich schneller über die nächste Felskante zu zerren, immer höher und höher hinauf. Ich bin fassungslos, wie locker und behände er alle Hindernisse überwindet, und das in kerzengerader Haltung, während ich mich als plumpes Insekt versuchen muss. Endlich spazieren beziehungsweise krabbeln Homo Erectus und sein Käfer zum Gipfelkreuz. Etwaige Hochgefühle vereitelt Siegfried sofort:

»Des muscht abr no gscheit lernen, des is nix so!«

Paff, das sitzt! Ganz klar, da ist einer fest entschlossen, mich fühlen zu lassen, dass ich in seinen Augen keine blasse Ahnung vom Bergsteigen habe. Weiter unten, beim Abstieg über den Gletscher setzt es schon wieder was:

»So, jetzt gemma amoi zur Übung ohne Steigeisn, do lernst, wia des geht!«

Wieder dieses ekelhafte Gefühl, übers Eis zu gehen und dabei Rollschuhe an den Füßen zu haben. Ohne Steigeisen über blankes Eis! Bin ich hier in einer Gebirgsjäger-Grundausbildung bei der Bundeswehr? Mit zitternden Knien, ein nervliches Wrack, sehe ich mich endlich am Ziel, der Hochfeiler-Hütte. Hoffentlich hat mich keiner beobachtet, wie ich hier den Rekruten spielen durfte. Aber wenigstens ist auf der Hütte für etwas Abwechslung gesorgt. Mit den Italienern, die uns dort freundlich begrüßen, kommen wir schnell ins Gespräch. Keinerlei Anzeichen von Spott und Häme! Es hat mich also niemand gesehen, ich bin ehrlich erleichtert. Und kann mich befreit der Aufgabe widmen, unseren Gesprächspartnern meine heutigen Abenteuer in leuchtenden Farben auszumalen. Wie beeindruckend die nervenberuhigende und völkerverständigende Wirkung von Weißbier doch immer wieder ist!

»Nicht unähnlich dem unsichtbaren Band, das Hermès-Krawatten tragende Spitzenbanker umschlingt!«

Aha, eine Spitze meines inneren Kritikers. Stört ihn etwa

die lässliche Sünde meiner kleinen Aufschneiderei? Ultimativ entspannt, wie ich jetzt bin, lasse ich ihm jedoch keine Chance auf psychologischen Geländegewinn.

In der Nacht erneuter Wintereinbruch. Obwohl doch schon Mitte Juni ist! Am Morgen den Hochfeiler vor Augen, den höchsten Berg der Zillertaler Alpen. Und mein Adrenalinspiegel wieder aufgefüllt, da könnte man ja direkt Lust auf die nächste Einheit Leibesübungen bekommen! Wirklich ein Berg von berückender Schönheit. Dieser ebenmäßige Gipfelaufbau, diese sanften Kurven seiner Flanken! An seiner Südseite führt ein gletscherfreier Steig empor, ihn wählt Siegfried für unseren Aufstieg. Ich finde, der flockige Schnee bedeckt den Boden wie Bierschaum, aber der Vergleich ist wohl doch eher dem Restalkohol in meinem Gehirn geschuldet. Doch hierin bin ich mir sicher: Der liebe Gott hat nur für uns die Landschaft in Nebelwatte eingepackt – um uns zu zeigen, dass es auf seiner Welt auch noch absolute Stille geben muss. Wir betreten ein Geröllfeld aus flachen mannshohen, länglichen Steinplatten, wie Grabstelen ragen sie in den trübnassen Dunst. Ist das ein verwunschener Ort, ein verlassenes Schlachtfeld, wo noch Pulverdampf durch schroffe Mauerreste zieht? Eine Kulisse von geheimnisvoller Fremdheit, nur als Schatten im Nebel wird hier der Mensch geduldet, um ohne Verweilen durchzuziehen. Unwillkürlich drossele ich mein Tempo, stehe doch einmal still. Staune. Nehme die Kühle in mich auf. Vielleicht würden wir unser ganzes Leben intensiver erfahren und genießen können, wenn wir nur verstünden, was wir letztlich alle sind: Durchreisende.

Vor jedem Gipfel ist ein Grat. Man könnte auch sagen: Der Grat ist das Vorzimmer zur guten Stube des Berges. Wie wir alle wissen, sind manche Vorzimmer öde Warteräume, nicht selten muss man in ihnen auch noch lange herumsitzen, bis man endlich vorgelassen wird. Man »dürfe« schon mal Platz nehmen, so säuseln Vorzimmerdamen. Als ob das Absitzen der Wartezeit eine Gunst wäre! Ähnlich ist es beim Durchqueren vieler Gipfelgrate, nur dass der Bergsteiger dort nicht sitzt, sondern buckelt. Das Resultat auf sein Gemüt ist jedoch dasselbe: Wenn ringsum alles nur öde ist – oft wegen Nebels, oder weil der Aufstieg zwar viel Kraft kostet, aber wenig an Reiz bietet –, dann ist er voller Ungeduld, endlich den Gipfel zu erreichen. Andererseits: Selbst in der Welt der Wartezimmer kann es manche Annehmlichkeit geben. Und in der Bergwelt kann es auch unterhalb des Gipfels ausgesprochen kurzweilig sein! So ein Gipfelgrat kann auf seiner Kammlinie, die dem Bergsteiger als Aufstiegspfad dient, zum Beispiel ausgesprochen schmal werden. Wobei rechts und links in der Regel ein tiefer Abgrund klafft. Sich in schwindelnder Höhe auf einem handtuchbreiten, vereisten und stark ansteigenden Schwebebalken vorwärts zu arbeiten, das ist wie ein Ritt auf der Rasierklinge. Doch das ist es ja, was sich der Alpinist wünscht: die Herausforderung an sein Können, den Nervenkitzel des Abenteuers. So kann es vorkommen, dass er es noch mehr genießt, sich im Vorzimmer des Gipfels abzuarbeiten als ins Sanktuarium des Bergriesen, auf seinen höchsten Punkt, vorgelassen zu werden. Wie ja überhaupt die schönsten Erlebnisse bei der Bergsteigerei oft nicht durch die erreichte Höhe, sondern durch den Zauber des Moments möglich werden: wie ein Gottesgeschenk, dem man sich öffnen muss, um es annehmen und genießen zu können.

Mittlerweile sind die letzten Meter auf dem Gipfelgrat für mich zum Ritual geworden: innehalten, Schritte verlangsamen, die Sinne weit öffnen, Raum schaffen für das erhoffte Glücksgefühl. Und heute ist es ein Prachtexemplar von einem Gipfelerlebnis! Urplötzlich reißt der Himmel auf, und die Sonne verwandelt die farblose Schneewelt um uns herum in ein Meer funkelnder Diamanten. Zwischen hastenden Wolkenfetzen erkennen wir die schneebedeckten Häupter der umliegenden Giganten. Hier oben ist nur Einsamkeit. Und kalter Wind. Von unten her trägt er Wolkenteppiche heran. Sie sind so nah, scheinen so dicht zu sein, dass man sie schier betreten möchte. Aber unberührt von unseren Gedanken und Wünschen ziehen sie vorbei, zerteilt von der scharfen Kante des Gipfelgrats, über den wir gerade gekommen sind. Jetzt sind wir stumme Passagiere auf der Kapitänsbrücke eines imaginären Schiffs, das führerlos durchs Luftmeer driftet. Alles ist in Bewegung, alle Fixpunkte scheinen aufgehoben. Auch ich scheine losgelöst durch Raum und Zeit zu gleiten. Eine seltsame Empfindung steigt in mir auf, rieselt wärmend und belebend durchs Mark meiner durch den Aufstieg geschundenen Wirbelsäule, wie innere Gänsehaut: keine Mauer, kein Widerstand.

Wer einmal dieses Erlebnis haben durfte, der weiß, dass es für immer bis in alle Einzelheiten lebendig und klar im Gedächtnis bleiben wird. Derart intensiv ist die Erinnerung, dass sie sich ganz von selbst meldet, sich in unerwarteten Momenten aufdrängt, immer wieder mit ihrer Dichte an Eindrücken und Empfindungen überrascht. Wie anders ist das für den in der Informationsflut ertrinkenden Manager. Meine Erinnerung wurde im Lauf der Zeit dermaßen selektiv, dass ich am Ende den Eindruck hatte, gar nichts behalten zu können. Ich brachte es fertig, mir Notizen zu machen und dann zu vergessen, dass ich sie überhaupt angefertigt hatte! Jetzt beginne ich zu begreifen, dass irgendein gesunder Mechanismus in mir nur das, was mir gut tut, aus meinen Erlebnissen herausfiltert und als Erinnerung abspeichert. Der Rest ist schlicht Datenmüll und wird entsorgt. So, wie mein Körper mit Junk Food zwar überleben kann, aber langsam vergiftet wird, so verhungert meine Seele, wenn ich ihr gesunde Erlebnisnahrung verweigere.

Auf der Hochfeiler-Hütte verabschiede ich mich von Siegfried. Du mein Schinderhannes! Hast mich gefordert und gefördert, bis zum Anschlag. Freunde sind wir nicht geworden, aber Respekt, so hoffe ich jedenfalls, ist auch auf deiner Seite gewachsen. Gelernt habe ich gewaltig, ich bin dir echt dankbar. Ein markiger Händedruck, ein verhuschtes Lächeln, und schon ist er weg. Sprintet alleine quer über den Gletscher zurück nach Taufers. Ich dagegen zuckle, im angenehmen Bewusstsein meiner wieder gewonnenen Freiheit, durch herrliche Wälder nach Kematen im Pfitschertal.

Zwischen Zillertaler und Stubaier Alpen, meiner nächsten Herausforderung auf dem Weg nach Westen, schneidet der Brenner eine tiefe Kerbe von Nord nach Süd. Hier verläuft eine Schlagader der europäischen Warenströme, und dieser Superhighway über die Kämme der Alpen hat der Natur eine unheilbare Wunde zugefügt. Sterzing an der Etsch liegt am südlichen Ende des Beton-Ungetüms. Dorthin laufe ich heute leichten Schrittes von Kematen aus. Seltsam: Fast vermisse ich den Siegfried-Drill schon wieder. Wo ist meine heutige Benchmark? Im Geiste dekliniere ich die hammer-ehrgeizigen Renditeziele eines meiner früheren Arbeitgeber durch: 25 Prozent aufs Eigenkapital für den gesamten

Konzern, macht bei drei Geschäftsfeldern – mit dem Investmentbanking als Ertragsperle – für meine Beratertruppe, die ohne Kapitaleinsatz arbeitet, die unendliche Rendite! Kein Problem, hätte ich noch vor ein paar Monaten getönt. Das machen wir! Jetzt muss ich doch schmunzeln. Wenn ich so mit mir selber rede, schweigt mein freches Zweit-Ich ganz stille. Kein Kommentar, kein Dementi!

Endlich einmal herrschen sommerliche Temperaturen, in Sterzing beglückt mich ein fast mediterranes Flair. Das will ich jetzt mal so richtig genießen! Abends suche ich mir ein nettes Restaurant in der Fußgängerzone der Altstadt und nehme mein Abendessen unter freiem Himmel ein.

Schräg gegenüber sitzen zwei attraktive Italienerinnen, herausgeputzt mit allen Insignien jungdynamischer Urbanität: Dolce-Gabbana-Sonnenbrille, Louis-Vuitton-Täschchen, Designerklamotten. Lässig-lasziv die schlanken und gebräunten Beine übereinandergeschlagen, scheinbar voll ins Gespräch vertieft, mustern sie doch angelegentlich die Passanten. Ein Outdoor-Freak in Funktionskleidung wird natürlich keines Blickes gewürdigt. Was mich jetzt aber doch ein wenig wurmt. Dabei dachte ich, die Strapazen der vergangenen Wochen hätten meinen Gesichtszügen eine herbere Männlichkeit verliehen, eben so eine Art Marlboro-Mann-der-Berge-Ausstrahlung!

Nur so, zu meiner eigenen Unterhaltung, stelle ich spontan ein Gedankenspiel an: Was würde hier jetzt in meinem »alten Leben« ablaufen? Ganz klar, ich würde mich erst einmal betont desinteressiert geben. Aber mindestens so cool wie die beiden da drüben meine eigene Garderobe zur Schau tragen: maßgeschneiderte Oberbekleidung, topaktuelle Krawatte und Protzedelstein-Manschettenknöpfe. Würde auffällig-unauffällig meinen Blackberry und den Zimmerschlüssel eines Fünf-Sterne-Hotels auf dem Tisch platzieren. Den Autoschlüssel lege ich auf der Seite des Tischs hin, die den beiden Ladies am nächsten ist, sodass sie deutlich genug das eingravierte springende Pferd auf dem Schlüsselanhänger erkennen können. Jede Wette, dass ich auf diese Weise lebhaftestes Interesse wecke! (Im höchst unwahrscheinlichen Fall, dass ich diese Wette verlieren sollte, träte ich sofort und auf der Stelle der Fair-Trade-Fraktion auf dem Frankfurter Börsenparkett bei.) Todsicher kommt auf diese Weise das übliche inhaltsleere Gespräch in Gang. Unter schmachtenden Blicken der Damen und gelangweiltem Spielen mit dem Autoschlüssel meinerseits. Ganz beiläufig lasse ich die Stichworte »Investmentbank« und »Managing Director« einfließen. Auch wenn diese beiden da drüben keine Ahnung haben dürften, was das sein könnte, wüssten sie doch instinktiv, was gemeint ist: ein Typ mit Kohle! Und dann …

Jäh schrecke ich aus meinen Gedankenspielen auf – was *mache* ich hier eigentlich? Welchen Typ Frau *will* ich eigentlich? Und siehe da, nur ein wenig Grübeln in Richtung Persönlichkeitswandel hilft schon, dem Frust der Abfuhr etwas Positives abzugewinnen. Vielleicht gar kein schlechtes Zeichen, wenn diese Schicksen nicht mehr auf mich abfahren.

Man sah es dem jungen W. eigentlich nicht an, und er hätte es auch vehement geleugnet: Er war eitel. Hätte es hierfür noch eines Beweises bedurft, so lieferte ihn die lange Unterhose. Die Mutter sorgte dafür, dass er sie trug, sobald im Winter die Temperatur unter den Gefrierpunkt gefallen war. Da bestünde doch eine erhebliche Verkühlungsgefahr, argumentierte sie. W. fand

die textile Schutzschicht, Modell weißes Feinripp, nur uncool. An Tagen mit Sport- oder Schwimmunterricht suchte er unmittelbar nach Ankunft in der Schule zielsicher die Toilette auf, um der unfreiwilligen Zurschaustellung des Prachtstücks beim Wechsel in das Sportdress zu entgehen. Sorgfältig auf kleinstmöglichen Umfang zusammengefaltet, wurde es ganz unten in der Schulmappe verstaut. Bevor er heimfuhr, fand dieselbe Prozedur im Rückwärtsgang statt. So gelang es W., zwei Fliegen mit ein- und derselben Klappe zu schlagen: Zu Hause vermied er den Konflikt, und in der Schule konnte er es genießen, seine Schulfreunde mit langer Unterhose als Weicheier hochzunehmen.

Schwere Gewitter rollen von Nordtirol her an. Dennoch ist Aufbruch angesagt – nur bitte nicht schon um vier Uhr wie mit Siegfried. Regnet es doch Bindfäden. Ich orientiere mich zunächst nach Norden und bin entzückt über meine Schrittweite. Gut in Form heute! Hier im Etschtal verläuft der Jakobsweg, genauer gesagt, sein Zubringer für die italienischen Pilger. Spontan beschließe ich, ein Teilstück in meinen Wanderweg zu integrieren – das hätte doch etwas Kulturträchtiges und macht sich bestimmt gut in meinem Blog. Zugegeben, als veritabler Hannibal-Erbe fühle ich mich schon als etwas Besseres als diese Jakobsweg-Langweiler. Jede wirkliche Selbstverwirklichung verlangt doch auch eine persönliche Note! Zu Tausenden einfach einem Pfad nachlaufen, ohne eigene Planungsinitiative! Ich fühle mich gut, ich fühle mich als etwas Besseres. Doch was geschieht? Kaum habe ich kurz hinter Sterzing den altehrwürdigen Weg betreten, erfasst mich auch schon sein eigentümlicher Zauber. Obwohl ich weit und breit als Einziger unterwegs bin, eine einsame Seele, verloren und verlassen im mitleidlosen Regen, spüre ich doch deutlich die Präsenz der zahllosen Menschen, die diesen Pfad vor mir gegangen sind. Wie seltsam, in dieser Empfindung fühle ich mich sogar richtig geborgen. Wer mag hier über die Jahrhunderte entlanggepilgert sein? Welche Gedanken gingen all den Menschen durch den Kopf? Was veranlasste sie aufzubrechen? Hat die Pilgerschaft ihr Leben verändert?

So wird mir, eigentlich zum ersten Mal, so richtig bewusst: Diese sonderbare Reise, die Ost-West-Durchquerung der Alpen zu Fuß, wird *mein* Pilgerweg sein. Was ich als »Projekt Hannibal«, als alpinistische Herausforderung, geplant habe, wird mehr und mehr eine Reise zu mir selbst. Der tägliche Rhythmus von Aufbruch und Ankunft, das Mantra der unendlichen Schrittfolgen, die bedächtige Bewegung auf ein Ziel hin, Gehen auch als In-sich-Gehen: Ist das nicht Pilgerschaft? Und plötzlich tritt das vermeintlich Besondere, tritt alles Individuelle in den Hintergrund. Nicht der Kick des Abenteuers, schon gar nicht die vermeintlich perfekte Planung einer Unternehmung schenkt mir Befriedigung, innere Ruhe und Erfüllung, sondern das rückhaltlose Eintauchen in den Fluss der täglichen Bewegung.

»Ey, Kumpel, mach mal voran! Wir können ja nicht ewig auf diesem Softie-Weg rumeiern! Du hast doch was von hochalpinen Herausforderungen gefaselt, also ran an die Kletterwände!«, begehrt der Hannibal in mir auf.

»Gemach, gemach, mein Lieber! Wir wollen auch etwas lernen auf dieser Reise! Nach innen sehen, uns Fragen stellen, verweilen. Steile Abstiege hast du schon genügend genommen in unserem Leben!«

Ah, das war wohl der Pilger in mir. Na, die beiden werden einander wohl noch so manches Scharmützel liefern!

Auch jetzt noch verfolgen mich immer wieder gewisse Befürchtungen, angesichts des Wagnisses, sich ein halbes Jahr einfach so aus dem Arbeitsmarkt zu verabschieden. Sollte ich nicht eigentlich schon längst damit beginnen, Bewerbungen zu schreiben und Gespräche mit möglichen zukünftigen Arbeitgebern zu führen? Ich weiß sehr wohl: Die Halbwertzeit des Fachwissens eines Investmentbankers beträgt gerade einmal wenige Monate. Habe ich eigentlich richtig kalkuliert, kann ich mir das überhaupt leisten, jetzt auszusteigen? Klar, wenn der Markt weiter so phänomenal läuft, haben meine Bankaktien – meine Altersvorsorge – noch ein enormes Wertsteigerungspotenzial. Dennoch: Sind mein »Projekt« und die Idee eines »neuen Lebens« nicht im Grunde genommen kompletter Wahnsinn? Denn selbst wenn ich es schaffe, es durchzuziehen, wohin soll ich denn dann gehen? Nach Frankfurt oder Zürich, in irgendeine andere Bank? Würde ich da überhaupt noch hineinpassen?

Gleichzeitig aber spüre ich, dass sich etwas in mir entwickelt, etwas gänzlich Neues, geradezu Unerhörtes: ein Vertrauen darauf, dass meine Wanderschaft mich nicht nur ans Mittelmeer führen wird, sondern darüber hinaus zu einer neuen Lebensperspektive, die authentischer und erfüllender sein wird als meine bisherige Existenz. Noch ist es vage und unstet, dieses Vertrauen. Doch es wächst mit jedem Schritt, den ich tue. Wenn *das* Pilgern ist, dann will ich meinen Pilgerweg weitergehen – allen Ängsten und Zweifeln zum Trotz.

Der profane Monumentalbau der Brenner-Autobahn ist in Sichtweite, ein Koloss aus Stahl und Beton, gestützt auf unförmige Säulen. Die Natur leidet unter der allgegenwärtigen Smogglocke, das grollende Brummen der LKW-Motoren frisst sich durch das Zwitschern der Vögel und das Plätschern des Bachs, an dessen Ufer entlang ich jetzt wandere. Der zunehmende Zivilisationsdruck reißt mich aus meinen gedanklichen Höhenflügen. In Gossensaß verlasse ich den Brenner, strebe in das Pflerschtal, während sich immer neue Vorhänge aus Regen auf mich herabsenken. Dieser Regen gibt mir noch den Rest! Seit Stunden hämmern fette Tropfen auf meine Kapuze. Das zermürbt den zähesten Pilger. Gibt es nicht eine Foltermethode, bei der man dem Delinquenten im Sekundentakt Wassertropfen auf den Schädel fallen lässt, bis er irgendwann durchdreht und auspackt? Lieber Wettergott, ich gestehe alles, was du willst, wenn du mich nur vor diesem vielen Wasser verschonst!

Auch das noch: Schrill jaulen Feuerwehrsirenen auf. Und da sehe ich auch schon, warum. Soeben hat eine Schlammlawine die Fahrstraße meterhoch verschüttet. Dieser Regen! Ein einziger Polizist steht einsam und verlassen am Straßenrand, um den Verkehr zu sichern. Mit müder Routine, fast unbeteiligt wirkend, rät er mir, auf den Feldweg zur anderen Seite des Bachs auszuweichen. Dort muss ich erkennen, dass dieser zu einem reißenden Fluss angeschwollen ist. Und kein Ende des Naturinfernos in Sicht! Direkt vor meinen Augen, ohne erkennbare Vorwarnung, bricht auch noch eine Schlammlawine los. Beängstigend, wie rasend schnell das abläuft, innerhalb von Sekunden, wie bei einer Schneelawine. Vor Entsetzen wie gelähmt verfolge ich das Schauspiel: Der Bach hat die vom tagelangen Regen durchnässte Grasnarbe eines steilen Hanges emsig angenagt, und mit einem gewaltigen Ruck stürzen nun die braunen Erdmassen talwärts, als wenn der Berg sein übervolles Gedärm entleeren müsste und den Inhalt ohne Anstand und Rücksicht aus sich herausquellen ließe.

Mutter Natur bietet hier wirklich alles an Dramatik auf, was vorstellbar ist! Nun poltert direkt über mir auch noch ein Gewitter los. Vom Hauseingang eines einsamen Bauernhofs aus beobachtet eine Frau entgeistert das Geschehen. Sie winkt mir zu und signalisiert zaghaft, ich könnte in der Stube warten, bis das Schlimmste vorbei ist. Ich schüttle nur den Kopf und rufe ein »Dankeschön!« hinüber. Weiter, nur weiter, ich bin ohnehin völlig durchnässt. Spießrutenlauf in einem außer Rand und Band geratenen Klima. Die Strecke will und will nicht enden, aber irgendwann bin ich dann doch da: in Innerpflersch. Selten erzeugte ein Zungenbrecher einen solchen Wohlklang in meinen Ohren – hier werde ich endlich ein warmes und trockenes Quartier aufsuchen können!

Doch zunächst einmal sieht es überhaupt nicht danach aus. Fieberhaft arbeitet die Feuerwehr im Ort oberhalb einer Brücke am Ausbaggern des Bachs. Es ist ein Wettlauf gegen die Zeit, denn die zornig-braunen Fluten könnten über die Ufer treten und die gesamte Siedlung gefährden. Ich fühle mich etwas deplatziert unter all den verzweifelt um ihr Zuhause kämpfenden Menschen. Erleichtert stelle ich jedoch fest, dass keiner Notiz von mir nimmt, alle sind mit Sicherungs- und Aufräumungsarbeiten beschäftigt.

Allmählich wird mir mein eigenes Problem bewusst: Wie bloß soll ich hier Robert finden, meinen Bergführer für die kommenden Tage? Wir sind in Innerpflersch verabredet, doch ich habe keine Ahnung, wo er mich erwartet. Zufall? Gunst des Schicksals? Dort drüben sehe ich einen Mann von kleiner Statur stehen, den das ganze Inferno nicht sonderlich zu kümmern scheint. Kerzengerade steht er da, ja, er lächelt und scheint die Ruhe selbst zu sein. Auf Anhieb erkennt er in mir durchnässtem und hilflos dreinschauendem Häufchen Elend seinen Schützling.

»Bisch du dr Rudi?«

Vom ersten Augenblick an verstehen wir uns prächtig.

Allmählich verabschiedet sich das Gewitter, nicht ohne als letzten Gruß einen zähen Nieselregen zu hinterlassen. Die Feuerwehrleute sind abgezogen. Plötzlich, wie aus heiterem Himmel, steht mein alter Schulfreund Hans vor mir! Den habe ich komplett vergessen in diesem Schlamassel – richtig, wir wollen ein paar Tage zusammen wandern. Fast unglaublich, dass er es in dem ganzen Chaos überhaupt hierher geschafft hat. Doch gelernt ist gelernt, schließlich war er tatsächlich bei den Gebirgsjägern. Sich auf Schleichwegen anzupirschen, fällt ihm offensichtlich selbst als Autofahrer nicht schwer. Auch er aber hat eine so heftige Entladung der Naturgewalten nicht erwartet, in seiner sommerlichen Stadtkleidung wirkt er auf mich wie eine skurrile Erinnerung an eine ferne Vergangenheit, als die Sonne noch schien. Anfänglich fremdeln wir leicht, weil wir uns sehr lange nicht gesehen haben, doch schon bald ist die altgewohnte Vertrautheit wieder da. Nach so einem Stresstag tut es einfach nur gut, in den Strom gemeinsamer Erinnerungen einzutauchen. Bei mehreren Gläsern Weißbier in der schlichten, gemütlichen Pension von Roberts Schwägerin tun wir das ausgiebig, es gibt ja so viel zu erzählen.

Aufbruch am nächsten Morgen, mitten in eine schwer gezeichnete Umwelt hinein. Überall schmutziger Schlamm und angeschwemmte Felsbrocken. Unten im Tal wabern stickige Nebelschwaden, die massive Feuchtigkeit mag einfach noch nicht weichen. Wir stapfen über triefnasse Wiesen, bei jedem Schritt ein schmatzendes Geräusch unter den Schuhen. Bäume, Äste und Halme scheinen gleichermaßen gebeugt von der Last der Wassermassen, die sie empfangen haben. Von der Frische des Morgens, die sonst den Aufstieg erleichtert, ist rein gar nichts zu spüren. Dicht und schwer steht die feucht-schwüle Luft bis hinauf in die Kronen der Bäume, und hier unten am Boden fühlen wir uns wie in einem Dampfbad. Eine mühsame Plackerei ist das, hinauf zur Tribulaun-Hütte. Doch die Wirtin begrüßt uns freudig und kocht sofort eine Kanne Tee.

Buchstäblich aus heiterem Himmel bricht nach erneutem Aufbruch wieder eine Schlechtwetterfront herein, die Temperatur sinkt schlagartig. Wellen von Wasser und Wind prallen auf unsere Leiber. Mit gebeugtem Rücken arbeiten wir uns auf einem mit Steinplatten halbwegs befestigten Weg in Serpentinen zum Hohen Zahn hoch. Droben jagt uns der Sturm Hagelkörner ins Gesicht, sie stechen wie spitze Nadeln. Kostenloses Gesichtspeeling, ätzt mein innerer Charakterkritiker. Der andere Teil meiner selbst nimmt es positiv: So lässt sich die eigene Eitelkeit ganz hervorragend zur Motivationssteigerung einsetzen!

Gleich weiter also, allen äußeren Unbilden zum Trotz. Da drüben sehen wir schon die Weißwand: Dieser Berg sieht aus wie ein Stück Sachertorte mit Sahnehaube – es ist zwar weißer Quarz auf schwarzem Schiefer, sieht aber doch ganz appetitlich aus. Was von beiden Felsschichten herabgestürzt ist, vermischt sich unten am Bergfuß zu einem schwarzweiß gesprenkelten Mosaik, dessen plastischer Farbeffekt jeden Badezimmerdesigner vor Neid erblassen ließe. Locker holen wir uns auch dieses Sahnehäubchen und nehmen unsere aufgehellte Stimmung mit hinunter zur Magdeburger Hütte.

Nach einem langen Berggang verlebt man nur zu gern einen dieser kultigen Hüttenabende, an denen die Seele vor Wohlbehagen nur so dahinschmelzen möchte: Wohlig müde und gesättigt vom reichen Mahl hängt man am warmen Ofen, greift zum süffigen Weißbier und lauscht den Geschichten anderer Gäste. Heute ist es der Republikflüchtling Peter, der uns blumig seinen Lebenslauf erzählt, der ihn zur NVA, in das berüchtigte Gefängnis von Bautzen und endlich in die ersehnte Freiheit führte. Sieh mal an, denkt es tief aus meinem Innern heraus, das ist also auch einer, der in der alten Heimat gequält wurde und in einer neuen sein Glück fand. Markus, der freakige, sympathische Hüttenwirt mit Löwenmähne, reißt Witze und schenkt Schnaps ein. Wir hängen unsere Socken zum Trocknen über dem Ofen auf, der Regen trommelt ans Fenster, und das Holz knistert im Feuer.

Ein paar Tage im Jahr hatte W. seinen Vater ganz für sich allein. Da gingen beide zum Wandern in die Berge, übernachteten auf Berghütten und badeten in Seen. Er war sehr glücklich in dieser Zeit und unheimlich stolz auf seinen Vater. Dieser konnte sogar auf Englisch, Französisch oder Italienisch mit dem Hüttenwirt oder anderen Wanderern sprechen. Einmal wurden sie auf einer Tour im Bernina-Gebiet von einem Gewitter überrascht. Sie erreichten gerade noch rechtzeitig die schützende Berghütte. Den ganzen Abend spielten sie Karten, während draußen das Unwetter tobte und der Regen ans Fenster prasselte. W. hatte keine Angst, denn sein Vater war ja bei ihm.

Dauerregen. Unseren alpinen Tatendrang dämpft das aber keinesfalls. Auf dem Programm steht ein eindrucksvolles Defilee zackiger Gipfel: Schneespitze, Pflerscher Jochspitze, östlicher Feuerstein, westlicher Feuerstein. Zunächst jedoch folgen wir einem unscheinbaren Pfad durch sattgrüne Grasmatten, von Schafen kurz gefressen wie Golfrasen. Ein feines Geschäftsmodell wäre das, taxiert der Renditejäger in mir, Wolle plus Golfplatz würde gleich doppelte Marge bedeuten. Fraglich ist allerdings, ob sich das Gelände auch mit dem Caddy befahren lässt. Für uns aber ein komfortables Geläuf und ein müheloses Fortkommen auf die Schneespitze! Auf- und Abstieg ähneln bei diesem Berg einer Achterbahnfahrt. Gemütlich tuckert man dem Zenit entgegen. In der Abwärtsbewegung jedoch folgt das kalte Grausen: ein Felsgrat, in erratischer Kurvenbewegung ins Bodenlose fallend, wie eine Bankaktie während der Finanzkrise!

»Und da sollen wir runter?«, fragen Hans und ich unisono.

»Koa Problem, des schaffma scho!«

Robert legt all seine Routine in seine Stimme. Also los! Zuerst Hans, dann ich, zuletzt Robert, alle angeseilt, so tasten wir uns das nur wenige Meter breite Felsband hinunter. Psychologisch gesehen ist das auch deshalb zermürbend, weil jeder weiß, dass es bei einer Achterbahnfahrt auch irgendwann wieder hinauf gehen wird. Nämlich erst auf die Pflerscher Jochspitze und dann auf den östlichen und westlichen Feuerstein. Macht nach Adam Riese noch dreimal rauf und dreimal runter. Das alles in dichtem Nebel und bei Nieselregen. Ich komme mir vor, als hätte ich eine Dauerkarte fürs Oktoberfest gekauft und fühlte mich jetzt verpflichtet, das Ticket – koste es, was es wolle – auch abzufahren.

Am westlichen Feuerstein lauert die Schlüsselstelle des heutigen Tages: Ein Felsriegel aus nassen, abschüssigen und rund 100 Meter langen Felsplatten versperrt den Weg. Wer da ausrutscht, stürzt in die Tiefe. Robert tänzelt wie schwerelos darüber hinweg. Ich sag's ja, hätte Jesus in den Alpen gelebt, wäre er nicht über Wasser gegangen, sondern über so etwas hier. Und wir beide, Hans und ich? Kleben wie zwei fette Kröten regungslos am Felsen. Wie bloß da rüber kommen?

»Buam, was hobts? Kimmts ummi!«

Robert, unser Felsplatten-Jesus, schickt wohl gerade ein Stoßgebet in den Himmel, der himmlische Vater möge uns Flügel verleihen. Gutes Zureden hilft aber auch. So wagen wir uns dann doch noch Schrittchen für Schrittchen über die tückische Passage.

»Is doch ois koa Problem!«

Sprach's und treibt uns bis zum Feuerstein am Seil vor sich her. Nur ein brüchiger Felsgrat trennt uns jetzt noch vom Abstieg zur Teplitzer Hütte. Und wir sind schon etwas sicherer geworden, sodass wir das jetzt auch noch schaffen!

Vor der Teplitzer Hütte geht es zu wie auf dem Bauernhof. So viele glückliche Hühner, die da frei herumspazieren! Und drei Generationen von Menschen – alle leben hier unter einem Dach. Als Gast hat man das Gefühl, Teil der großen Familie zu sein. Am nächsten Morgen, pünktlich um 5:30 Uhr, werden wir stilecht vom Gockel geweckt.

Hans macht sich gut! Dieser selbst erklärte »Sesselfurzer« hat schon gestern eine Top-Performance als ausdauernder Läufer und geschickter Kletterer hingelegt. Und er findet zunehmend Gefallen daran. Alles kein Zufall: Als junger Mann war er ein enthusiastischer Alpinist, doch löschte der Militärdienst bei den Gebirgsjägern seine Begeisterung für die

Bergwelt aus. Allerdings nur bis heute! Auch wenn er volle zwei Jahrzehnte lang, beschäftigt als Controller in einem Konzern, ein bewegungsarmes Leben geführt hat, reaktiviert er seine früheren Fähigkeiten doch erstaunlich schnell. Tagelang sind wir durch Regen und Sturm gelaufen, wir froren im tristen Grau endloser Geröllfelder, besiegten unsere Ängste. Ein ziemlich beanspruchendes Programm, sollte man meinen. Doch Hans sprüht jetzt vor Lebensfreude, er wird einen positiven Impuls in seinen Alltag mitnehmen können.

Nebelschleier ziehen aus dem Tal herauf, als wir drei die Hütte verlassen. Der Klettersteig zum Becher ist geschickt angelegt, er führt über luftige Felsen und bietet einen atemberaubenden Blick auf Seen und Gletscher. Auf der Spitze des Bechers thront majestätisch das Becherhaus, wie ein Brückenkopf der Zivilisation. Auch hier ist der Hüttenwirt gerade angekommen. Doch nicht heute, sondern erst in ein paar Tagen gedenkt er die Saison zu eröffnen. Immerhin, wir dürfen schon Mal in die Gaststube, aber auch dort liegt die Temperatur bei gefühlten minus zehn Grad. Ich beginne plötzlich heftig zu frieren. Komisch, draußen war es doch noch weit kälter! Eine typische Kopfsache: Hier drinnen habe ich Wärme und Geborgenheit erwartet, bekommen habe ich aber Feuchtigkeit und klamme Kälte. Und erst die ständige Anwesenheit von Menschen wird diesem Haus mehr Gemütlichkeit verleihen.

Wie viel Zeit so ein Kachelofen doch braucht, um auf Betriebstemperatur zu kommen – das ist ja noch schlimmer als bei mir, wenn ich in finsterster Nacht raus muss! Wir schmiegen uns an die glatte Oberfläche der Kacheln wie an eine überdimensionale Wärmeflasche. Nur zögernd ist sie bereit, Behaglichkeit auszustrahlen. Ich betrachte die historischen Fotografien an den Wänden: Für diese altgediente Hütte, die von Kaiserin Sisi höchstselbst gesponsert wurde, ist anscheinend jeder einzelne Stein, jeder Brocken Mörtel von Verehrern der Monarchie heraufgetragen worden. Wie es sich gehört für eine Außenstelle der Wiener Aristokratie, steht gleich nebenan auch eine Kapelle. Wir betreten das schlichte Gotteshaus. Es ist sehr still und sehr kalt, der einfache Altar und die rustikalen Bänke sind aus grobem Holz gezimmert. Wenn der Hochadel tatsächlich hier gesessen und gebetet hat, dann muss er es mit der Frömmigkeit wirklich ernst gemeint haben. Auch wir fühlen uns aufgerufen, innere Einkehr zu halten. Jeder von uns dreien hängt seinen eigenen Gedanken nach. An diesem abgeschiedenen, so beruhigenden Ort finden Freude und Frieden ganz von allein in die Seele, wie willkommene Gäste, denen gern die Tür geöffnet wird. In der Wildnis ist man dafür weit empfänglicher als im normalen Leben.

W. wurde getauft und katholisch erzogen, weil seine Mutter es so wollte und weil es seinem Vater egal war. Die regelmäßigen sonntäglichen Kirchgänge seiner Familie samt Großmutter waren für W.'s Vater persönliche Rückzugsmomente. Auch W. spürte und schätzte die sakrale, mystische Stille in Gotteshäusern, er liebte den Gesang, das donnernde Orgelspiel und den Weihrauch. Selbst die regelmäßige Abfolge eines jeden Gottesdienstes und die anderen Konventionen, wo die Buben saßen und die Mädchen etwa, waren für ihn in Ordnung. Das waren Dinge, mit denen man sich arrangieren konnte, denn ihnen lagen klare Regeln zugrunde. W. empfand Ruhe und Wohlbehagen, wenn er sich einfach an das zu halten brauchte, was man von ihm erwartete. Die

Belohnung war Zugehörigkeit zu einer Gemeinschaft, in der alle irgendwie gleich waren, wo keine Extra-Anstrengung nötig und kein Versagen möglich war.

Auch in den stillsten Winkeln der Bergwelt findet jeder ruhige Moment sein Ende. Hans muss wieder Controller sein. Hier verabschiedet er sich jetzt von Robert und mir, um auf dem Klettersteig ins Tal abzusteigen, hinunter auch in die Niederungen seines Alltags. Die gemeinsamen Erlebnisse der vergangenen Tage haben uns alte Freunde wieder einander näher gebracht. Habe ich Freundschaften eigentlich je angemessen wertgeschätzt? Bin ich nicht vielmehr durch mein Leben gegangen, als sei es ein Buffet, um von der einen oder anderen Köstlichkeit zu probieren, ganz wie mir beliebte? Um immer nur hier und da etwas anzuknabbern und den Rest wieder zurückzulegen, aber nie etwas ganz aufzuessen?

Auf den schwarzgrauen Felsplatten eines lang gezogenen Bergrückens – wie die Schuppen auf dem Rücken eines Fisches sieht das aus – klettern Robert und ich weiter auf den Wilden Freiger. Neben dem Gipfelkreuz ist eine Gedenktafel für ein tödlich verunglücktes britisches Ehepaar angebracht. Zwei, drei Schritte daneben wurde, von übermütigen Jugendlichen wohl, mit Leuchtfarbe etwas an den Fels gesprüht: »Italians do it better!« Gipfelkreuz, Gedenktafel, Graffito – eine eigentümliche Collage. Warum suche ich reflexhaft die »Logik« dahinter? Warum sträubt sich etwas in mir, all das unverbunden nebeneinander stehen zu lassen? Auch innere Widersprüche müssen erst einmal ausgehalten werden, bevor man sie miteinander versöhnen kann.

Endlich! Zum ersten Mal heute reißen die Nebelschleier auf, abrupt schenkt die Sonne uns wieder ein heiteres Licht. Mitten auf dem Bergrücken steht das ehemalige Zollhaus wie verloren zwischen den Felsen, halb verfallen, es wurde seit Jahren nicht mehr benutzt, denn die Zollgrenzen sind ja längst gefallen. Welche Mauern, Grenzen und Zollbestimmungen habe ich selbst über all die Jahre in meinem Inneren aufgestellt? Einfuhr- und Ausfuhrverbote für Gefühle? Import- und Exportzölle für Intuition? Reiseerleichterungen für die Karriere? Verfallskontrollen für Beziehungen? Visumspflicht für Authentizität und Kreativität? Welche Mauern und Grenzen werde ich wohl in meinem neuen Leben einreißen? Wird das ein inneres »Schengen total«?

Zunächst bewegen wir uns zurück in Richtung Becher. Dann kraxeln wir in einer kurzen Scharte – einer abschüssigen Felsrinne – auf den Gletscher hinunter. Stochern behutsam in einer eiskalten Nebelsuppe, tasten mit dem Pickel nach etwaigen Gletscherspalten. Robert hat den Autopiloten – sprich GPS – eingeschaltet und die Koordinaten der Müllerhütte als Ziel eingegeben. Uns bleibt nichts weiter zu tun, als brav der Richtung zu folgen und darauf zu achten, nicht in einer Spalte zu verschwinden. Und plötzlich sind wir da! Wir laufen fast in die Holzwand der Hütte hinein. Erstaunlich präzise, so ein Gerät! Leicht gefleddert wirkt der Bau, da fehlen jede Menge Holzschindeln an der Wand. War Hannibal etwa auch hier, haben seine Elefanten ihre Stoßzähne an der Hütte gewetzt? Robert hat eine weniger abenteuerliche Erklärung.

»Da ham wiada so Idiotn a Feuer gmacht, weils ihre Gaskartuschn vergessen ham!«

Jeder Hüttenwirt ist verpflichtet, auch außerhalb der Saison einen Winterraum offenzuhalten. Der steht dann

Alpinisten in Bergnot, aber auch Wanderern zur Verfügung. Wenn ich mich so umsehe, kann ich es fast verstehen, wenn jemand in frostiger Not einige Schindeln zum Feuermachen herausreißen würde. Eingezwängt zwischen grauem Gletschereis und lebensfeindlichen Geröllhalden, sturmumtobt, stemmt sich die Hütte trotzig gegen die unwirtliche Natur. Kein Grün mildert die Härte der Umgebung.

Ein junges Paar, Franz und Klara, hat die Bewirtschaftung gerade übernommen. Wir sind ihre ersten Gäste überhaupt. Sofort macht sich Franz mit einem Eimer zum Gletscher auf, um Eis zu schlagen, das Klara dann schmilzt, um einen Tee aufzubrühen. Ein gusseiserner Holzofen aus der Kaiserzeit schenkt uns hier drinnen bereitwillig eine heimelige Gemütlichkeit, draußen klirrende Kälte und dunkelste Nacht. Klara teilt mir das Zimmer direkt oberhalb des Ofens zu, und ich bin dankbar für die angenehme Wärme, die von unten durch die Ritzen der Holzdecke dringt. Zufrieden kuschle ich mich unter die Decke. Läuft ja alles reibungslos, gute Kondition, tolle Touren. Vorfreude auf den nächsten Tag.

»Nichts ist so beständig wie der Wandel« – und ganz besonders beim Bergsteigen. Zuallererst das Wetter. Dann die Beschaffenheit des Grundes, auf dem man geht, klettert oder kriecht. Und nicht zuletzt die eigene Befindlichkeit. Volatilität überall, und extremer als die Börsenkurse in Zeiten einer schweren Krise. Der neue Morgen begrüßt uns mit unwirtlichen Minustemperaturen und dichtem Schneetreiben. Ausgerechnet auf dem Gebiet, wo ich mir jetzt eine Änderung gewünscht hätte, also Gleichförmigkeit. Ich bin unkonzentriert, meine Gelenke eingerostet. Verflogen das kuschelige Wohlfühl-Schweben von gestern Abend. Die Steigeisen wollen nicht passen, die Finger sind steif vor Kälte, und im dichten Nebel habe ich unangenehme Gleichgewichtsprobleme, weil die Augen keinen Fixpunkt zur Orientierung finden. Wie ein blutiger Anfänger torkle ich über das Eis.

»So 'ne verdammte Scheiße!«, entfährt es mir.

»Koa Problem. Jeder kriagt amal die Krise. Wird scho wiada«, muntert mich Robert auf.

Wirklich ein angenehmer Zeitgenosse, so ganz anders als die elitären Kultkraxler aus Taufers – nur leider verspüre ich jetzt null Bock auf motivierenden Zuspruch! Von einer Sekunde auf die andere erlebe ich den emotionalen Totalabsturz. Durchstarten ausgeschlossen! Geballte Unlust bricht hervor, eine Lawine des Selbstmitleids geht in meiner Gefühlswelt nieder. Was suche ich hier eigentlich? Mich immer nur rumzuquälen, für nichts und wieder nichts! Völlig bekloppt! Ich geh' einfach wieder rein in die warme Hütte und warte erstmal ab. Und wenn das Wetter nicht besser wird – ab durch die Mitte in ein schickes Hotel! Keinen einzigen Meter laufe ich jetzt weiter, so viel ist mal klar.

Verbissen, ein wenig verschämt, äuge ich hinüber zu Robert. Der nestelt an seinen Steigeisen, obwohl die perfekt wie immer sitzen. Als ob ihn überhaupt nicht kratzt, was in mir vorgeht. Soso, er will mir ganz bewusst die Gelegenheit geben, mein Tief einfach auszusitzen. Ein gewiefter Psychologe, perfekte Bärenstrategie: statt in Motivation zu investieren, wartet er ganz einfach erstmal ab, dass das Sentiment sich wieder aufhellt. Da muss man einfach Trotzreaktion zeigen! Unflätig in mich hinein fluchend dackele ich los. Geht ja nicht, jetzt aufzustecken. Wo kämen wir denn da hin! Hannibal at his best!

Ausgestanden ist die Stimmungs-Baisse aber immer noch nicht. Je mehr ich gegen die Depression ankämpfe, umso mehr steigen die Aktien im Marktsegment Ärger und Wut. Und je mehr ich hadere, desto wackliger werden meine Schritte. Ich werde einfach diese lästige Frage in meinem Kopf nicht los: Was in aller Welt tue ich hier eigentlich? Alles ist nur mühsam und anstrengend. Wie ein greiser Tiger mit seinen stumpfen Zähnen an einem alten Knochen nagt, so schabe ich mit meinen Steigeisen lustlos an glatten und steilen Felsplatten herum. Irgendwie wuchte ich mich aber doch immer weiter hinauf, meinem Vortänzer nach, in Richtung Wilder Pfaff.

Der Wettergott höchstpersönlich ist es, der für die Wende sorgt. Endlich hat er ein Einsehen und pustet mir-nichts-dir-nichts den ganzen Nebel einfach weg. Und, o Wunder, gerade sind wir auf dem Gipfel angekommen! Freie Sicht auf das Zuckerhütl, den höchsten Berg in den Stubaier Alpen! Na, das ist doch was! Mit der strahlenden Sonne kehren für mich auch positives Sentiment und Optimismus wieder. Sie wärmt meinen ausgekühlten Körper, lässt wieder warmes Blut zirkulieren. Klare Sicht schafft Orientierung, innerlich und äußerlich. Da drüben, zum Zuckerhütl, wollen wir doch heute auch noch hin, nicht wahr, Robert. Ich bin schon wieder ganz euphorisch. Eis, Schnee, Fels, Himmel – was brauche ich mehr? Just in diesem Augenblick meldet sich wieder der Bedenkenträger zu Wort:

»Seltsam, diese krassen Stimmungsumschwünge«, versetzt er. »Hast du doch früher nicht gekannt. Was genau geht hier eigentlich vor? Hast du bereits die Kontrolle verloren?«

Zugegeben, dieses Rauf und Runter meiner Stimmungen ist mir neu. Das Zuckerhütl aber bietet einen Anblick, der einfach genossen werden muss. Um solche Eindrücke zu erhalten, unterziehe ich mich doch der ganzen Plackerei! Ein formschöner, elegant sich aufschwingender Gipfel. Seine nördliche Flanke ist von einer mächtigen Firnkappe bedeckt – *noch*, wie Robert sachkundig bemerkt. Dass das chemische Element H_2O seinen Aggregatzustand binnen Minuten zwischen flüssig, fest und gasförmig wandelt, bei ständigem Nachschub von oben in Form von Schnee, wird dort drüben bei weiter ansteigender Jahresdurchschnittstemperatur nicht mehr lange möglich sein. Und dann ade, du schöner Firn! Das Prinzip der Volatilität erzeugt in freier Natur eben kein schlichtes Rauf und Runter, sondern sein Wirken ist unabdingbar, damit die Zyklen von Werden und Vergehen funktionieren. Was wird wohl sein, wenn Klimaveränderung und aggressiver Raubbau des Menschen die abrupte Wandlungsfähigkeit der wilden Hochgebirgsnatur immer weiter zähmen? Die Firnkappe dort drüben jedenfalls dürfte dann schon bald verschwunden sein, und damit wird auch diese weißgepuderte, in übernatürlich hellem Glanz erstrahlende Bergmajestät zu einem mattschwarzen Monolithen entarten. Noch spannt sich zwischen seinen beiden Kuppen ein Gletscher mit perfekt konkaver Rundung, als hätte der Schöpfer ein durchhängendes Seil verwendet, um die Formung der gigantischen Firnmassen, die Eis und Fels angesetzt haben, zu vervollkommnen.

Drüben angekommen, betreten wir vorsichtig das empfindliche, weiße Meer und bewegen uns darauf achtsam wie auf einer nicht kratzfesten Oberfläche fort. Das letzte Stück zum höchsten Punkt des gesamten Gesichtsfeldes ist uns in der wärmenden Mittagssonne zu erklimmen vergönnt. Das heißt, für wenige Stunden von flüchtiger Wärme durchzogenes Gestein mit bloßen Händen zu berühren und zu greifen. Mit den Fingerkuppen die rauen Oberflächen erfühlen, mit Fingern und Handfläche tastend den optimalen Griff suchen. Griffkombinationen im Geiste ausprobieren, mit einem beherzten Zupacken – katzenartig – den Körper in die Höhe ziehen. Die Sonne wärmt den Rücken, macht die Muskulatur geschmeidig. Fehlt eigentlich nur noch, von kundigen Händen den Rücken massiert zu bekommen! Doch ich bin mir nicht sicher, ob das im Südtiroler Bergsteigertarif vorgesehen ist. Nach der emotionalen Baisse heute Morgen testet nun meine Euphorie neue Höchststände, die Stimmungskurve bricht nach oben aus!

Wir sind hungrig und suchen den direkten Weg nach Sölden. Und zwar querfeldein. Das ist eine Spezialität von Robert: Wann und wo immer er eine Möglichkeit sieht, lockt er mich ins freie Gelände. Als ob er nur dann sein Honorar rechtfertigen könnte! Robert, ich kann dich beruhigen: Du bist auch ohne freies Turnen in unwegsamer Natur jeden Cent wert! Aber du sorgst auf diese Weise immer wieder für Überraschungen, die unversehens zu echten Herausforderungen werden: Hattest du mir nicht versprochen, wir würden hier locker über einen Gletscher spazieren? Und warum wühlen wir uns auf diesem endlosen Hang jetzt durch brüchiges und loses Gestein voran nach unten? Klimawandel, bemerktest du trocken. Ach ja, vielleicht sondierst du mal vorher dein Revier, statt mich, deinen zahlenden Kunden, zur Exploration des Terrains zu missbrauchen. In diesem tückischen Geläuf liege ich ganz schnell mit der Nase im Dreck wie ein Trüffelschwein, nur ohne etwas zu essen zu finden. Achtung! Fast wär's geschehen – was ich als Ansatzpunkt für einen guten Klettergriff erachtete, habe ich plötzlich als losen Felsbrocken in der Hand. Gut, dass du mich von oben gesichert hast, lieber Robert! So weit geht die Liebe aber wohl nicht, dass du mir jetzt auch noch den Steinschlag vom Leibe hältst?

Endlich hat mein aktueller Alpindienstleister gecheckt, dass es für uns beide wohl doch ersprießlicher wäre, zurück in die Zivilisation zu finden, um ein so banales Ziel wie den Wintersportort Sölden zu erreichen. Über einen sehr bequemen Wanderweg – warum nicht gleich so? – erreichen wir unsere Destination. Doch schon zu spät! Endlich zur Ruhe gekommen, fangen der Rist meines linken Fußes und beide Knie höllisch zu schmerzen an. Ganz typisch für entzündliche Entwicklungen der Gelenke, Sehnen und Bänder aufgrund permanenter Überlastung. Der Kaltstart am Morgen und stundenlanges konzentriertes Balancieren im Steinschutt waren heute offenbar zu viel des Guten. Irgendwann musste es ja so weit kommen. Der Körper schreit auf: bis hierher und nicht weiter! Mein erster Arztbesuch also. Mit schmerzverzerrtem Gesicht, wie ein Kriegsversehrter humpelnd, suche ich ganz Sölden nach einem Doc ab. Mensch, hier gastiert doch jedes Jahr der Skiweltcup, da sollte es wohl irgendwo einen orthopädisch versierten Mediziner geben! Da – ein Praxisschild: »Sportarzt«. Genau den brauche ich!

Die Praxis hat das schummrige Flair einer drittklassigen Dorfdisco, der Doc selbst raucht sogar während meiner Untersuchung Kette und bringt locker 130 Kilo auf die Waage. Da bin ich bestimmt in guten Händen, schon wegen dieser väterlich-milden Ausstrahlung. Ein Arzt, der seinen Patienten demonstrativ alle Sünden verzeiht, weil ihm selbst nichts Menschliches fremd ist, hat bei mir immer gute Karten. Schließlich soll er ja nicht mein sportliches Vorbild sein, sondern einfach nur ein guter Arzt. Und sind diejenigen Banker, die das Geld ihrer Kunden am erfolgreichsten mehren, nicht oft die ersten, die ihr eigenes Vermögen in den Sand setzen? Zudem bewahrt dieser barocke Vertreter der hippokratischen Zunft mich davor, Schuldgefühle dafür zu empfinden, dass ich die eine Art ungesunder Lebensführung nahtlos gegen eine andere eingetauscht habe. Und siehe da, Doc ist nicht nur urgemütlich und freundlich, sondern auch kompetent. Flink legt er mir einen elastischen Knieverband an – straff genug, um das Gelenk zu stützen, locker genug, um seine Bewegungsfreiheit zu erhalten.

Es gilt also umso mehr, einen ereignisreichen Tag mit einem ordentlichen Abendessen würdig abzuschließen. Selbst die heutige Packung an Lebensintensität hat meinem festen Willen nichts anhaben können, eine gute Küche zu erschnuppern, obwohl dies in einem unbekannten Ort Mühe und Geduld erfordern kann und der eigene Erschöpfungszustand eher dafür spricht, einfach die nächste Frittenbude aufzusuchen. Doch heute ist es uns bestimmt, für diesen kleinen Luxus einen besonders hohen Preis entrichten zu müssen – weniger in Euro und Cent als in einer Währung namens Frustrationstoleranz.

Wir haben den Weg in ein Restaurant gewählt, dessen Wirt offensichtlich alles nur Erdenkliche unternimmt, um seinem Etablissement eine rustikale Atmosphäre zu verleihen. Anscheinend wurden dafür mehrere Heuschober demontiert. Und von Holzschindeln über Heugabeln bis zu Dreschflegeln ist die gute Stube randvoll mit Artefakten des alpinen Landbaus. Alles nur im Interesse der zahlenden Klientel: In dieser drangvollen Enge müssen sich die Mädels vom Service in ihren hautengen, gerade mal handbreiten Lederhosen und superknappen Tops auf Tuchfühlung mit den Gästen ihren Weg durchs Lokal bahnen. Robert und ich fühlen uns wie zwei anatolische Ziegenhirten, die von Dr. Spock aus ihren Weidegründen nach Sodom und Gomorrha gebeamt wurden. Konsterniert lassen wir uns aus heuballengroßen Boxen mit Gassenhauern wie »Ich bin der Anton aus Tirol« und »zehn nasse Frisösen« bedröhnen. Doch da kommt der Zwiebelrostbraten! Erfreulich großzügig fällt er aus und beansprucht nun vollständig unsere Aufmerksamkeit. Und nur deswegen sind wir ja hier.

Nachts quälen mich die Ohrwürmer aus dem Lokal drunten, und auch der gewaltige Fleischberg im Magen fördert nicht gerade den Schlaf.

Eigentlich will ich am Morgen einfach nur losmarschieren, aber dann ergibt sich beim Frühstück eine Grundsatzdiskussion mit Robert. Bergführer sind es gewöhnt, den Gast auf dem kürzesten Weg vom Tal zum Gipfel und wieder zurück zu führen. Gerne greifen sie auf Hilfsmittel wie Auto oder Seilbahn zurück, um möglichst nahe an den Berg heranzukommen. Aus ihrer Sicht ist es sinnlos, sich zu Fuß vom Tal A ins Tal B zu bewegen. Hierfür benutzt der Bergführer sein Auto. So entwickelt sich morgens folgender Dialog:

»Also, Robert, heute machen wir mal Strecke im Tal. Wir laufen nach Vent, das sind 20 Kilometer!«

Robert zuckt zusammen, als hätte ich gerade etwas Unanständiges gesagt.

»Jo, obr do chunt ma doch an Bus nehma!«

»Nein, wir laufen, du kennst doch meine Regel: nur sanfte Mobilität! Nullemissions-Fortbewegung.«

In seiner Seele muss jetzt ein schwerer Kampf toben. Wie

bei einem Formel-1-Fahrer, der in einen Opel Manta einsteigen soll.

»Komm, ich lade dich dann auch zum Mittagessen und einem Bier ein.«

Das hat ihn überzeugt. Ich muss wohl meine Theorie von der Unbestechlichkeit des Bergmenschen relativieren. Mittags in Vent dann, nach einer herrlichen Wanderung durch frisches Waldgrün und entlang munterer Bergbäche:

»Rudi, du, des wor goar ned aso schlecht. Du, des mach i amoi mit meiner Frau!«

Gar nicht so einfach, jemanden mal auf neue Ideen zu bringen, zumal wenn er in der Gewissheit lebt, sein Metier aus dem Effeff zu beherrschen. Ich wusste, das würde nur mit listigem Charme und gezielter Erfüllung eines Primärbedürfnisses möglich sein.

W. liebte es, Nachhilfe zu geben. Das Vermitteln von etwas, was man selbst bereits verstanden hatte, der andere aber noch nicht, hatte etwas Faszinierendes für W., denn es verschaffte ihm Ansehen und gab ihm das Gefühl von Überlegenheit. W. stärkte damit auch sein Netzwerk und seine soziale Anerkennung. Als besonders profitabel in diesem Sinne erwiesen sich die Nachhilfestunden für einen berüchtigten Schlägertyp. Der Schläger wurde gefürchtet und mit W. stellte man sich von nun an besser auch auf guten Fuß. Eine fast symbiotische Beziehung, eine perfekte Win-Win-Situation. Nebenbei sicherte W. sich durch seinen vermeintlich selbstlosen Einsatz gegen den Vorwurf ab, ein Streber zu sein. Des Weiteren kam er durch die Nachhilfestunden an attraktive Mädchen heran, die mit großen Augen seinen komplizierten Erläuterungen zuhörten, ohne sie wirklich zu verstehen. Sein Vater

hielt es zwar für kompletten Schwachsinn, alles unentgeltlich zu machen, aber W. wusste genau, warum er es tat. Er schuf sich ein feinmaschiges Netz sozialer Abhängigkeiten, indem er sich mit Menschen umgab, die sich ihm verpflichtet fühlten und auf deren Loyalität er sich verlassen konnte. Menschen ließen sich leichter manipulieren, wenn man ihnen Vorteile verschaffte.

In Vent lerne ich bei der Mittagsvesper in einer zünftigen Wirtschaft Sepp kennen, einen Kollegen Roberts und dazu eine bekannte Größe in der Welt der Bergmenschen. Sepp ist 70 Jahre alt, aber seine spitzbübischen, wachen blauen Augen blitzen vor jugendlicher Energie und Lebenslust. Drahtig, schlank und aufrecht kommt dieser Jungbrunnen von Mann an unseren Tisch und nimmt Platz. Er hat jetzt Lust, etwas zu erzählen, das merkt man. Robert und Sepp sind alte Bekannte, und es ist klar, dass Sepp mich, den gutgläubigen Amateur, ordentlich beeindrucken will.

»Buam, wisst's, des war i, der den Ötzi ausgrabn hod!«

»Na Sepp, kann doch nicht sein …«

»Ja, zuerscht da hamma dacht, des ist a Mord, da muss die Kripo her. Ober i hab schnell gmerkt, des is koa normale Leich.«

»Gott, das muss ja gruselig gewesen sein …«

»Mit seim Zeigl, wos der dabei ghabt hod! An Bogn, und so komische Grasschlappn. Na, i hob sofort gwusst, Sepp, der liegt do scho länger do!«

»Ja, und, was hast du dann gemacht?«

»Jo, dann hob i ean hoid rauspickelt, den Ötzi. War scho a Krischperl!«

Ob Sepp wirklich den Ötzi aus dem Eis barg oder ob er

nur einer von vielen ist, die das behaupten, ist nicht eben einfach zu sagen. Immerhin muss er Ötzi mal gesehen haben, denn der war wirklich »a Krischperl« für heutige Verhältnisse, mit seinen Einsachtundfünfzig. Und dass er extra dafür in Bozen ins Museum gegangen ist, mag ich auch nicht unterschreiben.

Aber Sepp hat während eines halben Jahrhunderts mit Seil auf der Schulter und Pickel in der Hand noch ganz andere Trouvaillen gemacht. Eine weitere seiner Lieblingsgeschichten handelt von einem verschollenen deutschen Bomberpiloten, den er Jahrzehnte nach dem Absturz auf dem Gletscher entdeckt und ausgegraben haben will.

»Jo, Buam, und des Beste war, der hod gar koan Kopf mehr ghabt, der Pilot!«

Er lacht scheppernd los und kriegt sich gar nicht mehr ein. Ich mag das ganze Zeug gar nicht glauben. Das ist doch ein Spin-Doctor der Berge! Der verdreht nur die Wahrheit, um als toller Hecht rauszukommen! Die Stimme in meinem Kopf weiß es aber anders:

»Das meinst du doch jetzt nur, weil du mal selber ganz groß darin warst, Fakten so aufzubereiten, dass man dir praktisch alles, was du sagtest, als die reine Wahrheit abgekauft hat. Und während du ein Langweiler warst, unterhält Sepp die Leute doch glänzend!«

So vehementen Widerspruch aus der Tiefe des eigenen Innern steckt man am besten dadurch weg, dass man sich in die Arbeit wirft, zumal wenn sie für mich jetzt täglich mit ungeahnten Freuden verbunden ist! Der Wetterbericht ist gut, deshalb wollen wir noch heute auf die Breslauer Hütte, um am morgigen Tag einen Startpunkt für die Tour auf die Wildspitze zu gewinnen. Robert war durch das Flachlandprogramm anscheinend nicht ausgelastet. Locker pumpt er nun die 800 Höhenmeter im Dauerlauf weg und ist in weniger als einer Stunde oben. Bei mir ist die Luft raus! Mal um Mal trainiere ich in solchen Situationen meine Fähigkeit zum positiven Denken: Wenn ich weiterhin wie ein Irrer in den Alpen herumlaufe, dann schaffe ich so ein Sprintprogramm auch noch locker in 20 Jahren! Was will ich eigentlich mit 65 erreicht haben? Zwei Millionen auf dem Konto und nirgendwo und überall zu Hause, oder ein gutes Körpergefühl samt einer Lebenserwartung von 20 weiteren gesunden Jahren auf einer Berghütte? Wenn ich mir Robert so ansehe, sollte mir die Antwort nicht schwerfallen.

Wir sammeln Hütten-Saisoneröffnungen. Nur ein paar Tage früher gestartet, und wir würden ständig vor verschlossenen Türen stehen. Ob wir wohl auch ein Feuerchen aus Hüttenschindeln gemacht hätten, um nicht zu erfrieren? Auf der Breslauer Hütte wimmelt es nur so von eifrigen Menschen, die alles auf Vordermann bringen. Komischerweise schwäbeln sie alle. Da bin ich wohl im falschen Film, Breslau liegt doch in Schlesien! Robert klärt mich über die Organisation des deutschen Alpenvereins auf: Jeder Landesverband hat mindestens eine Hütte in seinem Zuständigkeitsbereich und ist damit für deren Unterhalt zuständig. So, und wie kommen dann die Schwaben ausgerechnet zur »Breslauer Hütte«? Robert muss nur kurz nachdenken:

»Na, dann haben sie die wohl von den Schlesiern geerbt, weil sie sie nicht den Polen überlassen wollten.«

Ich schlucke ein bisschen. Aber Robert ist kein Deutscher, der darf so was sagen. Ich kenne die Schlesier nicht, doch die Hütte scheint mit den Schwaben keinen allzu schlechten Tausch gemacht zu haben: Die schaffen mindestens so beflissen und quirlig wie die Kölner Heinzelmännchen. Streichen Fensterläden, reparieren Wassertanks, wischen Staub. Und natürlich, das Wichtigste: Sie unterziehen die Bierzapfanlage einem Stresstest. Ich schlafe hervorragend in meinem Zimmerchen. In klösterlicher Einfachheit beschränkt es sich auf das Notwendige, ein schlicht gezimmertes Holzbett mit der unvermeidlichen rot-weiß karierten Bettdecke und einem simplen Brett als Regal. Zum perfekten Schwabenglück fehlt eigentlich nur noch die Schwarzwälder Kuckucksuhr. Die Holzbohlen knarzen, und das Fenster eröffnet einen Blick auf die Gletscher und Kämme der umliegenden Berge.

In der Nacht hat es diesmal nur leicht geschneit. Wir wollen den höchsten Punkt der Ötztaler Alpen erreichen und in Richtung Norden überschreiten: die Wildspitze. Der Name scheint Programm zu sein, denn wild sahen schon gestern, auf dem Weg zur Hütte, die Gletscherabbrüche auf der uns zugewandten Seite aus. Man konnte sie vom Weg aus gut studieren und sich schon einmal darauf zu freuen beginnen, diese Mondlandschaft zu betreten. Ein Witzbold könnte auf die Idee kommen, solche geologischen Formationen hätten in der Urzeit als Knautschzone für einen Aufpralltest zwischen Erde und Mond gedient. Aber wer Bescheid weiß, erkennt darin die Verheerungen des Klimawandels. Zerklüfteter, rotbrauner Felsabbruch und ein schwindsüchtiger Gletscher – dort drüben ist nicht als stummes Sterben.

Auf Zehenspitzen schleichen wir uns direkt nach dem Ankleiden aus der Hütte. Aufs Frühstück verzichten wir gerne – denn bloß nicht die Schwaben wecken, die fangen sonst sofort wieder an zu hämmern! Aufbruch im Morgengrauen. Schlaftrunken bummle ich hinter Robert über den Gletscher. Wie angenehm, dass der heute morgen auch nicht so ganz ausgeschlafen zu sein scheint. Und jetzt läuft er auch noch umständlich einen Bogen, obwohl wir unser Ziel doch schnurgerade erreichen könnten. Das geht doch auch praktischer, klügele ich, und will den Weg abkürzen. Ein guter Trick, um unfreiwillig meine glaziologischen Kenntnisse zu erweitern: Im Bruchteil einer Sekunde wird der Boden unter meinen Füßen weggerissen. Es ist, als wenn der Schnee auf einen Schlag nach unten abgesaugt würde … wie in einem Alptraum, wenn sich plötzlich der Boden auftut und einen verschluckt! Im Reflex werfe ich meinen Körper nach hinten, versuche verzweifelt, mit Ellenbogen, Händen und Hinterteil meine Rutschpartie in die Unterwelt aufzuhalten … und komme auf einer Eiskante vor einem dunklen Loch gerade noch zum Stillstand. Im Schock blicke ich hinunter … da unten, gut zwei Meter tiefer am Felsgrund, dort fließt eiskaltes Gletscherwasser …

»Hoho, jetzt bisch fascht in den Gletschertopf gfallen!«

Robert ist also auch noch da. Entgeistert schaue ich ihn an. Er steht am Rand des Lochs und blickt grinsend auf mich herunter. Und er muss jetzt auch noch unbedingt weiter kommentieren:

»Des kann scho amal passiern, wenn a Amateur sich selbstständig macha wui.«

Dieser Schnösel! Ich hätte hier beinahe für immer den Abgang gemacht, und er tadelt mich auch noch, anstatt beruhigend auf mich einzuwirken!

»Musch koa Angst ham, i wär' ja do gwesen.«

Mit seiner Bärennatur hat er wirklich die Gabe, mich immer wieder schnell in die Spur zu bringen. Vielleicht war ja alles gar nicht so schlimm!

Die beste Beruhigung eines ängstlichen Herzens ist immer noch, dass der Kopf ordentlich etwas zu tun bekommt.

Robert, der Meisterpsychologe, klärt mich aus gegebenem Anlass über »Gletschertöpfe« auf: Oberflächenwasser fräst sich wie ein Strudel durch das Eis des Gletschers, bis zum Felsgrund, und formt dabei ein kreisrundes, nicht selten mehrere Meter tiefes Loch. Bei längerem Schneefall und mit Hilfe von Wind und Sonne wächst das Loch oben, von seinen Rändern her zur Mitte hin, allmählich mit Harsch und Neuschnee zu. Ein Alpengreenhorn wie ich ist natürlich nicht in der Lage, die Gefahr zu erkennen, die ihm dort auflauert, wie eine tückische Falltür! Nun aber weiß ich Bescheid. Ein letzter verstohlener Blick in die Tiefe, wo die eiskalten, strudelnden Wasser den »Schneedeckel« schon soweit zerlegt haben, dass sie die Brocken emsig unter den Gletscher fortzerren können ...

Beim Bergsteigen zu ertrinken! Das wäre ein merkwürdiges Schicksal, wie bei dem Schwertschlucker, der sich an einer Nagelfeile eine tödliche Blutvergiftung holt. In einer Firnrinne abzustürzen, die so steil ist wie das Dach des Münchner Frauendoms, wäre dagegen viel ehrenvoller. Ich müsste nur jetzt, da ich mitten drin bin in diesem glaziologischen Monstrum, nur irgendwie an mein Handy kommen. Um schnell noch meiner Freundin das Passwort für die Administrierung meines Blogs zu geben, damit sie einen angemessenen Nachruf verfassen kann. Etwa so:

»In memoriam Rudolf Wötzel. Auf dem Weg zu seinem höchsten Gipfel, eingekeilt in eine kaum mehr als mannsbreite, mit gefrorenem Altschnee bepackte Einkerbung im nackten Fels, hauchte er sein Leben nach einer Rutschpartie in die Tiefe aus. Die sterblichen Überreste konnten wegen schlechten Wetters nicht geborgen werden, der Blog ist geschlossen.«

Also wie jetzt klarkommen mit dieser widerlichen Firnrinne? Bloß nicht umdrehen und in die Tiefe schauen ... Direkter Anstieg in der Falllinie. Der kürzeste Weg von unten nach oben. Wir sichern uns mit Steigeisen und Pickel, das Seil zwischen uns ist jetzt mehr Schicksalsgemeinschaft als Notanker. Schwupps, Robert hievt mich mit einem beherzten Ruck am Seil über die obere Kante der Rinne. Jetzt ist es nur noch ein lockerer Spaziergang durch fluffigen Neuschnee, ich fühle mich wie ein unbeschwertes Kind, das durch lockeres Herbstlaub streunt. So tapere ich die letzten paar hundert Meter bis zum höchsten Punkt: die Wildspitze. Wieder ein wildes Wechselbad der Gefühle heute! Es gibt eigentlich nur zwei Konstanten beim Bergsteigen: ständige emotionale Umschwünge und deren totale Unvorhersehbarkeit. In wenigen Stunden wurde ich innerlich total durchgeschüttelt. Geschockt beim Einbruch in den Gletschertopf, vor Angst fast in die Hose gemacht in der Rinne, glückselig auf den Gipfel geschwebt. Zu viel der emotionalen Achterbahn. Ich weine einfach drauflos, bin überwältigt und glücklich, hier oben angekommen zu sein.

Während ich noch in Gefühlswelten schwelge, bugsiert mich mein Berglotse schon nonchalant ins nächste Geläuf, auf die andere Seite der Wildspitze. Für ihn ist es nur ein normales Tagesprogramm, für mich ist es ein Tag der großen Gefühle! Vorhin knapp einem Unglück entronnen (der freie Mitarbeiter im Oberstübchen arbeitet noch an seinem Eigenbericht, darin wird wohl von einer »Landung im Matsch« die Rede sein) – und jetzt empfinde ich eine unerhörte Leichtigkeit, eine exaltierte Gewissheit des glücklichen Gelingens.

Das Wetter weiß noch nicht, wohin es eigentlich will an diesem Morgen, in dunstiger Unbestimmtheit zerfließt am Horizont die Grenze zum Himmel, und damit scheint auch für mich die ausschließliche Zugehörigkeit zur Erde aufgehoben. Ich werde Teil beider Welten, ein gleichsam sphärisches Wesen, fast schwerelos über den gleißenden, griffigen Firn dahinschwebend …

Natürlich ist es Robert, der mich auf den Boden zurückholt. Knochenarbeit ist angesagt: Im Marschtempo den Gletscher hinunter, das auf der Breslauer Hütte deponierte Gepäck einsammeln, und dann hinunter ins Tal nach Vent. In der Wirtschaft darf ich mich stärken, mit geballter Kalorienzufuhr sollte ich es noch zur Martin-Busch-Hütte schaffen. Für meinen Tempomacher schon gar kein Problem. Im Dauerlauf geht es nach oben, durch ein lang gezogenes Tal, in dem Felswüste und Vegetation um die Vorherrschaft streiten. Die Latschenkiefern erhalten erstaunlich lange ein Übergewicht zugunsten des Lebens, wohl auch dank ihrer Fähigkeit, sich im schneidenden Wind zu ducken. Wir geben unser Bestes, es ihnen gleichzutun. Ich fühle mich wie eine Testperson in einem Windkanal. Und dann drückt der zuständige Ingenieur auch noch die Regen-und-Gewitter-Taste …

Endlich, die Hütte! Aber sie ist voll belegt. Erschöpft und ausgekühlt genehmige ich mir für zwei Euro den Luxus einer heißen Dusche, die Jetons dafür erwirbt man beim Hüttenwart. Ich nehme mal zur Sicherheit gleich drei davon, man weiß ja nie, wie weit man damit kommt. Luxus heißt hier: keine Duschwanne, sondern eine Betonecke mit Gully, wo der Fußpilz lacht, und ein mickriger Wasserstrahl. Doch bevor man in dieses Elysium hinein darf, muss erstmal halbnackt in der Kälte angestanden werden. Frierend hüpfe ich von einem Bein auf das andere, bis sich die Schlange vor mir abgebaut hat. Endlich, welch himmlisches Vergnügen, Wärmespritzer auf dem eiskalten Körper, wonnevoll beginnt die

Gänsehaut zu weichen. Doch bevor das wärmende Werk vollbracht ist, stoppt das Heißwasser von einer Sekunde auf die andere. Nach exakt drei Minuten! Fast übermächtig der Drang, mir jetzt den zweiten Jeton zu gönnen! Doch ich bin zu feige. Oder schon zum sozialen Wesen geworden? Triefend und sofort wieder vor Kälte bibbernd husche ich an den hinter mir wartenden Bergsteigern vorbei in eine kalte Nische, um mich möglichst schnell abzutrocknen und wieder anzukleiden.

Doch schon wenig später ist meine Welt wieder in Ordnung. Draußen tobt der Schneesturm, hier drinnen wärmt man sich am Wein und am Kachelofen. Duftendes Bratenfleisch in großen Portionen! Ich fühle mich auf wundersamwohlige Weise kaputt, einfach nur kaputt. Zunehmend verschwimmt alles vor meinen Augen, als wenn ich es durch Milchglas sähe. Noch am Tisch falle ich in losen Schlaf. Mir träumt, ich schwebte über goldgelben Kornfeldern mit schweren, reifen Ähren.

Der junge W. erwachte während des Gewitters nur einmal, ganz kurz. Es war ein heißer Sommertag gewesen, nun entlud sich die Hitze in einem Wolkenbruch. Aber es war trocken im Zelt, und er spürte noch die wohlige Wärme der Sonnenstrahlen auf der Haut. Er war mit einem Freund seines Vaters durch ein mannshohes Feld aus Brennnesseln gelaufen, barfuß und in kurzen Hosen, hinab zum See, um dort zu angeln. Der Wind kräuselte das Wasser, der rot-weiße Schwimmer der Angel wippte im leichten Wellengang auf und ab. Stundenlang beobachtete W. den Schwimmer, während er ruhig am Ufer saß. Ein Zucken, dann tauchte der Schwimmer ab. W. riss die Angel hoch, spulte hastig die Rolle

auf und focht einen fiebrigen Kampf mit dem Fisch, der rasend das Wasser pflügte. Später hatten sie ein Lagerfeuer angezündet und brieten ihren Fang. Der Wind frischte auf, fachte das Feuer an und W. roch den Duft von krossem Forellenfleisch. W. blickte in die Glut und beobachtete, wie die Funken davonstoben. Seine Beine kribbelten noch von den Brennnesseln.

Hart gefroren ist der Boden und von Schnee überzuckert, als wir in einen eisgrauen Morgen aufbrechen. Hintere Schwärze heißt bezeichnenderweise unser erstes Ziel, und tatsächlich liegt dieser Berg aus Hüttensicht ziemlich weit »hinten«! Gleich wenige Meter nach Verlassen der Hütte reißen mich die Folgen der globalen Erwärmung unsanft aus meinem kontemplativen morgendlichen Schlurfschritt. Ein Bergsturz, ausgelöst durch aufgetauten Permafrostboden, hat vor wenigen Monaten den Wanderweg hinunter zum Gletscher einfach weggefegt. Gesteins- und Erdmassen brachen am Marzeller Kamm, dem Bergrücken oberhalb des Wegs, los und krachten ins Tal. Es sieht aus wie ein alpiner Ground Zero, überall Felsschutt und zu rutschigen Klumpen gefrorene Erde und Schlamm. Von einem Pfad weit und breit nichts mehr zu sehen! Robert, der Freigelände-Freak, ist natürlich wieder in seinem Element und schlängelt sich behände durch den Schutt. Wirkt denn bei dem die Schwerkraft überhaupt gar nicht? Ich traue dem schlüpfrigen Untergrund nicht, fürchte auszurutschen und in die Tiefe zu sausen. Ich lasse mich jetzt nicht hetzen! Schritt für Schritt, mit höchster Konzentration und bestimmt nicht so grazil wie Robert, die Gazelle, arbeite ich mich vor. So langsam wie ein Räumkommando durch vermintes Gebiet. Das ermüdet ungemein, ich sollte ja eigentlich kraftschonend laufen. Die Wirkung der fachmännisch fixierten Kniebandage lässt auch nach, und der sich in den Fuß fräsende Schmerz kehrt zurück.

Wie die Zahnreihe eines Fangeisens für die am Himmel ziehenden Wolken lauern bedrohlich die schwarzen Felszacken des Marzeller Kamms. Auch mir scheint, ich würde bedroht, und zwar von der Auszehrung meiner Kräfte. Es wird immer schlimmer. Mich fröstelt. Die Beine werden schwerer und schwerer. In den Gliedern ein Gefühl wie von Fieber. Erst eine knappe Stunde sind wir unterwegs, und schon kommen Gedanken an Rückkehr auf. Werden stärker und stärker. Ja, ich werde Robert vorschlagen, dass wir lieber umkehren. Aber wie? In welchen Worten? Wie verkaufe ich mich am besten? Es muss ja nicht aussehen wie eine Niederlage, ich könnte zum Beispiel sagen:

»He, Robert, ich bin heute nicht so gut drauf. Komm, lass uns umkehren und ein bisschen entspannen.«

Nein, kommt nicht infrage, das klingt obercool und total unglaubwürdig, weil mein daueraktiver Robert gar nicht entspannen will. Wie wär's mit:

»Mann, Robert, mir geht's auf einmal echt dreckig. Ich kann einfach nicht mehr. Bis hierher und nicht weiter!«

Auch nicht gut. Das wäre zwar ehrlich, aber ich hätte ein für allemal mein Gesicht verloren. Vielleicht sollte ich die Entscheidung ihm zuschieben:

»Robert, hallo, halt doch mal an! Ich bin körperlich ziemlich im Eimer, und mein Fuß schmerzt höllisch. Meinst du, ich kann in diesem Zustand überhaupt weitermachen?«

Nein, vergiss es! Was, wenn er einfach Ja sagt? Und Nörgeln gilt nicht, schließlich habe ich mich ja selbst in diese Situation gebracht. Jetzt habe ich es! Am besten, ich komme ganz wertneutral raus, in schlichtestem Banker-Deutsch:

»Du, Robert, ich als dein zahlender Kunde …«

Ja, das ist es! So komme ich am besten weg. Ich sehe mich schon den Mund öffnen … doch bevor die Lippen die Worte formen können, holt mein Alter Ego zum entscheidenden Schlag aus. Die Stimme im Kopf verwickelt mich in einen bizarren Dialog:

»Hannibal!«

War da was? Und es geht gleich weiter:

»Du, Hannibal, sag mal, was hast DU eigentlich gemacht, wenn du keinen Bock mehr zum Weiterlaufen hattest?«

Nun höre ich »mich« antworten:

»Moment Mal, ICH bin doch gar nicht Hannibal! Hannibal ist tot, ICH benutze den Namen nur als Prädikat für mein Projekt.«

Alter Ego lässt sich aber nicht beirren:

»Hannibal, was hast du damals gemacht, als du kurz davor warst, alles hinzuschmeißen? Damals, als einer deiner Elefanten in einen Gletschertopf gefallen war und dein Heermeister für Rückzug plädierte?«

Moment, ich glaube, ich muss hier mal etwas klarstellen:

»Der Gute hatte vermutlich keine andere Wahl als weiterzumarschieren. Schließlich wollte er eine Weltmacht in die Knie zwingen. ICH hingegen laufe hier aus freien Stücken herum.«

Die Stimme lässt aber immer noch nicht locker.

»Recht hast du getan, kleiner tapferer Hanni, bist nicht umgekehrt! Wie peinlich wäre es auch gewesen für dich, kleinlaut und ohne die Römer überhaupt gesehen zu haben wieder zu Hause anzukommen, mit all deinen Elefanten.«

Stimmt, was hätte der Gute machen sollen? Klammheimlich am Hintereingang zu Hause bei seiner Frau anklopfen und die Elefanten unauffällig wegstellen? Unvorstellbar! Also laufe ich jetzt auch weiter! Was soll Hannibal sonst von mir denken? Und außerdem brauche ich jetzt mal wieder Ruhe im Kopf, denn eine neue Herausforderung wartet schon.

Irgendwie geht es immer weiter! Rein in die Steigeisen. Rauf auf den Gletscher. Heute aber bitte nicht schon wieder auf den Topf gesetzt werden! Über Nacht hat der Sturm mit dem Schneepinsel den Gletscher gestrichen und dabei viele Spalten übermalt. Na toll! Ein falscher Tritt und wir stürzen in eine Spalte. Höchst tückisch, aber wenn man auf sein Leben achten muss, hat man wenigstens keine Zeit, um zu merken, wie schlecht es einem geht. Und gut, dass ich meinen Weisen der Berge dabei habe:

»Rudi, hör jetzt mal zu, wenn dir dein Leben lieb ist. Meist verlaufen Spalten parallel und auf gleicher Höhe, wie Streifen auf dem Rücken eines Zebras.«

Schön und gut, das verstehe ich, zumal die Belehrung ausnahmsweise auf Hochdeutsch erfolgte, ein untrügliches Zeichen für den Ernst der Lage. Nur, Robert kann zwar klettern wie eine Gämse, aber ob er auch weiß, wie die Streifen eines Zebras genau verlaufen? Doch da geht es schon weiter mit den Vergleichen aus der Tierwelt:

»Wir setzen also am besten eine Spur, die in Schlangenlinien parallel zum Hang verläuft.«

Aha, und wo genau?

»Das lass nur meine Sorge sein. Wenn du jetzt ausnahmsweise direkt hinter mir bleibst, wird dir schon nichts passieren.«

Und siehe da! Wie ein instinktsicherer Steinbock läuft er

seine Schlangenlinien. Ich diesmal kreuzbrav hinterher – und nur nicht abreißen lassen! Immer wieder ertastet er eine Spur zwischen zwei vermuteten Spalten, wohl mehr erahnt als mit den Augen wahrgenommen. Ich muss mich ihm blind und restlos anvertrauen. Das große Loslassen – und seltsamerweise schmelzen Schmerz und Unlust dabei von mir ab wie Schnee in der wärmenden Sonne.

Über einen kurzen Grat von maximal 100 Metern erklimmen wir die Hintere Schwärze. Schwarzer Fels in weißem Schnee, wie die Flosse eines Orcawals ragt ihre Spitze in den Himmel. Ein milder Wind zupft die Wolkendecke auf und haucht den Nebel fort – und mit ihm auch meine niedergeschlagene Stimmung. So lösen sich scheinbar verfahrene Situationen irgendwann von ganz allein in Wohlgefallen auf. Einfach geschehen lassen!

Verspielt wie junge Murmeltiere tollen wir auf den Felsen herum, recken uns und lassen den Sonnenschein – wie herrlich nach Stunden der Eiseskälte! – Gesicht und Rücken wärmen. Neugierig tänzeln und turnen wir mal rechts, mal links von einem schmalen Felsrücken weiter zur Marzeller Spitze, springen übermütig auf ein matschiges Firnfeld und powern ausgelassen die erdige Flanke aus braunen losen Steinbrocken am Similaun hinauf. Wie weggeblasen die Qualen des Morgens! Lässig schwinge ich den Pickel und schlendere lockeren Schrittes auf einer Firnautobahn zur Similaun-Hütte.

Schon gestern bemerkte ich es auf der Martin-Busch-Hütte, und heute ist es wieder so: So allmählich verlassen die Halbschuhtouristen ihre Winterschlupflöcher im Flachland und bevölkern die Berghütten. Im Massenlager ist kein Platz mehr für mich, und unverhofft darf ich mit im Bergführerraum nächtigen. Strikt separate Schlafstätten für Bergführer überall – pure Alpin-Apartheid! Bisher sah ich Bergführerräume nur von außen, respektvoll drücke ich die Türklinke und trete auf leisen Sohlen ein. Eigentlich nichts Besonderes, kein zusätzlicher Luxus, keine Luis-Trenker-Devotionalien. Es riecht nach Fußschweiß, genau wie im Massenlager. Was hatte ich eigentlich erwartet? Dass mich der heilige Schauer befällt? Okay, ein wenig stolz darf ich schon darauf sein, hier schlafen zu dürfen. Das schafft schließlich nicht jeder! Na, als Bergpilger habe ich mir die Anerkennung sauer verdient!

Vorweihnachtszeit, dritter Advent. Die Theateraufführung für alle Kinder der Firmenmitarbeiter war ein alljährliches Ritual, auf das sich der junge W. enorm freute. Sein Vater hatte diese Veranstaltung ins Leben gerufen, und so strömten auch dieses Jahr die Angestellten mit ihren Familien in das Theater, das sich schnell bis auf den letzten Platz füllte. W.'s Familie betrat immer als letzte den Saal. Alle Köpfe wendeten sich ihnen zu, wenn sie nach vorne gingen. Das war ein prickelndes Gefühl, so interessiert begutachtet, so richtig bestaunt zu werden. Als Sohn des Leitwolfs.

Natürlich waren es die Mittelplätze der ersten Reihe, die für sie reserviert waren. In dieser Reihe saßen der andere Vorstand und weitere wichtige Manager mit ihren Familien, die sich sofort erhoben, um W.'s Eltern zu begrüßen. Die Sitzplatzverteilung war sorgfältig vorbereitet worden: Je weiter vorne, desto höher der Rang. Der Vorsitzende des Betriebsrats trat auf die Bühne, räusperte sich nervös, bedankte sich mit warmen Worten beim Vater für die Einladung und sprach dann zu den Kindern im Saal. Die Aufführung konnte beginnen, und alle Kinder freuten sich schon auf die Bescherung, die im Anschluss an das Theaterstück stattfinden würde. Der junge W. war mächtig stolz.

Bei einem Glas Wein erzählt Robert aus seinem Leben. Er ist nicht derjenige, der das schon am ersten Abend tut, aber jetzt ist Vertrauen zwischen uns gewachsen. Auch er war ein Workaholic! Er hielt durch, bis er Anfang 40 war, in einem Umfeld, das seinen Protagonisten alles abfordert, körperlich wie mental: in der Chirurgie. Ein Idealist wie Robert musste im Krankenhaus abstumpfen – oder vor die Hunde gehen. So kam es, wie es kommen musste: Burn-out, Sinnkrise. Eine alte Leidenschaft aber war in ihm nie erloschen, die Liebe zu den Bergen und zur Natur. Robert wurde Bergführer, kein Pappenstiel in seinem Alter. Doch nie hat er diesen Entschluss bereut. Mit seinen 64 Jahren strotzt er heute vor körperlicher und geistiger Energie.

Ganz ruhig erzählt er mir seine Geschichte. Fast wie ein Vater zum Sohn spricht, nicht belehrend, sondern mit echtem Verständnis für mich in meiner Situation. Er erzählt auch von seiner Frau, mit liebevoller Wärme. Sie leben in einem kleinen Bergdorf. Wenn Robert nicht mit Gästen auf Klettertouren oder zum Skifahren unterwegs ist, baut er Gemüse an oder er geht in den Wald, um Holz zu schlagen. So einfach ist sein Leben. Er will mich damit nicht beeindrucken. Dogmatisch wirkt es schon gar nicht. Zweifelt er? Hat er Ängste?

»Nein, der liebe Gott wird es schon fügen!«

W. machte früh die elementare Erfahrung der inneren Zerrissenheit: der unstillbare Drang, viele Handlungsoptionen zu erwerben, und der quälende Zwang, sich zwischen all den Möglichkeiten dann entscheiden zu müssen. Vielschichtige Interessen, breit gestreute Talente, fördernde und fordernde Eltern und die nötige Portion Ehrgeiz waren sein kraftvoller Motor. Begeistert besuchte er Malkurse, nahm Klavierunterricht, belegte Sportkurse, fand Interesse an eigentlich allen Schulfächern, lernte Sprachen, verschlang Bücher, umgab sich mit einer Unzahl an Freunden, stürzte sich sogar wie ein Berserker in die Gartenarbeit. Wie eine gefräßige Raupe verschlang er alles. Ein Tausendsassa, der schon jetzt den Terminkalender eines Topmanagers hatte.

Eines Tages schnitt er beflissen die Hecke im Garten seines Elternhauses. Gegenüber strömten seine Freunde zum Fußballspielen auf die Wiese. Da wurde ihm plötzlich schmerzhaft klar, dass er zu wenig Zeit hatte. Und dass er sich entscheiden musste. Das hasste er! Was er liebte, war die Vielfalt der Optionen. Jede Entscheidung, die zu treffen war, stürzte ihn in eine Sinnkrise: Welches Gymnasium? Welches Studium, welcher Beruf? Die Wahl der richtigen Freunde, der richtigen Frau für eine Beziehung. Er fühlte sich geradezu gelähmt, wie das Kaninchen vor der Schlange. Wie der wehrlose Nager blieb er reglos, bis die Schlange zuschnappte. Bis die Entscheidungen für ihn getroffen wurden.

Der Berg fordert Entscheidungen, ständig und sofortig. Einfache, digitale Entscheidungen. Weiterklettern oder umkehren? Steigeisen anlegen oder ablegen? Hier die Gletscherspalte überqueren oder ein Stück weiter oben? Ein Getränk mehr einpacken oder nicht? Zwei Müsliriegel oder drei? Diesen Griff nehmen oder den ein paar Zentimeter weiter rechts? Am kurzen Seil ungesichert hintereinander gehen oder im Fels mit Haken sichern? Da kann über Leben oder Tod entschieden werden. Keine Vertagung und keine Delegierung erlaubt. Am Berg lernst du, Ja zu sagen oder Nein.

Eine Ja-Nein-Entscheidung hätte auch Sepp, Geschichtenerzähler und selbst ernannter Ötzi-Auspickler, treffen müssen: ausgraben oder nicht? Es ging zwar nicht um Leben und Tod, aber immerhin um die bestmögliche Erhaltung einer Leiche: zum Wohle der Forschung. Ich sehe die Szene plastisch vor meinem inneren Auge, wie Sepp, dienstbeflissen, in Bergretteruniform, den Ötzi aus dem kalten Grab hackt. Rechts und links spritzt das Eis weg, und ab und zu fliegen auch die Ötzi-Fetzen. Nicht alles konnten die Innsbrucker Gerichtsmediziner wieder zusammenflicken, als sie ein paar Tage später zur Stelle waren: Wer nun als erster gefleddert hatte, das konnte selbst ein mehrjähriger Rechtsstreit nicht abschließend klären. So viel zur Entscheidungsfindung außerhalb der Bergwelt.

Endlich ist es auch für mich soweit, und entschieden habe ich mich schon lange zuvor: Heute machen wir einen Abstecher zum Tisenjoch, wo sich die Gedenkstätte für unseren urzeitlichen Kollegen befindet. 3000 Jahre vor Hannibal hätte Ötzi wohl erfolgreich die Alpen überquert, wenn ihn nicht an dieser Stelle ein Feuersteinpfeil in den Rücken ereilt hätte. Da half auch eine vorbildliche Ausrüstung nicht mehr weiter. Mit Hose und Jacke aus wärmendem Ziegenfell, bequemen Schuhen aus Hirsch- und Bärenleder (gefüttert mit weichen Gräsern), dicker Bärenfellmütze und einer geflochtenen Liegematte war er gegen Wind und Wetter fast so gut geschützt wie wir in unserer Hightech-Multifunktionskleidung aus Mikrofaser, Windshell, Fleece und Thermojacke. Und die Müsliriegel, die ich immer für den kleinen Heißhunger zwischendurch mit mir führe, sind mindestens ebenso gewöhnungsbedürftig und nicht mal nahrhafter als die Trockennahrung aus gedörrten Beeren und Wurzeln, die der Steinzeitmann im Rucksack mit sich führte. Offenbar hatte Ötzi, wie auch ich, vom vielen Kraxeln Knieprobleme bekommen. Jedenfalls lassen Spuren des Einbrennens von Heilkräutern in seiner Kniekehle diesen Schluss zu. Er ließ sich damit sogar an den klassischen Akupunkturpunkten behandeln! Nun, vielleicht auch für mich eine Alternative, anstatt die mittlerweile chronische Entzündlichkeit meiner überforderten Gehwerkzeuge irgendwann mit Cortison wegspritzen zu lassen. Am besten behilft man sich in rauer Natur wohl doch mit Überlebenstechniken, deren Nützlichkeit von alters her erwiesen ist!

Doch welches Drama muss sich in Ötzis letzten Stunden um ihn abgespielt haben! Tüchtige Forensiker bringen selbst Mumien zum Sprechen, und aus Ötzi holen sie den Beweis heraus, dass er sich während seiner allerletzten Verdauungsperiode gleich in mehreren Vegetationszonen aufgehalten hat. Innerhalb weniger Stunden kreuz und quer, rauf und runter durchs Hochgebirge zu hetzen, ist mit Sicherheit eine Verhaltensweise, die unter Alpinisten erst in allerjüngster Vergangenheit aufkam. In der Steinzeit brachte man sich nicht zum Vergnügen in Lebensgefahr! Messerscharf geschlossen bleibt nur eine einzige Schlussfolgerung: Ötzis Mörder hatte (oder hatten) ihn schon längere Zeit vor sich hergetrieben, bevor sie ihn zur Strecke brachten. Es ist dabei wohl auch zu einem Kampf gekommen, bei dem nicht nur er selbst Schnittverletzungen davontrug. Der Beweis: An seinem Körper fanden sich auch Blutspuren anderer Menschen. Aber er muss ihnen ein letztes Mal entkommen sein, und erst auf der Passhöhe haben sie ihn endgültig erwischt.

Was aber war der Grund für die erbitterte Verfolgungsjagd auf Leben und Tod? War jemand scharf auf sein wertvolles Kupferbeil? Oder auf gewisse andere seiner Statussymbole, die ihn als einen angesehenen und wohlhabenden Mann seiner Zeit auswiesen? Wohl kaum, denn sonst hätten ihm seine Häscher solche Wertsachen doch wohl abgenommen. Stattdessen wurde er nicht ohne Pietät an relativ geschütztem Ort auf seiner Matte bestattet, drapiert mit all seinen – wie gesagt, durchaus kostbaren – Habseligkeiten. Vielleicht hat er sich dort auch selbst zum Sterben niedergelegt?

Hier stehe ich vor dem Ötzi-Denkmal aus rohen Felsbrocken, die sorgfältig zu einer Pyramide aufgeschlichtet sind, versehen mit einer einfachen Gedenktafel, die auf den »Fundort« ganz in der Nähe verweist. Ich sinne über das Finale dieses urgeschichtlichen Kriminalfalls, die Ötzi-Bestattung, nach. Erwiesen ihm seine Erzfeinde die letzte Ehre, wie moderne Mafiabosse dem von ihnen selbst gekillten Nachbarpaten? Oder legte Ötzi sich wie ein einsamer, waidwunder Bergwolf zum Sterben in die Nische? Aus praktischen Erwägungen entscheide ich mich für eine Bestattung durch seine Mörder. Der Pfeil kann nicht aus einer größeren Entfernung als 30 bis 40 Metern abgefeuert worden sein, denn mehr gaben damals auch professionell gefertigte Flitzebögen an Durchschlagskraft nicht her. Der Schütze muss also ganz in der Nähe gewesen sein. Auf jeden Fall kam Ötzis Ende jetzt sehr rasch, denn der Pfeil hatte eine Hauptschlagader getroffen, und er muss binnen weniger Minuten verblutet sein. Und ja, der Pfeil wurde noch aus seinem Körper entfernt! Sehr unwahrscheinlich, dass er ihn sich selbst herauszog: Auch wenn er möglicherweise ein Stammes-Schamane war – ein yogischer Bewegungskünstler war er sicher nicht, und ein normaler Mensch kann einfach nicht an diese Körperstelle langen und sich ein solches Geschoss herausziehen. Vielleicht war der Mörder sogar jemand, der ihm nahestand? Sein Rivale um die Stammesherrschaft, der ihm fairerweise die letzte Ehre erweisen wollte? Blutrache? Oder hatte Ötzi einem Freund die Frau ausgespannt?

Wie dem auch gewesen sei – ob Sterbe- oder Bestattungsort oder beides gleichzeitig – die Lokalität, wo Ötzi seine vorletzte Ruhestätte fand, erwies sich nicht nur gegenüber dem Toten, sondern auch gegenüber der Nachwelt als sehr rücksichtsvoll ausgewählt: Ötzis erstes Totenbett war das Eis des Gletschers. Über 5000 Jahre lang glitt das Eis über diese geschützte Stelle hinweg, sodass Ötzi still und unbewegt in seinem kalten Grab zur Gletschermumie ward. Erst mit dem heutigen Klimawandel gab das Eis auch diesen Teil der Vergangenheit unserer Alpen frei. Sein zweites Totenbett ist ein vakuumierter, hightechmäßig gekühlter Plexiglaskasten im Südtiroler Archäologiemuseum von Bozen.

Mit einer gewissen Scheu gedenke ich Ötzis, unseres Bergsteigerkollegen aus grauer Vorzeit. Einer von vielen, die qualvoll in eisiger Höhe gestorben sind. Gewiss, das trug sich vor undenklichen Zeiten zu, aber es war ein Mensch, wie auch ich es bin, der hier starb. Dazu einer, der in härtester Natur eine bewunderungswürdige Überlebensfähigkeit entwickelt hatte. Das ist etwas, dem ich mit der größten Hochachtung begegne.

Doch was ist das?! Sind wir hier in Neuschwanstein?! Lautstark tapst eine Touristengruppe heran, vorneweg ein Bergführer mit einem bunten Schirm zur Orientierung für seine Gäste. Schnell ein paar Fotos gemacht und dann ausgeschwärmt in die Umgebung. Jeder herumliegende Felsbrocken wird eingehend inspiziert, mit Nordic-Walking-Stöcken wird im Geröll herumgestochert. Die erhoffen sich anscheinend einen weiteren sensationellen Fund! Ötzis steinzeitliche Edelmetall-Steigeisen oder seine biologische Feuchtigkeitscreme vielleicht? Aber seiner Vermarktung sind ja ohnehin keine Grenzen gesetzt. Es gibt sogar Spezialisten, die in den umliegenden Ortschaften mit Hochgenuss das »Ötzi-Schnitzel« verzehren!

»Antikes Gammelfleisch«, so der genüssliche Kommentar des nicht zensierbaren Zynikers zwischen meinen Ohren. »Chapeau, wie geschickt die den Touristen das Geld aus der Tasche ziehen.«

Mein Magen rebelliert. Und ungerührt setzt der Ex-Banker noch einen drauf:

»Noch gar nichts gegen die Kabinettstückchen der Ex-Kollegen von der Vermögensberatung. Die hübschen sogar noch Derivate einer Pleitebank als sichere Anlage auf, wenn diese schon völlig wertlos geworden sind.«

Nun, es gibt eben viele Möglichkeiten, sich den Magen zu verderben.

Ötzi ruhe in Frieden! Und hoffen wir für ihn, dass mögliche weitere Umbettungen pietätvoll erfolgen werden. Vor uns dagegen liegt als nächstes eine typische Tour zeitgenössischer Gipfelsammler, für die ständiges Rauf und Runter Hochgenuss bedeutet. Als erstes geht es auf die Finailspitze – in warmen braunen Farben spreizt dieser Berg seinen breiten Gipfelkamm wie einen Fächer auf – und über einen schönen Grat weiter zu den Finailköpfen. Endlich einmal kein brüchiger Schotter, sondern griffiger, warmer und kompakter Fels, eine herrliche Kletterpassage! Mann, bin ich heute gut drauf! Ich bin sicher, auch Kollege Ötzi kannte trotz seines grausigen Endes derartige Hochgefühle. Unser entspannter Kletterspaß endet auf einem breiten Gletscherrücken oberhalb der Bella-Vista-Hütte. Eine schöne Aussicht, und wir haben eine Aussicht, dort einen erholsamen Nachmittag verbringen zu können! Wir sind noch im Eis, da begegnet uns eine Gruppe von Berggängern, sie marschieren mit strammem Schritt phalanxartig nebeneinander. Synchronschwimmen war mir ja ein Begriff, aber Synchronbergsteigen? Üben die Jungs hier für eine neue olympische Sportart? Das Ganze scheint ziemlich anstrengend zu sein. Mit todernsten Mienen defiliert das hochprofessionelle Trüppchen an uns vorbei. Es zuckt mir der Arm, um zu salutieren, aber ich kann gerade noch an mich halten.

»Rudi, jetzt zoag i dir amoi an Gletscherdom!«

Ich fasse es nicht.

»Wie bitte? Ein Dom, hier oben? Ist da noch ein Ötzi begraben?«

Robert lacht und klärt mich auf. Ein weiteres glaziales Phänomen, das im Zusammenspiel von Eis und Wasser entsteht. Ein Gletscher ist gleichsam ein natürliches Durchlaufkühlgerät: Oben in der Gipfelregion kommt Schnee hinein, und unten an der Gletscherzunge tritt Eiswasser aus. Bei entsprechender Mächtigkeit des Gletschers kann das austretende Wasser das Volumen eines Gebirgsbachs erreichen! Dieses fließende Wasser fräst in den Gletscherkörper sozusagen sein eigenes Abflussrohr. An der Gletscherzunge dringt warme Luft in diesen Hohlraum ein und weitet ihn immer mehr – manchmal bis zur Größe eines Kirchenschiffs!

Ich kann mir das jetzt lebhaft vorstellen und bin sehr gespannt auf die Besichtigung. Doch Fehlanzeige – es gibt hier keinen Gletscherdom mehr. Auch Robert ist völlig verblüfft. Er hatte mir einen prächtigen Eispalast angekündigt! Des Rätsels Lösung: Klimawandel. Der prächtige Gletscherdom ist komplett abgeschmolzen, nur noch ein Haufen schmieriger Schutt und große trübe Pfützen grauen Wassers sind übrig geblieben. Ein einziger Sommer genügte, um alles abzuschmelzen. Unwiederbringlich verloren. Nachdenklich betrachte ich den Abdruck meiner Profilsohle auf dem tonigen Untergrund. Das ist es doch, was am Ende auch von uns übrig bleibt. Ein Häufchen Erde. Und all die Kathedralen und Paläste, die Mauern und Türme, die wir errichten? Werden auch die irgendwann ganz still verschwinden?

Mit dem Wegschmelzen des Eisdoms hat dieser Ort binnen kürzester Zeit seinen Besuchermagneten für immer verloren. Doch scheint man fest entschlossen zu sein, auch ohne ihn zugkräftig zu bleiben. Für die bevorstehende postglaziale Zukunft des Bergtourismus könnte die Bella-Vista-Hütte jedenfalls als Showroom herhalten. Nach dem Motto: Wenn wir euch schon keine Naturwunder mehr bieten können, dann sollt ihr euch wenigstens über unser Interior Design wundern! Nein, hier begnügt man sich nicht mit dem rot-weißen Lokalkolorit der Bettwäsche. Was lediglich noch fehlt, ist ein zeitgemäßes Marketing: Statt verschwitzter Bergsteiger sollte man vielleicht doch lieber Neuvermählte an diesen romantischen Ort locken und ihnen mein wirklich sehenswertes Schlafzimmer als rustikale Honeymoon-Suite verkaufen. Ein Vorschlag für den Prospekt: Farbfotos der Panoramaduschen und Panoramaklos mit Blick auf den

Gletscher – die taugen als absolute Knüller. Aber da ja auch der Gletscher in ein paar Jahren weggeschmolzen sein wird, sollte man doch jetzt schon vorplanen, um die Lücke angemessen zu schließen. Ich schlage vor, man adaptiert die erfolgreiche Strategie der Münchner Stadtverwaltung, um jahrzehntelange Instandsetzungen historischer Architektur zu camouflieren: Wo hier einst der Gletscher war, könnte man einen riesenhaften Vorhang mit Gletscherfoto aufhängen. Und dazu noch der richtige Slogan: »Wir renovieren für Sie – bis zur nächsten Eiszeit!«

Eine derart kultivierte Wohlfühl-Oase erlebe ich wirklich nicht jeden Tag, und so entschließe ich mich zu einer überfälligen Maßnahme: der kombinierten Körper- und Kleiderwäsche. Grundsätzlich habe ich inzwischen zwei gänzlich unterschiedliche Techniken der Kleiderreinigung entwickelt. Alles hängt davon ab, ob ich das Wasser in einem Behälter – etwa einer kleinen Plastikwanne – auffangen kann, oder ob es gleich abläuft. Im vorliegenden Fall bin ich in der Lage, Variante Nummer eins zur Anwendung zu bringen: Ich lege die Wäsche in die Wanne, steige darauf, lasse das Duschwasser und zugleich das Shampoo über meinen Körper in die Wanne laufen und trample wie ein Weinstampfer auf der Wäsche herum, um das Reinigungsmittel einwirken zu lassen. Meistens allerdings muss ich zu Variante Nummer zwei greifen: Ich ziehe mir die schmutzige Wäsche einfach über und seife sie auf dem Körper ein! Da dringt immer auch Seife zur Haut durch, und das muss dann reichen.

Zwei Dinge finde ich erstaunlich: zum einen, dass ich keinerlei Probleme mit dieser Form der Körperhygiene habe.

Zum anderen, dass es ausgerechnet *mir* jetzt Spaß macht, praktische Dinge ohne Hilfe Dritter in den Griff zu bekommen! Dinge, bei denen ich früher kategorisch ausgeschlossen hätte, dass ich sie jemals ohne Murren tun, geschweige denn genießen könnte! Das verbot schon mein eiserner Grundsatz, die eigene Wertschöpfung zu optimieren. Ich rechtfertigte mich dafür folgendermaßen: In der Zeit, die ich fürs Knöpfe annähen benötigen würde, könnte ich in meinem Job ein Vielfaches von dem verdienen, was ich dafür zahlen müsste, wenn andere für mich zu Nadel und Zwirn greifen. So war ich fein raus mit meiner Faulheit – nun aber hege ich mehr als nur einen Anfangsverdacht, dass mich dieses Prinzip immer weiter von meinen eigentlichen Neigungen und Talenten weggeführt hat.

Während meine Wäsche über dem Ofen trocknet, genieße ich still und für mich selbst die Wärme in der guten Stube. Leider nicht lange. Geräuschvoll entert eine Gruppe junger Männer mit lustigen Käppis und bunten Schärpen über den Bäuchen den Raum. Kein Zweifel, eine studentische Verbindung auf Jahresausflug. Bereits zu dieser frühen Stunde ordern sie schwere Alkoholgeschütze. Ich fürchte schon ernsthaft um meine Nachtruhe, doch sehe ich mich erfreulicherweise bald getäuscht. Frühzeitiges Pflichtsaufen erweist sich als segensreich für ein frühzeitiges Ende des Abendprogramms! Bereits während des Essens kommen zahlreiche Köpfe auf die Tische zu liegen. Im Delirium lallt einer auf Lateinisch etwas in die Runde und hebt mit letzter Kraft die Biermass:

»Sis mihi mollis amicus!«

Erstaunlicherweise hat er die richtige Grammatik noch intus. Und das Plazet bleibt nicht aus:

»Fiducit!«

Mit sinnigem Spruch prostet ihm sein Gegenüber zu, und beide kriegen es gerade noch hin, ihre Krüge zielsicher gegeneinanderkrachen zu lassen. Blutsbrüder auf ewig! Erstaunlich traditionsbewusst, die Kommilitonen! Aber mein Argwohn ist geweckt. Vielleicht eine schlagende Verbindung auf alkoholischem Selbsterfahrungstrip? Werden sie in ihrem Suff die Gaststube etwa noch zum Mensurboden umfunktionieren, um sich mit den Steakmessern zu bearbeiten? Es siegt jedoch die Neugier über die Furcht. Welch eine Gelegenheit, einer Beschäftigung nachzugehen, der ich immer mehr abgewinne: mein derzeitiges und mein früheres Umfeld miteinander zu vergleichen.

Da ist also ein Schwarm, der seine eigene Identität und Dynamik entwickelt, sodass der Einzelne im Kollektiv gleichzeitig auf- und untergeht. Schert mal einer aus, und sei es nur, um auf die Toilette zu gehen, so ändert er schlagartig sein Verhalten. Eben noch die wortgewaltige, witzige Stimmungskanone, jetzt plötzlich das Häuflein Elend, kurz vor dem Kotzen. Und was hat mein eigenes Umfeld, dieser Schwarm aus großen und kleinen Haien, aus mir selbst gemacht? Vielleicht keinen Haifisch, aber sicher ein Chamäleon. Und eine janusköpfige Persönlichkeit: am Konferenztisch ein Musterbild an Leadership abgeben, zu Hause sich unselbstständig und sehr verletzlich zeigen. Immerhin bin ich dabei, mich zu ändern. Ich bin auf dem Weg zur authentischen Persönlichkeit!

»Bilde dir ja nichts ein«, versetzt eine schon wohlbekannte Flüsterstimme unangemeldet, »Ronald Reagan hatte die Macht, die nukleare Apotheose zu entfesseln. Und abends fragte er seine Frau Nancy um Erlaubnis, ob er noch ein wenig fernsehen dürfe.«

Nun gut, vielleicht war ich doch nicht weit genug oben

auf der Karriereleiter, um so tief zu fallen, wie es mir eigentlich gut täte. Dennoch, im rot-weißen Karo verbringe ich allemal eine sehr ruhige Nacht. Gaudeamus igitur!

Der Alkohol hat meine lieben Studenten doch nachhaltig narkotisiert, kein einziger von ihnen erscheint zum Frühstück. Robert und ich sind die einzigen, die an diesem ungemütlichen Morgen die warme Hütte verlassen. Graupeln rieseln aus einer schmutziggrauen, dichten Wolkendecke und springen mit lustigen Plopps beim Aufprall auf meine Jacke wieder übermütig davon. Bei schönem Wetter ist die Weißkugel ein weithin sichtbarer, ebenmäßiger Firnkegel, er duldet keinen Rivalen, der es ihm an Höhe gleichtun könnte – dieser Bergriese ist der selbstbewusste Einzelgänger der Ötztaler Alpen.

Zwei gebückte Gestalten ziehen einsam in der Weite des Gletschers ihre Spuren, wie Schemen im Nebel. Dichter Schneefall dämpft alle Geräusche. Es herrscht geradezu gespenstische Stille. Ein paar Dohlen jagen aus dem milchigen Nichts auf uns zu und pfeilschnell an uns vorbei. Krustige Schneepartikel haben sich fest am grauen Gestein festgekrallt. Es ist, als wenn ich über gefrosteten Streuselkuchen kletterte, immer höher und höher. Da mag man die scharfkantigen Steigeisen nur sehr behutsam setzen – aus Sorge, die flüchtige Schönheit eines zerbrechlichen Kunstwerks zu zerstören. Nur wenige Minuten Sonnenschein würden genügen, um dieses Meisterwerk, von einer spontanen Laune der Natur hingezaubert, wieder wegzuwischen! Uns allein ist es vergönnt, es zu schauen, in diesem einen Moment, und auch das macht seine Einzigartigkeit aus. Eine Kostbarkeit, die weder besessen noch weggeschlossen werden kann, außer in die Schatzkammer der Erinnerung.

Tief berührt von der verschwenderischen Schönheit der

Natur übersehen wir fast, dass wir den Gipfel erreicht haben. Wäre da nicht das monumentale, verzinkte Metallkreuz. Wieder so ein Südtiroler Alpin-Flaggschiff! Wo sich die Segmente kreuzen, ist auf das silbrige Metall eine stilisierte bronzene Flamme angeschraubt. Vielleicht soll das dem frierenden Alpinisten so etwas wie Wärme suggerieren! Die könnten wir brauchen, denn es bläst ein eisiger Wind. Dass wir – fast wie einbetoniert in Nebel – kein Panorama genießen können, stört mich wenig, ja, ich bemerke es kaum. Eigenartig, auf dem Großglockner löste das noch eine Krise bei mir aus, jetzt hänge ich in Gedanken einfach noch den kleinen und verborgenen Schönheiten während des Aufstiegs nach. Eher beiläufig erreichte ich den Gipfelpunkt, fieberte ihm nicht einmal entgegen. So ganz kann ich das nicht glauben, mein ganzes Leben war doch bisher darauf ausgerichtet, immer den höchsten Punkt zu erreichen. Der Weg dorthin, das war Pflicht und Anstrengung, kein bewusstes Genießen! Eine schöne, neue Erfahrung, flüchtig noch, doch ich werde sie nicht aus den Augen verlieren. Als hätte ich eine Option auf eine andere, beglückendere Lebenseinstellung in der Zukunft erworben. Sie ist derzeit noch »out of the money«, aber mit einem Anstieg meiner Glückskurve könnte diese Option dereinst zu beträchtlichem Wert avancieren!

Da wir heute denselben Weg zurück nehmen, wie wir gekommen sind, waren wir in der Lage, ein Depot anzulegen. Notgedrungen habe ich eine wahre Passion entwickelt, jedes Gramm unnötigen Gewichts einzusparen. Wann immer es die Tagestour erlaubt, lagere ich so viele meiner Habseligkeiten, wie nur möglich, in einem Depot: Ich grabe eine Schneekuhle, gerade so groß wie nötig, lege alle Sachen hinein, die für den weiteren Aufstieg nicht nötig sind, und verschließe das Loch anschließend wieder. Es macht Spaß, meiner kleinen Schatzkammer das letzte Finish zu verleihen, indem ich möglichst viel Neuschnee draufträufele. Darauf lege ich, wenn greifbar, einen Stein. Ich komme mir dabei immer ein bisschen vor wie Sindbad der Seefahrer, der seine Schatzhöhle vor ungebetenen Besuchern verbirgt! Mir selbst dient so ein Stein auch als Erkennungszeichen der Stelle, schließlich muss ich sie später wiedererkennen können, und das oft in einförmiger Schneelandschaft. Wie ein Eichhörnchen, das seine im Herbst vergrabenen Nüsse und Eicheln im Winter wiederfinden will! Heute gibt es keine Probleme. Wir haben sogar noch Zeit, an Ort und Stelle eine kleine Teepause einzulegen.

Alpennomade! Ja, das wäre die passende Antwort auf die Frage nach meiner augenblicklichen Tätigkeit. Einen festen Lebensmittelpunkt habe ich bis auf Weiteres nicht. Nur in Ausnahmefällen kehre ich überhaupt einmal an einen Ort zurück, wo ich schon durchgezogen bin. »Omnia mea mecum porto«, diesen Satz kenne ich noch aus dem Lateinunterricht, damals übersetzte ich ihn pflichtgemäß mit »All das Meine trage ich bei mir« und dachte an eine erzwungene Beschränkung auf Weniges. Aber jetzt beginne ich die tiefe Weisheit dahinter zu verstehen. Ich trage tatsächlich alles Notwendige bei mir – und verspüre statt der Einschränkung sehr deutlich das Befreiende dabei. Und das mit jedem Tag stärker, wie es scheint: heitere Sorglosigkeit, ungezwungene Mobilität. Freiheit! Denn die Sorge um den Inhalt des Rucksacks ist eine überschaubare Aufgabe. Ich gewinne Zeit für andere Dinge! Mein wertvollster Besitz aber ruht in mir selbst: meine Talente, Potenziale und Visionen. Sie zu entdecken und zu fördern, erkenne ich endlich als meine Bestimmung. Dazu gehört auch eine Kehrseite: Ich muss mich mit den Lasten der Vergangenheit auseinandersetzen und mich mit ihnen versöhnen, denn auch sie sind noch ein Teil meiner selbst. Sonst kann ich sie nicht befreit abwerfen. Und mein Leben würde eine ständige Flucht bleiben.

Depot geleert, Nachdenken beendet, Kurs Richtung Tal genommen. Und schon wieder pocht die Pein im linken Rist. Humpelnd schleppe ich mich voran, bei jedem Auftreten durchläuft den Fuß ein stechender Schmerz. Und jetzt auch noch Nieselregen. Wie eine lahmende Bergziege quäle ich mich hinab nach Kurzras. So lädiert, wie ich mich fühle, würde ein Kurzaufenthalt in einem schmucken kleinen Bergdorf, inmitten vieler Blumen und malerischer alter Häuser, jetzt doch Wunder wirken. Nur leider zerstiebt diese Hoffnung wie Flugschnee im Wind. Kurzras ist ein Sommerskiort. Wenn ich mir die bauliche Misere hier ansehe, wird klar, wie der Auftrag an den Architekten lautete: Bau etwas Hässliches, damit die Gäste möglichst fluchtartig ins Skigebiet verschwinden! Um einen seelenlosen nackten Betonplatz herum wurden lieblos Hotels und Geschäfte gestreut. Verloren laufen Skifahrer über den Platz, ihre Schalenschuhe klackern hart auf dem glänzenden Asphalt. Ich kann mir nicht helfen: Sommerskifahrer wirken immer deplatziert. Laufen ihrer Zeit hinterher. Wie Irre, die auch im Sommer den Weihnachtsbaum leuchten sehen wollen.

Gemeinsam noch eine Kleinigkeit in einem Café essen. Sich dem Gedanken stellen, dass die Zeit mit Robert nun endet. Betrübt rühre ich im Cappuccino. Starre stumm auf den Boden. Schwierig, es mir selbst einzugestehen, aber ich bin traurig, dass Robert wegfährt. Ganz plötzlich befällt mich eine Leere. Mann, was war das früher doch anders: Abschied, totale Routine! Ein neues Projekt, ein neues Team: und schon neue Menschen kennengelernt, mit ihnen einige Wochen intensiv zusammengearbeitet: Mitarbeiter des Kunden, Anwälte, Kollegen. Unendlich viel mehr Stunden über Akten gebrütet, als mit Robert übers Eis gestiefelt. Aber habe ich am Projektende je bedauert, mich von dem einen oder anderen verabschieden zu müssen? Froh war ich, dass es vorbei war! Und jetzt flenne ich fast. War es Roberts unkomplizierte Art? Bewundere ich seine Lebensphilosophie? Er war mein Begleiter, brachte mir viel bei – über Gletschertöpfe und -dome, aber das Beste lehrte er mich ohne Worte. Da ist ein Mensch, der einfach nicht zuließ, dass ich mich von ihm mit einer Mauer abschottete. Ganz anders als früher. Seine Frau kommt herein, und die beiden fallen sich um den Hals.

Robert schenkte mir Zwischenheimat. Doch verweilen darf ich nur kurz – das liegt in der Natur einer Wanderschaft. Ich muss loslassen, weitergehen, fortschreiten zum nächsten Ort. Und so werde ich mir Schritt für Schritt bewusst, dass alles in meinem Leben flüchtig ist. Jeder Schritt, den ich tue, ist ein kleiner Abschied, ein Loslassen der Illusion von Dauer, von Festigkeit im Leben. Ich lerne, die Dinge in ihrer Flüchtigkeit zu verstehen – und zu schätzen.

Ich quartiere mich im Hotel nebenan ein – es schien mir der am wenigsten abschreckende Betonklotz in dieser Umgebung zu sein – und genehmige mir zwei Tage zum Ausruhen und Auskurieren. Schadet nicht, es regnet Bindfäden, ununterbrochen. Weitere Unwetter sind im Anmarsch. Wenn ich Glück habe, husche ich noch vor Einbruch der Kaltfront in eine Unterkunft in Schlanders. Also los! Prophylaktisch schlüpfe ich in mein textiles Mehrschichten-Modell: Mikrofaser, Windshell und darüber den wasserdichten Anorak, leuchtendstes Orange! Schnappe meinen Rucksack und verschwinde, unbemerkt von den apathischen Skiträgern, im Wald, Richtung Taschenjöchel. Das ist der Pass, über den ich Schlanders im Vinschgau erreichen will.

Bereits nach wenigen hundert Metern zweifele ich an meiner Entscheidung, denn der Fuß schmerzt beim Laufen doch immer noch! Wenn's kommt, dann kommt es dicke: Ein Gewitter naht, in der Ferne brummelt schon der Donner. Egal, weiter! Satt vom Niederschlag dampfen Wald und Wiesen. Blass und ausgewaschen, statt wie sonst in drallem Leuchtrosa, klebt der Almenrausch am Boden. Das Gewitter kommt näher und näher, ich beschleunige meine Schritte, auch wenn das Stechen im Fuß immer stärker wird. Doch wieder einmal siegt der Wille über den Schmerz. Volle drei Stunden gelingt es mir, den Fuß zu ignorieren, und ich komme allen Unbilden zum Trotz ganz gut voran. Auf dem Taschenjöchel ragen die Ruinen der Hildesheimer Hütte wie die Reste einer geschleiften Burg in den Nebel. Die Hütte brannte vor Jahrzehnten nieder, und ihre Mauern, die dem Wanderer einst in ihrem Inneren behagliche Wärme spendeten, weisen mich heute schroff ab.

Dann ist es da, das Gewitter. Von vorn eisige Sturmböen, sie werfen mich fast um. Ich kauere mich so weit zusammen, wie es beim Gehen nur irgend möglich ist, und stemme mich gegen die unsichtbare Wand. Krachend schmettert Zeus mir Blitz und Donner entgegen, als wollte er mich am Weiterlaufen hindern. In einem infernalischen Gewitter rollt der Sturm Walzen von Wasser und Schnee über mich hinweg. Offenbar soll er jetzt weggespült werden, der mickrige, lächerliche, orangefarbene Wicht. Ganz winzig und erbärmlich fühle ich mich nun, halte kurz inne, spähe scheu unter meiner Kapuze hervor: als einsamer, doch zutiefst faszinierter Zeuge dieser schaurig-großartigen Bühneninszenierung der Natur. Kein Robert, kein Luxus-Sherpa, der mich aufmuntert oder wenigstens voranprügelt. Der Weg ist noch weit. Ein Stück weiter bergab finde ich im Wald einen Unterstand, einen Bretterverschlag, in dem Schäfer ihre Utensilien verstauen. Doch viel Schutz bekomme ich auch hier nicht, fette Tropfen klatschen auf das Schindeldach, Nässe und Kälte kriechen durch die Ritzen der Bretter herein. Ich friere bis auf die Knochen, schlottere vor Kälte und Müdigkeit. Mein Rist schmerzt nun wieder unerträglich, Messerstiche scheinen den Fuß im Sekundentakt zu traktieren, fachmännisch ausgeführt von einem hämisch grinsenden Folterknecht. Aber ich habe keine Wahl, dieser schummrige Verschlag kann mich nicht schützen. Also weiter! Sturmböen peitschen den Dauerregen in Wellen über die Wiesen, das Stakkato der prasselnden Tropfen hämmert unentwegt auf meine Kapuze, wie ein dröhnendes Trommelfeuer. Betäubt quäle ich mich weiter, auf einem Waldweg, der sich hinzieht wie Kaugummi.

Der junge W. saß noch spät über seinen Schreibblock gebeugt und schrieb wie vom Teufel besessen. Tränen liefen über seine Wangen und tropften auf das Papier. Rotz troff aus seiner Nase. Er hatte bereits mehrere Male eine Abschrift seines Aufsatzes angefertigt, genauer gesagt, jenes Schulaufsatzes, den er heute Mittag von der Schule heimgebracht hatte. Er selbst fand ihn gar nicht einmal so übel, eine Drei hatte er dafür bekommen. Sein Vater war da an-

derer Meinung, eine Drei in Deutsch, das war nicht annehmbar. Und deswegen saß W. jetzt da und fertigte Abschriften an. 50 Mal sollte er den Aufsatz abschreiben, ohne die höhere Logik dieser Strafmaßnahme wirklich zu verstehen. Wenn der Aufsatz schon so grottenschlecht war, warum sollte er ihn dann noch kopieren? Aber W. gehorchte. Bis sich gegen Mitternacht seine Mutter seiner erbarmte und ihn ins Bett schickte. Es würde die einzige und letzte Drei sein, die er in Deutsch nach Hause brachte.

Ist Pilgern ohne Leiden möglich? Oder gehört der Schmerz unvermeidbar zur Läuterung? Wie bei Wallfahrern früherer Jahrhunderte, die sich selbst geißelten und ihr Leid bewusst herbeiführten, um Gott zu gefallen? Einen großen Vorteil hat das Pilgern in den Alpen: Man kommt gar nicht dazu, allzu lange ins Grübeln zu verfallen. Dazu bietet die Umwelt viel zu viel Abwechslung. Eine echte Ausnahme allerdings ist Schlanders – dieser Ort hat sogar den in Südtirol allgegenwärtigen Tourismusboom verschlafen. Eine Übernachtung in einer ordentlichen Pension bekommt man noch für 30 Euro! Immerhin verlief hier einst eine römische Handelsstraße durch die Alpen. 2000 Jahre lang ist dann wohl nicht viel passiert. Doch was für mich von enormer Bedeutung ist: Ich entdecke eine Klinik, in der ich meinen Fuß untersuchen lassen kann. Eine volle Stunde verharre ich in einem leeren Wartesaal und blättere in einer abgegriffenen Imagebroschüre dieses gesegneten Ortes. Soso, hier kann man also die weltweit größte Apfellagerhalle besichtigen. Endlich nähert sich mir eine Frau in weißem Kittel mit burschikosem Auftreten. Und grüßt mich nicht einmal. Nassforsch spricht sie mich an:

»So, Sie haben also Schmerzen im Rist?«

Frau Doktor schaut mich nicht einmal richtig an, sondern schreibt gleich etwas auf ihre Karteikarte. Ich reiße mich zusammen und bejahe ihre Frage, ganz sachlich.

»So, Sie laufen also jeden Tag stundenlang seit mehreren Wochen?«

Das muss sie von der Sprechstundenhilfe haben. Ich bejahe erneut, zunehmend eingeschüchtert.

»Ja, so was kommt dann halt von so was. Wenn Sie aufhören zu laufen, hört auch der Schmerz auf.«

So eine tiefschürfende Analyse! Die hätte mir der Gabelstaplerfahrer im Apfellager auch geben können.

Schließlich kommt ihr doch noch in den Sinn, dass sie sich den Fuß zumindest kurz ansehen könnte. Fein, denke ich, wenn die gute Frau meine Stinkfüße erträgt, dann hat sie auch ihr Honorar verdient. Sie untersucht mich wortlos mit spitzen Fingern, erklärt mein Tourenprogramm für Schwachsinn und verschreibt mir eine Salbe zum Preis von 2,81 Euro. Vermutlich ein Placebo. Aber immerhin: Nach dieser Begegnung geht es mir deutlich besser, denn ich bin heilfroh, wieder draußen zu sein. Menschliche Ansprache! Vielleicht war es auch nur das, was ich in der Klinik suchte. Die bekomme ich dann doch noch von der Bedienung im örtlichen Hotel: Sie ist freundlich und wesentlich gesprächiger, aber sie muss ja auch nicht meinen Fuß untersuchen.

Ein Netz von Radwegen durchzieht das Vinschgau vom Reschenpass bis nach Meran hinunter. Praktisch, auch für Wanderer! Durch kühle Flussauen und Obstplantagen laufe ich zunächst westlich bis nach Prad. Stramm stehen die Spalierbäume links und rechts, mit saftig prallen, grasgrünen, faustgroßen Äpfeln. In Prad gabelt sich das Tal, rechts geht es weiter zum Reschenpass. Erst nach einigen Stunden fällt mir überhaupt auf, dass sich ein unangenehmer Wegbegleiter verabschiedet hat: der Schmerz im Fuß! Und dabei habe ich die Placebo-Salbe schnurstracks in den Abfall befördert. Wundersame Selbstheilungskräfte? Oder nur Panik davor, ein weiteres Mal eine Klinik aufsuchen zu müssen? Wieder einmal staune ich nicht schlecht, dass sich hartnäckige Probleme urplötzlich von selbst in Wohlgefallen auflösen können. Fast habe ich das Gefühl, das Universum ist auf Hannibals Seite!

Vinschgauer Apfeltraum

Emotional erleichtert starte ich durch und schlage in südlicher Richtung den Weg zum Timmelsjoch ein, um mit frischer Schubkraft mein Tagesziel Sulden anzuvisieren. Für wenige Sekunden reißt die Wolkendecke auf und ermöglicht eine fulminante Aussicht auf das Ortler-Massiv: schroffe, ausladende Felswände und auf dem Gipfelgrat eine imposante Eiswulst: eine scheinbar uneinnehmbare Bastion. Der Wolkenvorhang schließt sich wieder. Offenbar wollte sich dieser imposante Gegner mir nur kurz zeigen und ein wenig seine Muskelpakete spielen lassen.

Es beginnt zu regnen und kurz vor Sulden sogar zu schneien. Wann endlich hört dieses nervige Winterwetter auf? Es ist doch Hochsommer! In Sulden angekommen, erspüre ich schnell eine angemessene Bleibe: das Hotel zur Post. Ich klopfe mir den Schnee von den Schuhen und betrete eine Lobby von angenehmer Atmosphäre. Durchaus ansprechend, das Programm des Hauses: dezent eingerichteter und wohltemperierter Wellness-Bereich, erstklassige Küche, zuvorkommendes Personal. Am Abend blättere ich einen Bildband über den Ortler durch, den höchsten Berg des alten österreichischen Kaiserreichs. Alles im grünen Bereich bei mir selbst, bereit für das nächste große Ziel. Ein Fast-Viertausender!

Nächster Tag. Der Ortler. Ein eisgepanzerter Koloss von Berg, dem ich mich mit einem Heidenrespekt nähere. Da geht man nicht einfach mal so eben rauf. Der will taxiert werden. Der kleine David tut gut daran, sein Ziel aus sicherer Distanz genau anzuvisieren, bevor er seine Schleuder gegen den Goliath richtet. Ich möchte mir seine markanten Züge genau einprägen. Am besten besteige ich dazu einen seiner kleineren Brüder gegenüber. Die ducken sich ganz ehrfürchtig vor der Eminenz. Die Kleine Angelusspitze und die Schafbergspitze sind lohnende kleine Kraxeleien mit exzellenter Sicht auf ihren großen Bruder. Ein steiniger Pfad führt, an wild durcheinandergewürfelten Felsklötzen vorbei, zu einem kleinen Gletscher. Zaghaft betrete ich das Eis und hoffe einfach, dass es hier keine Spalten gibt. Ist ja wirklich nur ein klitzekleiner Babygletscher, und ich halte mich möglichst nahe am Rand. Und siehe da: den ersten Gletscher alleine gemeistert!

Weiter oben liegt der Schnee knietief, Nebel zieht auf, ich verliere die Orientierung. Erst zögere ich. Den markierten Pfad verlassen, alleine? Doch dann packen mich Neugier und Abenteuerlust. Behutsam taste ich mich von Felsbrocken zu Felsbrocken. Hauptsache, irgendwie höher kommen, dann werde ich auch den Gipfel erreichen. Wie ein Marienkäfer, der zwangsläufig an der Fingerspitze ankommt, wenn er nur lange genug in die Höhe krabbelt. Ganz sachte setze ich meine Schritte, denn leicht verstaucht man sich hier den Fuß. Ach ja, wo ist eigentlich der Ortler? Deswegen bin ich doch hier! Inzwischen sehe ich so viel, als hätte ich mir den Überzug eines Kopfkissens über den Kopf gestülpt. Egal! Ein echtes Gipfelabenteuer, diesmal ganz alleine! Mit fiebriger Begeisterung und kurzen Atemstößen dringe ich in die Höhe vor. Magnetisch zieht es mich hoch und höher. Hier geht kein Bergführer voran, hier bin ich ganz allein auf mich gestellt. Nackte Wildnis umschließt mich und lässt keinen Millimeter Komfortzone frei. Ein innerer Schalter kippt, der Körper passt sich an, Instinkte steuern jetzt die Bewegungen, nicht mehr Gedanken. Alle Sinne sind hellwach, ich horche, beobachte, rieche. Ich bin vorsichtiger und geschmeidiger als sonst, bereit zu einer plötzlichen Bewegung, einem Sprung, einem Zupacken. Der Schmerz im Fuß – vergessen. Es ist, als bräche – endlich! – der Instinktmensch aus dem Panzer des kopfgesteuerten Krawattenträgers. Da ist auch ein fröstelndes und gleichzeitig lustvoll prickelndes Schaudern, ein Spiel mit dem Verbotenen, ein Übertreten von Grenzen. Ich fühle mich als Fremdkörper in einer lebensfeindlichen Welt, und doch geborgen. Einem inneren Impuls folgend, werfe ich mich hin, rolle mich schreiend vor Kraft und Lebenslust im Schnee, knie vor einem Felsen, umarme ihn. An meiner Wange kratzt der raue kalte Fels, Stücke von Schnee fallen mir in den Nacken und auf die Hände und schmelzen dort. Ich lasse es geschehen, bis die Haut vom kalten Eiswasser schmerzt. Liege auf dem Rücken im weißen Himmelsbett, blinzle in den Nebel, dort, wo die Sonne sein könnte. Flocken schweben auf mein Gesicht und zerfließen. Vermischen sich mit meinen warmen Tränen.

W. saß mit seinen Eltern und seiner Schwester auf der Terrasse des Schlosses Dürnstein in der warmen Frühlingssonne. Sein Blick schweifte über die Weinberge der Wachau hinunter ins Tal, wo die Donau träge dahinströmte. Die Familie verbrachte ein paar Tage auf dem Schloss, um den 70. Geburtstag des Vaters zu feiern. Ausgelassen, fröhlich, voll jugendlicher Frische der Vater. Endgültig hatte er sich nun aller beruflichen Pflichten entledigt und war frei. Ein Leben für die Firma! Er träumte davon, mit W.'s Mutter zu reisen, wollte eine Wohnung im Tessin kaufen und sich endlich seinen Hobbys widmen.

Kaltes Neonlicht. Schritte hallten auf einem langen Flur. W. saß mit seiner Mutter auf einer Bank. Die Mutter schluchzte. Es war früher Morgen, und sie warteten seit einer Stunde auf die Auskunft des Arztes. Eine Tür öffnete sich, der Mann im weißen Kittel trat ein, blickte teilnahmslos auf die Karteikarte in seiner Rechten. Keine Begrüßung, kein freundliches Wort, der Herr über Tod und Leben. Mit tonloser Stimme informierte er sie, W.'s Vater habe einen Schlaganfall erlitten und liege im Koma. Vor vier Tagen saß er noch auf der Terrasse in Dürnstein. W. und seine Mutter wollten mehr erfahren, doch der Arzt beendete genervt das Gespräch und verschwand.

Es sollten vier lange schwere Jahre folgen. Der Vater von W. lag als schwerkranker Mensch im Bett, für immer unfähig, wieder laufen zu können. Er war hilflos wie ein kleines Kind. Seine Persönlichkeit war bereits gestorben: In der noch lebenden Hülle hatte sich ein anderer Bewohner eingenistet, ängstlich und zurückgezogen wie ein Krebs in einer Strandmuschel. W. fragte sich manchmal, was eigentlich schlimmer war: einen kranken Menschen jahrelang zu pflegen oder einen Vater zu haben, der wesensmäßig ein anderer, ein fremder Mensch geworden war. Die Familie litt still und allein. Kaum einer der vorher so zahlreichen Freunde ließ sich noch blicken. Als ob die Familie einen Aussätzigen beherbergte. All die lauten und fetten Fliegen, die früher gern um die süße Aura des erfolgreichen Vaters herumgeschwirrt waren – mit einem Mal verschwunden. Wie in der Wüste, wenn bei Sonnenuntergang schlagartig alle Schmeißfliegen verschwinden, wie vom Boden verschluckt. W. sah sie erst beim Begräbnis wieder, wo sie vollmundige Grabreden hielten und ein Loblied auf menschliche Werte anstimmten.

Jetzt bin ich bereit für dich, Ortler! Chris ist mein Bergführer. Wir wollten schon seit Wochen zusammen klettern gehen, aber jetzt erst lässt es sein Terminkalender zu. Wie im Banking, die Profis sind dauernd ausgebucht! Wir treffen uns im Tal.

»Servus, Rudi!«

Mit kräftigem Druck schüttelt er mir die Hand, lächelnd, aber doch ernst. Sieht mir fest in die Augen.

»Gemma, bisch fertig?«

20 Sekunden. Reicht das, um Vertrauen aufzubauen? Ja, mein Bauch sagt: Dieser Mann wird dich wieder sicher

ins Tal bringen! 20 Sekunden, um mich zu entscheiden, einem wildfremden Menschen mein Leben anzuvertrauen! Ich muss innerlich laut auflachen. All das organisatorische Gezetere und Gezerre in der Bank, wenn es darum ging, irgendeinen Junioranalysten einzustellen! Assessment Center, Interviews, Fragebögen, CVs. Und trotzdem die größten Pfeifen eingestellt! 20 Sekunden Bauchgefühl wären treffsicherer gewesen.

Das Wetter ist vielversprechend. Die Payer Hütte bewacht den Zugang zum Ortler, wie Zerberus vor dem Höllentor versperrt sie den Weg zum Einstieg in den Gipfelgrat. Ein Steig führt hinauf zur alpinen Trutzburg. In der Gaststube lebt die Pionierzeit der wilden Kraxler fort: gedämpftes Licht, abgetretene Holzbohlen am Fußboden, alte Schwarz-Weiß-Fotografien, auf denen bärtige Erstbesteiger mit Hanfseilen und klobigen Bergschuhen dem Eisriesen zu Leibe rücken. Jeden Moment könnte so ein raubeiniges Urgestein hereinpoltern. Tatsächlich, plötzlich steht ein Mann in der Türe, der ins Schema passt. Stille im Raum.

»Servus!«, donnert er mit kräftiger Stimme.

Und betritt polterig die Stube, mit einem Hofstaat von blässlichen Wochenend-Bergsteigern im Schlepptau. Ein Platzhirsch unter den Bergführern! Chris flüstert mir zu, das sei ein ganz bekannter in der Bergführerszene, der Knochen-Karl. Mit seinem markanten Aussehen, ein bisschen wie Kirk Douglas, offenbar auch mit dem dazu passenden Ego ausgestattet, wird er aus dem Stand zum Gebieter dieser Hütte. Solche Typen muss man bei ihrem Stolz packen!

»Du, Karl, bist du mit dem Kirk Douglas verwandt?«

Kein Affront – er schaut mich nur zufrieden grinsend an.

»Hoho, jo de Madels sagn des a immer, hoho.«

Karl strahlt wie ein großes Kind. Ich habe den richtigen Ton getroffen. Ohne weitere Aufforderung erzählt er uns stolz von seinem Wirken als Producer-Consultant bei einem verschnulzten Hollywood-Bergrettungsdrama.

Wie nicht anders zu erwarten: Karl scharrt bereits im Morgengrauen ungeduldig mit den Hufen. Genervt drängt er seine Seilschaft, die Rucksäcke nicht so amateurhaft langsam zu packen. Der Mann braucht die Pole-Position und die Bestätigung, als Erster auf dem Gipfel zu stehen. Und so kommt es, wie es kommen muss: Bereits in der ersten kniffligen Kletterpassage, noch unweit der Hütte, auf glitschigem und abschüssigem Fels, liefert Knochen-Karl sich mit Chris und mir einen ersten Schlagabtausch. Bevor wir in den Fels steigen, müssen wir uns anseilen, dicht gedrängt rangeln die beiden Seilschaften darum, wer zuerst losklettert.

»Jetzt macht's endlich voran!«, schnauzt Karl seine Seilschaft an.

»Scheiße, hilf mir beim Knoten machen!« wimmert einer von seinen Schützlingen.

»Bist du deppert!«

Wildes Fluchen bei den anderen. Chris grinst und steigt mit mir in den Fels. Erster Angriff abgewehrt. Hinter mir höre ich das Schnauben des Egomanen, als wollte er mich wie ein Drache mit seinem Feuerstrahl von der Wand fegen. Wir bleiben in unserem Rhythmus und legen eine kurze Verschnaufpause ein. Darauf hat Karl nur gewartet! Er klettert so dicht seitlich an mir vorbei, dass ich seinen Atem rasseln höre. Jetzt spannt er sogar sein Seil über mich hinweg, wir drohen uns hoffnungslos ineinander zu verheddern. Der nächste in Karls Seilschaft will sich an mir vorbeidrängeln. Chris schreitet energisch ein, zerrt am Seil, und ich kann nach oben entwischen. So geht das hin und her, bis wir den Gletscher erreichen. Dort setzt Karl zum entscheidenden Schlag an. Ein paar Sekunden Vorsprung holt er beim Anlegen der Steigeisen heraus. Ja, merkt der nicht, dass seine Kundschaft mittlerweile total verängstigt ist? Oder ist es ihm schlicht egal?

»He Karl, viel Spaß beim Schneeschaufeln!«, höhnt ihm Chris hinterher, und wir lassen ihn davoneilen.

»Im Fels waren *wir* schneller!«, erklärt Chris seine plötzlich erloschene Kampfeslust.

Wie eine Pistenwalze pflügt Knochen-Karl eine Spur durch den knietiefen Neuschnee. Jetzt verstehe ich Chris: Es war für ihn nur ein Spiel, er hat keine Probleme damit, dem Rivalen seine Bestätigung zu gönnen. Sein Kalkül: Wenn Knochen-Karl voranpflügt, dann sparen wir uns das mühsame Spuren!

Endlich können wir uns auf die Umgebung konzentrieren! Es herrschen beste Voraussetzungen, um ganz langsam und sehr bewusst die aufkeimende Vorfreude einsickern zu lassen. Beschwingt dem höchsten Punkt entgegenstreben, über sanft gewelltes Gletschereis, das vom Schneefall der vergangenen Tage noch weiß eingezuckert ist. Vergessen das Duell, nutzlos der Wettbewerb, bei dem es nichts zu gewinnen gab. Im Gegenteil, wer sich in einen Wettlauf um den Gipfelerfolg verstrickt, verliert das stille Glück, das der Berg als Geschenk bereithält. Für uns hat der Wettergott wieder einmal ein besonderes Präsent vorbereitet. Just als wir den Gipfel erreichen, lüftet er mit unsichtbarer Hand den Nebelschleier. Grelles Scheinwerferlicht, wo eben noch diffuser Nebel waberte! Gestochen scharfe Konturen eines grandiosen Panoramas. Das fast perfekt symmetrische Dreieck der benachbarten Königsspitze bedeckt sich mit einem luftigen Laken aus Dunst, wie eine schöne Frau, die ihre Reize mit einem Schleier noch erhöht. Ein paar Dohlen lassen sich von der Thermik tragen und kreisen über uns, wie pechschwarze, schwerelose Kohlestücke vor einer grellweißen Leinwand. Ohne die geringste Anstrengung haben sie sich von den Aufwinden in die Höhe tragen lassen, und auch sie scheinen die Freiheit hier oben zu genießen, wetteifern in waghalsigen Sturzflügen miteinander und drehen sich in übermütigen Pirouetten.

Wieso sind Berge ästhetisch? Wieso gebrauche ich ein Vokabular, mit dem man sonst eine schöne Frau beschreibt? Weil Berge Sehnsucht sind. Unberührte, natürliche Schönheit, zeitlos und entrückt. Ich sehne mich danach, mich zu nähern, den Berg zu spüren, in ihm aufzugehen.

Bei all dieser Sinnenpracht kommt mir jene rare unscheinbare Wüstenpflanze in den Sinn, die ihre Blüten nur wenige Stunden lang öffnet, und das nur alle paar Jahre. Nur den geduldigen und achtsamen Betrachter beschenkt sie mit ihren einzigartigen Farben und Düften. Heute habe ich so eine Blüte betrachtet. Wie oft bin ich bisher unachtsam am verborgenen Schönen vorbeigehetzt? Ich hatte nicht verstanden, dass ich mir nur mit Geduld und Aufmerksamkeit Kostbares und Wertvolles erschließen kann, ob Menschen oder Erlebnisse.

Jetzt aber haben wir Sehnsucht nach der Payer Hütte – genauer gesagt, nach dem sagenumwobenen Kaiserschmarrn, den es da geben soll. In höchster Erwartung eilen wir zurück zur Hütte. Dort sitzt bereits breitbeinig Karl – vor einer Riesenportion Kaiserschmarrn. Zur Versöhnung spendieren wir uns gegenseitig Weißbier und schwelgen wie Helden nach der Schlacht in Details unserer Kampfszenen. Genüsslich schlecke ich mir auf dem weiteren Weg ins Tal den Puderzucker von den Lippen. So ein Kaiserschmarrn liefert einen Haufen Kalorien, die brauche ich auch beim weiteren Weg zur Schaubachhütte. Dort sinke ich in einen tiefen Schlaf und sehe im Traum Bruchstücke eines Abenteuerstreifens mit Kirk Douglas.

Zweite Lektion Bergführerinstinkt: Gestern sahen wir uns die Königsspitze vom Ortler aus an, heute wollen wir die Perspektive wechseln, also hinauf auf die Königsspitze. Wieso eigentlich »der« Ortler und »die« Königsspitze, frage ich mich. Wie zwei ungleiche Geschwister: der Bruder ein ungehobelter Klotz, bullig, derb und grob, die Schwester eine noble, entrückte Schönheit, mit feinen, ebenmäßigen Zügen. Werden wir also heute beim Aufstieg anstelle des Dampfhammers Karl eine anmutige Frau antreffen? Nichts wie rauf auf den Berg! Doch beim Frühstück rutscht Chris nervös auf seinem Stuhl hin und her.

»Du, Rudi, ich hab kein gutes Gefühl mit der Königsspitze!«

Er ist verlegen. Ihm fehlen stichhaltige Argumente, denn es herrscht sonniges Wetter.

»Chris, traust du mir das etwa nicht zu?«

Die Königsspitze muss her!

»Nein, nein, aber mir gefällt das Ganze einfach nicht.«

So geht das noch eine Weile mit ähnlichem Tiefgang weiter. Aber langsam spüre ich doch, dass es ihm sehr ernst ist. Und ich habe bereits eine Lektion dieser Art erhalten. Also kapituliere ich, wenn auch unwillig.

»Also gut, was ist die Alternative?«

Erleichtert seufzt Chris auf. Er schlägt eine Tour zum Monte Cevedale vor. Na schön, dann los.

Eine lang gezogene Gletscherautobahn führt zu einem Firngrat: Das ist nichts anderes als ein mit Schnee, Eis und Firn eingegipster Felsgrat. Eine weiche Schale um einen harten Kern, von Sonne und Wind meist zu einer feinlinigen Schneekante geglättet. Dieses Exemplar hier schwingt sich in einer kecken Kurve zum Gipfel auf. Makelloses, fein gekörntes Weiß, wie von kundiger Hand glatt geformter Marmor. Da drüben erkennen wir die tief verschneite Königsspitze.

Aber was ist denn das?! Ich reibe mir die Augen, weil ich kaum glauben kann, was ich dort sehe ... Gerade löst sich am Gipfelkamm ein gewaltiges Schneebrett. Schwere, nasse Pampe wälzt sich herab, in unvorstellbaren Mengen, eine kompakte, bedrohliche Masse. Erst wie in Zeitlupe, dann unter anschwellendem, zornigem Grollen immer schneller und schneller! Auf atemberaubende Geschwindigkeit beschleunigt, landet die Lawine mit krachendem Donnern in der Tiefe. Ich stehe starr, wie zur Salzsäule erstarrt. Und die Aufstiegsspur, dort drüben? Einfach weggefegt. Nicht den Hauch einer Chance hätten wir gehabt, wären wir jetzt dort gewesen. Kleinlaut, mit einem flauen Gefühl im Magen, verdränge ich den Gedanken daran, was uns hätte zustoßen können. Danke, Chris! Nie wieder werde ich infrage stellen, was dein Bergführer-Bauchgefühl dir eingibt!

Sein Bauchgefühl sagte dem jungen W., dass es nicht richtig war, was er gerade tat. Dennoch führte er seinen Plan aus. Die Schlichtheit und Raffinesse des Betrugs waren bestechend. Ein kleiner Trick nur, der von niemandem bemerkt werden würde, der aber einen gewaltigen Vorteil brachte: Er war es nun, der als

bester Schüler der Lateinklasse die begehrte antike Münze in der Hand hielt, nicht dieser kleine, dicke Klugscheißer Herbert. Die Punkte aller Hausaufgaben des Jahres waren am Schuljahresende zusammen gezählt worden, um den Sieger des Wettbewerbs zu ermitteln, für den der Lateinlehrer die Münze als Belohnung bereithielt. Eine unmerkliche, geschickte Manipulation im Zählverfahren genügte, um aus dem zweiten Platz den unverdienten Siegerplatz zu machen. Der Trick war einfach. Eine Doppelzählung. Während des Schuljahres hatte er mehrere Schulhefte vollgeschrieben. Alte Exemplare wurden manchmal ausgesondert, der Lehrer notierte die Punktesumme des alten Hefts im Neuen. W. zählte einfach beides zusammen, Punkteübertrag und Punkte aus dem alten Heft.

Jetzt liegt die Königsspitze wieder ganz friedlich da, als wäre nichts geschehen. Wie ein Raubtier, das sich mal eben zornig schüttelte, und dann wieder friedlich weiterschläft. Hoffentlich ist unser Monte Cevedale hier nicht auch so ein Untier, aber auf einem Firngrat ist man zumindest vor Lawinen sicher. Wie ein lässig gezogener Schriftzug eines abgeflachten »U« verbindet unser Firngrat den Monte Cevedale mit der Zufallspitze. Wir folgen mühelos der natürlichen Linie, bis jetzt noch leichte Bergsteigerkost! Die nördliche Flanke des Berges ist wie eine leicht nach innen gewölbte Spiegelfläche, der Firn trägt ein dünnes Häutchen aus Eis und reflektiert die Sonne. Da müssen wir hinunter, ein Abstieg, der uns vor eine neue Herausforderung stellt. Ein prickelndes Gefühl, mit dem Gesicht zur Wand auf den Zacken der Steigeisen zu stehen und den Eispickel zum Sichern in den Firn zu schlagen. Wie rückwärts eine Leiter hinunterzuklettern, nur eben ohne Sprossen. Bloß nicht umdrehen und in die Tiefe schauen! Weiter unten – ich wähnte mich schon in Sicherheit – breche ich durch die weiße, hart gefrorene Kruste, tief hinein bis fast zur Hüfte, in eine verdeckte, handtuchbreite Gletscherspalte. Von oben kommend habe ich aber genug Schwung, um mich nach vorne zu wuchten und mit dem Oberkörper und dem Schwerpunkt meines Körpers auf der anderen Seite der Spalte sicher im Schnee zu landen. So schnell kann der Alpinist also mal »abschmieren«! Fast so unerwartet schnell wie Technologiewerte oder Finanztitel! Gefahren lauern dort, wo man sie nicht erwartet …

Nach diesem frostigen Schock-Erlebnis kehren wir wieder zu unserem heutigen luftigen Sommermenü aus frisch gekühlten Firnvariationen zurück und beenden es auf der Suldenspitze, einem leichten Dessertgipfel mit einem Klacks Eischnee darauf. Auf dem Weg dorthin treffen wir eine gebräunte Schönheit, die sich splitternackt am Felsen räkelt, um ein Sonnenbad zu nehmen. Um sie herum liegen ein paar verrostete Rollen Stacheldraht – skurrile Überbleibsel vom Ersten Weltkrieg, die jetzt der jungen Dame in ihrem Aufzug guten Schutz bieten. Bergführer und Bergpilger sehen so etwas nicht allzu oft und glotzen wie zwei Pennäler auf die Plakate vor einem Sexkino. Die heiße Mittagssonne hat den Schnee inzwischen zu knietiefem, klumpigem Matsch verdickt. Langsam sickert sämiges Eiswasser in meine Schuhe. Das fühlt sich an, als stünden meine Füße in kühlendem Gel. Bei jedem Schritt schwappt die Kältemischung vor und zurück. Vielleicht gar keine schlechte Präventivmaßnahme für meinen linken Fuß, damit der gar nicht erst auf die Idee kommt, wieder zu schmerzen! Als ich dann die Kühlaggregate ausziehe, könnte ich mit dem Eiswasser aus den Schuhen glatt meine Thermoskanne füllen. Die Frage ist, wie weit ich mich noch von der Zivilisation entfernen muss, um auch dieses Tabu zu brechen: meinen kühlen Schuhsaft zu trinken. Heute kippe ich das Ganze doch noch mal lieber aus.

Im Tal verabschiedet sich Chris, der Mann des feinen Instinkts, und fährt zurück nach Innsbruck. Wieder höre ich nachts im leichten Dämmerschlaf, wie ein Wettersturz mit Blitz und Donner über die Berge zieht. Als seien zwei Tage Sonnenschein schon zu viel des Guten, empfängt mich der neue Tag mit einem halben Meter Neuschnee. So wate ich erneut durch knietiefes, pappiges Kühlmaterial auf dem Panorama-Höhenweg Richtung Stilfser Joch. Nun sehe ich »Bruder« Ortler von Norden her, wieder ganz der massige grobschlächtige Kerl: An dem ist einfach nichts Filigranes dran! Ich schreie »Knochen-Karl!« und warte auf das Echo. Es antwortet, und ich laufe zufrieden weiter. Inmitten endloser Schneefelder treffe ich auf eine verstörte Schafherde. Die armen Tiere versinken fast im Schnee und scharren rastlos am Boden, auf der vergeblichen Suche nach etwas Fressbarem. Insbesondere die Jungtiere machen heute traumatische Erfahrungen, hoffentlich belastet das nicht ihre weitere Entwicklung zu ausgewachsenen Wollproduzenten.

Immer höher türmt sich der Schnee. Würde mich jemand von einem Segelflugzeug aus beobachten, nähme er vermutlich einen orangefarbenen Maulwurf wahr, der sich bis zum Gipfel der Dreiländerspitze durchwühlt. Dies ist ein symbolträchtiger Ort, hier grenzen Graubünden (Schweiz), Südtirol (heute Italien, einst Österreich) und die Lombardei (Italien) aneinander. Die Schweiz in Sicht, wow, ich komme voran! Wenig mehr als einen Steinwurf vom Gipfel der Dreiländerspitze entfernt liegt das Rifugio Garibaldi – ein passender Name, jedenfalls für den italienischen Teil der geschichtsträchtigen Topografie. Doch was ist das? Plötzlich wähne ich mich an einem romantischen Schlösschen mit richtigen gemauerten Zinnen, wie ein Gruß aus den lieblichen Auen der Loire. Auch Frankreich scheint hier vertreten zu sein, und sei es nur in Form postmoderner Historisierungen der Architektur. Auch sonst schon ist die Internationalisierung dieses wunderschönen Fleckchens Erde verwirrend genug:

Der italienische Nationalheld Garibaldi ist hier nur zur Hälfte ideeller Hausherr, denn mitten durch die Gaststube verläuft die Grenze zwischen Italien und der Schweiz! Ich dachte immer, so was gab's nur am Potsdamer Platz in Berlin, während des Kalten Krieges – und bin damit doch schon ziemlich nahe dran am Thema: Als sei er selbst dabei gewesen, erzählt mir der Wirt, wie das Hotel im Ersten Weltkrieg in einem Artillerieduell zwischen Italienern und Österreichern in Schutt und Asche gelegt wurde. Dass dies, wie er versichert, »aus Versehen« geschah, ist schon kurios genug, doch noch aus anderem Grund dürfte der Vorfall in der gesamten Militärgeschichte als einzigartig dastehen. Wo sonst auf der Welt fände sich ein Gebäude, das bei ein und demselben Angriff zur Hälfte »aus Versehen« in Fetzen geschossen wurde (italienische und österreichische Granaten auf die Hälfte der Gaststube, die zur neutralen Schweiz gehörte), und zur anderen Hälfte durch »friendly fire« (italienisches Trommelfeuer auch auf die italienische Hälfte)? Nun, der Vater des Wirts baute das Hotel wieder auf.

Bei leichtem Schneefall und Nebel verlasse ich am nächsten Morgen das Rifugio Garibaldi und gelange hinunter zur Passhöhe des Stilfser Jochs. Wieder einer dieser öden Orte, wo sich die unerschütterlichen Freunde des Sommerskis zusammenfinden, auf der verzweifelten Suche nach den traurigen Resten schmelzender Pisten. Fast tun sie mir leid, diese armen gebückten Gestalten, wie sie zwischen dem Stahlbeton ihrer tristen Domizile und der Seilbahnstation umherirren. Trotzig demonstrieren sie in ihren Daunenjacken ihr Anrecht auf pulvriges Wedelglück – auch in einer Zeit der globalen Erwärmung.

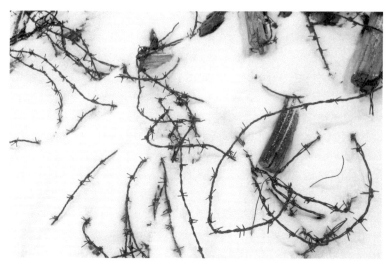

Spuren des Ersten Weltkriegs am Monte Scorluzzo

Dafür hätten Menschen, die hier vor 90 Jahren lebten, nur ein verständnisloses Kopfschütteln übriggehabt. Denn damals hausten am Pass und noch höher hinauf überwiegend Soldaten. Der Erste Weltkrieg, Frontabschnitt Ortler. Wo ich heute leichtfüßig an einem sanft ansteigenden Felsrücken zum Monte Scorluzzo hinauflaufe, lieferten sich die verfeindeten Italiener und Österreicher einen erbitterten Stellungskrieg. Auch die Natur litt, und selbst ihre Wunden sind kaum verheilt. Über gut drei Kilometer hinweg zeichnet eine tiefe Narbe den Bergrücken, der ehemalige Schützengraben, in den Fels hineingesprengt und -geschaufelt. Immer noch krallt sich der Stacheldraht unerbittlich daran fest. Als hätte er nicht verstanden, dass der Krieg zu Ende ist.

Wenige Meter unterhalb des Monte Scorluzzo spähe ich in eine Felshöhle. Holzpritschen und Bänke stehen noch herum, all das vermodert in dieser Höhe sehr langsam. In den Wänden entdecke ich in den Fels gedrillte Sprenglöcher. Offenbar war dies eine Unterkunft der Soldaten. Vier Jahre Kampf um diesen gottverdammten Berg. Verrecken für nichts und wieder nichts. Im Schützengraben erschossen, erfroren, oder – wie die meisten – von Lawinen verschüttet.

Selbst jetzt, im Hochsommer, fröstelt mich, spüre ich hautnah die lebensfeindliche Kälte der Hochalpen. Da kann ich nur erahnen, welche Strapazen die Soldaten damals ertragen mussten, als sie, sommers wie winters, jahrelang hier oben in täglicher Todesgefahr verweilen und kämpfen mussten.

Am Abend zuvor hatte es wieder eine Auseinandersetzung mit dem Vater gegeben. Der übliche Kanon an Themen, über die sich die beiden ihre rituellen Wortgefechte lieferten. Wie immer verdächtigten sich Vater und Sohn gegenseitig entgegengesetzter politischer Ansichten. Es flogen die Fetzen.

Jetzt, am Nachmittag des folgenden Tages, saß W. auf der Gartenterrasse seines Elternhauses, zusammen mit einem Freund, der zu Besuch gekommen war. Einer aus der ultralinken Szene mit »Atomkraft-Nein-Danke«-Sticker, Palästinenserschal, ausgetretenen Segeltuchschuhen, zerfransten Jeans, Rastalocken und zerfledderter Jutetasche. Der Freund drehte sich gerade eine Zigarette, als W.'s Vater auftauchte. Er begrüßte den Freund fast überschwänglich, setzte sich wie selbstverständlich zu den beiden an den Tisch und unterhielt sich prächtig mit dem Freund. W. war konsterniert. Konnte es sein, dass der Vater ihn einfach nur provozieren wollte, seine eigene unabhängige Meinung zu formen? Wahrscheinlich war der Vater einfach nur wesentlich cooler, als W. sich das vorstellen konnte.

Ich bin niedergeschlagen, auf jedem Meter des Schützengrabens ist das Sterben noch präsent. Und dann, völlig unerwartet, eine ganz versöhnliche Wendung: Wenige Momente, nachdem ich vom Todesgrat hinabgestiegen bin, finde ich das erste Edelweiß in meinem Leben. Eine zarte Blüte duckt sich hinter einem kantigen Felsbrocken. Kleine weiße Härchen schützen das Blütenköpfchen vor Frost, wie ein flauschiger Wollbüschel wiegt es sich im Wind. Und dann – ein richtiger Teppich, eine ganze Wiese voll von diesen wunderbaren Blumengeschöpfen, zerbrechlich wie Porzellan in ihrer Zartheit. Jedes einzelne Edelweiß setzt in dieser Höhe selbstbewusst ein fröhliches Ausrufezeichen des Lebens!

Und wie das Zeichen bei mir wirkt! Ich schultere schwungvoll meinen Rucksack und nehme voller Elan meinen Weg wieder auf. Mist! Vor lauter Begeisterung habe ich wohl meine Kamera inmitten der Blüten liegen lassen. Erst jetzt, zwei Stunden später, bei einer kleinen Brotzeit, bemerke ich den Verlust. Bisher hatte ich meine Ausrüstung doch immer voll unter Kontrolle! Nachdenken. Digitalkamera, also digitale Entscheidung!

Soll ich umkehren? Dann habe ich zwar die Kamera wieder, komme aber in die Dunkelheit! Oder doch das Gerät und all die schönen Bilder abschreiben, aber dafür sicher ins Tal gelangen? Ich bin hin- und hergerissen, bemerke gar nicht, dass sich eine wandernde Schulklasse mit einem Pater nähert. Ein Junge reicht mir wortlos die Kamera. Entgeistert starre ich ihn an. Junge, dich schickt der Himmel! Die ersten Wanderer überhaupt, die mir seit Tagen begegnen, und ausgerechnet die bringen mir den verloren geglaubten Fotoapparat zurück …! Zufall? Ein Wunder? Immer noch bin ich verblüfft und stammele ein paar Worte des Dankes. Der Junge lächelt und schließt sich wieder seiner Wandergruppe an.

Weite Latschenfelder bedecken die Bergflanken oberhalb von Bormio. Die Nadelbüsche müssen nun eine wahre Knipsorgie über sich ergehen lassen, immerhin bin ich ausgelassen vor Wiedersehensfreude mit meiner Kamera! Im Dickicht der mannshohen Latschen duftet es würzig nach Harz. Scharfkantige, wie Wirbelknochen geformte Kalkfelsen ragen aus dem Boden. Die Äste sind trocken und knacken unter meinen Schritten. Plötzlich fühle auch ich mich wie ausgedörrt, mir wird klar, wie lange ich heute eigentlich schon unterwegs bin.

»Schluss jetzt, keinen Bock mehr zum Weiterlaufen!«, rebelliert es in mir.

Auch Hannibal ist heute seltsam schweigsam und mürrisch.

»Meinetwegen bleib doch stehen. Ich bin es leid, dir immer auf die Sprünge zu helfen. Hilf dir selber!«

Seine Elefantenpeitsche lässt er stecken. Was tun?

»Denke an nichts und laufe einfach weiter! Langsam, mit gleichmäßigen Schritten«, piepst ganz leise eine dritte Stimme. Der Pilger?

Na gut, ich probiere es mal aus, ich muss ja irgendwie weiterkommen. Zunächst hilft das gar nichts, jeder Schritt ist eine Qual. Doch irgendwann falle ich in den geduldigen Takt meines Wandermantras, alles kommt wieder in Fluss.

Bormio: eine hübsche Altstadt! Regenerieren kann ich inzwischen rasch, und so flaniere ich in kurzärmeligem Hemd – den Rucksack in einer Pension deponiert – durch verwinkelte Gassen und lasse mich alsbald hungrig in einem Restaurant auf der zentralen Piazza nieder. Der warme Abendwind lässt trockene Blätter über das Kopfsteinpflaster tänzeln, während ich das rubinrote Funkeln in meinem Rotweinglas beäuge. Es duftet erdig nach frischer Pizza.

»Con Prosciutto e Funghi, Signore, prego!«

Das ist meine Lieblingspizza. Da kommt sie schon, ganz frisch aus dem Holzofen! Mit der Gabel teste ich ihre Konsistenz, ja, so muss sie sein: krosser Rand, dünner Teig! Ich schneide handliche längliche Keile aus dem Pizzarund, lehne mich zurück, nehme das erste Stück – warm und duftend – in die Hand und beiße mit dem größten Vergnügen hinein. Die ersten Sterne schimmern ganz schwach in der Abenddämmerung. Ein wenig frischt der Wind auf, die Blätter der großen Platane auf dem Platz rascheln leicht, fast wie ein Rauschen des fernen Meeres.

Westlich ans Ortler-Massiv schließt sich die Bernina-Gruppe an. Jede Gebietsgruppe in den Alpen ist wie ein kleines Königreich mit einem Regenten – dem höchsten Gipfel – und seinen Untertanen, all den anderen Bergen, die sich demütig um den Herrscher gruppieren und ihn niemals an Höhe übertreffen dürfen. Grüne Täler und Seen markieren die Grenzen zu den benachbarten Reichen. Ortler und Piz Bernina sind zwei besonders erhabene und stolze Herrscher in ihren Königtümern, ebenbürtige Rivalen. Bei schönem Wetter können sie auf Augenhöhe gegenseitig die Pracht ihrer felsigen vergletscherten Königsburgen bestaunen. Das Valdidentro grenzt die beiden Reiche voneinander ab, ein saftig-grüner Puffer, eine unberührte Berglandschaft mit smaragdgrünen Seenketten, wilden Felszacken und weiten Föhrenwäldern. Die Anspannung und die Erwartung, die mich noch beim Erklimmen der Zinnen des Ortler ergriffen hatten, fallen nun von mir ab. Eis und Schnee verblassen in meiner Erinnerung, nun sauge ich gierig die Sommerwärme auf!

Die Übernachtung im Rifugio Val Viola bei freundlichen Wirtsleuten ist spartanisch, die nächste Nacht unterhalb des Passo del Bernina in den mit viel altem Holz renovierten Bernina-Häusern umso komfortabler. Seit Jahrhunderten kehren hier Reisende zwischen Italien und der Schweiz ein. Ich stelle mir vor, wie gelbe Postkutschen ratternd vorfuhren. Bergpässe. Brennpunkte, an denen sich die Lebenslinien unzähliger Menschen kreuzen. Das sind Durchgänge, niemand verweilt hier länger als nötig. Meist unwirtliche, schroffe, dem Wind und dem Regen ausgesetzte Stätten. Jeder ist hier Durchreisender mit seinem Ursprung und seinem Ziel. Eigenartig, ich neige immer dazu, meine Zeit in eine Art Zweiklassengesellschaft einzuteilen. Die Zeit des Übergangs – egal ob Reisen, Ausbildung, Geld verdienen, Beziehungen suchen – und die bevorzugte Zeit des »Angekommen-Seins«. Leider muss ich nach 44 Jahren erkennen, dass ich die meiste Zeit in der »minderwertigen« Zeitklasse verbracht habe! Meine Ankunft bei den Bernina-Häusern heute, nach den langen Stunden des Wanderns, empfinde ich wie ein Heimkommen, ich fühle mich hier tatsächlich geborgen! Für alle anderen ist es ein Durchgangsort, alle wollen schnell weiter. Nur durch meine Einstellung habe ich plötzlich einen gewöhnlichen Ort des Durchgangs zur Zwischenheimat veredelt! Ist das ein Geheimnis des glücklichen Lebens? Die innere Mauer zwischen Durchreise und Ankommen einzureißen?

Es gibt viele Möglichkeiten zur nachhaltigen Frustration des Wanderers. Eine sehr wirksame: unter einer Seilbahn einen öden Geröllhang hinaufbuckeln, und wenn möglich, noch in glühender Hitze. Genau dieses Programm ziehe ich mir heute rein, auf dem Weg zur Diavolezza-Hütte. Saturierte Touristen blicken hämisch herab.

»Verdammt, warum hast du Idiot nicht auch die Gondel genommen?«, fragt der Effizienzprofi in mir.

»Schnauze, jetzt wird gelaufen!« Hannibal lässt sich das nicht gefallen.

»Möchte doch mal allzu gerne wissen, was dir das an Erkenntnis bringen soll, von ein paar Touristen beglotzt zu werden!«, reizt mein Alter Ego weiter die Situation aus.

»Ja, typisch, du und dein Ego! Definierst dich immer durch die Brille der anderen! Ich bin konsequent und ziehe mein Programm durch!«

Hannibal ist total sauer. Und doch ein wenig neugierig, was in der Gondel über ihn gesprochen wird.

»Kuck mal, Karl-Heinz, da unten läuft einer hoch! Was der da wohl macht!«

»Mensch, Hilde, das ist sicher so einer aus Polen oder Rumänien. Die Armen können sich das Ticket nicht leisten!«

Das Gletscherpanorama des Piz Palü bis hin zum Piz Bernina ist überwältigend. Urs, mein Bergführer für die nächsten beiden Tage, kommt mit der letzten Bahn herauf. Mit einer anderen Seilschaft sitzen wir noch nach dem Sonnenuntergang bei einem Glas Wein auf der Terrasse. Die Gletscherflanken des Piz Palü leuchten weiß im Licht des Mondes.

Die Etappen seit dem Großglockner haben mich sowohl körperlich als auch seelisch gefestigt. Selbst wenn es den einen oder anderen Durchhänger gab – jetzt, in diesem Moment, da ich auf den mondbeschienenen Piz Palü blicke, habe ich tatsächlich kaum noch Zweifel an meinem Durchhaltevermögen. Meinen Körper habe ich besser kennengelernt, und ich kann jetzt entspannter damit umgehen, wenn der Motor mal ins Stottern gerät. Ich spüre, wie mich der Fluss der Bewegung jeden Tag ein wenig mehr erfasst, während ich gleichmäßig voranschreite. Das Beständige, das Rituelle, das Ruhende wird stärker in mir. Geduldig lege ich die Wurzeln meines Selbst frei, beginne ich zu erkennen, was mich geprägt und was meinen Lebensweg bestimmt hat. Begegnungen mit Menschen regen mich an, bisher Selbstverständliches zu hinterfragen. Naturerlebnisse beginnen meine Weltsicht zu verändern. Ich bin nun gerüstet für die herrlichen hochalpinen Berggänge, die mich noch erwarten. In mir wächst die Bereitschaft, mich auf Neues einzulassen, meinem Leben eine völlig andere Richtung zu geben. Die Mauern in mir sind brüchig geworden. Sie werden fallen.

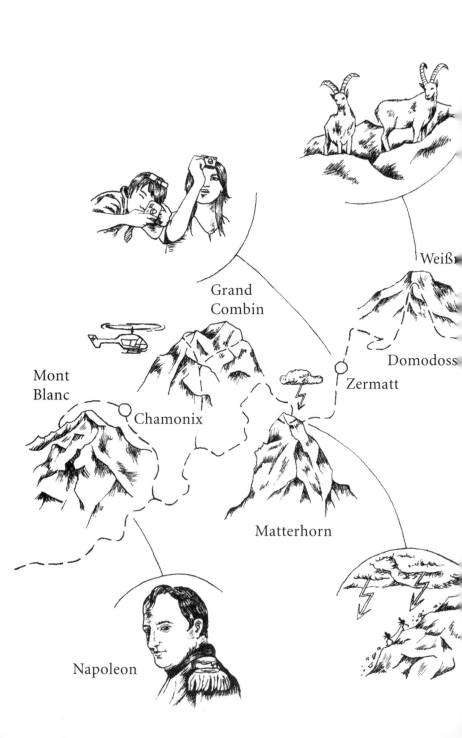

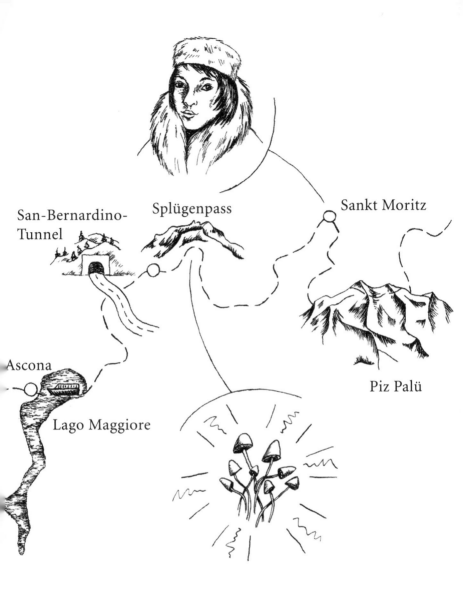

PIZ PALÜ – MONT BLANC

Klimax und Demut

Vom Piz Palü zum Mont Blanc
43. bis 89. Etappe,
19. Juli bis 23. September 2007

Die klassischen Touren in den Hochalpen! Bergabenteuer, bei denen passionierte Alpinisten feuchte Augen bekommen. Gipfel, um die sich Mythen ranken, manchmal auch Tragödien. Piz Palü Ostpfeiler – das ist so ein alpiner Gral. Schon der Name lässt mich ehrfürchtig erschauern: Ost. Pfeiler. Klingt gewaltig, steil und wild. Doch Bergführer Urs meint, der Normalaufstieg zum Piz Palü sei zu langweilig für mich. Schaue ich jetzt schon so verwegen aus? Ich bin ganz Ohr, als er am Vorabend seine Klettervariante vorschlägt.

Bei einer schwierigen Tour ist frühes Aufstehen auch ein Zeichen von Respekt dem Berg gegenüber: sich genug Zeit nehmen, nicht nachlässig sein, Kräfte sparen für das Unerwartete. Das kalte Mondlicht wirft seine fahlen Schatten, als wir kurz nach vier Uhr ins Freie treten. Die Sterne glitzern fröhlich, aber da sehe ich ihn schon wie ein geducktes Raubtier lauern, den Palü. Silbrig schimmernd zeigt er sein doppelt-markantes Gesicht. Der Ostpfeiler und der Bumiller Pfeiler, messerscharfe Felsrippen. Dazwischen bäumt sich ein kolossaler Gletscher auf und spreizt angriffslustig seine wild zerklüfteten Spalten.

Der Steilhang ist übersät mit Felstrümmern, wir schlängeln uns an ihnen vorbei, hoch zum Gletscher. Krustig gefroren in der Nacht, trägt er unser Gewicht ohne Widerstand, aber bei jedem Schritt knackt das Eis. Unser forsches Marschtempo findet jedoch abrupt ein Ende, denn wir stoßen jetzt auf eine Felswand – nein, nicht auf eine, sondern auf *die* Felswand: der Pfeiler höchstpersönlich! Fast bekomme ich Genickstarre, so weit muss ich meinen Kopf zurücklegen, um überhaupt sehen zu können, auf was ich mich da eingelassen habe. So weit das Auge reicht, nach oben hin nur kompakter, lotrecht zum Himmel strebender Fels. Wie nur da hochkommen? Gewiss, da scheint es einige Ecken und Kanten, Vorsprünge und Einbuchtungen zu geben, aber reicht das aus, um sich über gut 700 Meter in die Höhe zu arbeiten? Und schon wieder einer dieser alpinen Übermenschen direkt vor meiner Nase!

Mit der Geschmeidigkeit eines Eichhörnchens klettert Urs los, scheinbar mühelos, traumwandlerisch sicher auch in der Vertikalen. Kurz prüft er den Fels vor sich, streckt seinen Arm, greift beherzt höher, zieht seinen Fuß nach, testet kurz den Tritt, spannt seine Muskeln und schiebt seinen Körper an der glatten Wand hinauf. Ruhig und gleichmäßig. Eine Klettermaschine. Etwas ratlos schabe ich mit meinem Fuß am Fels und suche einen Einstieg, einen ersten Tritt. Vergeblich, hilflos rutsche ich ab. Wie ein strampelndes Insekt, gefangen in einem Topf mit glatten Wänden. Schließlich wuchte ich mich mit einer enormen Kraftanstrengung über die erste Kante. Nach wenigen Metern schon bin ich jedoch komplett außer Atem und meine Knie zittern. Völlig unbeeindruckt klettert Urs da oben weiter, fast so selbstverständlich, wie eine Fliege am Fenster hochkrabbelt. Ruhig Blut. Flüssig bewegen, gleichmäßig klettern, den eigenen Rhythmus finden. Oder kollabieren! Langsam, langsam gewinne auch ich an Höhe. Schön und gut, aber jetzt habe ich ein neues Problem. Ein Blick nach hinten – gähnende Leere. Ein Blick links und rechts – zerklüftetes Gletschereis. Schwindel und Höhenangst drohen mich zu überwältigen. Nur keine Panik jetzt!

Behände ist Urs vorausgeeilt und bereits hinter einem Felszacken verschwunden. Kann der Kerl sich jetzt nicht ein bisschen besser auf mich einstellen?! Ich brauche Hilfestellung! Aber welche? Es gibt keine – ich muss da durch … Hier hilft nur eines: die eigene Angst umarmen und sich gleichzeitig auf dem schmalen Felsvorsprung hier festkrallen. Kalte Schauer, weiche Knie und das Gefühl, widerstandslos in die Tiefe gesaugt zu werden. In lähmender Furcht klebe ich fest, unfähig, mich nur einen Millimeter weiter zu bewegen. Bleib ganz ruhig, du schaffst das schon! Bewusst in die Tiefe blicken, mich mit dem Zustand der Leere um mich herum vertraut machen. Langsam durchatmen, den Halt spüren, den Füße und Hände bieten. Eine Gegenkraft zum Tiefensog aufbauen. Da! Urs strafft das Seil, endlich mal eine Kraft, die dem Fallen entgegenwirkt! Das gibt Sicherheit, ich werde ruhiger, meine Bewegungen überlegter. Und siehe da, schrittweise weicht Angst innerer Sammlung und konzentrierter Aufmerksamkeit. Erfolgreich verbanne ich alle ablenkenden Gedanken und fahrigen Handlungen. Es gibt kein

Vorher und kein Später, mein Zeitgefühl löst sich auf im ungebrochenen Jetzt.

Wovor hatte Herr W. Angst? Hatte er überhaupt vor etwas Angst? Angst war etwas Diffuses, im Unterbewusstsein vergraben, außerhalb des Gewahrseins abgelagert. Diese gebrochene Präsenz machte es W. möglich, seine Ängste zu mindern, ohne sich mit ihnen auseinanderzusetzen. Doch die verborgenen Ängste, vor allem Verlustängste, steuerten das Denken und Handeln von W. gerade deshalb, weil sie unbewusst wirksam waren.

W. las begierig Zeitungsartikel, die sich mit der Einkommens- und Vermögensverteilung der Bevölkerung beschäftigten. Ihn interessierte, wo genau er sich selbst innerhalb der Wohlstandspyramide befand, und insbesondere, wie groß der Puffer war, der ihn von der Armutsgrenze, von der Mittellosigkeit, trennte. Eine absurde Übung, vor allem, je länger er erfolgreich im Berufsleben stand, doch ihm verschaffte es immer nur vorübergehend Beruhigung: sozialer Abstieg, derzeit zumindest, kein Thema! Auch zur Arbeitslosigkeit gab es ja aufschlussreiche Statistiken, und immer wieder suchte er in den Arbeitslosenquoten für Finanzanalysten die Gewissheit, dass er von diesem Abgrund weit entfernt war. Doch haben diffuse Ängste den Nachteil, den Menschen auch empfänglich für negative Gedanken zu machen und ihn schon beim kleinsten Anzeichen von Krise in Panik zu stürzen. Sprach nur irgend einer von Nullwachstum, von Rezession gar, so fühlte W. sich gleich ungebremst und wehrlos auf den eigenen Absturz zuschlittern.

Ich habe den Pfeiler durchklettert! Habe die Angst überwunden, der Schwerkraft getrotzt. Noch einmal blicke ich hinunter, ungläubig, es tatsächlich geschafft zu haben. Doch Urs lässt mir nur wenig Zeit, meinen Premierenerfolg auszukosten. Steigeisen anschnallen, denn jetzt wird es glatt und das Gefälle zur echten Herausforderung: auf einer schlanken Firnrippe, mit noch gut 100 Metern bis zum Piz Palü. Der Gipfel selbst aber dann eine Enttäuschung: eine abgeflachte Schneekuppe, wie bei einer großen Düne. Das passt doch gar nicht zu diesem fulminanten Aufstieg! Da hätte ich doch einen spitzen Felszacken erwartet, auf dem gerade mal ein einziger Bergsteiger Platz findet! Macht nichts, das Panorama leidet ja nicht darunter. Ich setze mich auf meinen Rucksack. Nun kommt doch noch so etwas wie Hochgefühl auf. Geschafft, der Palü Ostpfeiler! Ich knuffe Urs:

»Ey, voll der Wahnsinn, Mann!«

Er grinst nur und schultert schon wieder seinen Rucksack, klettert mir voran über alle Gipfel der Palü-Gruppe nach Westen, dann noch über einen Gletscher. Als hätte ich plötzlich eine Kraxlerdroge erhalten, folge ich ihm ohne Probleme. In langgezogenen Wellen erstreckt sich das Eis, wie die erstarrte Dünung eines Meeres, scheinbar endlos bis zum Horizont. Da ist sie, die Marco-e-Rosa-Hütte, ein Bollwerk der Zivilisation inmitten arktischer Ödnis, unser Tagesziel. Hochsaison, die Hütte ist bis auf den letzten Platz knallvoll belegt. Doch Bianco, der Hüttenwart, hat alles im Griff und teilt im Kommandoton den ankommenden Bergsteigern ihre Schlafplätze zu.

»He, ihr zwei da, Platz 51 und 52. Erste Kammer links!«

»Abtreten!«, antworte ich gut gelaunt.

Eher ein Hüttenwart als ein Hüttenwirt also. Jetzt wird mir schlagartig der Unterschied klar. »Wirt«, das klingt netter. Betont mehr das Gastlich-Kulinarische. »Wart«, das ist Zucht und Ordnung. Schon tritt eine weitere Seilschaft ein.

»Was wollt ihr? Habt ihr reserviert?«

Der kann ja sogar noch unfreundlicher sein! Kein Wunder, das ist anscheinend eine Seilschaft ohne Bergführer. Die mag er nicht. Denn die konsumieren meistens weniger.

»Ihr seid in der hintersten Kammer! Schuhe ausziehen!«

»Das ist die Höhenluft!«, nimmt Urs den Hüttenwart in Schutz. »Heute ist er eigentlich ganz gut drauf!« Na, Glück gehabt!

Der kleine Nachmittagsschlaf ist der Luxus des Bergsteigers. Ein Privileg wie die Senator-Karte für den Manager. Wie von selbst fügt sich diese erquickliche Phase in den Tagesablauf des Kletterers. Früh aufgestanden, mental und körperlich alles gegeben, ein kleines Chill-Out-Bier auf der Hütte. Danach fallen Puls und sonstige Grundfunktionen des Körpers innerhalb von Sekunden auf winterschlafähnliches Aktivitätsniveau: Zeit, sich in die Schlafkammer zu trollen und in Morpheus' Arme zu sinken. Rechtzeitig zum frühen Abendessen kehren dann die Lebensgeister wieder zurück.

Doch heute will das nicht so recht klappen. Schüttelfrost befällt mich, ich wälze ich mich hin und her, der Kopf will fast platzen, und die Zunge klebt am Gaumen. Wirre Gedanken jagen einander, Zerrbilder der heutigen Erlebnisse. Wohl nie zuvor haben mich acht Stunden meines Lebens dermaßen über meine Grenzen getrieben. Völlig leer fühle ich mich jetzt! Habe wahnsinnigen Durst. Apathisch liege ich einfach nur da, sogar das Ausruhen laugt mich aus. Unmöglich, zu schlafen. Ist das jetzt der Alpinisten-Burn-

Out nach dem Banker-Burn-Out? Irgendwann falle ich dann doch in einen fiebrigen Dämmerschlaf.

Ellenbogencheck in meine rechte Rippe.

»He, Ruedi, chumsch? Es git Esse!«

Hart im Nehmen, aber wohlwollend, die Bergmenschen! Wie in Trance schäle ich mich aus meinem Lager, schlurfe in der langen Unterhose in den Essraum. Keine Zeit und Lust mich aufzuschicken.

Das Abendessen nehmen die Bergsteiger aus Platzmangel in zwei Schichten ein, wir sind bei der ersten mit dabei. Ich stiere nur vor mich hin. Wortlos, mit einem Arm auf den Tisch gestemmt, meinen schweren Kopf in eine Hand gestützt. In der anderen mit letzter Kraft den Löffel haltend. Ich verdrücke meine Suppe und verkrieche mich sofort wieder ins Bett.

»Urs, ich geh pennen! Kannst mich morgen bitte etwas sanfter wecken? Verzichte dafür auch gerne auf deinen Gutenachtkuss!«

Urs grinst und bestellt mit seinem Bergführerkollegen noch eine Flasche Wein.

»Isch guet, ich chumm schpäter!«

Wieder liege ich mit fiebrigen Augen wach. Bianco ist auf die hervorragende Idee gekommen, die Hütte mit italienischen Schlagern lautstark zu beschallen. Bis Mitternacht dröhnen mir verstaubte Ohrwürmer von Adriano Celentano, Vico Torriani & Co. in den Ohren.

Herr W. war erfolgreich. In dem Sinne, dass er damit seinen Lebenslauf trefflich schmücken konnte. Und in dem Sinne, dass er damit auch noch bei den Müttern der von ihm begehrten Frauen voll punktete. Worauf er auch seine Aufmerksamkeit konzentriert und überlegt richtete, das gelang ihm fast aus dem Handgelenk. Mit dieser spielerischen Effizienz kokettierte er, zwar nicht offen, aber sehr gerne insgeheim. Er war erfolgreich, weil er eine perfekte Synthese aus Ehrgeiz, Intelligenz, langem Atem und Glück in sich vereinigte. Und auch, wie er fand, weil er die Hürde selbst gesteckter Ziele vollkommen realistisch setzte, sie im Laufe der Jahre sogar gemäßigter formulierte. Es half ihm aber nicht zuletzt auch eine Kombination aus Flexibilität bis zur Standpunktlosigkeit und pragmatischer Schlauheit. Dazu kam eine beneidenswerte Selbstwirksamkeitsüberzeugung, die sich aus seinen aktuellen Erfolgen wiederum fortlaufend erneuerte. Und da Herrn W. somit die Aura des Erfolgsmenschen umgab, glaubten auch andere Menschen an seine Siegermentalität und überließen ihm den Erfolg nicht selten sogar freiwillig, ja, manche drängten ihm den Erfolg förmlich auf, obwohl es eigentlich der ihre war. Nie musste Herr W. in den Infight mit einem Konkurrenten gehen und ihn brutal wegbeißen. Er war ein echtes Phänomen: Erfolgsmensch – und dennoch beliebt! So reüssierte Herr W. in vielen Bereichen: Prüfungen, Erlernen von Sprachen, sportliche Leistungen, Karriere, Geld verdienen, soziale Anerkennung erwerben. W.'s Symbiose mit dem Erfolg spiegelte immer auch die Erwartungshaltung der Menschen in seinem Umfeld wider. Und es war W. höchst wichtig, diese Erwartung zu erfüllen. Das machte ihn sehr abhängig und formbar.

Um vier Uhr – also nach rund drei Stunden unruhigem Dahindämmern – reißt mich ein erneuter Bodycheck von Urs hoch. Im Vergleich zu heute ist eine durchzechte Nacht wie Kinderfasching! Urs zerrt mich in den Lagerraum hinaus, wo bereits Dutzende von Bergsteigern in wildem Durcheinander zum Aufbruch rüsten. O Mann, wo sind meine Steigeisen, wo ist mein Klettergurt? Wo habe ich den Pickel abgestellt? Jeder hat eine nahezu identische Ausrüstung, dass mir bloß keiner meinen neuen Pickel klaut! Ich drehe fast durch, bis ich alles gefunden habe. Noch schlimmer als der Banker, wenn er in letzter Sekunde seine Aktentasche packte ... Jetzt aber mal raus hier!

Welch eine Erlösung! Die eiskalte Luft flößt mir im Handumdrehen frische Energie ein. Wo ist eigentlich der Schüttelfrost geblieben? Wo sind meine bleiernen Glieder? Seltsam, ich habe null Probleme mit mir selber! Aber keine Zeit, mir darüber Gedanken zu machen. Schneller als erwartet hat sich das allgemeine Durcheinander gelegt und wir können ins Morgengrauen entschwinden. Urs führt mich durch eine lang gezogene, ovale Gletscherschüssel zum Piz Argient, dann direkt auf die rabiat ansteigende Gletscherflanke des Piz Zupo. Der ist mit seinen 3996 Metern immerhin der zweithöchste Gipfel der Berninagruppe. Auf Rumantsch bedeutet sein Name so viel wie »Der Verborgene«, denn er ist nur von Norden her in seiner ganzen Größe zu bewundern, wenn man fast direkt vor ihm steht. Die Nummer zwei, kaum sichtbar, und dann auch noch knapp unter 4000 Metern – das muss doch der GAU für das Selbstbewusstsein eines Berges sein! Ein Frustszenario wie für manchen Top-Manager mit der Ambition auf den Thronsessel: Man hat es bis zur Nummer zwei hinter dem CEO geschafft. Leider ist nur dieser der Öffentlichkeit bekannt, infolge permanenter Medienpräsenz, einen selbst aber kennt kein Schwein!

Moment mal, eigentlich ist es doch völlig egal, ob ich auf 3999 Metern oder 4000 Metern stehe! Genauso egal, ob auf meiner Jeans Levi's steht oder Aldi. Für Urs und mich ist es sogar von Vorteil, dass unser Tagesziel wegen eines mickrigen Höhenunterschieds zum Dreitausender »degradiert« wurde. Denn auf unseren Berg will sonst niemand mehr! Wir freuen uns also, dass der »verborgene Gipfel« seinem Beinamen alle Ehre macht und genießen es, dass er uns – in der ihm eigenen Bescheidenheit – die atemberaubende Sicht auf seinen Chef, den Piz Bernina, bereitwillig eröffnet. Exklusiv für uns! An seiner Südflanke katapultiert die Thermik Nebelschwaden in die Höhe. Eine Sekunde lang habe ich den Eindruck, wir befänden uns in einem Schwindel erregenden Sinkflug. Im Reflex umklammere ich fest den unbewegten Felsen.

Tarzan springt an Lianen hängend von Baum zu Baum. Wir schaukeln uns östlich des Piz Zupo auf der Bellavista von Gipfel zu Gipfel, ohne Lianen, dafür mit Steigeisen und Eispickel als unersetzlichen Hilfsgeräten. Das sieht vielleicht nicht so geschmeidig aus wie bei Johnny Weissmüller, aber dafür stecken wir auch nicht im Dickicht, sondern schweben über den Wolken! Am östlichsten Punkt des Grates beenden wir unseren Gipfeltanz und schlendern über einen breiten Gletscher hinab zum Fortezza-Grat. Technisch ist das in etwa so prickelnd, wie von einer Liftstation seine Skier in eine Skihütte zu tragen. Na das war's für heute, Kinder, klügele ich lässig und freue mich schon auf einen zünftigen Hüttenabend bei Bier und Fachgespräch. Denkste! Abrupt endet der Spaziergang an einer lotrechten Felswand.

Dritte Bergsteigerlektion: Abseilen in der Senkrechten. Womöglich denkt der Flachländer bei »sich abseilen« an so etwas wie »sich vom Acker machen«. Weit gefehlt! Zumindest beim ersten Mal ist es der reinste Horror. Ich klebe an einer senkrechten Felswand, und mein Leben hängt an einem Seil, das mir in diesem Moment lächerlich dünn erscheint. Ganz wichtig: Sicherheit am Arbeitsplatz! Also ordentliches Sichern an der Abseilstelle. Es gibt zwei Möglichkeiten, um das Seil zu fixieren: entweder, es direkt am Gestein, etwa einem Felszacken, zu vertäuen, oder es mit einem Karabiner in einem Haken einzuklinken. Den Haken muss ich entweder vorher selbst in den Stein schlagen, oder ich finde einen Bohrhaken vor – eine Metallöse, die vom Hüttenwart oder einem Alpenvereinsmann im Fels stabil verankert wurde.

Unterhalb der Sicherung suche ich mir eine Stelle, die zumindest den Fußspitzen genügend Halt bietet, stelle mich dort aufrecht hin, so gut es geht, straffe das Seil, werfe – wenn ich die Zeit und die Nerven dazu habe – noch einen prüfenden Blick hinab. Und dann der *point of no return*: Langsam lasse ich mich nach hinten kippen, was gewaltige Überwindung kostet ... bis ich im rechten Winkel zur Wand »stehe«, und »gehe« dann Schritt für Schritt rückwärts, hinein in den Abgrund, an der Wand entlang. Wobei ich mich natürlich am Seil gleichzeitig festhalten und hinunterhangeln muss, indem ich langsam Seil nachgebe. Eine kleine Seilschlinge an meinem Karabiner – sie funktioniert wie eine Art Umlenkrolle – erlaubt mir, mit relativ geringem Kraftaufwand mein eigenes Gewicht zu halten. Unglaublich, aber es funktioniert! Anfangs zwar nur mit Kampf und Krampf, aber recht bald immer besser und besser. Mit allergrößter Vorsicht setze ich meinen Fuß an die lotrechte Wand, mit äußerster Konzentration gehe ich zu Werke, um das Gesetz der Gravitation, wenn schon nicht außer Kraft, dann doch wenigstens ins Benehmen mit meinem Ziel zu setzen. Wenn man diesen Krebsgang in den Abgrund, in die todbringende Leere, das erste Mal unbeschadet überstanden hat, dann ist das ein unbeschreibliches Gefühl. Man betritt einen Raum, der sich dem Aufsetzen des menschlichen Fußes normalerweise widersetzt. Da ist ein Hauch des Frevels, des Verbotenen. Fürchteten und mieden die Alten die Berge, weil sie das Göttliche nicht berühren wollten? Weil sie fürchteten, wie Ikarus in den Tod zu stürzen?

Die Steilwand mündet in einem Geröllfeld. Auf einem etwa einen Kilometer langen Pfad gelangen wir an die Zunge des Boval-Gletschers. Die Sonne hat den Schnee weggefressen und grauschmutziges, halbgefrorenes Gekröse hinterlassen. Nicht ohne mulmiges Gefühl geht man da hinauf, denn Gletschereis ist keine tote Materie, das ist wie das lebendige Gewebe eines urzeitlichen Monstrums, eine Welt bizarrer und grotesker Formen. Die verwitterte und raue Haut dieser schlafenden Riesenechse knackt unter jedem Schritt, man hat das Gefühl, jederzeit könnte sie erwachen, uns zornig abschütteln und in einer ihrer tiefen Hautfalten begraben. Deutlich entspannter sieht das Urs, er hat bald Feierabend. Bis zur Boval-Hütte begleitet er mich noch, bleibt selbstverständlich auf ein Glas Bier – eben das übliche Verabschiedungsritual der Schweizer Bergführer. Und schon rauscht er wieder hinunter ins Tal. Später kommt Tom zu mir herauf, sein Freund und mein nächster Alpinguru. An seine Fersen geheftet, will ich die Weihen meines ersten Viertausenders empfangen! Den Schwarzen Gürtel des Steigeisenmannes! Doch zunächst wird mich Tom noch das eine oder andere Mal auf die Matte schicken, mit Hilfe von Piz Morteratsch und Piz Roseg.

Es war ein erfolgreiches Jahr für die Bank und insbesondere das Investmentbanking. Man hatte Rekordumsätze erzielt, und die

weiteren Aussichten waren glänzend. Grund genug, sich selbst zu feiern. Investmentbanking, die Ertragsperle im Konzern. Mergers & Acquisitions: *die Beratung bei Unternehmensübernahmen und -fusionen. Oder einfach M&A: die Königsdisziplin im Investmentbanking. Hier also saß die Elite. Man grenzte sich nur zu gern ab vom Rest der Kollegenschaft – drögen Schalterhengsten, schleimigen* Private Bankern, *geistig flachen Händlerproleten. Eine eigene Kultur, ein eigener Code, der Elite vorbehalten.*

Herr W. saß im Flugzeug nach Portugal, es herrschte eine ausgelassene Stimmung. Die M&A-Abteilung hatte einen Airbus gechartert, um in den Süden zu fliegen und zu feiern. Ein mondänes Hotel mit Golfplatz und privatem Strand war exklusiv für sie gemietet worden. Egal ob im Flugzeug, im Bus zum Hotel oder beim gemeinsamen Abendessen: die Alphatiere waren immer gut zu erkennen. Wie die Eisenspäne in einem Magnetfeld richteten sich die anderen auf sie aus. Die Alphatiere steuerten das Verhalten der anderen durch ihre Aura von Macht. Aus dem Schwarm der Junior-Berater und jungen Analysten scherte ab und zu einer aus, um sich vorübergehend wie ein kleiner glänzender Goldfisch sichtbar zu machen, und wenn er vom Alphatier tatsächlich wahrgenommen wurde, tauchte er trunken vor Stolz wieder in die Anonymität ab. Und dann waren da noch die schon ergrauten Senior-Berater, erfahrene Banker, weit oben in der Hierarchie, aber eben nicht ganz oben. Ihnen hatte das letzte Quäntchen Killerinstinkt, die bedingungslose Machtgeilheit gefehlt, um die höchsten Ränge zu erreichen. Dafür besaßen sie ein seltenes Privileg: die ständige, selbstverständliche Nähe zum Alphatier. Wie Putzerfischchen am Leib des Hais klebten sie an ihm und fraßen, was für sie abfiel. Wenn er einmal bösartig zuschnappte, wussten sie stets rechtzeitig und geschmeidig auszuweichen.

Abends, vor dem Ende des offiziellen Teils, wurden dann die Reden gehalten. Der Chef erläuterte mit schnoddriger Lässigkeit den Erfolg der M&A-Abteilung anhand eindrucksvoller Zahlen. Allen wurde insinuiert: Jeder Einzelne ist der Vater dieser unglaublichen Leistungen. Die Elite gottgleicher Überflieger. Ein paar abfällige Bemerkungen über die Konkurrenz zementierten den Eindruck, etwas ganz Besonderes zu sein. Mit der Konkurrenz ging es bergab, da saßen die Ignoranten. Auch wenn es, wie üblich in dieser Industrie, überwiegend ehemalige Kollegen waren. Die neue Strategie: »Leute, wir müssen global denken! Weg mit dem engstirnigen Länderdenken! Wir werden die geografische Ausrichtung der Organisation überwinden! Wir müssen den globalen Bedürfnissen unserer Kunden folgen. Also: Ab sofort stellen wir uns so auf wie unsere Kunden, nach Industriesektoren!« Jeder im Raum wusste, dass man spätestens in zwei Jahren wieder zur geografischen Ausrichtung zurückkehren würde. Doch bot die Restrukturierung auch einen willkommenen Vorwand, um einige der mächtig gewordenen Länderfürsten abzusägen. Der Ausblick für das Geschäft: Steil linear nach oben, man würde in allen Bereichen, in allen Regionen die Wettbewerber hinter sich lassen. Der Markt verspräche unendliches Wachstum – und man selbst würde sogar noch den Markt outperformen. Extrapolation des Paradieses! Die Bonusaussichten: Glänzend, aber man müsse weiter hart arbeiten.

Dem Rausch der Bonuserwartung folgte der Rausch an der Hotelbar. W. waren diese Kollektivbesäufnisse zuwider, er wollte nur schlafen. Doch die Regeln der Meute waren klar: Das Leittier führte auch an der Bar und ging als Letzter zu Bett, die Schwachen gingen zuerst. Die multikulturelle Truppe zerfiel zunehmend in ihre Einzelnationalitäten, die Briten waren die Trinkfesten, die Deutschen die Humorlosen, die Franzosen die Elitären – jede Ethnie wollte für sich sein. Dennoch spürte W.: Das feine Netz der

Hierarchie blieb auch bei zunehmender Alkoholisierung intakt, die Fäden der Organisation waren elastisch, klebrig und stabil.

Filigrane Wolkenfetzen treiben ihr kesses Spiel am Morgenhimmel, doch die Fröhlichkeit dort oben täuscht: Gewitter nahen. Also nehmen wir uns den Piz Moteratsch über die Normalroute vor, nicht über den Ostgrat. Eine schöne Tour mit leichter Kletterei und einer traumhaften Aussicht auf den Piz Palü. Hier bewege ich mich nicht am Limit meines technischen Könnens, sondern kann vom Gipfel des Piz Moteratsch aus den unverstellten Ausblick auf den legendären Biancograt unbeschwert genießen. Ich kann mich jetzt an Ort und Stelle davon überzeugen, dass er seinen Ruf als schönster Eisgrat der Alpen wohl zu Recht trägt. Seine makellos weiße Firnkante hebt sich rasierklingenscharf vom stahlblauen Himmel ab.

Gut, dass ich heute endlich einmal einen satten konditionellen Reservepuffer verspüre! Ich kann so richtig meine Vorfreude auf den Biancograt kultivieren und habe genügend Muße, um die schönen Landschaftsbilder zu verinnerlichen. Etwa auf dem weitläufigen Gletscher hinunter zur Tschierva-Hütte … Was ist denn das? Da liegt etwas auf dem Eis, eigenartig, das sind keine Felsbrocken. Aus dem Gletschereis ragt die abgerissene Tragfläche eines Flugzeugs, Kabel hängen heraus wie die Adern eines abgerissenen Arms. Da ist er wieder, der Tod. Betroffen schweigen wir. Spiele auch ich hier mit dem Tod? Sich freiwillig in die Nähe des Todes zu begeben, ist doch nicht normal! Aber da ist nichts Morbides, da ist kein Kick, keine Todessehnsucht. Im Gegenteil, meine Lebensfreude erhält ein stärkeres Profil. Gerade deshalb, weil durch die Gefahr mein Gewahrsein dafür geschärft wird, dass der Tod als reale Möglichkeit eigentlich *immer auch jetzt schon* mit uns ist. Als Karrieremensch lebte ich anders. Die Zukunft schien immer das Wichtigere im Leben zu sein. Paradox: Die Sehnsucht nach immer mehr, nach dem idealen Leben verlockt dazu, die Freude am Dasein auf ein ewiges Morgen zu verschieben. Diese Lebenslüge ist durchschaut. Mein Wunsch ist, dass ich meiner eigenen Vergänglichkeit gegenüber gelassener werde. Dass ich mein Leben nun nicht mehr auf morgen verschieben muss.

Herr W. ließ das Telefon mehrere Male klingeln, der Anrufbeantworter schaltete sich ein. Eigenartig, N. stellt doch sonst immer auf seine Sekretärin um, wenn er nicht am Platz ist. Der Rückruf erfolgte eine Stunde später, die Sekretärin war am Apparat. N. sei am Arbeitsplatz kollabiert, vom Notarzt versorgt und mit der Ambulanz in die Klinik gebracht worden. Herzinfarkt, Intensivstation. Bereits am Morgen darauf erhielt W. eine E-Mail von N.: »Ich bin über meine Assistentin erreichbar. Ab sofort kann ich auch wieder über meinen Blackberry kommunizieren.« Zwei Wochen später traf W. ihn wieder. N. hatte da schon wieder mehrere Tage an seinem Schreibtisch im Auslandsbüro gesessen. Wie eine kreidebleiche Mumie, dachte W. bei sich. Da will einer seine bedingungslose Aufopferungsbereitschaft zeigen, will so richtig Geld scheffeln.

Zwei Jahre später geschah das Undenkbare: Die weltweit agierende Investmentbank, ein Global Player der Finanzmärkte, kollabierte. Die Mauern Wall Streets erzitterten. Doch auch Pleiten haben ihre Profiteure, und hier waren es auch die Pleitiers selbst. Sie weinten, doch sie nahmen – nämlich den Gegenwert ihrer To-

talverluste, die sie mit den Aktien ihrer eigenen Bank – wichtigster Bestandteil langjähriger Bonus-Zahlungen – durch den Konkurs erlitten hatten. In bar. Und von wem? Von der asiatischen Bank, die relevante Teile der Konkursbank aus der Haftungsmasse gekauft hatte. Gegenüber der Öffentlichkeit tat man so, als werde man die Verantwortlichen für die Pleite in den Staub treten. Hintenherum gewährte man ihnen Vollkaskoschutz auf die selbst verschuldeten Schäden am eigenen Vermögen. Das von der Weltöffentlichkeit geforderte Umdenken? Offenbar immer noch ein Fremdwort in diesen Kreisen.

Und N.? Eigentlich tragisch, dass er zwei Wochen zuvor beurlaubt worden war. Mit kranken Mitarbeitern ist eben kein Staat zu machen. Alle wertlos, die millionenschweren Aktienpakete, die N. vor und auch noch nach seinem Herzinfarkt angehäuft hatte. Und jetzt lag er schon wieder auf der Intensivstation. Da war doch W. im Vorteil. Der erfreute sich zumindest bester Gesundheit, obwohl auch seine eigenen Aktienpakete wertlos geworden waren.

Vor Kurzem ist die Tschierva-Hütte erweitert worden. Da hat jemand kräftig den Betonmischer betätigt und einen Haufen Zement in einen Anbau zu einer altehrwürdigen Holzhütte gesteckt. Doch gar nicht übel, das Ensemble aus Alt und Neu! Uraltes knarzendes Holz und offener Sichtbeton vertragen sich hier gut. Große Panoramafenster geben sogar vom Bett aus den atemberaubenden Blick auf die Giganten Piz Bernina, Piz Scerscen und Piz Roseg frei. Nur die Hälfte der Betten ist heute belegt, es scheinen gute Aussichten auf einen tiefen Schlaf zu bestehen. Den werde ich für morgen brauchen können, bei einer Tour auf den Piz Roseg.

Holla, eine gut aussehende junge Frau ist auch da. Leider ein rares Phänomen hier oben. Mein derzeitiger Alpinguru ist auch Frauenflüsterer und weiß Bescheid: Das ist Regula, die Chefin. Und er ist sogar in der Lage, mir privilegierten und unaufdringlichen Zugang zu verschaffen. Regula hat gerade Schluss mit ihrem Freund gemacht und zeigt unverblümt, wie sehr sie von diesem Typ Mann die Nase voll hat. Ich schöpfe Hoffnung – und was macht er denn so? Schreck, lass nach: ein Banker. Aus reiner Vorsicht kommt meine Charmeoffensive somit nach exakt 90 Sekunden abrupt zum Stillstand! Immerhin – Regulas Bergsteigermenü ist ein echter »Hinschmecker«: Pegasus-Seefisch mit frischem Gartengemüse. Meine Gourmeterfahrung auf Alpenvereinshütten erstreckt sich bisher auf Riesenportionen von enormem Kaloriengehalt. Durchaus schmackhaft, aber nicht eben betörende Erlebnisgastronomie. Bis Regula kam. Die Frau ist alles andere als alltäglich, sie sieht gut aus und kann auch noch exzellent kochen! Kurzentschlossen schlüpfe ich nochmals in die Bergschuhe. Es müssten doch hier ein paar Blumen zu finden sein! Da haben wir sie schon: leuchtend blauer Enzian, der jedem Naturschutzgedanken förmlich ins Gesicht lacht! Wie sollten die Söhne der Berge denn sonst um ihre Liebste werben, wenn nicht mit Enzian? Etwa nur mit Hilfe ihrer wettergegerbten Gesichter? Mit ihren Kletterkünsten beim Fensterln? Nein, das wissen wir besser! Auf der Alm, da gibt's koa Sünd' – morgen wächst sowieso wieder was nach. Jetzt überreiche ich den wirklich wunderschönen Strauß Regula! Allerdings bin ich nicht ganz so souverän, wie ich es mir gewünscht hätte:

»Also, das Essen war vorzüglich! Vielen Dank – hier, habe ich für dich gepflückt!«

Pause. Schließlich streckt sie doch die Hand aus und

nimmt den Strauß, den ich ihr schon einige Sekunden lang hinhalte.

»Okay, danke.«

Na, wenigstens etwas. Doch ich bin leicht verunsichert. Hat Regula instinktiv den Ex-Banker in mir aufgespürt? Jedenfalls ist sie nicht zu Smalltalk aufgelegt. Definitiv nicht. Vielleicht sollte ich auch einfach nur froh sein, nicht wegen Naturfrevels fertiggemacht zu werden.

Unternehmensbewertungen, des Bankers intellektuelles Spielzeug. Wunderbar, wie teuer sich dieses Handwerk dem Kunden verkaufen lässt! Man überzeugt ihn, das Geheimnis der guten Bewertung liege darin, möglichst viele junge Banker möglichst lange in dunkle Computerräume einzusperren und hochkomplexe mathematische Modelle bauen zu lassen. Mit möglichst vielen Variablen, Parametern und Szenarien. Manche von W.'s Kollegen schienen regelrecht verliebt zu sein in ihre Modelle, und es entbrannte eine Art Wettbewerb, wer dasjenige mit den meisten Gigabytes baute. Das Modell ist im M&A-Geschäft der Stein des Weisen, und ganz unten kommt eine einzige Zahl heraus: der Kaufpreis des Unternehmens. Mit möglichst vielen Stellen hinter dem Komma, denn man hat ja exakt gearbeitet. Man konnte trefflich stundenlang über diese Modelle diskutieren, etwa über die Frage, ob der Umsatz in 30 Jahren um 2,5 % oder doch um 3,0 % steigen würde. In seinem Innersten hielt W. das für Hokuspokus. Die Ergebnisse beim Kaffeesatzlesen sind genauso gut, aber wesentlich preiswerter. Nur: es offen zuzugeben, das traute er sich nicht.

Die karge und schroffe Welt des Hochgebirges erzwingt von jedem, der dauerhaft in ihr bestehen will, einen geradlinigen, ehrlichen Krafteinsatz. Der Mensch ist aber nicht immer bereit, sein Wesen dadurch läutern zu lassen. Wenn er schon nicht die Gesetze dieser noch immer weitgehend natürlichen Welt zu seinem Vorteil ändern kann, so ist es doch auch hier möglich, seinesgleichen auszutricksen.

Beim Aufbruch ist es noch stockdunkel. Schlaftrunken stolpere ich über loses Gestein, balanciere im frontal ausgerichteten Lichtkegel der Stirnlampe auf krustigem, rasiermesserscharfem Alteis und hüpfe wie eine Gämse über eiskalte Gletscherbäche. Na, fast. Fernes Wetterleuchten durchzuckt die Schwärze des Himmels wie das nervöse Flackern einer sterbenden Glühbirne. Das erste Teilstück ist dasselbe wie bei einer Tour auf den Biancograt, den begehrten Alpenklassiker, aber nach etwa einer Stunde werden sich die Pfade der Gipfelstürmer dann trennen. So strampeln wir zunächst mit im Verdrängungswettbewerb unter Bergsteigerkameraden. Aber warum sollte es hier jetzt anders laufen als »im Tal«, wie die wahren Bergmenschen die Welt, aus der ich selbst komme, nennen? Für praktisch alle Seilschaften geht es nur um eines: Performance. Vor sich selbst und den anderen. Die Konsequenz: taktieren, antäuschen, ausbremsen, schneiden – ein Hauen und Stechen um die Pole Position am Biancograt.

Wir aber beteiligen uns nicht daran, außerdem ist das heute gar nicht unser Marktsegment, wir wollen alle Kraft in den Roseg investieren. Ein paar ganz clevere Amerikaner erkennen messerscharf in Tom den Alpen-Turbolader und heften sich an unsere Fersen. Deutlich höre ich die kurzen, aggressiven Atemstöße hinter mir. Die Jungs sind ja richtig gipfelgierig! Eine beliebte Parasitentaktik – dem Wirt,

sprich einer Bergführer-Seilschaft, im Nacken sitzen und sie vor sich her treiben, bis sie müde geworden ist, nur um sie im letzten Moment zu überholen und zuerst den Gipfel zu erreichen. Diese Ehrgeizlinge! Aber in ihrem Übereifer verpassen sie die Abzweigung zum Biancograt. Wir lassen sie in dem Glauben, dass sie auf unserem Trittbrett weiter gut fahren werden. Irgendwann fällt dann doch der Groschen:
»Hey Guys, hier geht's doch zum Biancograt, oder?«
»Nee, Jungs, ihr seid leider auf der falschen Fährte! Ihr hättet vor einer halben Stunde abzweigen müssen! Nice try – and good luck!«
Bislang wagte ich mich bei der Spezies der Gletscher nur an die peripheren, glatten Hautzonen, heute aber dringen wir in die Eingeweide eines Eismonstrums vor. Und was für eines! Da türmen sich haushohe Schneegebilde, kurz vor dem Bersten unter der eigenen Last, es klaffen Spalten im erratischen Zickzack, in meterhohen Nischen wachsen Eiszapfen in der Größe von Orgelpfeifen heran, und pulvriger Neuschnee quillt wie Schaumstoff aus blauglänzenden Eiswänden. Zwei lächerlich kleine Gestalten pickeln, kratzen, springen, winden sich durch das erstarrte Trümmerfeld eines arktischen Urknalls. Irren wir im Kreis umher? Wie kommen wir aus diesem Labyrinth wieder heraus? Wird uns das Ungetüm einfach für immer verschlucken? Doch Tom ist auch Eisflüsterer, er kennt die Zauberformel des Spalteneinmaleins, um dem Gletscherschlund unversehrt zu entrinnen. Hier springen wir über schmale Risse, da machen wir um andere einen großen Bogen, dort wieder wagen wir den behutsamen Schritt auf firnige Schneebrücken.
Wieder mit festem Boden unter den Füßen, fassen wir die Schlüsselstelle der Tour ins Auge, den Eselsgrat. In der Tat, wie ein störrischer Muli sträubt er sich gegen unseren

Beritt. Stolz reckt er seinen borstigen, schlanken Hals in die Höhe. Wir hieven uns rauf auf das tiefgefrostete Grautier, und der First ist tatsächlich so schmal, dass man rittlings darauf sitzen kann. Daher der Name! Er wird noch aus einer Zeit stammen, da die Säumer mit Eseln ihre Waren über die Alpenpässe schafften, weil Mitteleuropa noch keine Reitpferde kannte.

»Sag, Tom, war das vor oder nach Ötzi?«

Er tippt sich nur an die Stirn, denkt an seine Pflichten. Recht hat er, Aussitzen ist nun mal keine Technik für Gipfelstürmer! Schon eher Fensterln für Fortgeschrittene: Wie an einer Dachrinne hangle ich mich am First des Grats entlang. Das ist viel zu kompliziert, um es in meinem Blog zu schildern! Entspannung im letzten Drittel: auf der tadellos glatt gebügelten Firnflanke des Grats setzen wir im Takt präziser Stanzmaschinen Schritt auf Schritt, immer höher, bis zum Gipfel der Schneekuppe. Ich wähne mich schon am Ziel, doch Tom bremst meine aufkeimende Euphorie.

»Hier chunscht öppis trinken, abr denn gohts witer!«

Er deutet auf einen felsigen Grat, gut 300 Meter weiter.

»O Mann, das schaut ja wild aus!«

Die Felsformation ist wie der kleine Bruder vom störrischen Esel, den wir vorhin kennenlernen durften. Aber auch ihn zähmen wir. Plötzlich stehe ich ganz oben. Nebel und Sonne wechseln einander hurtig ab, ich habe den Eindruck, in einem Flugzeug zu sitzen und durch die Wolken zu rauschen. Mir wird schwindlig, ich verliere die Perspektive, den Überblick, was fest ist und was sich bewegt.

Den Überblick zu behalten, ist in dieser Höhe sogar bei den banalsten Vorgängen lebenswichtig. Auch Hannibal musste im Hochgebirge mal zur Toilette. Neil Armstrong sogar auf dem Mond. Literarische Berghelden klammern das

Thema geflissentlich aus. Der Alpenverein ebenfalls. Ein Toitoi-Kasten neben dem Gipfelkreuz – immer noch unvorstellbar, selbst in Zeiten des Platzkarten-Gipfeltourismus. Bei einer ganztägigen Tour meldet sich nun mal das eine oder andere Bedürfnis. Wohl jeder weiß aus dem Physikunterricht, dass bei zunehmender Höhe der Außenluftdruck ab- und der Überdruck eines geschlossenen Behälters zunimmt. Dass dies auch für den menschlichen Körper gilt, wird meist schon wenige Minuten nach dem Aufbruch deutlich, nämlich sobald der Vordermann in der Seilschaft das Frühstück zu verdauen beginnt. Ein Thema zum Vergessen – mir jedoch wird es heute zum unvergesslichen Erlebnis. Immerhin noch besser, als wenn es mir zum Verhängnis würde. Um auf knapp 4000 Metern Höhe ein großes Geschäft zu erledigen, löse ich das Sicherungsseil. Pietätvoll wendet sich Tom ab. Ungesichert, unbeobachtet und halb entblößt setze ich mich am Felsgrat auf einen mutmaßlich festen Stein. Dieser improvisierte Toilettenrand kippt aber plötzlich nach hinten in die Tiefe weg, und ich beinahe mit ihm. Kann mich gerade noch zur Seite wegrollen, um nicht in der ... zu landen. Um ein Haar wäre ein weiterer Eintrag auf der bekannten Website mit den skurrilsten tödlichen Unglücken fällig geworden. Meine letzten Worte? Unschwer zu erraten.

Vierte Bergsteigerlektion: Abseilen zum Zweiten. Am Eselsgrat will der Musterschüler seinem Lehrer vorführen, was er schon alles draufhat. Behände surre ich die Vertikale hinunter. Klappt ja »wie am Schnürchen«, möchte man sagen. Baumfällen macht dem Wochenend-Waldläufer ja auch Spaß, wenn aber der Stamm in die falsche Richtung umkippt, kann das böse ins Auge gehen. Beim Abseilen wird es immer dann brenzlig, wenn ich nicht genau in der »Falllinie« bleibe. Dies ist die Linie, in der die Schwerkraft, vom

Verankerungspunkt des Seils aus gesehen, nach unten zieht. Der Statiker weiß sogleich, warum die »Falllinie« somit die sicherste Route beim Abseilen ist. Ich jedoch muss es erst am eigenen Leibe erfahren. Ohne es zu bemerken, klettere ich zu weit nach rechts und entferne mich immer mehr von der Falllinie. Prompt rutsche ich aus und schwinge unkontrolliert, wie ein Pendel, nach links ... Achtung, die Felskante! Im Reflex kann ich gerade noch die Beine hochreißen und den Aufprall abfedern. Wie ein klappriges Streichholzmännchen hänge ich jetzt am Seil, zitternd vor Schreck. Hier wirkt schiere physikalische Urkraft, Knochen knicken dann so leicht wie Balsaholz. Wenn man Pech hat. Fazit des alpinen Risk-Managements: Abseilen ist das Optionsgeschäft des Bergsteigers – irre Hebelwirkung, maximaler Returnkick. Und wenn es schief geht, Totalabsturz.

Zurück in Regulas Reich, ist mir ihre kalte Schulter schnuppe, lieber stoße ich mit Tom auf meinen Schutzengel an. Klarheit in der Bedürfnispyramide! Bis auf den letzten Platz füllt sich abends die Hütte, es wird morgen wieder ein Wettrennen geben. Und dann werden auch wir dabei sein, bei der Eroberung des Biancograts.

Endlich, heute ist es soweit, mein Alpinguru wird seinen Novizen in die hehre Tempelhalle der Viertausender geleiten! Über den Biancograt auf den Piz Bernina: eine der großen klassischen Touren in den Alpen. Bei optimalen Wetterbedingungen lauern mehr als ein Dutzend Seilschaften voller Ungeduld in den Startblöcken, wie Wallfahrer, alle in dem Wunsch, das Gipfelheiligtum zu berühren. Dank der guten Bekanntschaft von Tom, dem Frauenversteher, zu Regula, erhalten wir unser Frühstück eher als die anderen. Abmarsch 3:00 Uhr, 15 Minuten Startvorteil! *Relationship,* ein Zauberwort also auch hier oben! Technisch versierte Bergführer gibt es jede Menge, aber »soft skills« im Umgang mit dem Hüttenpersonal machen den Meister zum Virtuosen!

Pechschwarze Nacht. Stirnlampe anknipsen. Losmarschieren. Eine Viertelstunde früher draußen, das macht ein paar Hundert Meter Vorsprung aus. Ein Blick zurück auf die Mitwallfahrer, vielmehr auf die Lichtpunkte ihrer Stirnlampen. Gerade sammelt man sich vor der Hütte. Das sieht aus, als wenn ein Schwarm Glühwürmchen chaotisch durcheinander schwirrt. Schließlich reihen sie sich doch in eine schwankende Lichterkette ein. Lautlos zieht sie den Berg herauf. Als ob die Gemeinde der Glühwürmchen zu dem funkelnden Heer der Sterne am Himmel aufsteigen wollte. Doch die Königin aller Lichter, die große Sonne, macht ihnen einen Strich durch die Rechnung. Sie folgt ihrer eigenen Agenda und lässt die Sterne im hellen Blau abtauchen. Die Glühwürmchen werden ungefragt in das feurige Orange eines prächtigen Sonnenaufgangs eingeschmolzen.

Mittlerweile haben wir unseren Vorsprung sogar etwas ausgebaut. Die schroffe Scharte zwischen Piz Morteratsch und Piz Bernina ist erreicht, die Fuorcla Prievlusa. Nackter Fels in archaischem Schwarz, ein markantes »V«, mehr als 20 Meter hoch. Vom tiefsten Punkt der Einkerbung aus erklimmen wir einen der beiden Schenkel. Das war die letzte Barriere vor dem edelsten Stück unserer heutigen Gipfelprozession: dem Biancograt. Seiner Attraktivität mehr als sicher, schraubt er sich souverän, geradezu spielerisch in einer eleganten Windung in die Höhe, hinauf zum Piz Bianco, einem Vorgipfel des Piz Bernina. Ein Naturwunder, das jeden empfindenden Menschen in einen Zustand sprachlosen Staunens versetzen muss. Ich kann meine Blicke nicht losreißen. Werde ganz ruhig, fast feierlich ist mir zumute.

»Ruedi, chum, es goht witer.«

Warum müssen Bergführer nur immer so geschäftsmäßig sein? Na gut, dann versuche ich meine meditative Konzentration eben in alpine Effizienz umzusetzen. Jetzt ziehe ich mal die Steigeisen gleich beim ersten Versuch richtig an! Jeden Handgriff erst im Kopf durchspielen! Dann ruhig ausführen. Bloß nicht verhaspeln! Gut, die anderen sind noch nicht in Sichtweite. Ich habe genug Zeit! Fertig, wir können los, mit einem entschlossenen Schritt betrete ich den gleißenden Firnteppich. Wie ein scharfes, elfenbeinfarbenes Messer schneidet der Grat das Firmament in zwei sattblaue Hälften. Als hätte der Schnitt das kompakte Blau aufgerissen, sacken die Himmelshälften rechts und links in die bodenlose Tiefe. Ein Tanz auf Messers Schneide also, nun wird mir doch mulmig. Kein Halt wie im Fels, kein Festkrallen am Klettergriff. Links und rechts nichts als Abgrund, mehrere hundert Meter tief. Zwei gigantische Steilrutschen mit enormem Beschleunigungspotenzial – nur der freie Fall ist schneller!

»Ruedi, jetzt muass jedr Schritt sitzen! Jedr! Ufpasse!«

Verstanden, Chef.

»Immer uf d'Füess luege! Nöd usrutsche!«

Ja, Chef.

So spurt da also ein Homo Sapiens im aufrechten Gang mit einem krabbelnden Marienkäfer im Schlepptau auf der Eiskante bis zum Piz Bianco. Vier Kontaktpunkte mit dem Firn – zwei Füße und zwei Hände – sind allemal besser als zwei! Es lebe der Käfertrab! Geschafft, also weiter Richtung Piz Bernina. Erst ohne große Schwierigkeiten auf einem Felsgrat, aber dann: die Schlüsselstelle, ein gut anderthalb

Meter breiter Spalt von mehreren hundert Metern Tiefe … Hat hier ein Schweizer Sprengkommando mit überschüssigen TNT-Beständen aus 500 Jahren Frieden einen Keil aus dem knochigen Urgestein herausgesprengt, um die Eroberung der Eidgenossenschaft für feindliche Mächte ein wenig prickelnder zu machen? Nein, da soll ich jetzt nicht drübergrätschen, oder?! Etwa springen? Durch die reine Leere? Auf einen schmalen Felsvorsprung? Der könnte spiegelglatt sein! Ich trau mich nicht!

Der Vorsprung auf unsere Verfolger schmilzt. Ich habe zweimal Nerven gezeigt, einmal vor Verzückung und einmal vor Angst. Die Glühwürmchen, lange außer Sichtweite, haben aufgeschlossen. Jungs, wie wär's mit einer Sympathiebekundung für Bruder Käfer? Nur eine klitzekleine Ermunterung, und ich lasse mit mir reden. Vielleicht wachsen mir ja wirklich Flügel! Doch die da hinter mir kennen keine Verwandten.

»Hey, Mann, spring doch endlich!«

Keiner sagt es, aber dafür steht es in ihren blassen, mitleidlosen Gesichtern geschrieben. Die reine Ungeduld. Oder sogar Verachtung?

»Leute, ihr wisst doch, dass *die* Taktik kontraproduktiv ist!«

Das würde ich am liebsten schreien.

Tom ist auch Angsthasenflüsterer! Er kramt ganz tief in der Motivationskiste und redet begütigend, fast beschwörend auf mich ein. Irgendwann ist mir wirklich alles egal – ich wage den Satz … und lande auf dem schmalen Streifen Fels, der für mich das Leben vom Tode trennt. Klammere mich fest an mannshohen Gesteinsbrocken. Geschafft! Schneller als erwartet löst sich die Anspannung. Das letzte Stück zum Gipfel ist fast ein Kinderspiel. Ein kühler, stiller

Hochsitz der Superlative – über gut 600 Kilometer erstreckt sich das Panorama, vom Großglockner im Osten bis zum Barre des Écrins im Westen. So fühlt sich ein Viertausender an! Der Piz Bernina, 4049 Meter über dem Meeresspiegel. Ich bin nur selig und dankbar. Der Welt unten entrückt. Mit Siegerlächeln und triumphierend in den Himmel gestrecktem Eispickel, so zeigt mich das Gipfelfoto.

»Ich hab's euch aber allen gezeigt heute!«

Über die Normalroute – Flachländer, aufgepasst: »normal« heißt nicht »einfach« – schlüpfen wir in Richtung Süden wieder unter die magische 4000-Meter-Linie. Dank randvoller Adrenalinspeicher spule ich das Programm der nächsten Stunden locker ab: abseilen, diesmal reibungslos, »Dünenwandern« über einen Gletscher, nochmals Abseilen am Fortezzagrat – fast würde ich mir wünschen, dass es noch senkrechter als senkrecht gehen könnte. Doch dies ist nicht der Programmschluss! Wir sind nun gut zwölf Stunden unterwegs, es ist Sommer, und die Sonne steht noch hoch am Himmel. Zuerst nagt sie nur leicht an meinen Energiereserven, dann saugt sie entschlossen daran, und schließlich hat sie alle Kraft verzehrt. Irgendwie blockiert plötzlich meine Adrenalinpumpe! Die Zunge klebt am Gaumen, und auf einmal fühlt sich der coole Gipfelkiller wie ein ausgetrocknetes Würstchen, das zu lange auf dem Grill lag. Mit hölzernen Bewegungen stakse ich hinter Tom her. Der Gletscherjunkie mit einer Überdosis Gipfelcrack in den Nervenbahnen.

Ausgebrannt und unaufmerksam übers Eis zu gehen ist nicht eben empfehlenswert. Ratsch! Prompt breche ich in eine Gletscherspalte ein. Bis zu diesem kritischen Moment habe ich meine noch verbliebenen Speckröllchen an der Taille für eine Hypothek aus der Vergangenheit gehalten.

Wer hätte geahnt, dass sie noch zum lebensrettenden Betriebskapital werden sollten? Ein echter Rettungsring, ein fantastischer Puffer, um tieferes Absacken in die Spalte zu verhindern! Tom bemerkt, dass sein Schützling feststeckt und dreht sich um:

»Häsch nöd uffpasst? Jo des hätt ma denn! Chumm witer!«

»Ja aber, das ist 'ne Spalte hier! Gefährlich!«

Tom lacht und zupft am Seil.

»Do kriagscht höchstens nasse Füess! Gang witer!«

Keine Chance, hier Mitleidspunkte zu sammeln. Also hieve ich mich raus und folge brav meinem Alpinguru.

13 Stunden sind vergangen, seit uns Regula ins Abenteuer entließ. Endlich erreichen wir die Diavolezza-Hütte und dürfen uns an der erfrischenden Würze des Monsteiner Hausbieres laben. Ermattet nehme ich noch einmal das mir nun vertraute Panorama der Gletscher und Gipfel in Augenschein. Adieu, Bernina! Den Aufnahmetest in den Club der Kletterfexe habe ich, wie es aussieht, einigermaßen bestanden. Der Berg ruft – und wenn ich derzeit schon einen super Lauf habe, steht meinem weiteren Aufstieg doch wohl nichts im Wege!

Herr W. machte also Karriere. Eine gute Mischung aus zielgerichteter Planung und opportunistischen Spontanhandlungen katapultierte ihn irgendwann in den Orbit der Besserverdiener. Und der richtige Mix von Praktika bei namhaften Unternehmen, Prädikatsexamen, internationalem Flair, Intelligenz und Ehrgeiz. In den ersten Jahren der Berufslaufbahn bestand noch eine Einheit von Anspruch und Wirklichkeit. Ehrlicher, harter und pro-

fessioneller Arbeitseinsatz: von der Organisation erkannt und gewürdigt. Klarer Kundennutzen: W., die fleißige und intelligente Analyse- und Rechenmaschine. Keine Notwendigkeit für W. zum Selbstmarketing in der Firma – alle sahen, dass er gute Arbeit ablieferte, und die Chefs honorierten seinen Einsatz.

Doch im Laufe der Jahre begannen Anspruch und Wirklichkeit auseinanderzuklaffen. W. entwickelte seine Kompetenz und Fähigkeiten zielbewusst weiter, beständig und linear. Sich exponentiell zu entwickeln war jedoch aus Sicht seiner Firma erwünscht. Denn die Bank verkaufte seine Arbeitsleistung immer teurer. Body Lease *heißt das im Beraterdeutsch,* Brain Lease *wäre wohl dezenter und angemessener. Plötzlich fand sich W. auf Diagrammen wieder, wo er für Themen, von denen er so gut wie keine Ahnung hatte, als Experte mit langjähriger Erfahrung gepriesen wurde. »Mehr Aggressivität!«, forderten nun seine Chefs. Offenbar sollte Aggressivität die mangelnde Kompetenz mindestens ausgleichen. Auf W. hatte das nicht die gewünschte Wirkung. Er fühlte sich nun denjenigen seiner Kollegen unterlegen, die ihre eigenen Kompetenzlücken ignorierten, dafür umso selbstbewusster die richtigen Leute in der Firma von ihren übermenschlichen Leistungen zu überzeugen verstanden. Auf der Karriereleiter zogen diese Leute an ihm vorbei, einer nach dem anderen. Karriere durch Kompetenz – in der Welt der Hochfinanz schien auch diese Kausalität aufgehoben.*

Vielmehr galt es, sich selbst als Vater möglichst vieler Erfolge zu vermarkten, der eigenen tatsächlichen und, noch wichtiger, der Erfolge anderer. Auch vom hehren Anspruch, dem Kunden die bestmögliche Beratung zukommen zu lassen, indem Kompetenz, Erfahrung und harte Arbeit in einer klaren Analyse und einer realistischen Empfehlung gipfelten, nahm Herr W. Abstand. Zunächst nicht ohne Bedauern, dann mit zynischer Gleichgültig-

keit. *Denn das wollte der Kunde oft ja gar nicht. Der Berater als intellektueller Steigbügelhalter, um eigensüchtige Manöver des Auftraggebers pseudo-wissenschaftlich zu untermauern. Möglichst noch verbrämt mit dem Goldrand gesellschaftlicher Verantwortung, um unschöne Vorgänge wie »Verschmelzung« und »Zerschlagung« als unabdingbares Opfer zur Erhaltung von Arbeitsplätzen zu verkaufen – natürlich immer langfristig gedacht. Und die Ehrlichkeit, wo blieb die?*

»Ehrlich und hart gearbeitet und reich belohnt!« – So lautet mein Resümee nach 13 Stunden Gipfelplackerei und Gletscherschinderei. Doch der Ex-Banker in mir denkt weiter. Welches ökonomische Potenzial mag in einem erfolgreichen Klettertag liegen? Aggressive Vermarktung, Rendite raufhebeln und so weiter. Eine Steilvorlage für mein Banker-Alter-Ego – auffällig lange hat es sich nicht mehr zu Wort gemeldet:

»Mediale Präsenz, ganz wichtig!«, flötet es aus dem kreativen Renditezentrum unter der Wollmütze.

»Ich bin völlig aus der Übung in Sachen Öffentlichkeitsarbeit«, gebe ich zaghaft zu bedenken. »Nicht mal 'ne simple Overhead-Präsentation zur Absicherung von Absturzrisiken brächte ich noch hin.«

Immerhin war das mal meine Spezialität, als Referent auf exklusiven Meetings von Großaktionären mit konservativem Anlegerprofil.

»Macht doch nichts, such dir einen Investor, und lass einen Lohnschreiber ein neues Trash-Format entwickeln: die Casting-Show für Super-Alpinisten.«

Aha, jetzt soll's konkret werden. Da will sich einer zum

Platzhirsch meiner Gedankenwelt aufschwingen. Gehen wir mal drauf ein, nur so, ganz unverbindlich.

»Ich habe aber keine Lust mehr, immer nur im Hintergrund die Fäden zu ziehen. Ich will jetzt endlich mal selbst das pralle Leben haben!«

Mal sehen, was er nun zu bieten hat. Ja, da kaut er drauf rum, ist plötzlich ganz still geworden. Oder hat er immer noch nicht genug?

»Bewirb dich doch selbst! Weiß ja niemand, dass du mit der Jury unter einer Decke steckst. Oder vielmehr: Weiß doch jeder, dass der Gewinner vorher schon feststeht, genau wie früher bei euren M&A-Präsentationen.«

Jetzt reicht es mir. Er muss doch nicht immer in meiner Vergangenheit herumkramen!

»Ja was! Soll ich mich von der Hallendecke ins Publikum abseilen?! Das wär mir zu doof. Außer, ich dürfte der Jury mit den Steigeisen auf die Füsse treten und mit einem brachialen Urschrei auf ein Matterhorn-Imitat aus Plaste eindreschen!«

Ich finde, das war jetzt ein richtig guter Einfall, um die Unterhaltung zu beenden. Sowas wäre wirklich zu trashig, um es ernst zu nehmen. Doch da habe ich die Rechnung ohne den Herrn im Gedankengehäuse gemacht:

»Genau – super Idee! Alle Talkmaster würden sich sofort darum reißen, dich als Mann aus dem Eis, als den Experten schlechthin zum Thema globale Erwärmung, einzuladen. Wäre das etwa nichts für den kritischen Alternativen in dir? Der macht mir sowieso immer mehr die Gedankenhoheit streitig.«

Da hat er mich jetzt aber aufs Kreuz gelegt. Wenigstens ist wieder Ruhe im Kopf.

Der Berg ist ehrlich. Eine große Klappe hat noch niemanden auf einen Viertausender gebracht. Unerfahrene Maulhelden machen während der Tour schlapp oder stürzen einfach ab. Wenn du ein Bürohengst mit Wohlstandsbauch bist, bringen dich schon 1000 Höhenmeter Aufstieg um. Auch wenn du am Vorabend auf der Hütte allen erklärt hast, was für ein großer Alpinist du bist. Der Berg lehrt dich Bescheidenheit und stille Freude. Der Berg stutzt deine Ambitionen auf das Machbare und lehrt dich, deine Fähigkeiten realistisch einzuschätzen.

Nach Süden hin findet das Oberengadin seinen Abschluss am Malojapass. Zwei Etappen benötige ich bis dorthin, die erste durch das Rosegtal, über Pontresina und Sankt Moritz bis nach Silvaplana, die zweite über einen Höhenweg zum Malojapass. Zauberhaft, wie das klare, blendend helle Licht die Seen des Engadin in funkelnde Kristalle verwandelt. Wie ein kühles Laken legt sich der trockene und sanfte Wind auf die Haut und dämpft die Intensität der mediterranen Sonneneinstrahlung. Einen Abstecher ins mondäne Sankt Moritz kann ich mir nun doch nicht verkneifen, mich gelüstet nach einem Stück Kuchen im berühmten Café Hanselmann.

Unrasiert auf die manierierte Flaniermeile der Hochgebirgsschickeria! Ungewohnte Wegmarken für den Alpin-Alien, diese hippen Hermès-, Gucci- und Bulgari-Boutiquen. Gar nicht so leicht, eine Fährte zur Konditorei zu legen! Endlich, der Hanselmann! Wie ein brav gescheiterter Schuljunge mit Taschengeld in der Hand für seine erste Kucheninvestition, so bestaune ich schüchtern die verlockende Auslage: Kunstwerke von fingerfertigen Zuckerbäckern, in Kuchenteig eingefangene Fruchtfantasien. Jetzt drücke ich entschlossen die schwere Klinke und trete ein! Zwei Welten prallen aufeinander: leicht angestoßener Bergpilger und virtuos aufgefrischte Damen aus Milano im Chanel-Outfit. Wenn ein Penner mit seiner Bierflasche in der Hand durch einen Park schlurft, wird immer rein zufällig auf der Parkbank sofort ein Platz frei. Ein echtes Underdog-Privileg, es klappt auch hier im Café! Und wenn mein Auftritt die Geruchsnerven mancher Gäste strapazieren sollte: was unbeeindruckt bleibt, ist mein eigener Gaumen. Egal in welchem Zustand ich mich befinde – mir schmeckt der Kuchen immer, vorausgesetzt, er ist so gut wie hier. Eine Bündner Nusstorte darf es jetzt sein! Kernig wie das Engadin, den beherzten Biss fordernd, ein harziger Duft von knorrigen Arven. Ganz anders als die verspielt-cremige Sachertorte vor Wochen im Tauernhaus. Na ja, auch in der Backkunst lieben die Österreicher das üppige Barock, und die Schweizer üben sich in gepflegtem Understatement.

Der peinlichste Tag in der Karriere des Herrn W., hervorgerufen durch einen Kleiderlapsus. Tennis hatte er gespielt, frühmorgens vor der Arbeit. Im Sportdress von zu Hause weggefahren, den Anzug in der Tasche verstaut. Nach dem Match, in der Umkleide, bemerkte er es. Er hatte seine schwarzen Socken vergessen! Die Zeit drängte, er musste direkt zu einem Kundentermin. Klare Optionen: Weiße Socken anbehalten oder barfuß in die Schuhe. W. entschied sich für barfuß. Eine Katastrophe! Jeder, wirklich jeder, schien an diesem Tag die Blicke nur auf die schmale Zone zwischen seinem Hosensaum und seinen Schuhen zu richten. Das Kundenmeeting – ein Desaster. Spätere in-

terne Meetings in der Bankzentrale – W. völlig von der Rolle. Der ganze Tag war ruiniert.

Nach dem mondänen Sankt Moritz das Gegenprogramm in Genügsamkeit: das Salezina-Haus am Malojapass. Einst von einer Gruppe Intellektueller um Max Frisch erworben und zu einer Herberge umgebaut, ist es noch immer fest in Händen der Achtundsechziger Generation beziehungsweise ihrer Erben. Auch Familien mit geringem Einkommen einen Urlaub im Engadin zu ermöglichen, das war die noble Idee der Gründer. Jeder Gast erledigt Hausarbeiten wie Kochen oder Putzen. So kommt man ohne kostenintensives Personal aus, lediglich ein Verwalter wird benötigt. Kostenvorteile, die man an die Gäste weitergeben kann. Leuchtet dem Geldfachmann sofort ein. Und wenn er schon den Weg der Enteignung seiner merkantilen Persönlichkeitsanteile beschreitet, sollte doch gerade er von diesem Sozialklima profitieren können: solidarisch die Arbeit teilen, geselliges Miteinander und eine familiäre Atmosphäre im Geiste einer Kommune. Ursozialistisches Genossenglück in unmittelbarer Nachbarschaft zum kapitalistischen Sündenpfuhl, wo russische Tycoons den Kaviar gleich kiloweise vertilgen. Soweit die Idee – und ich bin bereit, mich darauf einzulassen.

Ernüchterung! Im Hauseingang schlurft mir in ausgelatschten Pantoffeln ein gebückter, mürrischer grauhaariger Gast entgegen. Ich frage mich, ob er vielleicht Rheuma hat, und ihn, wo die Rezeption ist. Er ignoriert mich schlicht. Knurrt etwas von unpolitischem Gesindel und dass früher alles besser war. Aha, ein leibhaftiger Achtundsechziger! Aber waren das nicht die Meister diskursiver Auseinandersetzung? Und der hier will nicht mal mit mir diskutieren, wo die Rezeption sein müsste! Stattdessen finde ich die Küche, und die interessiert mich natürlich auch. Eine Kleinbrigade in schlabbrigen Pullovern Marke Eigenstrick schnippelt griesgrämig an verschrumpeltem Gemüse herum. Aha, die Ökotruppe! Man schaut wohl deshalb missgelaunt herüber, weil für den Neuankömmling noch ein paar Kartoffeln dazu geschält werden müssen.

Ein weiterer Rundgang kann nicht schaden. Ganz klar, hier durfte sich ein linientreuer realsozialistischer Architekt austoben, der sich seine beruflichen Sporen im Stilbereich Großtafelbauweise – sprich: Platte – verdient haben muss. Motto: Nieder mit der reaktionär-bourgeoisen Gemütlichkeit! Ostalgiker kämen auf ihre Kosten: rote Anstaltsgitter im Treppenhaus, speckiger Sichtbeton, aschgraues Linoleum Marke Trittmichtot, Waschräume im Neonlook, multifunktional auch als Verhörraum tauglich. Phänomenal, was das Baukombinat aus der gesunden Substanz eines ehedem schmucken Engadiner Bauernhauses gemacht hat! Endlich, die Rezeption. Freundlich klärt mich eine junge Frau – die erste und einzige Person hier mit Achtung vor meinem Grundrecht auf menschenähnliche Ansprache – über den Preis einer Übernachtung im Schlafkollektiv auf. Ich glaube, ich höre nicht recht. Noch Halbpension ist in jeder Alpenvereinshütte günstiger! Und keiner wird dort gezwungen, vom Funditrupp zugerichtete vegetarische Pastapampe hinunterzuwürgen. Nicht einmal ein Bier bekomme ich – der Getränkebeauftragte ist für ein paar Stunden im Wald spazieren. Mit dem Kühlschrankschlüssel.

Abendessen. Eingeschüchtert kauere ich auf einem harten Stuhl, eingekeilt zwischen zwei etwa fünfzigjährigen, leicht ätherischen Damen. Spirituelle Signale von links und rechts, Schwingungen von welterlöster Unnahbarkeit. Ich nippe an meinem Glas Leitungswasser, gefangen in der Nichtigkeit meines stofflichen Seins. So viel ist mir klar: Männerwitze sind hier nicht angebracht, eher schon meine über viele Jahre geübte Fähigkeit, mit Leerformeln Sozialkontakt herzustellen:

»Also, ihr verbringt hier euren Sommerurlaub?«

»Ja.«

»Und, wie gefällt euch das Konzept hier?«

»Gut.«

Die angesprochene Person wendet mir den Rücken zu. Neuer Versuch, bei der Frau links von mir:

»Und du, warst du vorher schon mal hier?«

»Ja.«

»Ist ja eine tolle Landschaft, hier ringsherum! Da können die Kinder schön spielen!«

Endlich wenigstens ein wortloser Blick in meine Richtung. Aha, ich soll die Klappe halten. Dann blicke ich eben auch nur noch auf meinen Teller. Alle hier haben eines perfekt drauf: mir das Gefühl zu geben, dass ich der pummeligpickelige Junge bin, mit dem keiner spielen will.

Nach dem Essen: Aufgabenverteilung für die Mitbewohner:

»Ja, und wer putzt heute das Klo?«

Mir schwant etwas. O nein, das kann doch nicht euer Ernst sein!

»Unser neuer Mitbewohner Rudi!«

»Klar doch«, höre ich mich sagen, »ich bin zwar nur eine Nacht hier, da kann ich aber auch etwas für die Gemeinschaft tun.«

Nur hier nicht riskieren, dass man meine volle Identität erfährt! Was für eine Genugtuung wäre das für meine

»Mitbewohner«: der Klassenfeind am Boden! Eine Bürste mit plattgedrückten Borsten bekomme ich in die Hand gedrückt, dazu einen löchrigen Scheuerlappen, Generation Ulbricht, und schon geht der frisch gebackene Brigadier auf die Toilettenschüssel los und robbt am Boden herum. Mein Alpin-Gulag!

Nach getaner Arbeit suche ich das Schlafkollektiv auf. Die Zimmergenossen, Vater und Sohn, richten sich auch gerade für die Nacht her. Hmm …, die kenne ich doch schon vom Abendessen. Im typischen nasalen Singsang von Menschen aus der Hochburg der deutschen Arbeiterklasse hat sich der Papa über die »Scheiß Bonzen« in Sankt Moritz ausgelassen. Na, jeder hat seinen eigenen Glauben, und auch wenn ich seit kurzem mit der Idylle des einfachen Lebens liebäugele, steckt in mir doch immer noch der konsumgesättigte Besserwessi. Als solcher bin ich auch nichts Besseres als ein Schnäppchen suchender Ossi. Und jetzt packe ich mal hübsch bescheiden meinen Rucksack, wie jeden Abend. Ohne mir dabei etwas zu denken, sortiere ich auch Steigeisen, Pickel und Taschenmesser. Vater stutzt und wirft mir einen Blick zu, schärfer als mein Messer und spitzer als mein Pickel. Ich erspüre den militanten Pazifisten und will alles schnell wegräumen, nur um meine Ruhe zu haben. Sohn verhindert es aber. Nimmt, offenbar noch nicht hinreichend indoktriniert, fasziniert den Eispickel in die Hand und prüft die Spitze an seinem Daumen.

»Babba, könne mer ooch ma inne Berge?«

»Babba« schweigt. Hat einen ganz roten Kopf bekommen. Traumatische Spätfolgen beim Sohnemann drohen!

»Na dann, gute Nacht!«

Früh am Morgen, alle schlafen dankenswerterweise noch, schleiche ich mich ungewaschen davon, um die vom Rheuma-Endsechziger gereinigte Dusche zu meiden. Schon eine Stunde später findet mein gebeuteltes Ego Trost im Lagh de Bitabergh, einem dunkelgrünen Waldsee wie aus dem Bilderbuch: friedlich und kristallklar, eingebettet in einen kühlen, dunkel-geheimnisvollen Bergwald. Ich gleite in das samtene, erfrischende Nass, es nimmt mir gnädig die sozialistische Realsatire von der Seele.

Ganz entspannt kann ich mich nun wieder an den kleinen Schönheiten meiner heutigen Etappe erfreuen. Es geht den Malojapass hinunter nach Süden, Richtung Chiavenna. Der Hohlweg hier wurde vor rund 250 Jahren auf der Trasse der alten Römerstraße errichtet. Damals kursierte sogar die abenteuerliche Idee, hier die Alpen zu durchstechen, um Po und Donau mit einem Schiffskanal zu verbinden. Der geopolitische Dauerkummer der Schweizer: fehlender Meerzugang. Warum kauft sich die reiche Eidgenossenschaft nicht lieber ein paar Inseln in der Karibik zusammen? Das kommt dem Staatssäckel günstiger, und man könnte sein strenges Bankgeheimnis gleich mit exportieren. Der kühne Plan des Alpendurchstichs jedenfalls geriet alsbald wieder in Vergessenheit, und die hübschen Orte Vicosoprano, Stampa und Bondo entlang der kleinen Malojastraße durften ihren Dornröschenschlaf fortsetzen. Auch die Schmuggler schlichen weiter um die Häuser. Ende des 19. Jahrhunderts erschienen dann die ersten kantonalen Verkehrszähler – auch heute noch eine eidgenössische Kernkompetenz – und notierten bis zu 12 000 Pferdekutschen monatlich auf dem Weg zwischen Sankt Moritz und Chiavenna. Eigentlich eine schöne Aufgabe für gemütliche Schweizer: die eigenen Berge im Blick zu haben – hier die markant-zackigen Granitformationen der Bergeller Alpen, ein Eldorado für Kletterfexe – und nebenbei ein wenig zu zählen.

Und da komme auch ich noch dahergetippelt, ob ich wohl auch in einer Verkehrsstatistik aufscheine? Im natürlichen Zeitlupentempo meiner Schritte sickern die Eindrücke der vergangenen Tage langsam in mein Bewusstsein. Endlich habe ich Zeit, alles ein wenig zu verarbeiten. Ganz ruhig werde ich jetzt. Am Eisgrat zum Piz Bernina war ich noch Hannibal, der Gipfelstürmer, nun bin ich wieder als Pilger unterwegs. Mein Programm sieht auch für die kommenden Wochen einen Wechsel zwischen kontemplativem Wandern und wagemutigem Kraxeln vor. Bisher sah ich meine Unternehmung als etwas Homogenes, jetzt aber wird mir klar: Unbewusst hatte ich die Route so geplant, dass mir die Extreme meiner möglichen zukünftigen Lebensmodelle deutlich vor Augen geführt werden. Kick oder Kontemplation, Gipfelsturm oder Wanderlust, Rausch oder Ruhe? Oder beides?

Durch einen hart ansteigenden Bergwald führt eine kunstvoll geschichtete Steintreppe nach Soglio hinauf. Der Ort liegt an einem Südhang oberhalb der Hauptverkehrsachse und scheint die letzten 200 Jahre verschlafen zu haben. Zwei alte Frauen schwatzen munter vor einem moosbewachsenen Steinbrunnen auf einem kleinen Dorfplatz, auf den engen Gassen mit abgerundetem Kopfsteinpflaster tuckert ein Junge mit seiner Vespa entlang.

»Buongiorno!«

Mein Gruß wird freundlich erwidert. Ich stelle meinen Rucksack am Brunnen ab, erfrische mich am kühlen Quellwasser, setze mich auf den Brunnenrand und lasse das Treiben im Ort auf mich wirken. Ein paar Schritte weiter fällt mir ein mit üppigen Stukkaturen dekoriertes Haus ins Auge.

Dahinter ragen riesige Mammutbäume in den Himmel. Der Palazzo Salis, ein Hotel und ein Restaurant sind darin untergebracht. Die Rezeptionistin plaudert gern über die Geschichte des Hauses. Ein altes Bündner Adelsgeschlecht, die Familie Salis. Ihr Familienmotto »Salix flectitur, sed non frangitur« wirkt wie maßgeschneidert auch für den Bergpilger: »Ich lasse mich beugen, aber ich zerbreche nicht!« Das kann ich gleich einmal bei meiner Suche nach einer Unterkunft beweisen. Der Ort mag verschlafen wirken, die hiesige Hotellerie ist es aber im Hinblick auf ihre Preisgestaltung sicher nicht! So gut es geht, schone ich mein Budget und quartiere mich in einer winzigen Mansardenwohnung ein. Zum Abendessen bestelle ich eine Karaffe Leitungswasser und finde sie alsbald in Rechnung gestellt. Na, die werden ihren Grund dafür haben, vielleicht ist das ja Wasser aus einer heiligen Quelle? Das kann mir ja nicht schaden. Morgen früh will ich bereits vor Sonnenaufgang aufbrechen. Daher zahle ich bereits am Abend und bitte die Wirtin, mir in der Küche ein kleines Frühstück bereit zu stellen.

Wilhelm Busch hätte wohl mit Freude meine Frühstückserfahrung um vier Uhr morgens mit spitzer Feder karikiert. Etwa so: Ein Typ im Schlafrock mit Zipfelmütze und Nachtkerze in der Hand schleicht hungrig auf Zehenspitzen in die Küche und mit einem vollen Tablett zurück in seine Stube. Ganz vorsichtig stellt er es ab. O weh! Laut krachend bricht das winzige Holztischchen unter dem Gewicht des Servierbretts zusammen. Brötchen kullern herum, Marmelade klebt auf dem Bett, und alle flüssigen Inhalte verteilen sich auf dem Fußboden. Panikartig packt der Tölpel seine Siebensachen und flüchtet – immer noch hungrig – in den Schutz der Dunkelheit, um dem Zorn der erwachten Mitbewohner zu entwischen.

Passo del Turbine – Turbinenpass: Schon der Name klingt unbarmherzig mechanisch! Da kann ich gar nicht anders, gleich beim Verlassen von Soglio stelle ich den Wanderroboter an und spure wie ein Zahnradwerk die steilen Grashänge hinauf. Eigentlich hätte ich gemütlich im Tal weiter unten bis Chiavenna weiterlaufen können, um dann nach rechts auf den Splügenpass abzubiegen. Aber nein, Hannibal hat mich in diese Mondlandschaft verbannt – zum Höhenmeter-Fressen! Der Splügenpass selbst fristet ein stiefmütterliches Dasein – er verlor den Konkurrenzkampf als Nord-Süd-Achse gegen den Gotthard und San Bernardino. Und ich laufe auch noch auf dem gänzlich unbedeutenden Nebenweg eines ohnehin fast bedeutungslosen Passes! Das ist wie ein Derivat auf eine tote Aktie ohne Handelsvolumen. Aber ein gutes Mentaltraining für den Pilger.

Vom Turbinenpass aus wende ich mich zum Passo Arevo und nordwestlich Richtung Splügenpass, nach Campodolcino. Menschenleere Ödnis. Unbeeindruckt von dem einsamen Wanderer zupft eine Ziegenherde trockene Grashalme von kargen Hängen. Dort drüben zerfällt eine Alp, unaufhaltsam ergreift die Natur wieder Besitz von dem, was ihr einst unter großen Mühen abgerungen worden war. Wegmarkierungen sind auf einmal Mangelware. O je, bin ich hier noch auf dem richtigen Weg? Aha, das muss schon Italien sein, denn dem Schweizer wäre ein unmarkierter Pfad ein Gräuel! Meine Landkarte verheißt mir die Frische eines kleinen Bergsees. Allein der Gedanke daran setzt ungeahnte Energiereserven frei. Schon sehe ich mich im kühlen Nass planschen und herrlich frisches Quellwasser trinken. Dann der Motivations-Supergau: ein modrig stinkender, halb ausgetrockneter Tümpel. O Mann! Nicht mein Tag heute, ich fühle mich wie von der Natur ausgespuckt und hineingeworfen in die Einsamkeit versteppter, karger Bergwiesen.

Zehn lange Stunden Einsamkeit später erreiche ich ausgelaugt Arevo, auf der Landkarte nur ein paar Punkte, doch ich entdecke Erstaunliches: ein ehedem verlassenes Bergdorf, hoch über dem Tal, schnörkellos restauriert von seinen neuen Einwohnern. Ein Ort der Geborgenheit und heiteren Ruhe. Wie überraschend! Ein Dorfbewohner werkelt in seinem Gärtchen und spricht mich an:

»Buongiorno, du musst durstig sein! Hast du Lust auf ein Glas Tee? Ich bin der Stefano!«

Der Mann kann Gedanken lesen. Wie gerne lasse ich mich einladen!

»Weißt du, es kommen nur selten Wanderer hier vorbei.«

»Ja, und was macht ihr hier? Lebst du andauernd hier? Es gibt ja nicht einmal eine Fahrstraße hier rauf!«

Stefano lacht herzlich. Offenbar gefällt ihm das Thema.

»Stimmt, und telefonieren und fernsehen geht hier auch nicht! Und dennoch habe ich die schönste Live-Sendung der Welt!«

Stolz weist Stefano auf das herrliche Bergpanorama. Er ist Schreiner, hat noch eine Anstellung »unten im Tal«.

»Weißt du, eines Tages werde ich ganz hier herauf ziehen mit meiner Familie. Das Leben da unten ist nichts für mich. Hier ist es besser. Meine Nachbarn denken auch so!«

Nein, das ist kein weltferner Aussteiger, auch die anderen Dorfbewohner nicht. Durchweg bodenständige, tüchtige Handwerker. Teilweise gehen sie während der Woche noch einer Tätigkeit »unten im Tal« nach, wollen aber alle irgendwann ganz hier oben leben und arbeiten. Als Selbstversorger, nach ihren eigenen Regeln. Vom alten Leben endgültig Abschied nehmen. So stelle ich mir ein Dorf der Hutterer oder Quäker in den USA vor, nur ist das hier so erfrischend undogmatisch. Ob ich für die spezielle Aura dieses Ortes so empfänglich bin, weil mich heute die Schattenseiten des einsamen Wanderns heimsuchten? Fröhliche und freundliche Menschen, unbeschwert spielende Kinder. Die Enklave einer vielleicht glücklichereren Vergangenheit, als Arbeit immer mit der Hand geleistet wurde und das Leben noch erdgebunden war.

In Campodolcino dann verstehe ich, warum die Leute aus »dem Tal« in die Berge, nach Arevo, geflohen sind. Der Ort liegt am Splügenpass, der vor rund 200 Jahren gebaut wurde. Damals herrschte hier eine richtige Goldgräberstimmung, ein regelrechter Wettlauf entbrannte zwischen mehreren Pässen um die dritte Nord-Süd-Achse in den Alpen neben Brenner und Simplon. Die Chancen des Splügenpass gegenüber San Bernardino und Gotthard schienen gar nicht so schlecht zu sein. In der Erwartung üppiger Handelsströme wuchs Campodolcino zu einer beachtlichen Ortschaft heran. Dann machte doch der Gotthard das Rennen. Dem Hoffnungsträger blieb ein schaler Rest einer ehemals blühenden Epoche. So ein Ort hat auch kein richtiges Zentrum, denn man baute die Häuser entlang der Verkehrsachse – in der Hoffnung, dort die Schlagader des Wohlstands direkt anzapfen zu können. Schlaflos liege ich in der Kammer meiner namenlosen Unterkunft. Ab und zu donnert ein verirrter Truck vorbei. Gerade in der richtigen Taktung, um mich am Einschlafen zu hindern. Das Laken klebt mir nass am Rücken, es ist heiß und stickig, selbst in der Nacht noch.

Nichts wie weg hier, hinauf in die Kühle der Berge! Auf dem alten Säumerweg wandere ich am nächsten Morgen nach Norden, Richtung Passhöhe des Splügen. Hier verläuft die Grenze zwischen Italien und der Schweiz, aber auch die Wasserscheide zwischen Nordsee und Mittelmeer. Mühevolles Mäandern auf ausgetretenen Pfaden findet irgendwann auch ein Ende. Und wenn es ein so unterhaltsames ist wie in einem verschlafenen, hübschen Bergnest unterhalb der Passhöhe, dann will ich mich nicht beklagen. In der Hannibal-Vorbereitungsphase muss ich einen Instinkt fürs wahrhaft Ungewöhnliche gehabt haben, als ich diese Bleibe für mich ausguckte. Ich trete ein. Räucherstäbchenduft! An der Rezeption steht eine junge Frau im Bhagwan-Look. Von Kopf bis Fuß alle erdenklichen Schattierungen von Orange: Haare, Lippenstift, Oberbekleidung, Schuhe. Ob es an der Abgeschiedenheit dieses Ortes liegt, dass sich eine Modelaune aus den 1980er Jahren bis heute hier halten konnte?

»Kann ich bei Ihnen ein Zimmer haben?«

Ich stelle die Frage auf Italienisch.

»Yes, my dearest friend, you are so much welcome!«, flötet die Nirwana-Lady zurück.

Ich denke, hier schaust du dir lieber erstmal ein Zimmer an. Kein Problem. Im Tänzelgang schwebt sie vor mir dahin, öffnet eine Tür.

»This is your room, if you want to have a look please.«

Freundlich ist sie ja, aber irgendwie elfengleich entrückt. In dem Moment, da die Zimmertür aufgeht, rieche ich mindestens hundert Jahre geschlossener Fenster.

»Do you like it?«

Warum tratscht sie eigentlich auf Englisch? Aha, wegen der Technik, wie hier das Bett gemacht wird. So in der Art: »Wir machen es im Prinzip wie bei uns zu Hause auf der Insel, aber da ihr nicht wisst, wie man es richtig macht, ist es auch egal, was dabei herauskommt.« Blanke Matratze, nur teilweise mit einem Laken bedeckt, noch ein Laken, am Fußende unter die Matratze geschlagen, darauf eine unbezogene Steppdecke, fleckig. Das Mehrschichten-Modell, ein durchaus interessanter Lösungsansatz für Austerity-Hotellerie.

»Where is the bathroom?«

Umgangssprachlich habe ich mich auf die Situation eingestellt, aber nach wie vor bin ich etwas irritiert: Es ist keine weitere Tür zu sehen. Wo könnte das Bad denn nur sein? Mit triumphierendem Lächeln deutet die Elfe auf einen mannshohen Kasten in der Ecke. Ich verstehe immer noch nicht recht. Sie huscht hinüber und – faltet den Kasten auseinander. Waschtisch und Dusche sind auf wundersame Weise übereinandergeschachtelt und treten durch Verschieben der Einzelteile in Funktion! Das muss sich ein indischer Meditationsmeister mit Tischler-Karma ausgedacht haben! Nach dem Motto: »Wie mache ich es hässlich, damit es trotzdem nicht funktioniert?«

Nicht weil ich so beeindruckt von der Zimmervisite wäre, sondern weil ich eh keine Wahl habe, nehme ich das Gemach. Dann möchte ich doch ganz gern die Küche des Hauses antesten und nehme im Speiseraum Platz. Der Koch muss wohl erst geweckt werden, aus welchem Bewusstseinszustand auch immer. Nach geraumer Zeit torkelt ein Typ in Schürze an mir vorbei Richtung Küche. Hätte ich ihn vorher zu Gesicht bekommen, hätte ich mir bestimmt nicht das Pilzgericht bestellt. Ich sehe mich schon aus dem Fenster springen, weil ich mich im Rausch für Ikarus halte, der vom Matterhorn herabschwebt. Oder ein Gerichtsmediziner zerrt mit professioneller Gleichgültigkeit meine Leiche vom Plastikklo? Und wo ist jetzt wieder die Bedienung? Ich entdecke sie hinter dem Tresen, friedlich schnarchend. Mein Bier zapfe ich mir dann besser wohl selber. Große Überraschung: Das Pilzgericht ist wirklich köstlich, der Koch also nur ein etwas verlottertes Talent, aber kein Peyote-Schamane.

Noch am Abend wird mir von der soften Elfe die Rechnung präsentiert. Alle Wetter, die hat es in sich! Nun, neben den regulären Betriebsausgaben wird es hier vielleicht eine »Treibstoffzulage« für die Belegschaft geben. Und ist es etwa kein normales Geschäftsgebaren, erhöhte Kosten an den Kunden weiterzugeben? Das Wichtigste für mich ist immer noch, dass ich unfallfrei durch die Nacht komme.

Störungsfrei verlasse ich Strawberry Fields um vier Uhr morgens in Richtung meiner persönlich bevorzugten Sehnsuchtslandschaft, dem nächsten Gipfelhigh entgegen.

So hell scheint der Mond, dass ich gar keine Stirnlampe benötige. Aber, was ist das: Mein Alpinführer beschreibt die weglose Traversierung zum San Bernardino doch ganz klar als »gletscherfrei gangbar«. Stimmt vielleicht sonst – aber eben heute nicht. Auf der empfohlenen Route oberhalb des Gletschers poltern vor meinen Augen faustgroße Felsbrocken herunter. Also doch – über den Gletscher zum Ziel! Und schon bin ich wieder drin, in meiner selbstgewählten Tretmühle. Alle anderen buckeln unfreiwillig, ich aber freiwillig. Macht das einen Unterschied? Das frage ich mich, jetzt, da ich in glitschiges Blankeis pickle, Stufe um Stufe, bis zum Pass hoch, Hunderte von Metern. So anstrengend, diese unnatürlich gebückte Haltung! Und jeder Pickelschlag mit einem freundlichen Gruß vom Gletscherfreund: Ständig spritzen mir Eisstückchen in Mund und Augen.

Was mache ich hier eigentlich? Warum tue ich mir das an? Hätte doch bequem auf der Straße vom Splügenpass hinunter nach Italien schlendern können. Aber wenn schon zu Fuß, dann richtig. Auch das noch, Wadenkrämpfe! Kein

Wunder, stehe ich doch seit einer Stunde nur auf den Zehenspitzen und kralle mich damit krampfhaft auf dem schlüpfrigen Grund fest. Das sieht vermutlich so elegant aus, wie ein Tango mit glatter Ledersohle auf der Kunsteisbahn! Im Tänzelschritt eines hüftkranken Eichhörnchens schaffe ich es dann doch noch bis zum rettenden Gletscherrand, dem Übergang zum San Bernardino. Und, was ist der Lohn? Eine trostlose Mondlandschaft breitet sich vor mir aus, so weit das Auge reicht. Wie ein betrunkener Dackel wackle ich durch abschüssige Felder aus losem Geröll. Gekröse von zerkleinerten Bergriesen. Wenn ich mir hier etwas breche, findet mich garantiert niemand! Was noch fehlt? Ein Gewitter! Früh genug erwischt es mich mit voller Breitseite, damit ich noch richtig schön durchnässt werde und wie ein Schneider friere, bevor ich den San-Bernardino-Pass endlich erreicht habe.

Am Hospiz des San Bernardino habe ich mich mit Sabine, der Frau meines Bergführerfreundes Tom, verabredet. Hier haben wir mal eine Frau, die mit einem Alpennomaden sympathisiert – und sogar ein paar Tage mitwandern will. Tom hat hinreichend Erfahrung im Windelwechseln und auch das nötige Vertrauen, uns zusammen durch die Berge ziehen zu lassen. Nach der Mammuttour auf den Piz Bernina muss ihm klar geworden sein: Dieser Mann stellt keine Gefahr für irgendeine Frau mehr dar! Bei einem kleinen Lunch besprechen Sabine und ich die Routen der kommenden Tage. Zum Biwak Pian Grand wollen wir noch heute, das ist die erste Station auf der Bergkette zwischen Calancatal und San Bernardino. Laut meiner Bergliteratur sind die geplanten Wanderungen technisch nicht schwer, konditionell aber durchaus anspruchsvoll. Und sie sollen »hervorragende Landschaftsaussichten« gewähren. Klingt wie ein gutes Programm für Sabine, und ich selbst kann ihrem Mann beweisen, dass ich mich auch ohne ihn ordentlich im Gelände bewegen kann!

Doch zunächst – da kann ich nichts dafür! – Gewitter, Regenschauer, nasse Kleidung. Zum zweiten Mal heute. Wie ich das nun satt habe! Das Biwak ist zwar voll, aber gemütlich und warm. Biwaks sind unbewirtschaftete Schutzhütten für Selbstversorger, leider mit höchst unterschiedlichem Niveau in Hygiene und Komfort. Doch hier haben wir es gut getroffen. Und so nette Gesellschaft! Sepp, seine Frau Erika und Stefan aus Sankt Gallen haben schon angeheizt. Nun können sie es einfach nicht mit ansehen, wie wir an unseren faden Müsliriegeln nagen. Schwuppdiwupp, und es stehen Teller mit knackigem Salat und einer Riesenportion Spaghetti vor uns. Dazu serviert Erika heißen Tee. Einfach freundlich, meine Schweizer, diese geborenen Bergmenschen!

Die Konzernherrin persönlich reichte den Gästen ihren wunderbar duftenden, frischen Aprikosenkuchen. Neben ihrer Obliegenheit, aus dem Hintergrund die Fäden in der Firma zu ziehen, war sie immer noch Frau. Selbstgebackenes von einer der reichsten Personen des Landes! Es war ein heißer Sommertag, die kleine Gruppe von Männern saß auf einer weitläufigen Alp im Engadin. Ein großer weißer Sonnenschirm spendete angenehmen Schatten, der Wind spielte in den Blättern einer ausladenden Linde. Gelegentlich schweifte der Blick in die Ferne, weit hinüber zu den schneebedeckten Gipfeln am Horizont. Wie Schlachtenlenker, die im Geiste ihre Eroberungsziele fixieren. Mit ihren Anzügen und Krawatten wirkten die Herren wie herbestellt in diese alpine Idylle.

Und so war es auch, eine Lockerung der Kleiderordnung jedoch nicht opportun, denn man hatte höchst wichtige Dinge zu besprechen gehabt. Größen der Wirtschaft saßen hier zusammen: Verwaltungsrat, Vorstand und Eigentümerfamilie eines Weltkonzerns. Mit am Tisch ihre M&A-Berater – Herr W. und sein Kollege, mit hinzugezogen der Rechtsberater und ein höchstbezahlter PR-Mann. Während der vergangenen Stunden war die feindliche Übernahme des Hauptkonkurrenten beschlossen und das weitere strategische Vorgehen festgelegt worden. Ein Milliardendeal.

»Ich nehme gerne etwas Zucker zum Kaffee«, und: »Ausgezeichnet, Ihre Aprikosenschnitte!« So lobte Herr W. den wirklich leckeren Kuchen. Beflissen blätterte er in der Präsentation, die er beim Essen auf seinem Oberschenkel platziert hatte. Er war sehr zufrieden, der Kunde war nahezu in allen Punkten den Vorschlägen der Bank gefolgt. In einer Woche würde man losschlagen, kurz nach Beginn der Sommerferien, am Wochenende, während der Chef der Konkurrenzfirma auf dem Wiener Opernball weilte. Es gab keinerlei Hinweise, dass die Gegenseite etwas von der perfekt eingefädelten Übernahme ahnte. Seit Wochen arbeitete das kleine, schlagkräftige Team, durchweg hochspezialisierte Profis, an der Vorbereitung des Coups.

Das Überraschungsmoment war auf ihrer Seite, wie bei der genialen Kriegslist des Odysseus mit dem Trojanischen Pferd, fand W., und dachte an seinen alten Griechischlehrer. Ja, er konnte sich solche kleinen gedanklichen Abschweifungen jetzt leisten. Denn sein Team hatte ja ganze Arbeit geleistet!

Durch geschickte Optionsgeschäfte hatten sie dem Kunden bereits einen legalen Anteil an den Aktien des Übernahmekandidaten – unterhalb der veröffentlichungspflichtigen Meldeschwelle – gesichert. Die Mehrheit der Besitzanteile zu erlangen, war nurmehr eine Frage der Choreografierung durch W.'s Team, gemäß den Spielregeln der internationalen Finanzmärk-

te. Bald würde der PR-Mann die Absicht der feindlichen Übernahme öffentlich machen. Die Aktien des Übernahmekandidaten würden sofort steigen. Der Wert der bereits gesicherten Besitzanteile von W.'s Kunden auch. Ein schöner Kursgewinn. Auch die Rendite auf das eigene Kapital des Kunden, das W. bereits für den Kauf von Aktien eingesetzt hatte, würde umso saftiger ausfallen. Fast eine Selbstverständlichkeit, dass sich auch die Kollegen der Kreditabteilung auf einen guten Deal freuen könnten! Eine geniale Strategie. Ein Perpetuum Mobile der Gewinnmaximierung! Wieder einmal wäre die überlegene Intelligenz der kreativsten Köpfe der Finanzindustrie unter Beweis gestellt. Realwirtschaft – ein schlechtes Geschäft für müde Männer von gestern. Wie gut, dass die Bäckerin des Apfelkuchens das verstanden hatte. Und dass sie W. und seinem Team fast schon blind zu vertrauen begann.

Die Gruppe löste sich auf, man verabschiedete sich mit festem Händedruck. Alle möglichen Reaktionen des Zielunternehmens waren analysiert, die Gegenstrategien ausgearbeitet. Es war an alles gedacht worden, die Falle konnte zuschnappen. Nun waren sie alle Komplizen des Komplotts. Eine Limousine fuhr Herrn W. und seinen Kollegen auf Schwindel erregenden Serpentinen hinunter ins Tal, zu einem kleineren Flughafen. Man hatte es schon wieder eilig. Der Kunde war so freundlich, den Firmenjet zur Verfügung zu stellen, um die Herren schnell zurück nach Frankfurt zu bringen. Weitere Nächte mit wenig Schlaf standen bevor, es gab noch viel zu tun für W. und sein Team.

Sturmgepeitscht schlägt der nächtliche Regen an das Biwak. Von brillanter Klarheit jedoch der Morgen. Und kalt. Der Atem formt kleine weiße Wölkchen. Nach dem Regen ist noch Schnee gekommen, er liegt bis weit hinunter ins Tal. Los geht's: hinauf und hinunter, durch wilde und menschenleere Landschaften auf dem Bergrücken oberhalb des Calancatals. Letzteres hat sich in den letzten 100 Jahren fast komplett entvölkert, der schlechte Zugang und wiederholte Bergstürze vertrieben so manchen Bergler. Die perfekte Kulisse für einen Western, die Fantasie kann so richtig schön abtauchen – das liebe ich, denn es macht die tägliche Tippelei einfach so viel unterhaltsamer! Dort, hinter jener Felskrete, könnten wir in einen Hinterhalt geraten! Lauern da oben die Apatschen, um uns mit einem Pfeilregen zu begrüßen? Weiter unten im Tal, eingebettet in dunklen Wald, liegt still und geheimnisvoll ein See – genauso habe ich es mir als Junge beim Karl-May-Lesen vorgestellt! Ob wir jetzt einen »Schatz im Silbersee« finden werden …? Und hier: eindeutig Spuren von Bleichgesichtern. Na klar, denn Rothäute tragen keine Schuhe mit Profilsohlen!

»Willst du einen Schluck Tee, Rudi?«

Sabine holt mich aus meinem Kopfkino heraus. Ich verstehe, sie möchte eine Pause. Auch gut, dann besprechen wir unsere Route nochmals im Detail. Man kann die Strecke vom San Bernardino nach Roveredo in drei Tagen bewältigen, bei zusätzlichen Übernachtungen im Rifugio Ganan und Alp di Fora auch etwas gemütlicher in fünf Tagen. Wir wollen es in drei Tagen schaffen. Erst vor rund 15 Jahren wurde der Wanderweg auf dem Bergzug zwischen San Bernardino und Calancatal errichtet – teilweise erinnert er sogar an einen gesicherten Klettersteig. Von Nord nach Süd verlaufend beginnt der Steig am San-Bernardino-Pass und führt meist dicht an der Krete des Bergrückens bis nach Roveredo im Tessin. Ein Liebhaber des Bergwanderns hatte eine Vision: einen gut begehbaren Höhenweg anzulegen, um die Schönheiten der Landschaft des Mesoco – dem südlichsten Zipfel von Graubünden – möglichst vielen Menschen zu erschließen. Mit seiner Vision begeisterte er junge Leute in ganz Europa, hierherzukommen, um den Steig aus dem Fels herauszuarbeiten. Allein mit Hacke und Pickel, in monatelanger Plackerei – und ganz ohne Lohn! Im Geiste rechne ich zurück: Das war in der Zeit, als ich mir gerade meine ersten beruflichen Sporen zu verdienen gedachte. Welche Ausreden hätte ich mir wohl einfallen lassen, wenn der gute Mann bei mir angerufen und mich um meine Mitarbeit gebeten hätte?

»Eine tolle Idee, ich sehe gerade in meiner Agenda nach, aber da ist leider nichts mehr frei!«

Vielleicht eher etwas softer:

»Tolle Idee, aber ich bin leider nicht schwindelfrei. Bitte geben Sie mir doch Ihre Kontonummer. Ich werde eine kleine Summe spenden. Ist ja für einen guten Zweck.«

Oder doch gleich so:

»Ach wissen Sie, da kommen doch ständig Leute wie Sie mit solchen bescheuerten Anfragen! Wie wär's, wenn Sie mal eine anständige Arbeit machen würden?«

Am Spätnachmittag erreichen wir die Capanna Buffalora, eine kleine Holzhütte, fast wie ein Knusperhäuschen im Wald versteckt. Abgeschirmt durch knorrige Stämme alter Lärchen, liegt unterhalb der Hütte ein Moorsee. Barfuß und auf Zehenspitzen husche ich auf einem Teppich sattgrüner Heidelbeerenbüschel, vorbei an hochstehenden, breitgefächerten Farnen, zum Wasser. Herrlich, nach langen Stunden des Wanderns das weiche und kühle Wasser am Körper zu spüren. Nach dem Bad lege ich mich auf die warmen Felsen am Ufer, lasse meine Arme links und rechts auf weichen Moospolstern ruhen. Blinzle in die Sonne, spüre, wie der

Wind leicht über meine Haut streicht und sie sanft trocknet. Vögel zwitschern. Ich bin jetzt sehr glücklich!

Beim Abendessen ist auch Sabine richtig gut drauf. Ihre Augen strahlen, und ohne zu fragen, kann ich ihr ansehen, weshalb sie sich so freut: Einfach mal raus aus der Routine, raus aus dem Alltag. Intensiv die Natur erleben. Wir verstehen uns prächtig, es ist ein unkompliziertes, freundschaftliches Verhältnis. Uns verbindet etwas Gemeinsames, solange wir zusammen unterwegs sind. Aus unserer angestammten Lebenswelt herausgelöst, dürfen wir jetzt einfach so sein, wie wir sind. Ohne irgendwelche Ansprüche erfüllen zu müssen, aber auch ohne selbst groß Ansprüche zu stellen. Zufrieden mit dem, was geboten wird: einheitliches Abendessen, Übernachtung im Schlafsaal, hier und da auch mal ein Plumpsklo. Aber Natur satt! Da macht es keinen Unterschied, ob ich mit einem Mann oder mit einer Frau unterwegs bin.

Unsere letzte gemeinsame Etappe führt weiter in Richtung Roveredo. Zunächst auf einem abwechslungsreichen Panoramaweg, immer auf Höhe eines lang gezogenen Felsgrats, dann abwärts ins Tal. Hier ist das auch im gemessenen Wanderschritt ein Schnelldurchlauf durch die unterschiedlichen Vegetationszonen. Der Alpenraum bietet den anschaulichsten und kurzweiligsten Unterricht in Erdkunde und Biologie, der sich denken lässt. Zum Beispiel als Schnupperkurs:

Ganz weit oben liegt die arktische Wüste, ohne jegliches sichtbare Leben, außer ein paar verrückten Alpinisten – erschnuppern wir also den Schnee: Riecht als Pulverschnee nach gar nichts, weiter drunten aber wird er pappig. In großen Massen vorhanden narrt er die Nase, bei geschlossenen Augen könnte man sich an einem See mit eiskaltem

Wasser wähnen. Weiter unten zunächst die karge Vegetation der Flechten, Moose und Gräser. Die riechen, nun ja, recht verhalten nach Grün, wenn man die Nase direkt hineinhält. Schnell wird klar: Der typische würzige Duft in moosigen Wäldern stammt nicht von den Pflanzen, sondern vom Erdreich, und das gibt es hier oben noch nicht. Diese Gräser sind harte Gesellen, sie gedeihen sogar auf geruchsneutralem, nacktem Fels. Dann aber meine lieben Freunde, die Latschenkiefern, im Alpenraum freundlich »Latschen« genannt. Ich nenne sie Freunde, weil sie mich beim Abstieg aus eisiger Höhe als das erste Leben begrüßen, das persönlichen Charakter trägt. Mit der richtigen Mischung aus »Rückgrat zeigen« und »Wegducken« stemmen sie ihre Äste wie Tentakel in den Schnee. Und wie sie riechen! Ihren gedrungenen, dicken, dunkelgrünen Nadeln entströmt eine harzige, herbe Würze, die sehr belebend wirken kann, wenn die Nase nach Tagen in Fels und Eis besonders sensibel ist. Die unteren Nachbarn der Latschen sind die Lärchen, sie streben längst nicht so draufgängerisch nach oben, vielmehr suchen sie in niedrigeren Lagen ihr geselliges Beieinander und bilden schattige Wälder. Ihr feines Nadelkleid, in zartem Grün, erzittert beim leisesten Windhauch und verbreitet dann einen edel-schlichten Duft von Harz und Honig. Unten im Tal schließlich lungern breit und behäbig die Edelkastanien und Wacholder, das raue Bergklima ist ihnen einfach zu mühsam, um ihren Samen genügend Lebenskraft mitzugeben, wenn der Wind sie weiter nach oben trägt. Die Murmeltiere der Alpinflora, sozusagen! Auch sie dösen nur zu gern in der prallen Sonnenhitze, dabei hüllen sie sich in einen schweren, süßlichen Duft, gemildert von einer nur ganz leicht würzigen, irgendwie mediterranen Note.

2500 Höhenmeter Abstieg fordern vollen Wadeneinsatz. Fast schon im Tal angekommen kann ich es mir nicht verkneifen, kurz vor Sabines Entschwinden doch noch den Alpinprofi raushängen zu lassen. Musste ja schief gehen! Kürzer ist der von mir wärmstens empfohlene Weg, diesen Steilhang hinab, wohl schon, dafür aber auch alles andere als unproblematisch. Flugs landen wir im Dornengestrüpp, rutschen auf dem Hinterteil durch dichtes Lianengewirr und kommen unten zerkratzt und erschöpft an. Hoffentlich zieht Tom da keine falschen Schlüsse, wenn er Sabine so zerzaust wieder in Empfang nehmen darf ... Und Sabine nicht, weil ich sie in die Büsche gelockt habe! Doch als sinnsuchender Pilger gerate ich bei ihr nicht in den Verdacht zweideutiger Manöver: Sie lacht mich einfach nur schallend aus. Ich klopfe mir verlegen den Dreck von der Montur und halte lieber wieder einmal die Klappe.

In einem kleinen Café in Grono hängen wir noch eine Weile zusammen ab und laben uns an einem frischen Bier. Einfach zu müde, um zu reden, ohnedies in wortlosem Einverständnis. Dann nehmen wir Abschied. Ein paar Wochen später wird Sabine mir ein Foto auf mein Handy schicken, das Tom von ihr auf dem Gipfel des Piz Palü aufgenommen hat. Glücklich strahlend steht sie da, vor imposanter Gipfelkulisse. Das Bergfieber hat sie jetzt richtig gepackt! Und Tom hat es wohl geschafft, auch beim Klettern dem Zusammensein mit seiner lieben Frau etwas abzugewinnen. Umso besser für die zwei!

Ich selbst entscheide mich, noch ein wenig in der Botanik »herumzuschnuppern« und weiter talwärts nach Roveredo zu laufen. Nur dort besteht die Chance auf eine Unterkunft. Der Ort liegt am äußersten südlichen Zipfel Graubündens, hier vereinen sich die aus dem Calancatal und dem San Bernardino herabrauschenden Bergbäche zur Moesa. An diesem Fluss entlang schleppe ich mich nun durch einen Eichenwald. Wie eine schwere stickige Wolldecke liegt die schwüle Hitze auf mir und nimmt die Luft zum Atmen.

Kurz vor dem physischen Zusammenbruch fokussiert das neuronale Notstromaggregat, sprich Kleinhirn, auf zwei Themen: Essen und Schlafen. Sonstige Ansprüche werden konsequent ausgeblendet. Existentialismus pur. Ohne dass es mein Großhirn wirklich registriert, lande ich am Abend in einer Absteige am Ortsrand von Roveredo. Es wirkt klinisch tot, kein Wunder, die Autobahntrasse verläuft quer durch das Dorf. Apathisch kaue ich an den öligen Fetzen einer kalten Pizza. In voller Montur lasse ich mich auf das Bett fallen und liege komaartig hingestreckt in der Mansarde meiner dubiosen Herberge. Da liege ich jetzt am Morgen danach immer noch und erkunde erstmals bewusst den Raum. Charmant gefliest wie ein Schlachthaus, aber mit einer Verbindung zur Außenwelt, einer winzigen Fensterluke. Immerhin vermittelt sie einen Hauch von Trucker-Freiheit. Ich sehe, aus nächster Nähe, wie LKW die Autobahn entlangdonnern. Daher also mein Kopfweh! Es kam mir vor wie eine Ewigkeit, bis die bleierne Nacht endlich dem hellen Morgen wich. Mittlerweile habe ich gelernt, wie ich mit solchen Momenten umzugehen habe, und sei es unter Aufbietung aller Kräfte: Ein Ruck, und ich stehe auf, mache mich fertig und schleiche mit schmerzenden Gliedern los. Und sei es im Morgengrauen. So wie auch jetzt, in Richtung Ascona.

Von wegen Durch-die-Botanik-Schnuppern! Stattdessen darf ich heute das wiederkehrende Thema Wanderfrust um ein neues Kapitel bereichern. Wieso habe ich mir eigentlich diesen Weg ausgesucht? War doch deutlich zu sehen auf meiner Karte, dass er kilometerweit neben der Autobahn verläuft! Und wieder diese brütende Hitze. Egal, wie langsam oder schnell ich meine Schritte setze, das Gefühl ist immer, auf der Stelle kleben zu bleiben. Kann doch aber nicht sein! Ich werde jetzt mal einen Zahn zulegen. Möglichst schnell die ganze Chose hinter mich bringen! Doch das ist ein selbstzerstörerisches Unterfangen, wie ich feststellen muss. Die Kräfte schwinden, ich werde immer langsamer statt schneller. Heftig hadernd mit mir und der Situation, versuche ich es mit ein wenig Ablenkung. Im Geiste Statistiken erstellen, das kann ich doch noch aus dem Effeff: Ich werde die Autos zählen und die schweizerischen, deutschen, französischen und italienischen Kennzeichen sinnvoll in Beziehung zueinander setzen. Nach einer gefühlten Ewigkeit steht es ungefähr 75:39:12:28, aber bevor ich das als Balkendiagramm vor meinem inneren Auge angeordnet habe, verliere ich die Übersicht. Mehr als zwei Kilometer habe ich inzwischen auch nicht geschafft! Ob wohl jemand anhält, wenn ich eine Ohnmacht simuliere? Erst mal die Reaktion abchecken, wenn ich die Zunge rausstrecke. Nichts, die ignorieren mich!

Meine verzweifelte Hoffnung auf Kurzweil richtet sich wohl oder übel auf den kommenden Wegabschnitt: In Bellinzona werde ich eine Kursänderung um 90 Grad vornehmen und mich dann schnurstracks nach Süden wenden. Der Süden, die Verheißung schlechthin! Immer angenehmer und freundlicher wird es dann werden, so viel steht fest. In der tröstlichen Erwartung baldiger mediterraner Freuden überbrücke ich die noch ausstehenden zehn Kilometer bis Bellinzona zwar alles andere als gut gelaunt, aber doch zumindest ohne weiteren Stimmungsabfall. Noch tiefer geht ja auch nicht. In Bellinzona aber die Riesenenttäuschung: Ich muss erkennen, dass die verbleibenden 25 Kilometer auf einem schnurgeraden Radweg bis zum Lago Maggiore zu vertippeln sind. Parallel zu ihm verläuft … nein, keine Autobahn, sondern ein Kanal, quasi eine Leitplanke aus stehendem, fauligem Wasser. Dass es hier weit ruhiger ist, nehme ich vor lauter Frust und Hader kaum zur Kenntnis. Meine Fußsohlen brennen, der ganze Körper schmerzt, meine Stirn fühlt sich fiebrig an. Die glühende Sonne will mich wohl hier festbrennen.

Alles habe ich versucht heute: mich zusammengerissen, mich abgelenkt, gekämpft wie ein Löwe. Nichts hat geholfen. Und jetzt kapituliere ich – wieder einmal. Will einfach nichts mehr außer weitergehen, um irgendwann anzukommen. Jetzt in diesem Moment, ausgedörrt von der unbarmherzigen Sonne wie eine Trockenfrucht, wird mir alles egal. Und siehe da, plötzlich wird auch klar: Ich habe mich heute selber zermürbt. Was war wirklich schlimmer: die äußeren Umstände oder meine eigene Destruktivität? Auf meinem bisherigen Weg musste ich mich doch schon viel krasseren Prüfungen stellen – ohne dabei gleich in Selbstmitleid zu verfallen und mich derart von negativen Gedanken beherrschen zu lassen. Worin nur liegt der Grund, dass ich ausgerechnet hier und heute so zu Boden gehen muss?

Langsam dämmert es mir: Der Unterschied ist, dass ich hier keinen ehrenvollen Kampf mit einer wilden, faszinierenden Natur ausfechten darf. Das hier, das ist ermüdende, langweilige Ochserei in der Ödnis. So ganz und gar nicht das, was Hannibal zum Aufbruch trieb! Dabei ist es aber doch etwas Unvermeidbares, sogar Wichtiges, ja Unverzichtbares, auch wenn es mir alles andere als lieb ist. Und so ziehe ich doch noch Gewinn aus dem heutigen Tag, einen weit größeren als nur den, 40 Kilometer weitergekommen zu sein. Nämlich die Erkenntnis, dass auch ich mich endlich der Herausforderung stellen muss, die unvermeidlichen Durststrecken des Lebens ohne innere Rebellion zu ertragen. Einfach klaglos mein Bestes zu geben, um auch sie souverän und gelassen zu meistern.

Und natürlich erreiche ich ihn noch, den Lago Maggiore. Schon der Name: wie ein sanft plätschender Klang! Maa – dschoo – ree! Der kürzeste Weg zum Wasser führt mich an den Badestrand von Magadino, am nördlichsten Seezipfel. Es ist Wochenende, und hier am Strand tummeln sich italienische Großfamilien mit Oma und Opa im Sonntagsstaat, in trauter Nachbarschaft zur deutschen Kleinfamilie, mit genervtem Familienvater in Sandalen und weißen Socken. So darf doch wohl auch ich, als mobile Kleinstfamile, ein Fleckchen Sand und ein wenig Wasser für mich reklamieren. Zielsicher arbeite ich mich bis zum Ufer durch. Doch leider wird das von den Vertretern keiner der beiden Nationen wirklich goutiert. Mütter mustern mich mit verächtlichem Blick. Väter stellen sich schützend vor ihre Kinder. Deutschland und Italien – halb Kerneuropa ist gegen mich.

Aber ich bin es ja schon gewohnt, gemieden zu werden wie ein Paria, wenn ich mich aus naturbelassenem Geläuf vorübergehend in die Zivilisation zurück begebe. Jetzt brauche ich nur eines: Wasser! Die Füße kühlen, mit den Händen im Nass plätschern, mit dem Kopf eintauchen – was für eine Wohltat! Und dabei meine nächsten Schritte planen. Zu Fuß von hier nach Ascona zu gelangen, ist nicht möglich, denn das dazwischen liegende Gebiet ist ein Naturschutzgebiet

Ein Gletschertopf – von unten

Almenrausch

Die Ruine der Hildesheimer Hütte

Streuselkuchenkunst an der Weißkugel

Der orange Pilger am Taschenjöchel

Ortler – Gipfelglück

Monte Cevedale – eine Marmorskulptur

Schafstrauma

Ein Loireschlösschen am Stilfser Joch

Sonnenaufgang am Piz Palü

Piz Palü: Ostpfeiler

Am Piz Morteratsch
Gipfelbrotzeit

Ein Bauernhaus
oberhalb Maloja

Beim Aufstieg zum
Weißmies

Weißmies-Gipfel

Castor-Gipfel

Einstieg zum Matterhorn: Schlange stehen

Vom Matterhorn zurück – unversehrt, aber kaputt

Reto auf dem Zinalrothorn – Blick aufs Matterhorn

Arktischer Morgen – Blick auf Wellenkuppe, Obergabelhorn und Dent Blanche

Biwakromantik am kleinen Matterhorn

Dufourspitze Südwand – Walter at work

Eisnase zum Dent Blanche

Auf dem Dach Europas – Mont Blanc, 4807 m

Holz! Refuge du Pelvoux

Morgenstimmung in der Dauphiné

Tempus fugit

Herbst im Queyras

Das Meer! Vom Mont Tournairet

Nizza

und sogar für den solitären Wanderer gesperrt. Also werde ich mit der Fähre übersetzen ... doch da habe ich die Rechnung ohne meinen Freund Hannibal gemacht:
»Machst du nicht! Klarer Regelverstoß, weißt du doch.«
Nur, das ist mir jetzt so was von schnuppe. Nach allem, was ich mitgemacht habe, lasse ich jetzt einfach keinen Widerspruch zu. Basta!
Also rein ins Schiff, bevor Hannibal noch schwerere Geschütze in Stellung bringt. Na also, geht doch auch so! Die erfrischende Brise vom Fahrtwind des Ausflugsdampfers mitnehmen und keine zehn Minuten später in Ascona an Land gehen, direkt auf die Strandpromenade. Dann will ich dem Publikum mal etwas bieten! Zum See hin ist die Promenade mit mannshohen Granitquadern befestigt. Obenauf entleere ich meinen Rucksack, verteile den Inhalt auf mehrere Steine, wasche meine Wäsche im Seewasser und tauche dann selbst ein ins kühlgrüne Nass. So muss sich eine Pellkartoffel fühlen, in unerträglicher Hitze durchgekocht und dann reingeworfen in ein kaltes Wasserbad. Regungslos treibe ich auf dem Rücken in den Fluten, eine leichte Strömung nimmt mich mit, und alle Wanderqualen lösen sich in schönstes Wohlgefallen auf. Auch eine Fähre kommt in Sicht und surrt vorbei, neugierige Touristen lehnen sich über die Reling und nehmen das welterlöste Pilgertreibgut in Augenschein.
Wie soll es weitergehen? Und wann? Das ist jetzt die Frage. Aber strategische Entscheidungen sollte man nicht hungrig treffen. In der Altstadt erschnuppere ich gutes Essen in der rustikal eingerichteten Trattoria »Da Mauro«. Gleich gegenüber finde ich eine preiswerte Unterkunft. Mauros Gartenrestaurant ist kein cooler Szeneladen, sondern von Vertrauen erweckender Bodenständigkeit. Erfrischt vom Bad im See,

nehme ich unter üppig rankendem Wein an einem schlichten Holztisch Platz. Die Tischdecke mit ihren rot-weißen Karos weckt Erinnerungen! Und ich bin nicht der einzige, der Mauros Küche etwas zutraut, rasch füllt sich der Garten. Der Patron geleitet mit souveräner Übersicht seine Gäste zu den Plätzen. Sein Essen ist wie die Tessiner Berglandschaft: Einfach, erdig und ehrlich. Mauros Tochter serviert enorme Portionen: grobe, duftende Salami mit krustigem dunklem Brot, dunkelrote, reife Tomaten und saftigen grünen Salat, frisch zubereitete Pasta, fein geschnittenen Braten mit goldgelber Polenta, Blöcke von reifem Käse, dazu fruchtigen, vollen Rotwein in steinernen Karaffen. Jeder Gast bekommt dasselbe Menü. Absolut keine »Aber-für-mich-nur«-Extrawünsche. Die wiegelt Mauro mürrisch ab, ein unumschränkter Herrscher in seinem Reich: raue Schale, weicher Kern.

Mittlerweile haben sich die Tische geleert, ich aber verweile, mit vom Wein gelöster Zunge. Erzähle Mauro von mir selbst. Und er taut auf, berichtet aus seinem eigenen Leben, holt eine weitere Karaffe Wein und seine hübsche Tochter mit dazu. Um Menschen aufzuschließen, muss man nur auf sie zugehen! Es fällt mir so leicht auf einmal. Ja, hier finde ich es wieder: Zwischenheimat. Jedenfalls für einige Tage. Die Entscheidung ist getroffen. Und bei Mauro werde ich jedesmal mit großem Hallo begrüßt, wie ein langjähriger Freund.

Fasten your seatbelt, Herr W. hatte zweite Reihe Fensterplatz. Obwohl ihm seine Sekretärin sonst immer zweite Reihe Gang reservierte. Das ergab 20 Sekunden Zeitgewinn beim Verlassen des Fliegers. Also heute Fenster. W. kannte den Grund. Dieser Typ, ein aalglatter Schnösel, hatte ihm wieder den Platz weg-

geschnappt. Bloß weil der ein paar Meilen mehr auf seiner Senator-Karte hatte. Da kam er endlich, nur Sekunden vor Ende des Boarding, wie immer. Klar, damit ihn alle sehen. Dieser Lackaffe, nickte wortlos herablassend zu W. hinüber und setzte sich mit aufreizender Langsamkeit. Um sich sofort ins Aktenstudium zu vertiefen. Angeber, giftete W. in Gedanken, so wichtig kannst du Würstchen doch gar nicht sein, ich jedenfalls lese meine hochvertraulichen Dokumente hier nicht. Schweigen während des Flugs, wie auch während der vergangenen 47 Male. Nach der Landung drängten beide Manager hinaus, jeder in seine Welt. Die eine ähnelte der anderen wahrscheinlich aufs Haar, nur dass es verschiedene Branchen sein mochten.

Alumnitreffen. Ein geselliger Pflichttermin, sehen und gesehen werden. Der Lackaffe! Also auch dabei. Jetzt war es unausweichlich, dass man wenigstens ein paar Worte miteinander wechselte. Doch was geschah? Das Gespräch verlief auf angenehme Weise ungezwungen, ja anregend. Eigentlich ein guter Typ, sympathisierte W. auf dem Nachhauseweg. Allerdings ohne weiter darüber nachzudenken, warum es so lange dauern musste, genau das herauszufinden.

Ascona und Locarno, die beiden Zwillingsstädte am Lago Maggiore. Sie posieren wie zwei alternde italienische Damen: vornehm und doch mediterran-lebensfroh. Etwas süßliches Parfum. Leicht distanziert, mit einem Hauch aristokratischen Gebarens. Und immer Grandezza wahren, auch wenn teutonische Sauerkrautstampfer eisschleckend über die Strandpromenade schlurfen.

Regeneration pur in einem Café unmittelbar am Lago. Ich habe meine erste Tageszeitung seit Hannibals Abmarsch gekauft. Dabei will ich überhaupt nicht wissen, was in der »Welt« passiert. Nein, es passt einfach nur gut, dass ich jetzt hier ein wenig weltmännisch die Wirtschaftsnachrichten studiere. Etwas aus der Übung gekommen bin ich schon, gehe mit spitzen Fingern zu Werke, während das Zeitungspapier im Wind raschelt, wie ein Gruß aus ferner Vergangenheit. Erstaunlich, da ist eine fast gierige Lesefreude! Als hätte jemand eine Schiefertafel mit dem Schwamm gereinigt, um ganz groß und deutlich eine wichtige Botschaft daraufzuschreiben: *Beginn einer Immobilienkrise in den USA!* Wo das wohl noch hinführen mag? Na, mich betrifft es ja nicht mehr. Oder doch? Meine Aktienpakete bei der amerikanischen Bank, meinem letzten Arbeitgeber … Auch dort wird nur zu gern mit faulen Krediten jongliert, wenn das auf Dauer nur gut geht …

Ich nippe an meinem Cappuccino, in dem glasklaren Wissen, dass die Vergangenheit mich sehr wohl einholen könnte. Allerdings nur im Hinblick auf äußeren Besitz. Nun aber geht es mir darum, eine ganz andere Rendite einzufahren, die ich mir ebenso hart erarbeitet habe, die mir aber nichts und niemand nehmen kann: das Glück, im Hier und Jetzt alle Eindrücke aufzusaugen wie ein Schwamm. Abends dann, bei Mauro, nehmen ein paar junge Leute an meinem Tisch Platz, wir kommen ins Gespräch, prosten uns zu. Sie sind sich nicht zu schade, einen Alpöhi auf ihren Zug um die Häuser mitzunehmen. So lerne ich nebenbei noch die Szenebars von Locarno kennen. Wider Erwarten komme ich sogar am Türsteher der angesagtesten Disco vorbei. Wahrscheinlich unter der Kategorie »Quotenexot«, manche Läden geben sich ja gerne mutlikulturell. In Kletterhose und Funktionshemd gehe ich auf der Tanzfläche ab wie ein berauschter Yeti. Und ziehe mir am frühen Morgen zusammen mit meinen neuen Freunden in einer verrauchten Kneipe sogar noch süffigen Jazz rein.

Fast drei Monate Nomadisieren haben meine Gehwerkzeuge nun schon überstanden. Mein spezieller Freund, der linke Rist, hat sich schon lange nicht mehr bemerkbar gemacht. Doch die Knie! Der Pogo von gestern Nacht hat ihnen den Rest gegeben. Am Morgen kann ich kaum stehen, winde mich vor Schmerzen. Der nächstbeste Arzt ist so umsichtig, mich umgehend in die Klinik zu schicken, zur Kernspintomografie. Die Diagnose trifft mich wie ein Hammerschlag:

»Wie es aussieht, haben Sie eine schwere Kniegelenksentzündung! Damit ist nicht zu scherzen!«

Danach ist mir jetzt auch gar nicht zumute. Ich bin niedergeschlagen und mag gar nicht daran denken, wie es – oder vielmehr ich – nun weitergehen soll.

»Ja, und jetzt …?«, frage ich schüchtern, in Erwartung des nächsten Hammerschlags.

Keine Frage für den Doc: »Junger Mann, da gibt's nur eines: drei bis vier Wochen strenge Schonung!«

Das passt aber nun gar nicht in mein Etappenprogramm. Ich höre von jetzt an lieber nur noch ungenau hin. Drei bis vier Tage Ruhe, das sollte doch ausreichen! Onkel Doktor legt aber noch nach, er hat sicherheitshalber auch ein Blutbild angefertigt:

»Und ja, Sie haben auch noch Zecken-Borreliose! Wenn Sie nichts dagegen tun, können Sie in zwei Jahren tot sein oder zumindest geistig behindert!«

Aha, dieser seltsame Insektenbiss vor Wochen im Ahrntal! War winzig klein, wollte aber nicht verheilen. Na gut, ab heute drei Wochen lang starke Antibiotika. Hauptsache, meine Knie kommen wieder in Ordnung!

Da habe ich es amtlich: Ich sollte packen und einfach heimfahren. Schluchz! Doch wie geschieht mir? Ich bleibe die Gelassenheit in Person und genehmige mir als erste Überbrückungsmaßnahme einen Cappuccino auf der Strandpromenade. Erstmal die Situation überdenken, sich über das schöne Leben freuen, meine unverschämt gute Laune genießen. Und drei weitere Tage Schlemmen bei Mauro einplanen. Es gibt schlimmere Orte als Ascona, um eine Zwangspause zu machen. Alles Weitere wird sich fügen. Also, ich muss mich über mich selber wundern! Schmunzelnd erinnere ich mich an die ersten Wochen unterwegs, als ich permanent in mich hinein horchte, minimalsten Anzeichen körperlicher Probleme auf der Spur. Beim leisesten Zucken eines Muskels sofort die Grundsatzfrage stellend, ob ich den ganzen Wahnsinn nicht gleich komplett unterbinden sollte.

Herr W. und seine Gesundheit, das war wie der Lehrbuchfall einer sich langsam, aber stetig zerrüttenden Ehe. W. kümmerte sich zu Beginn seiner Karriere nicht um seine Gesundheit, sah sie einfach als gegeben an. Er nahm, ohne zu geben. Vertraute blind auf die Loyalität des Körpers. Wie auf die Zuverlässigkeit einer schwer verliebten Partnerin. Doch dann zickte sie, die Gesundheit, wie eine frustrierte Gattin. Erst nur gelegentlich, dann immer mehr. Geflissentlich ignorierte W. das. Später meldete sich die angeschlagene Gesundheit so lautstark, dass er ihren beklagenswerten Zustand nicht mehr übersehen konnte. Ordnete der Körper sich früher W.'s Bedürfnissen unter, so nahm er jetzt W. an die Kandare. Folgte dieser nicht, so verweigerte jener sich ihm. W. und seine Gesundheit entfremdeten sich immer mehr voneinander, selten geworden waren nun die Momente eines wohligen und har-

monischen Zusammengehörigkeitsgefühls. W. wusste, er musste handeln, noch war Zeit, die Scheidung zu vermeiden.

Ungeheure Mengen Mauro-Pasta später naht der Tag des Aufbruchs aus Ascona. Ein paar Testläufe zwischen diversen Cafés und der Strandpromenade – meine schmerzfreien Gelenke signalisieren Bereitschaft zum Aufbruch! Heute Abend noch wird Florian zu mir stoßen, ein ehemaliger Arbeitskollege. Ich habe die Tage in Ascona auch zum Telefonieren genutzt und spontan einen guten Draht zu ihm bekommen. Da entschloss er sich aus dem Stegreif, ein paar Tage mitzuwandern. Florian ist der Prototyp des Jungdynamikers, dabei völlig unverkrampft. Ah, da ist er schon! Röhrt erst einmal ein paar Runden mit seinem Sportwagen um die Piazza, wo ich ihn in einem Straßencafé erwarte. Ein Jungbanker ohne Porsche ist doch wie Badewannenwasser ohne Schaum. Jetzt hat er mich gesehen und bringt seinen heißen Ofen direkt vor meinem Tisch zum Stehen, natürlich im absoluten Halteverbot. Ein Mann wie er ist durch nichts aufzuhalten! Stilgerecht schwingt er sich über die geschlossene Fahrertür aus dem Wagen und kommt mit ausgebreiteten Armen auf mich zu:

»Ey Mann, da bist du ja. Geile Sache, diese Alpendurchquerung, danke, dass ich mir das reinziehen darf! Wann geht's los? Ich bin heiß auf die Tour, Mann!«

Die Motivation stimmt also schon mal.

»Lass uns alles in Ruhe besprechen, aber park erst mal deine Karre anständig, die brauchen wir nicht mehr!«

Später, über einem rustikalen Abendessen bei Mauro, kommen wir schnell zur Sache. Überhaupt kein Problem für Florian, ohne Umschweife zuzugeben, dass er vom Bergsteigen nicht den blassesten Schimmer hat:

»Macht doch nichts, oder? Für uns Banker gibt es doch ständig Dinge, von denen wir keine Ahnung haben, und wir müssen trotzdem so tun, als wären wir die größten Experten.«

Wir lachen beide herzlich. Ich fühle mich zu einer Replik herausgefordert:

»Nur eines darfst du nicht vergessen, mein Freund! Ich selbst bin jetzt auf dem umgekehrten Wege: immer dazulernen und der Tatsache ins Auge sehen, wie wenig ich doch weiß. Vor allem über mich selber.«

Das war natürlich ein gefundenes Fressen für den Witzbold vor mir:

»Deswegen hast du dir wohl diesen Laden hier ausgesucht, oder? Damit du nicht auch noch 'ne Speisekarte studieren musst.«

Es wird langsam Zeit, diesen Schelm von den Höhen der Business Class auf die Holzbank des kontemplativen Bergpilgers zu drücken:

»Florian, bist du schon einmal geklettert?«

»Nö!«

»Steigeisenerfahrung? Am Seil gegangen?«

»Nö, aber kann ja wohl kein Problem sein mit den Dingern!«

»Okay, und dein Trainingszustand?«

»Ausgezeichnet, habe gerade ein paar Tage in Saint Tropez abgehangen. Nightlife mit den Babes und so.«

Das versprechen ja spannende Tage zu werden!

Centovalli – »Hundert Täler«: ein Netz dicht bewaldeter Flusslandschaften, aus denen zerklüftete Felsen emporragen. Westlich von Ascona schlängelt sich das tief eingeschnittene Tal der Melezza – das wichtigste Tal der Centovalli und ein besonders sattgrünes Exemplar – durch schroffe Berge. Dort ist es kühl im Schatten großer Kastanienbäume und lauschig am Ufer eines smaragdgrünen, sprudelnden Bergbachs. Gut 50 Kilometer liegen vor uns bis Domodossola, am westlichen Abschluss der Centovalli. Zwei Etappen Grüntalmarathon, eine kürzere bis zur italienischen Grenze nach Camedo und eine längere bis hinunter nach Domodossola. Das wird meine Teststrecke, um zu sehen, ob mein Fahrgestell wieder zum Kilometerfressen taugt. Und Florian kann sich vom Asphalt entwöhnen!

Ein Wanderweg führt durch die bewaldeten Auen der Melezza bis hinauf nach Intragna. Unterhalb des Ortes staut sich das Gewässer in einem natürlichen Becken zu einem See. Eine kleine Kühlung dürfte meinen entzündeten Kniegelenken gut tun. Wunderbar ... Sich so zeitverloren im Wasser dahintreiben zu lassen verführt fast dazu, die Augen zu schließen und ein Mittagsschläfchen halten zu wollen ... Besser bekommen wird mir jetzt allerdings ein zünftiges Luncheon in einem Grotto. »Höhle« ist kein schlechter Beiname für die typischen, rustikalen Restaurants im Tessin. Steinwände aus grob geschlagenen Felsbrocken und körnigem Mörtel auch im Grotto von Intragna, dazu roh gezimmerte Holztische, Zöpfe aus violetten Zwiebeln und rotem Chili, die von der Decke hängen. Und einfach köstlich, die Spezialitäten der Region, ob Braten, Pilze oder Polenta. Stolz schafft der kugelrunde Wirt – ein untrügliches Zeichen guter bodenständiger Küche – immer wieder große Platten herbei, die sich unter den duftenden Leckereien fast zu biegen scheinen.

Kurz vor Camedo, dem Grenzübergang nach Italien, beschließt der Wettergott, uns doch nicht aus der schönen Schweiz entlassen zu wollen, und schickt uns ein infernalisches Gewitter. Zwei triefende und ausgekühlte Highpotentials als Tippelbrüder am Straßenrand müssen wohl ein besonders erbärmliches Erscheinungsbild bieten. Sonst hätten nicht ausgerechnet zwei Althippies aus Deutschland unaufgefordert angehalten. Wir lassen uns nicht lange bitten und steigen dankbar dem stilecht bemalten VW-Bus, Generation *Easy Rider,* zu. Völlig egal, wohin es geht. Hauptsache trocken! Es ist sogar ganz gemütlich hier, im rollenden antiken Wohnküchenschlafzimmer. Während Florian in Gedanken die technischen Risiken der Fahrt durchspielt, widme ich mich der Beruhigung meines Pilgergewissens. Was mir unter mantrahafter Verwendung des Reizwortes »Kniegelenkentzündung« auch leidlich gelingt. Nur gut, dass Robert jetzt nicht hier ist, dem ich einst Schusters Rappen aufzwang. Inzwischen haben wir auch mitbekommen, wohin unsere beiden ultimativ entspannten Wohltäter eigentlich fahren: nach Ascona! Sei's drum! Dort waren wir zwar schon, es ist aber doch keine schlechte Destination, um unsere Körper wieder auf Betriebstemperatur zu bringen. In der Sauna eines schicken Hotels findet Florian auch das angemessene soziale Biotop, um wieder so richtig aufzublühen!

Schon am nächsten Morgen nehmen wir die unterbrochene Tour wieder auf, zumal es sich meine Knie nun offenbar doch überlegt haben, mich weiter als Leistungsträger zu unterstützen, statt sich vorzeitig geschlagen zu geben. Wiederum strecken wir unsere Fühler in die Centovalli aus, diesmal weiter nach Westen. Mitten drin in mickrigen Dörfern stehen klotzige Kirchen, übergroß dimensioniert, fast wie kleine Kathedralen. Sollte der hiesige Klerus in früheren

Jahrhunderten von spendierfreudigeren Wallfahrern profitiert haben, als wir zwei es sind? Oder ist es die Mentalität des Berglers, der immer gern die Distanz zum Himmel verkürzt sieht, und sei es mit ungewöhnlich hohen Kirchtürmen? Für Florian ist die Etappe allerdings mehr Kreuzweg als Wallfahrt, er hat noch Umstellungsprobleme von seinen Saint-Tropez-Flip-Flops auf die Bergschuhe. Immer einsilbiger wird unsere Unterhaltung, um schließlich ganz zu verstummen. Beim 26. Streckenkilometer dann die Kapitulation: Wie ein trotziges Kind reißt er einfach seinen Rucksack von den Schultern, wirft ihn in den Straßengraben und weigert sich kategorisch, auch nur einen Meter weiterzulaufen.

Autostopp, eine pragmatische Idee! Aber nur für ihn. Ich habe allen Grund, meine Prinzipien wieder hochzuhalten und laufe allein weiter. Schon bald zieht ein klappriger Citroën 2CV unter wildem Hupen an mir vorbei, beide Passagiere heftig herübergestikulierend: Florian mit einer jungen Italienerin! Der kann doch gar kein Italienisch! Und hat schon wieder genügend Kraftreserven, um das Mädel um den Finger zu wickeln. Gestern der Methusalem-Bulli, heute die legendäre »Ente« – dieser PS-Ritter scheint plötzlich sein Faible für mobiles Understatement entdeckt zu haben. Bei Anbruch der Dunkelheit, in Domodossola, finde ich meinen Wandersfreund schon schlafend vor, flach hingestreckt wie im Koma. Er hatte es gerade noch geschafft, mir eine SMS mit dem Namen des Hotels zu schicken. Träumt er nun von Porsche oder von Panda? Meine Pizza im Restaurant nebenan muss ich alleine verspeisen.

Zeit, um die Gedanken ein wenig fliegen zu lassen. Florian – der ist ein bisschen so, wie ich es in seinem Alter war. Oder wie ich mich rückblickend gerne sehen würde: immer gut drauf, überall dabei, jungdynamisch. Etwas ungestüm vielleicht. Dabei aber völlig unverbildet, mit ehrlicher Neugier für alles Neue, Ungewöhnliche. Selbstbewusste junge Elite, ohne verkrampfte Etikette! Gut möglich, dass ich mich selbst rückblickend in etwas zu günstigem Licht sehe. Einer Gemeinsamkeit bin ich mir allerdings völlig sicher: Er möchte sich, wie auch ich damals, nur zu gern alle Möglichkeiten offenhalten. Vor allem immer unverbindlich genug bleiben, um sich ja nichts zu verbauen. Ein echtes Optionsgeschäft – unter Einsatz seiner ganzen Existenz und mit dem einzigen Hebel der eigenen Intelligenz. Wer weiß: Vielleicht wird auch Florian in zehn Jahren seinen Rucksack packen …

Der erste Burn-Out. Erste Anzeichen waren längst erkennbar gewesen, wurden aber immer wieder beiseitegeschoben. Eine kleine persönliche Krise, eigentlich harmlos, brachte das Fass zum Überlaufen. W. fehlte die Kraft zum Weitermachen. Er entschied sich schnell. Betrat das Zimmer seines Chefs und kam unvermittelt zur Sache.

»*Ich kann nicht mehr. Meine Motivation ist weg, ich habe keine Kraft mehr, die Arbeit macht mich kaputt. Ich schmeiße hin.*« *W. erwartete Unverständnis und Widerstand, aber das war ihm jetzt egal. Der Chef blickte ihn lange an, leicht fragend, überraschenderweise aber irgendwie wohlwollend.*

»*Rudi, ich kann dich verstehen. Auch ich kenne diese Momente. Das sollte ich dir ja eigentlich nicht sagen, aber schon oft wollte ich alles hinschmeißen. Doch ich schätze dich als Mensch und will dir helfen. Bitte lass dich nicht zu einer unüberlegten Panikreaktion hinreißen. Ich mache dir einen Vorschlag. Du nimmst dir ein paar Monate unbezahlten Urlaub, ab sofort. Mach dir keine Sorgen um deine Projekte, das regeln wir schon. Lass dir Zeit, um dich zu erholen, um nachzudenken. Danach setzen wir uns wieder zusammen und du teilst mir deine Entscheidung mit.«*

W. nahm dankbar an. Das hatte W. nicht erwartet. Er durfte Mensch sein. Vier Monate später saß er wieder hochmotiviert an seinem Schreibtisch.

Wulstiges Kopfsteinpflaster, großzügige Arkaden und alte Bürgerhäuser in milden Pastelltönen, dazwischen fächrige Palmen und leuchtend-violette Bougainvilleen: all das gibt der Altstadt von Domodossola schon ein mediterranes Kolorit. Auf dem Marktplatz decken wir uns mit Obst und Getränken ein. Feuchtheiße Schwüle lastet auf der Stadt. Vollgesogen mit Trägheit, schweren Schrittes, verlassen wir sie erst am späten Vormittag. Nach Westen hin verengt sich das Tal und steigt nur langsam an, worüber wir jetzt nicht unfroh sind. Hier hat man schon bessere Zeiten gesehen. In San Lorenzo zerfallen vormals prachtvolle Hotels, eines nach dem anderen. Das Klappern von Pferdehufen auf dem Granitpflaster, die Kommandos der Kutscher auf dem Bock vornehmer Droschken, wenn die Oberschicht Norditaliens zur Kur anreiste, vornehm livrierte Hoteldiener hielten ihnen mit vollendeter Verbeugung die Türen auf: Ich stelle es mir lebhaft vor. Alles Vergangenheit …

So eine laue Thermalquelle reicht halt nicht aus, um die moderne Sport- und Spaßgesellschaft anzulocken. Florian hat keine Antennen für jegliche Sentimentalität. Er kann sich einen Scherz nicht verkneifen:

»Der hiesige Gemeinderat sollte mal auf Dienstreise nach Interlaken gehen. Dort können sie sich visionäres Marketing abschauen: Es gibt Pläne, einen Schacht durch das ganze Jungfraumassiv zu bohren. Mit dem Fahrstuhl werden es die Chinesen und Japaner bald in weniger als zwanzig Minuten hoch zum Gipfel schaffen.«

»Aber Florian, muss die Tourismusbranche denn unbedingt mit unseren altehrwürdigen Alpen gegen Kreuzfahrtschiffe, gegen Dubai und Thailand antreten?«

Ich echauffiere mich tatsächlich ein wenig. Es ist mir eben doch ernst mit diesem Thema. Zum einen, weil ich in den vergangenen Wochen und Monaten immer wieder negative Erfahrungen mit der hemmungslosen Steigerung des Fremdenverkehrs machen musste. Zum anderen aber auch, weil bei mir zarte Gedanken keimen, wie ich in Zukunft vielleicht selbst auf diesem Gebiet tätig werden könnte. Ganz anders natürlich als die größenwahnsinnigen Möchtegern-Tunnelbohrer in Interlaken. Ein kleines Bergrestaurant betreiben, einfache Küche, mit den landwirtschaftlichen Produkten der umliegenden Bauernhöfe – das könnte mir gefallen.

Hinter dem Ort, Richtung Talgrund, verjüngt sich die Straße zu einem ungepflasterten Waldweg, dann zu einem schmalen Pfad, auf dem Fußgänger schon in alter Zeit hinauf nach Pizzanco, ein entlegenes Bergdorf, gelangten. Eine luftige Schneise durch ruhevolle Kastanienwälder, deren üppiges Blattwerk angenehmen Schatten spendet. Doch steil bleibt es allemal! Der vernünftige Bergwanderer passt sein Lauftempo dem Gefälle an. Er drosselt die Geschwindigkeit umso mehr, je stärker es bergan geht. Nicht so Florian: Aus dem trägen Schlenderschritt schaltet er ausgerechnet jetzt auf Laufschritt-Tempo um. Jaja, die Porschefahrer, schmunzle ich in mich hinein. An Gefahrenstellen die Drehzahl erhöhen und so schnell wie möglich vorbei. Ich kann ihm kaum folgen, bin aber nicht weiter beunruhigt, denn natürlich wird er das nicht lange durchhalten.

Wir haben Pizzanco gerade erreicht, da klappt er mir zusammen, just zwischen Kapelle und Dorfbrunnen: Dort fühlte er sich noch zu stark, um für sein Wohlergehen zu beten, hier ist er nun schon zu schwach, um es überhaupt noch bis zum kühlen Nass zu schaffen. Doch Hilfe ist schon unterwegs: Eine Gruppe von Kindern spielt ausgelassen am Brunnen. Sie erkennen sofort die Lage und eilen kichernd mit ihren gefüllten Wasserpistolen herbei. Ich will unbedingt ein Foto davon machen, wie Florian das unablehnbare Angebot annimmt und sich die ersehnte Erfrischung geben lässt. Aber wenn einer schon im Staube liegt, soll man ihn ja nicht auch noch verhöhnen. Und ist es nicht wunderschön hier? Pizzanco scheint dem üblichen Gang der Welt verloren gegangen zu sein. Überhaupt kein Autoverkehr, denn allein der Fußweg führt herauf. Dafür belohnt das Dorf seine Bewohner mit einem bezaubernden Blick in das weite Rund bewaldeter Berge und lieblicher Täler. Auch wir lassen uns einfangen von der Ruhe und Unbekümmertheit, die hier immer noch über den Zeitgeist obsiegen. Und Florian hat jetzt sein Gleichgewicht wiedergefunden, auf halber Strecke zwischen Hyperventilieren und Kollabieren.

Auf dem Weg zum Rifugio Alpe di Laghetto, der Zwischenstation auf dem Weg ins Wallis, lichtet sich der Wald. Ein kühler, erfrischender Wind weht. Schritt für Schritt entziehen wir uns der Augusthitze. Noch weiter oben wird es sogar recht kalt. Im Rifugio schlüpfen wir also gerne in die Geborgenheit eines geheizten Raumes. Hüttenzauber! Wieder fühle ich mich berufen, den Komfortschock für Florian abzufedern. Da ist so eine zwanghaft menschenfreundliche Ader in mir – didaktisch geschickter wäre es wohl, ihn einfach auflaufen zu lassen.

»Lieber, du musst jetzt aber die Bergschuhe ausziehen

und im Schuhraum Pantoffeln holen. Das ist hier nun mal so.«

Ergeben folgt er der Aufforderung. Was soll er auch machen, kaputt wie er ist.

»Nein, die haben nicht vergessen, dir eine bezogene Decke aufs Bett zu legen. Dafür hast du ja den Hüttenschlafsack!«

In seinem Gesicht stehen Verzweiflung und Resignation geschrieben.

»Zentralheizung? Dies wäre die erste Schlafkammer in einer Hütte mit Heizung überhaupt!«

Ein stummer, vorwurfsvoller Blick.

»Handtücher? Ich hoffe, du hast dein eigenes mitgebracht!«

Er straft mich mit einer wegwerfenden Handbewegung und wendet sich ab.

»Nein, hier gibt es keine Speisekarte!«

Reingefallen! Die vorausgegangene Frage war keine echte Frage mehr, sondern schon wieder Witzelei. Denn das kennt er ja schon.

Wo jeglicher Widerstand gebrochen ist, da fällt das Lernen und Sich-Anpassen leicht. Als er mich am Morgen mit breitem Grinsen nach dem Zimmermädchen fragt, weiß ich, er ist schon wieder ganz der Alte. Das Kartenstudium ließ es mich bereits erahnen: Heute droht ein Gewaltmarsch! Aus pädagogischen Gründen gedenke ich ihm die ganze Wahrheit über den zu erwartenden Horrortrip – mindestens 12 Stunden Fußmarsch, 1800 Meter Aufstieg – nur scheibchenweise zu enthüllen.

»Du, Florian, das ist heute einfach nur eine Wanderung von Hütte zu Hütte, keinerlei technische Schwierigkeiten!«

Florian nickt und blickt etwas ungläubig nach Westen in

die endlose Weite, den menschenleeren Ostzipfel des Wallis. Schon rein topografisch macht dieser Schweizer Kanton jedem klar, dass er etwas anders ist. Wie auch seine Bewohner. Mit dem Gebirgsmassiv des Weißmies schottet man sich nach Osten ab, mit dem des Monte Rosa nach Süden, dem Mont-Blanc-Massiv nach Westen und den Viertausendern des Berner Oberlandes nach Norden. Lediglich das Rhonetal bietet einen freien Zugang im ebenen Gelände – von permanenten Verkehrsstaus einmal großzügig abgesehen. Verständlich also, dass dieses natürliche Gefängnis bei den Einheimischen eine widerspenstige Mentalität ausprägte, einen tief sitzenden Argwohn gegenüber allem, was von »draußen« kommt. Böse Zungen behaupten: Erst die süßen monetären Verlockungen eines blühenden Tourismus ließen die Walliser das Wort »Willkommen!« in ihren Sprachschatz aufnehmen.

Zunächst gelingt es mir, Florian mit lockeren Wanderexerzitien einzulullen. Einen Kilometer rauf zum Passo di Pontimia: Von dort kann er sich ansehen, wo wir morgen hin wollen. Grandioser Blick auf die Ostflanke des Weißmies! Mit Schnee eingezuckert leuchtet der Gipfel wie eine glänzende Verheißung. Na, Florian, das wird uns doch bestimmt Spaß machen! Den ersten Pass haben wir doch schon hinter uns gebracht, war doch das reinste Kinderspiel! Und nun spazieren wir ganz komfortabel auf weichem Torf über hügelige Hochmoore. Schau mal, Florian: So schön flockig flattern die weißen Blütenbüschel des Moorgrases im Wind, und die Bergwiesen leuchten in Tausenden von Grüntönen. Ach was – gar kein Problem, wenn es jetzt mal auf glitschigem Geläuf hinunter ins Zwischbergtal geht. Auch hier wunderbare Natur! Und schon sind wir wieder unterhalb der Baumgrenze.

Autsch! Das ging ins Auge. Ein ganz dummer Fehler. Bisher hatte ich ihn ruhiggestellt wie einen Säugling mit der Milchflasche, doch jetzt hat er Lunte gerochen. Ein Bankerhirn kombiniert messerscharf: Wenn es runter geht, geht es auch wieder rauf. Recht hat er, ein hartes Stück Arbeit wartet, 1500 Meter Aufstieg zum Zwischbergpass. Und es ist bereits Nachmittag. Viel zu spät, um noch die Psycho-Taktik zu wechseln, ich muss weiter die Salami-Methode anwenden. Wir laufen eine Stunde, bewältigen 300 Meter Aufstieg, und als Belohnung gibt es fünf Minuten Trinkpause. Es funktioniert. Genug Zeit für Florian, um zu regenerieren, aber nicht genug, um zu meckern. Und noch höher hinauf.

Als würde jemand erst die Bäume, dann die Büsche, schließlich die Blumenwiesen wegradieren – immer weniger wird die Flora. Dann die frugale Endstufe: ein grünbraunes Flickenmuster aus Flechten und stoppeligen Grasmatten spannt ein perfektes Tarnnetz über den nackten Fels. Plötzlich kommt es zu einer unerwarteten Begegnung. Ich umrunde den nächsten Felsblock – und remple um ein Haar mit einem Steinbock zusammen! Der ist genauso verdutzt wie ich, macht aber keinerlei Anstalten, wegzulaufen. Ganz klar, wer hier der Chef ist! Herausfordernd reckt er mir den stolzen Kopf entgegen und schwenkt seine Hörnerpracht. Aha, das Leittier, hinter ihm steht sein Hofstaat, eine ganze Herde. Mit denen legen wir uns jetzt lieber nicht an. Es reicht ja auch, wenn man den tieferen Sinn der Situation versteht: Zum ersten Mal in ihrem Leben stehen sich hier zwei gegenüber, von denen keiner ahnt, dass ihre jeweilige Spezies vom Aussterben bedroht ist: Steinbock und Investmentbanker.

In suppigem Nebel erreichen wir den Pass, durch knietiefen Schnee pflügend. Es dämmert bereits, bläulicher Schimmer senkt sich über die Welt – sehr schön anzusehen, aber auch ganz schön bedrohlich für uns. Wo ist bloß der Abstieg zur Almageller Hütte? Keine Chance, im steilen und schneebedeckten Gelände eine Spur auszumachen. Wenigstens eine grobe Orientierung bräuchte ich. Beat, unser avisierter Bergführer! Ich wähle seine Handynummer. Hoffentlich hat er Empfang auf der Hütte, er wird dort schon auf uns warten. Lange klingelt es durch, doch dann nimmt er endlich das Gespräch an. Er braucht eine Weile, bis er das Gerät in Sprechposition gebracht hat. Aha, ich verstehe: im Hintergrund fröhliches Klacken von Biergläsern! Und wir hier, verloren im Nirgendwo. Dennoch Glück gehabt, ich erhalte sofort die nötigen Instruktionen, um aus diesem verschneiten Felslabyrinth herauszufinden. In stockfinsterer Nacht tasten wir uns zur Hütte vor. Längst haben die anderen Bergsteiger gegessen. Beat sieht uns mit einem schiefen Blick an, scheint zu zweifeln, ob er mit solchen Leuten wirklich auf einen Viertausender will. Und Florian? Ist zu müde, um sich über meine heutigen Täuschungsmanöver aufzuregen, sinkt wortlos in einen tiefen Schlaf.

Das Bergsteigen ist für mich auch deshalb so befriedigend, weil es die Quelle aller Freuden, die es verspricht, aber auch aller Leiden, die es ihnen als Prüfung voranstellt, jederzeit in entwaffnender Ehrlichkeit offenlegt. Schon seit vorgestern, seit unserem Aufbruch in Domodossola, haben wir in jeder Minute das imposante Haupt des Weißmies vor Augen. Ein höchst wirksames Motivationszuckerl – aber auch sinnfälliges Vorzeichen größter Mühen. Beides wirkt auf die

Psyche – und trägt gleichermaßen zur Faszination bei. Heute nun wollen wir diesen majestätischen Viertausender besteigen. Und mit uns Dutzende anderer Bergsteiger! Alle brechen zusammen auf in eine kalte, pechschwarze Nacht, ohne freundliches Mondlicht. Die Stirnlampen vereinigen sich zu einer funkelnden Raupe, langsam, leicht schwankend, kriecht sie zum Zwischbergpass hinauf. Dort vergeht ihr Leuchten.

Im milchigen Licht des noch jungen Morgens wird jegliche Bergromantik in mir ausgelöscht. Es heißt, einen inneren Schalter umzulegen und sich zu konzentrieren. Wie ein Sprinter oder Schwimmer am Startblock. Steigeisen anschnallen, anseilen, Sitz des Rucksacks prüfen, Brille auf – der Aufstieg beginnt. Und jetzt darf auch im Kopfkino die nächste Vorführung beginnen: Eine kleine Armada bunter Punkte schwärmt ungeduldig in Richtung Himmel aus. Erfolgt jetzt etwa die Metamorphose der Raupe zum farbenprächtigen Falter?

Bis zur ersten wirklich kniffligen Stelle genießt man gern die unterhaltsame Verschränkung von Eindrücken aus der inneren und der äußeren Welt. Oder, wenn es nichts zu genießen gibt, leidet man still vor sich hin. Jedenfalls schweigt der Alpinist beim morgendlichen Aufstieg. Nicht so allerdings Florian. Er bricht den Kodex und bombardiert Beat mit Fragen. Die übliche Strategie des hochbezahlten Beraters: einfach ein paar Infos über eine für ihn gänzlich neue Branche abrufen, sich dann flugs umdrehen und den alten Hasen selbstbewusst erklären, wie sie ihr Geschäft führen sollten.

»Du, Beat, wie viele Höhenmeter schaffen wir gerade pro Stunde?«

Fragetyp Leistungsparameter.

»Wie weit ist es noch bis zum Gipfel?«
Fragetyp Potenzialparameter.
»Kann ich mal so 'ne Eisschraube ausprobieren?«
Fragetyp Ressourcenparameter.
»Jetzt lass uns ein wenig weiter links laufen, da ist es doch weniger steil!«
Keine Frage mehr, sondern schon eine Anordnung. Nach dem Motto:
»Branche verstanden, jetzt erklär *ich* dir mal, wie das geht.«
Doch Beat ist pfiffig. Stetig beschleunigt er das Tempo, bis Florian die Luft so weit ausgeht, dass er die Klappe halten muss. Man darf einen wie ihn jedoch nie abschreiben. Mit fast schon bewundernswerter Chuzpe untergräbt er die Abwehrmaßnahme unseres Vormanns. Wie? Ganz einfach, er bleibt stehen, holt seine Kamera heraus und fängt an zu fotografieren! Für den echten Bergfex ist das ein Sakrileg! Gipfelfoto ist in Ordnung, aber das geht doch nicht: Knipsen beim Aufstieg! Und, was noch schlimmer ist: Florian blockiert nun die Aufstiegsspur für die nachfolgenden Seilschaften. Somit zieht er sich auch noch den Zorn anderer Bergführer zu. Es scheint ihn aber nicht sonderlich zu stören. Stau am Weißmies! Fluchend tritt die Seilschaft hinter uns aus der Aufstiegsspur und überholt mühsam, im tiefen Schnee watend. Am Felsgrat, dem letzten großen Abschnitt vor der Gipfelzone, kommt es zum Showdown zwischen Effektenmensch und Bergmensch. Das Blockklettern – technisch einfaches, aber mühevolles Drübersteigen über Felsklötze – ist ungewohnt für Florian. Er zerrt am Seil und bleibt wieder einfach stehen:

»Mann, Scheiße, hier komme ich nicht rauf. Alter Scholli! Was für 'ne Scheiße hier. He, wartet auf mich!«

Etcetera. Jetzt ist es mit Beats Engelsgeduld endgültig vorbei! Er ist nun doch kurz davor, auszurasten. Wie der Donnergott, der das Gewitter gerade noch im Zaume halten kann.

»Dammich noch amal, Huuresiech, chumm uffa! Sonscht gits Lämpa!«

Nicht dass Florian das verstünde, aber der Tonfall spricht für sich. Einen richtigen Ausraster unseres Chefs mag er dann doch nicht riskieren.

So schaffen wir es doch bis zur Bergspitze, unter ungeduldigem Drängen von vorne (Beat) und stetem, begütigendem Zureden von hinten (ich). In einem vom Wettergott perfekt inszenierten Gipfelerlebnis finden Florians tagelange Qualen ihr versöhnliches Ende. Der Weißmies (4023 m ü. M.), sein erster Viertausender! Über den eisbepanzerten Kämmen der Walliser Alpen schweben lebhafte, zarte Quellwolken. In blendender Pracht spiegelt sich das Sonnenlicht in Myriaden von Schneekristallen. Die Stille über den Wolken hält den Atem der Zeit an.

Stück für Stück führt Beat meinen Florian in die Zivilisation zurück: Benutzen des Pissoirs in einer Bergstation, mit dem Sessellift nach Saas Fee hinabfahren, im Tal Autos und Straßen anschauen. Zugegeben – im Schlepptau dieser Resozialisierung musste ich in der Sesselbahn vorübergehend meine emissionsfreie Fortbewegung suspendieren. Hannibal, ich darf doch meine Verantwortung für einen Gast ernst nehmen, oder etwa nicht?

Entspannt und zufrieden vor einem Glas kühlem Bier zu sitzen, in einem sonnigen Biergarten im Tal von Saas Fee, ist ein versöhnlicher Tagesabschluss für uns alle. Dass Beat Florian sogar noch zum Bahnhof begleitet, erstaunt mich dann doch etwas. Vermutlich macht er das aber nur, um sicherzustellen, dass seine Alpin-Nemesis auch wirklich in den Zug einsteigt und abfährt! Danach darf er sich erlöst fühlen. Immerhin verdankt er Florian genügend Erzählstoff, um einige lange Winterabende für seine Lieben äußerst kurzweilig zu gestalten. Diese verrückten Deutschen! Ich frage mich, was Florian mit heimnimmt. Sehnsucht nach der komfortablen Tiptronic seines Porsche? Oder doch im Innersten ein Nachdenken über seine gekünstelte Bürowirklichkeit? Na, immerhin bin ich mir sicher, dass er wenigstens seine Bergsteigerausrüstung nicht gleich bei Ebay versteigern wird.

Und ich selbst? Jedes Intermezzo mit Vertretern meines früheren Berufsumfeldes in meiner Zwischenheimat bringt mich ein Stückchen weiter.

Herrn W. fiel es leicht, Freunde zu gewinnen. Spielerisch weckte er das Interesse anderer an seiner Person: Er hatte ein einnehmendes Äußeres, wirkte umgänglich, war vielseitig interessiert, sportlich, hatte etwas zu erzählen. Wie ein biegsames Abziehbild sich auf jedem Untergrund anbringen lässt, so fügte W. sich mühelos in verschiedene gesellschaftliche Hintergrundmotive ein. Oder besser: Er »pflegte« sich in sie ein, wie er seine Charts und Modelle in wechselnde Marktsegmente einzupflegen verstand. Auf Partys war er ein gern gesehener Gast, als begehrter Gesprächspartner von Kollegen und Kunden, als lächelnder Charmeur im Flirt mit schönen Frauen. In seiner grenzenlosen Unaufdringlichkeit war er ein echtes Phänomen in einer Welt, die mit egozentrischen Männern nur so gespickt war.

Grenzenlos schienen auch seine persönlichen Möglichkeiten, bei anderen Menschen Erfolg zu haben: W. gewann Freunde über-

all auf der Welt, in allen Kulturen, die er bereiste, sei es privat oder beruflich, bei der Arbeit, egal wo er gerade beschäftigt war, schon während des Studiums. Er verstand es, Anteilnahme zu zeigen, gewährte dem Gesprächspartner sogar Einblicke in sein eigenes Innenleben. Zügig, aber mit wohltuender Geschmeidigkeit überwand er im Gespräch die Grenze des oberflächlichen Smalltalks. So stellte er Nähe her und gewann im Handumdrehen das Vertrauen anderer Menschen. Dieses Vertrauen verspielte er dann allerdings häufig ebenso rasch wieder. Ja, er enttäuschte sogar gute Freunde. Und solche, die es werden wollten. Denn wirkliche, rückhaltlose Nähe irritierte ihn. Ganz einfach, weil er die Verpflichtung scheute, die sie von einem bestimmten Punkt an unweigerlich mit sich bringen würde.

Ebenso zügig, wie er sich zu öffnen begonnen hatte, verschloss und entzog er sich dann wieder. Meistens nicht eben geschmeidig, sondern auf hölzerne, ja verletzende Art und Weise. Dabei waren ihm Freundschaften so wichtig! Wenn nicht das Wichtigste überhaupt. Schenkten sie ihm doch jene Anerkennung und jenes Verständnis, nach denen er trotz allen äußeren Erfolges innerlich ständig lechzte. Immer wieder lief er einem erst unlängst gewonnenen, aber doch schon wieder verlorenen Freund reumütig hinterher, um ihn zurückzuholen. Ein für beide Seiten ermüdendes Spiel aus Distanz und Nähe. W. gelang es einfach nicht, eine stabile emotionale Balance zwischen sich und anderen Menschen herzustellen.

Saas Fee ist so etwas wie der kleine Bruder von Zermatt. Zackig-forsch reihen sich in beeindruckender Nähe die Bergriesen der Mischabel-Gruppe und der Allalin-Gipfel auf, sie halten das schmucke Bergdorf mit einem Ring aus nacktem Fels in eisiger Umklammerung. Am selben Abend noch treffe ich Tom wieder, er will mit mir einige dieser feschen Viertausender knacken. Ja, *er* hat *mich* eingeladen! Ich fühle mich extrem geschmeichelt – und ob dieser Regung ein wenig beschämt. Da lugt er also auf einmal wieder hervor, unter dem Büßergewand des Pilgers: der alte Dealmaker! Ungebrochen, unverbesserlich. Nur die Bühne seines Auftritts hat sich geändert. Einen Gipfel nach dem anderen abhaken, soso. Aber was ein Teil meiner selbst ist, ist auch ein Teil meiner Suche! Nur zu gern gebe ich dem Drängen meines Alpingurus nach.

Natürlich hat Tom schon die perfekte Inszenierung: Auf einem schroffen Felsen, direkt neben einer Schlucht am Ortseingang von Saas Fee, klebt die rustikale und gemütliche Pension La Gorge, die optimale Schlafbasis für den morgigen Start. Von dort aus plant er die Traverse vom Allalinjoch über Feekopf, Alphubel und hinunter zum Mischabel-Biwak. Eine nicht allzu schwere und doch »exponierte« – Alpinsprech: in luftiger Höhe verlaufende – Unternehmung. Für mich, den kommenden Höhenmetervertilger, ein überaus schmackhaftes Amuse-Gueule für das Grand-Gipfel-Menü der kommenden Tage. Und ein Tag zum Verlieben.

Zunächst nehme ich eine Parade schwarzer Felshünen ab. Überwachsen von froststarrem Firn, sind doch auch sie, wie wir, nur Zwerge auf dem gewaltigen Massiv, das einem steil aufsteigenden, sich ständig verjüngenden Grat Halt und Gestalt gibt. Als hätte Gottvater bei der Schöpfung des Bergriesen ganz zum Schluss noch seine Demiurgen mit Bauklötzen spielen lassen. Die haben bis zu lastwagengroße Steine dann aus Jux als Verzierung in den weichen Schnee gedrückt, wie Kiesel in eine Sandburg. Es ist nicht von der Hand zu weisen, ich bin heute in Hochform. Ohne jedwede

Angst, aber mit höchster Achtsamkeit sehe ich mich vorwärtsstreben, auf dem filigranen First des Grats, der die stille Welt hier oben in zwei Hälften scheidet. Ja, ich meine mich tatsächlich selbst zu sehen: wie von einem noch höheren Ort aus, irgendwo droben im blauen Nichts.

»Mit einem ansichtskartenträchtigen Dauerpanorama auf die Viertausenderketten um Zermatt und Saas Fee zu Füßen. Wie zu Eis erstarrte Sylter Dünen.«

Pah – nur ein kurzes Aufbäumen meines inneren Dauernörglers, der mich nicht in meine wirkliche Kraft kommen lassen will! Keine Chance hast du in diesem Moment! Ja, eine ganz unbändige Lust befällt mich, über diese Gipfeldünung zu tanzen, wie ein wirbelnder Derwisch!

Eigentlich macht es bei Nebel keinen Unterschied, ob man auf dem breiten Rücken des Alphubels (4206 m ü. M.) oder auf einer Sylter Wanderdüne (23 m ü. M.) umherirrt. Allemal schwierig, so etwas wie den höchsten Punkt auszumachen. In milchiger Unbestimmtheit klettern wir vom Gipfelplateau zum Mischabel-Biwak. Ein kühnes Konstrukt! Eine Aluminiumschachtel, mit spindeldürren Stahlstützen fixiert. Eine Hightech-Spinne, die sich am Berggestein festkrallt. Drinnen finden wir trockenes Brennholz und einen großen gusseisernen Holzofen vor. Arbeitsteilung: Einer erledigt die harten Männerarbeiten – Eisklumpen aus dem Gletscher pickeln, Feuer machen. Der andere ist für die »feminine« Feinarbeit zuständig – Gemüse schnibbeln, Eis schmelzen, Pasta kochen. Draußen verschlechtert sich das Wetter weiter. Vertrauen erweckend säuselt das Feuer im Ofen, nahrhafte Gerüche strömen aus dem blubbernden Kochtopf, und bald kribbeln die Glieder vor behaglicher, einschläfernder Wärme. So müssen sich unsere vierbeinigen Vettern im Geiste, die Murmeltiere, in der Mittagssonne fühlen! Bei Pasta, Gemüse und einer Flasche Rotwein planen wir unsere Tour für den nächsten Tag. Die Täschhorn- und Dom-Überschreitung, ein großartiges Kletterschmankerl. Zehn Stunden auf einem rasiermesserscharfen himmelhohen Steintrapez! Ständig auf über 4000 Metern Höhe!

Schon früh in der Nacht tobt ein Unwetter, angriffslustig reißt der Sturm an den Befestigungsstreben. Was ist das? Stimmen, Unruhe, Klonck-Klonck auf den metallenen Stufen. Es rüttelt jemand an der Türe. Tom steht schimpfend auf und öffnet. Bleiche Gesichter mit tiefen Augenrändern, eine völlig durchfrorene Seilschaft stampft herein, bringt zur Begrüßung einen Schwall eisiger Luft mit. Stundenlang sind sie auf der Suche nach dem Biwak im Unwetter umhergeirrt, verloren fast die Orientierung, drohten abzustürzen. Ausdruckslos die Augen, steif die Bewegungen der erschöpften Männer, in ihren Bärten gefrorener Schnee. Wie ein Winterbataillon nach der Rückkehr vom blutigen Gefecht. Wenn Schrecklähmung weicht, werden selbst gestandene Männer zu Kindern: Kichernde Ausgelassenheit überkommt sie, nachdem sie endlich voll und ganz realisiert haben, dass sie in Sicherheit sind. Draußen erzeugt das Unwetter weltferne Sphärenklänge am Metallpanzer des Biwaks. Hier drinnen werfen die Stirnlampen der Ankömmlinge immer noch gespenstisch zuckende Schlaglichter. Können die ihre Dinger jetzt nicht mal ausschalten? Ich will schlafen. Doch wahrscheinlich ist hier, für unsere Schicksalsgemeinschaft in einer fragilen Blechschachtel ohne Strom, die Batterie des Menschen Himmelreich. Jedenfalls dann, wenn er gerade der Eishölle dort draußen entronnen ist.

Vier Uhr morgens. Ein fragender Blick nach draußen bestätigt meine schlimmsten Befürchtungen. Es blitzt immer noch, der Wind treibt dichten Schneefall vor sich her. Da geht nichts heute, in Richtung Gipfel, so viel ist klar! Also runter über den Gletscher, durch knietiefen Neuschnee, zur Täschalp. Als hätte der Himmel ausgezürnt, zieht er die Unwetter in selbstherrlicher Geste von einer Minute auf die andere ab und schenkt uns stattdessen schönsten Sonnenschein. Nun könnten wir morgen den Dom im Direktaufstieg schaffen! Jetzt zwar nicht mehr von Süden, vom Täschhorn her, aber von Norden über den teilweise vergletscherten Festigrat. Dazu müssen wir aber erst einmal den Berg westseitig umgehen. Rauf auf den Europaweg, immer auf einer Höhe bleibend knapp unterhalb der Baumgrenze, in Richtung Norden, am Fuße von Täschhorn und Dom vorbei. Unseren Weg säumen containergroße Felsbrocken, sie liegen herum, als entgleise vor langer Zeit ein Güterzug und die Ladung purzelte einfach in die Gegend. Zwischen den klotzigen Wegsperren hindurch schlängeln sich knorrige Lärchen in wilden Verrenkungen in die Höhe. Wir tun es ihnen nach, in horizontaler Richtung.

Auf der Europahütte kann ich endlich einmal wieder meinem früheren Lieblingszeitvertreib als Bürohengst frönen – der nachmittäglichen Einnahme von Kaffee und Kuchen. Danach jedoch geht es mit unverminderter Geschwindigkeit weiter. Vom Höhenweg zweigt sich der Zugang zur Domhütte ab, ein jäh ansteigender Klettersteig. Schweizer Effizienz am Bau! Keinen einzigen Meter verschwendet der Pfad in der Horizontalen. Und wir haben wieder Kletterkonkurrenz – diesmal aber nicht von ehrgeizigen Alpinisten, sondern von Steinböcken! Sie nahen von unten her, behände wie überdimensionierte Eichhörnchen. Selbst ein

Alpinprofi wie Tom staunt über diese geborenen Kraxler. Man mag es kaum glauben, aber mental sind sie den behäbigen Murmeltieren nicht unähnlich. Auch Steinböcke sind Sonnenanbeter, halten gerne bräsig im Warmen ihr Nickerchen. Da kippt schon mal das schwere Haupt zur Seite weg, und unter dem nicht unbeträchtlichen Zusatzgewicht des Gestänges auf dem Schädel kann unversehens der ganze Bock in Schieflage geraten.

Steinböcke im Wallis

Endlich aufgewacht, ist es wohl auch schon wieder an der Zeit, über etwas Fressbares nachzudenken! An Nahrung heranzukommen ist für die Kletterkönige der einzige Sinn und Zweck jeglicher Fortbewegung. Selbst Flucht ist zu anstrengend. Oder unter der eigenen Würde, wie ich kürzlich das Gefühl bekam. So kommt es, dass wir eine Weile inmitten seelenruhiger vierbeiniger Balancekünstler vom begrenzten Platzangebot auf dem Steig Gebrauch machen müssen. Bis sie uns scheinbar mühelos abgehängt haben. Wir plumpen Zweibeiner machen es in unserem ureigenen Tempo, aber noch schnell genug, um es in einem Punkt den Steinböcken gleichzutun: In den milden Strahlen der Nachmittagssonne mögen auch wir gern ein wenig dösen, auf der Bank vor der Hütte, die Kletterkünstler ein wenig höher. Wir zwischen halb geschlossenen Augenlidern, erwartungsvoll hoch zum Dom spähend.

Ein kalter, sternklarer Morgen begrüßt uns. Den Sternenhimmel in den Bergen zu betrachten ist wunderbar. Schwerelos spannt sich ein schwarzes Tuch mit Tausenden funkelnder Diamanten von Horizont zu Horizont. Manche Sterne leuchten ganz ruhig, andere blinken wie Leuchtfeuer. Auch wenn ich keine Sternbilder lesen kann, schenkt mir die klare und verlässliche Anordnung der Himmelskörper doch innere Orientierung. Hellwach schon jetzt, beim Aufbruch, alle Sinne. Konzentriert und ruhig der Geist.

Ich bin voller Vorfreude auf das Kribbeln im Bauch, auf die Weite im Herzen, wenn ich zwischen Erde und Himmel wandeln werde. Erst auf dem Firngrat, dann auf dem Gipfel, der so hoch ist, dass ich ihn selbst im erstaunlich hellen Licht des Mondes und der Sterne noch nicht sehen kann. Ich freue mich auf die Stunden, wenn das Blut gleichmäßig in den Adern pulsiert, wenn ich satte Energie in mir spüre, kraftvoll meinen Körper in die Höhe trage, der Schwerkraft trotzend. Ich liebe es, wenn hartgefrorener, krustiger Firn unter meinen Füßen knackt, kalte klare Luft durch meine Lungen zirkuliert. Wenn ich bewusst, überlegt, sicher voranschreite, hinein in die zarte Dämmerung, hinein in das feurige Lodern der aufgehenden Sonne, hinein in das makellose, grelle Weiß, in dem sich unerfüllte Sehnsüchte und Träume widerspiegeln. Eins werden mit der Natur, mich wie mit Flügeln aufschwingen zur Sonne, Zeit und Raum wie aufgehoben, mich vom Universum aufsaugen lassen. Urgewaltige Landschaften lassen auch ihre Ambivalenz spüren: Ja, ich erlebe eine Harmonie zwischen dem Berg und mir, er duldet meine Anwesenheit, zeigt sich von seiner Schokoladenseite. Aber es ist wie beim Umgang mit einem wilden Tier. Da mag Zutraulichkeit, sogar Zärtlichkeit heranwachsen – das Gegenüber aber bleibt geheimnisvoll, ungezähmt, gefährlich. Ich muss respektvolle Distanz wahren, sonst riskiere ich mein Leben.

Die Frage nach dem Sinn des Lebens: Herr W. beantwortete sie – wenn er sie sich überhaupt einmal stellte – mit Hilfe der Logik seiner Welt. Sinngebend waren für W. Normen und Werte, die andere aufgestellt hatten. Sie zu verinnerlichen und zu leben, darauf kam es an. Niemals hinterfragte er, ob diese Normen und Werte »an sich« sinnspendend seien. Er lebte wie ein Hürdenläufer, der immer die nächste Hürde auf seiner Laufbahn übersprang, immer eine nach der anderen. Auf die Idee, daran vorbeizulaufen oder einfach stehenzubleiben, auf diese nahe liegende Idee kam er nicht.

Genau genommen war für Herrn W. die Sinnfrage sinnlos, denn in seinem beruflichen und sozialen Umfeld stellte sich niemand diese Frage. Warum auch, es lief ja alles wunderbar. Alles folgte einem linearen Wachstumspfad: die Finanzmärkte, die globale Wirtschaft, die Karriere, Gehalt und Bonuszahlungen, die materiellen Möglichkeiten. Sinngebend war insofern all das, was in dieser Logik als Nächstes folgte, und Vorbilder waren all diejenigen, die schon eine Stufe höher waren. W. erinnerte sich an die Vorstellungsgespräche bei einem seiner letzten Bankarbeit-

geber mit wichtigen Managing Directors. Alle schwärmten davon, wie ungemein »filthy rich« man werden könne. Niemand versuchte, ihm die Inhalte seiner zukünftigen Arbeit schmackhaft zu machen, geschweige denn, irgendeinen tieferen Sinn darin zu sehen. Der alleinige Lebenszweck bestand offenbar darin, unendlich reich zu werden. Das wiederum, dachte W., macht eigentlich nur unter einer Annahme Sinn: unendlich lange leben zu können. Irgendwo war da ein Haken.

Wir erreichen den Gipfel fast eine Stunde vor den nachfolgenden Seilschaften. Die wählten den längeren Normalaufstieg. Der Dom ist mit einer Höhe von 4545 Metern der höchste Berg, der vollständig innerhalb der Schweiz liegt. Ein respektabler Bursche! Ein richtiger Januskopf, von Norden gesehen bedeckt ihn ein mächtiger Gletscher wie ein riesiges Dreieck, nach Süden hin fällt er in schroffen Felswänden ab. Schweigend sitzen zwei Menschen nebeneinander, mit einem tiefen Gefühl der Dankbarkeit. Zwei Freunde. Kann das sein, nach so kurzer Zeit des Kennenlernens? Ja, ich erfahre hier eine für mich neue Qualität von Freundschaft, eine andere Art, sie zu gewinnen. Der Mensch neben mir interessiert mich nicht deshalb, weil ich ihn – so mein bisheriges Kalkül – gut in mein Netzwerk einbauen kann, also eigentlich nur, weil er meinem Ego nützt. Diese Freundschaft fragt nicht nach Netzwerknutzen, sie gebraucht keine Checklisten. Sie schaut in das Herz des Menschen, und sie prüft, ob beide in dieselbe Richtung sehen. Jeder umfasst auf seine Weise mit seinen Gefühlen Momente des Glücks, die wir uns zusammen erarbeitet haben. Wir fühlen uns als willkommene Gäste in einer lebensfeindlichen Wüste – das ist paradox, aber gerade deshalb fühlen wir uns so frei und unbeschwert. Der Sinn des Lebens? Vielleicht ganz einfach zu erkennen, wenn ich die Frage aus der richtigen Perspektive stelle. Bislang war das Ego der Ausgangspunkt: Wie macht das alles Sinn für mich in dieser Welt? Jetzt weiß ich, das Universum *ist* Sinn. Die Frage sollte lauten: Wie kann ich mich so *in die Welt einfügen,* dass ich im Einklang mit ihr lebe?

Unendlich erscheinende 3000 Höhenmeter überspannt der Weg vom obersten Punkt des Doms bis ins Tal nach Täsch. Das heißt, mit rund 15 000 Schritten den Körper, plus Gepäck – etwa 100 kg – bergab zu tragen. 15 000 Mal ein Ziepen in den Oberschenkeln. Jedes Bein stemmt das Äquivalent von 750 Tonnen Lebendgewicht, bevor das Großhirn den Marschbefehl aufhebt und frische Bierzufuhr anordnet. Da sitze ich nun, nach getanem Werk, ein Glas des kühlen Gerstensaftes in der Hand, und betrachte ungläubig meine Beine: zweifellos ein wenn nicht gerade formschönes, so doch ungemein leistungsstarkes Wunderwerk der Natur. Gerne noch hätte ich Tom für weitere Bergabenteuer an meiner Seite, aber er muss zurück nach Davos, um in seinem Hauptberuf als Schreiner zu werkeln. Im Winter hat er einen dritten Broterwerb als Skilehrer. Warum nicht. Sein Ansatz, um all seinen Neigungen zu entsprechen und sein vielseitiges Talent einzusetzen.

»Ruedi, machs guet! Du schaffst es! Trag Sorg zu dir!«

Tom drückt mir fest die Hand, umarmt mich kurz und kräftig, lächelt mir schelmisch und aufmunternd zu, und schon ist er weg, auf dem Weg nach Hause, zu seiner Familie. Wie betäubt von der Intensität der heutigen Erlebnisse sehe ich ihm nach und winke wie ein Verrückter.

»Lieber Gruß an die Sabine! Und danke!«

Noch heute mache ich mich auf den Weg nach Zermatt. Bis dahin schaffe ich es aber nicht ganz. Also quartiere ich mich in einer kleinen Bergsteigerpension ein, direkt neben einem rauschenden Bergbach. Acht Quadratmeter knarzendes Wohnelysium mit Spannteppich, Etagenklo und Etagendusche. Nicht meine Sache, fremde Haare aus dem blockierten Ablauf zu pfriemeln und mit Raumspray Marke »Tannentraum« die Duftmarken des Zimmernachbarn auf der Toilette zu tilgen. Und dennoch: Einschlafprobleme? Ein Relikt vergangener Tage ...

Zermatt. Schon als Jugendlicher, bei meinem ersten Besuch, fühlte ich mich magnetisch angezogen von der erhabenen Entrücktheit des Matterhorns. Als ob bereits damals eine betörende Melodie an mein Ohr drang und mich verzauberte. Erklang vielleicht zum ersten Male die Titelmelodie meines Lebens? Dem Bewusstsein ging sie bald verloren, doch immer, wenn ich die Berge sah, meinte ich mich zu erinnern. So wie jetzt, hier auf dem kleinen Bergsteigerfriedhof mitten in Zermatt, den zu besuchen mir ein Anliegen ist. Da vernehme ich sie wieder. Als ob der Wind sie heranträgt, von weit oben her. Ich halte inne und lausche. Wer es nicht kennt, für den mag es wie Kitsch klingen, doch für mich gibt es ihn: den Ruf der Berge.

Herr W. erlag den Verlockungen, die eine erfolgreiche Karriere bereithielt. Die größte Versuchung bestand darin, sich wie ein Drachenflieger in einer Turbothermik immer üppigerer Konsumträume stetig höher tragen zu lassen: das erste wirklich schöne Auto, edle Kleidung, noble Markenartikel, teure Reisen, anspruchsvolle Immobilien. In einer Berufswelt, die ihm äußerliche Perfektion und systemkonformes Verhalten abverlangte, war es naheliegend, sich mit diesen Ikonen des Wohlstands zu belohnen. Das Wunderbare daran war, dass man immer Vorbilder für die nächsthöhere Stufe des Konsums fand. Die Ausgaben für Luxus ließen sich geradezu ins Unendliche steigern. Beste Kraftnahrung für den Trieb eigener Wohlstandsmehrung war es, sich permanent dem wohlstandsgesättigten Umfeld auszusetzen, das heißt, sich inmitten der Society zu bewegen und sich der Reizüberflutung materiellen Überflusses hinzugeben. »Dabei« sein, weil man sonst das Gefühl hätte, etwas zu verpassen. All die herrlichen Villen mit den begehrenswerten Frauen zu sehen – das schaffte eine spannungsgeladene innere Unruhe, ein Ferment des entfesselt schuftenden Karrieremenschen.

Seit Wochen schlucke ich – rezeptfrei – das wirksamste Gegengift zum Konsumdruck: die radikale Eliminierung alles unnützen Materiellen. Meine Autos ruhen abgemeldet in der Garage, auf meinem Motorboot bräunen sich jetzt andere Banker. All dieses Zeug habe ich radikal aus meinem Gesichtsfeld entfernt. Stattdessen packe ich täglich Brot, Schinken und eine Flasche Rotwein in meinen Rucksack und verschwinde in die Berge. Ein Konsumjunkie auf Entzug: Er trocknet seine Gier nach Luxus aus, wie ein Alkoholiker seine Gier nach Hochprozentigem. Und er hat nicht einmal mit Entzugserscheinungen zu kämpfen! Wenn ich tagelang durchs Geröll und über Gletscher laufe, sehe ich kein einziges Zeugnis menschlichen Besitztriebes, keine Villa, keinen trennenden Gartenzaun. Damit verschwindet die Grenze zwischen Haben und Nicht-Haben, ich bin auf mein bloßes Sein in der Natur zurückgeworfen und fühle mich plötzlich frei und leicht. Inmitten der Natur verschwinden aller Neid und jeglicher Wunsch, mehr zu besitzen – einfach weil auch ringsum niemand etwas besitzt. Die Berghütte, einziger Ort menschlicher Zivilisation, steht allen offen und bietet Schutz und Wärme. Dort erstirbt wie von selbst auch die innere Furcht, etwas zu verpassen. Mit Menschen zusammensitzen, mit Fremden zwar, aber verbunden durch ein unausgesprochenes, durch Erfahrung geteiltes Geheimnis. Die »wahren« menschlichen Bedürfnisse erkannt zu haben. Vielleicht sollte es statt Grundbedürfnisse eher Glücksbedürfnisse heißen!

Jetzt bin ich dem Lockstoff der Viertausender endgültig erlegen! Das ist definitiv kein Grundbedürfnis! Oder doch? Also werde ich Zermatt nicht so zügig wie ursprünglich geplant Richtung Westen verlassen. Ich benötige Zeit, um mir die umliegenden Berge systematisch zu erarbeiten. Wie man eine Zwiebel Schicht um Schicht häutet. Dazu brauche ich den richtigen Bergführer, einen Haudegen, ein Schweizer Pendant zu Siegfried. Da kommt Reto recht! Im Bergsteigerzentrum, eine Art Kletter-Escort-Service, wird mir dieser Sohn der Berge aus Brig vermittelt. Grinst draufgängerisch, hat einen Oberkörper wie ein Kleiderschrank, und sein Händedruck fühlt sich wie eine Kartoffelpresse an. Sein Vorschlag für unseren ersten gemeinsamen Berggang: die Traverse der Breithorn-Gruppe. Klar, machen wir doch. Anschließend sehe ich sicherheitshalber doch in meinem

Bergführerbuch Wallis nach. Das ist so wie *Moody's* für Alpengipfel, die liefern das Standard-Rating. In diesem Falle ZS III – »ziemlich schwierig«, Stufe 3 im Kontinuum zwischen 1 und 6. Nicht gerade ein Investment in riskante Junk Bonds, aber auch weit entfernt von einer langweiligen konservativen Anlage. Also aufpassen!

Mit dieser mittelprächtigen Herausforderung will Reto wohl erst einmal testen, was ich so drauf habe. Von der Bergstation des Kleinen Matterhorns rattert er los, mit der Präzision einer elektrischen Nähmaschine, über den flachen Gletscher in östlicher Richtung fast bis zum Schwarztor. Jetzt mutiert er zur Zahnradbahn aus Fleisch und Blut und juckelt die steile Schneekante auf den Roccia Nera (4075 m ü. M.) hinauf, den östlichsten Gipfel der Breithorn-Kette. Rechtzeitig abbremsen, sonst kippen wir noch auf der anderen Seite hinunter! Wie auf einer Wäscheleine aufgehängt erstrahlt eine Kette Gletschergipfel im schönsten Waschmittelwerbungsweiß. Wir zwängen uns an einer messerscharfen Firnkante mit eindrucksvollen Aufbauten aus gefrorenem Schnee vorbei zum Breithornzwilling (4106 m ü. M.). Im lockeren Wechsel aus Fels und Firn spazieren wir fast bis zum Breithorn-Ostgipfel (4106 m ü. M.). Dann, mal eben so zwischendurch, eine luftige, fast tänzerische Kletterei im griffigen Fels, über drei Aufschwünge hinauf zum Mittelgipfel des Breithorn (4160 m ü. M.). Dahinter, ganz entspannt, Erholungsspaziergänge über knuspriges Firn zum Breithorn-Westgipfel (4165 m ü. M.).

Reto liefert die Viertausender wie am Fließband! Innerhalb von fünf Stunden gratulieren wir uns fünfmal zum Gipfelerfolg. Ich fühle mich kräftig und hervorragend akklimatisiert. Fast spielerisch turne ich im Schlepptau meines Pacemakers gleich an mehreren Seilschaften vorbei.

Vergessen die früheren Zitterpartien. Wie ein ständig übender Musiker beginne ich zu verstehen: Klettern ist virtuoses, improvisierendes Spiel. Aus einem Grundset von Griff- und Trittabfolgen komponiere ich meinen eigenen, dem jeweiligen Aufstieg angepassten, harmonischen Bewegungsablauf. Je erfahrener ich werde, desto eleganter und filigraner bewege ich meinen Körper auf der Tastatur eines Grats. Mit jedem neu erlernten Griff und Tritt erweitere ich mein Repertoire und steigere die Leichtigkeit, mich im Fels zu bewegen. Bin ich jetzt schon süchtig nach dem Höhenrausch? Brauche ich, mit immer stärkerer Dosis, den ekstatischen Kick der Gipfelerlebnisse? So wie früher als Banker den Nervenkitzel des Dealmakings?

Herr W. saß in einem Meeting mit dem Eigentümer und dem Senior-Management eines Healthcare-Konzerns. Man besprach die geplante öffentliche Übernahme. Unvermittelt fragte der Eigentümer Herrn W.: »Welchen Preis sollen wir anbieten? Was sollen wir tun? Ich erwarte eine klare Antwort.« In diesem Moment verschmolzen die gesamte Erfahrung von W., alle Analysen seines Teams und seine eigene intensive Beschäftigung mit der Transaktion schlagartig zu einer klaren Sicht der Dinge. Herr W. erklärte ruhig und konzentriert seine Sichtweise. Der Kunde hörte aufmerksam zu und sagte dann: »Sie haben mich überzeugt. Genauso machen wir es.« Diese Momente, in denen er virtuos eine Logik für die taktische Gestaltung einer Unternehmenstransaktion entwickeln und vermitteln konnte, liebte W. an seinem Beruf. Schübe von Adrenalin durchfluteten seinen Körper. Anerkennung von höchster Instanz! Die Essenz der Transaktion – seine eigene Kopfgeburt! Ausgeheckt in den Banken-Zwillingstürmen

in Frankfurt. Und schon bald würde er in der Presse darüber lesen, wie die Fachwelt diesem smarten Schachzug Respekt zollte. Der Deal wurde ein voller Erfolg.

In der Nacht zieht eine Schlechtwetterfront auf und hat Zermatt noch am folgenden Tag fest im Griff. Eine gute Gelegenheit, mich zu entspannen, zu pflegen und mit der Außenwelt in Verbindung zu setzen. Reto macht Krafttraining. Am Tag darauf starten wir erneut vom Kleinen Matterhorn aus, diesmal in Richtung Pollux und Castor. Wie zwei Kugeln Zitroneneis in einer Eistüte schmiegen sich die beiden Gipfel aneinander. Auf den ersten Blick wirklich wie die mythologischen Zwillinge, die im Duett ihre in makellosem Weiß blitzenden Häupter in den Himmel recken. Doch wenn man sie kennenlernt, offenbaren sie höchst unterschiedliche Charaktere. Pollux (4092 m ü. M.) ist das Enfant terrible der Familie, ein trotziger Felskopf aus grünlich schimmerndem Serpentinit. Gerne neckt er den Alpinisten an seiner Schlüsselstelle, einer zehn Meter langen, engen Felsrinne. Heute stecken dort zwei Bergsteiger fest und kommen nicht mehr voran. Reto klettert einfach über die Köpfe der beiden hinweg – freundlicherweise, ohne ihnen aufs Dach zu steigen. Der Mann ist eine Dampfwalze! Längst hat er die beiden verdatterten Männer hinter sich gelassen.

»Ruedi, mach voran, chumsch jetzt endlich?«

Auf einmal rebelliert der Pilger in mir. Er will aufschreien:

»Menschenskind nochmal, das geht doch nicht! Ich kann doch nicht einfach auf Menschen herumklettern!«

Doch Hannibal ist nicht zum Diskutieren zumute.

»Klappe, rauf da, marsch!«

Ohne Widerrede stürze ich mich in das bizarre Knäuel aus Extremitäten und Seilen.

»'tschuldigung!«

Pilger entschuldigt sich bei den beiden, während Hannibal einem von ihnen auf die Fingerspitzen tritt. Mein einziger Trost: Bei dem Tempo, das Reto verlegt, sehen wir die sicher nie mehr wieder!

Castor, der brave Musterberg aus grauem Glimmerschiefer (4228 m ü. M.), begrüßt Reto und seinen kletternden Erfüllungsgehilfen mit einer langen offenen Gletscherflanke. Wie eine Pistenwalze spurtet Reto die Aufstiegsspur hinauf in die Höhe. An sich lädt unsere Route dazu ein, gemächlich Schritt auf Schritt zu setzen, um die Gletscherkulisse auf sich wirken zu lassen. Doch schon verlassen wir wieder die Flanke an ihrem oberen Ende und stehen auf einem Sattel verharschten Schnees. Vom Gipfel trennt uns nur noch ein 100 Meter langer, wie mit dem Lineal gezogener, handbreiter Firngrat. Ungerührt balanciert Reto darüber hinweg. Ich folge ihm einfach. Ohne zu denken. Mit traumwandlerischer Sicherheit. Ein kurzer Händedruck meines Lehrers.

»Guat gmacht, Ruedi!«

Wie mein ehemaliger Chef nach einem erfolgreichen Deal. Und dann gleich weiter zum nächsten Höhepunkt. Das Blau des Himmels erscheint mir auf einmal fast übernatürlich plastisch und greifbar! Und der Schnee wirkt jetzt nicht mehr flächig, sondern »kubisch«, wie in einem 3-D-Film. Drehe ich jetzt völlig ab, im Gipfelrausch? Gerade noch kann ich den Hannibal in mir davon abhalten, ein Stück Schnee aus dem Firngipfel zu schneiden und es als Souvenir mitzunehmen.

»Ganz ruhig bleiben«, besänftigt mich der Pilger, leicht fröstelnd trotz der grellen Sonne. »Geh doch einfach hinunter zur Hütte, dem Rifugio Sella, ins Warme, heraus aus dieser Blendwelt!«

Sogar bei geschlossenen Augen scheinen sich die Sonnenstrahlen durch die Augenlider zu fressen. In der Hütte muss ich mich zwingen, ruhig zu sitzen, muss den unbändigen Drang, immer höher und weiter laufen zu wollen, förmlich niederringen! Das Blut hämmert in den Schläfen, mir ist heiß und mich fröstelt zugleich, innere Unruhe zerfrisst mich fast. Der mentale Absturz des Gipfelstürmers? Wie im Zeitraffer erlebe ich heute noch einmal, was mich all die Jahre umtrieb: die Suche nach dem nächsten Kick.

Rucksackpacken, ein tägliches Ritual! Eine kleine Kunst, mit unbeschränkten Möglichkeiten der Verfeinerung. Minutiöse und sorgfältige Vorbereitung. Nichts zu vergessen ist das eine – nicht zu viel mitzunehmen, das andere. Als Banker schleppte ich aus Angst, etwas Wichtiges liegen zu lassen, oft viel zu viel mit mir herum. Dabei ging es doch immer nur darum: die wichtigen Dokumente und die richtigen Fakten an der richtigen Stelle zum richtigen Zeitpunkt auszupacken! Aus Angst, etwas zu vergessen, beim Packen auf Menge zu gehen: das habe ich mir inzwischen abgewöhnt. Abgewöhnen müssen! Sicherheitshalber jetzt noch dies einpacken … Könnte ich nicht auch noch das brauchen … Läuft alles nicht! Wieder einmal, einfache digitale Fragen: Was kann ich auf der Hütte verwahren, was nicht? Was benötige ich auf jeden Fall? Was eventuell? Was brauche ich im Tagesverlauf zuerst? Was zuletzt?

Ganz von allein ergibt sich die ideale Schichtung im Rucksack. Das optimale Ordnungsprinzip! Wird es missachtet, folgt die Strafe auf dem Fuße: Es ist einfach schauderhaft, mit klammen Fingern in der Dunkelheit an einem stark abschüssigen Hang den Rucksack ausleeren zu müssen, weil die Steigeisen ganz unten eingepackt sind. Und ganz wichtig, niemals vergessen: Die Ausrüstung muss gut gewartet und sofort einsatzfähig sein. Wenn ich lange herumwursteln muss, um die Steigeisen anzulegen, weil die Riemen miteinander verknotet sind, nerve ich die anderen Mitglieder der Seilschaft, weil sie warten müssen. Und wenn sich die Riemen lösen, kann ich sogar abstürzen! Mit einem gut gepackten Rucksack bin ich einfach besser unterwegs.

Nicht zuletzt entscheidet das über meine Position beim Einstieg in die Wand mit. Vorne dabei zu sein ist auch eine Frage der Sicherheit. Unachtsame Bergsteiger treten Steine los. Je mehr von diesen Leuten ich hinter mir lassen kann, desto weniger bedroht mich von ihnen ausgelöster Steinschlag. Aber wenn ich mich an die Spitze setze? Dann werde ich automatisch zur potenziellen Gefahr für die anderen Bergsteiger. Eigentlich genau das Grundprinzip einer Karriere in einem Großunternehmen! Mit dem kleinen Unterschied, dass dort der Steinschlag nicht nur aus Unachtsamkeit, sondern bisweilen böswillig ausgelöst wird.

Wenn ich abends auf der Hütte mitbekomme, dass die Anwesenden mehr an Feiern denken, als daran, Kraft zu sammeln für die Anstrengungen des folgenden Tages, dann ist doch klar: Am Morgen wird hektisches Chaos ausbrechen, weil Dutzende von schlaftrunkenen Bergsteigern sich gegenseitig im Wege stehen, jeder ein Einzelkämpfer auf der Suche nach seiner Ausrüstung. Am Vorabend packt mich dann ein geradezu manisches Optimierungskalkül: Ich packe nicht einfach nur sorgfältig meinen Rucksack, sondern ich spiele in Gedanken die sinnvolle Abfolge der notwendigen Handgriffe nach dem Wecken durch. Dazu präge ich mir ein, wo ich jeden einzelnen Gegenstand abgelegt habe, den ich am Morgen an mich nehmen muss: Stirnlampe, Wasserflasche, Kleidung, Klettergurt. Wo genau in der Schuhkammer liegen Bergstiefel, Pickel, Steigeisen und Helm? Selbst eine Pinkelstrategie muss her! Am besten suche ich noch vor dem allgemeinen Wecken die Toilette auf, denn danach verliere ich wertvolle Minuten in der Warteschlange ...

Halt, werde ich jetzt schon wieder zum spießigen Ordnungsfreak? Werde ich nach meiner Rückkehr in die Sesshaftigkeit »die Hecke mit dem Lineal schneiden«? Es geht mir doch darum, endlich respektvoller und bewusster mit allen Dingen umzugehen – ganz gleich, wie alltäglich sie sein mögen ...

Der legendäre Liskamm: ein kilometerlanger vergletscherter Felsgrat. Um vier Uhr morgens sind wir aufgebrochen. Über uns aufgespannt ein brillanter Bogen Sternenkristalle, in der Ferne schimmern matt die Lichter der norditalienischen Städte. Die Hütte liegt nun schon weit unter uns, gerade tritt eine Seilschaft mit Stirnlampen ins Freie. Sturm kommt auf. Mühsam arbeiten wir uns an einer ekelhaft abschüssigen Firnflanke nach oben. Einen Moment bin ich unachtsam, und schon packt mich eine Sturmböe frontal von vorne und wirft mich auf die Knie. Reto steht wie ein Fels in der Brandung, ist der Mann vielleicht sogar tornadofest? Im Kriechgang schleppen wir uns höher. Stemmen uns gegen den anhaltenden Sturm, jetzt schon im wächsern orangefarbenen

Morgengrauen. Um dem Druck der Böen zu entgehen und erst einmal abzuwarten, hocken wir fast eine Stunde lang in einer Felsnische. Das klingt nach kuscheligem Nebeneinander an geschützter Stelle. Weit gefehlt! Heftigste Windstöße rütteln aus allen Richtungen an uns. Da hilft es auch nicht viel, hinter dem Kleiderschrank Reto Windschatten zu suchen! Selbst in eingeigelter Kauerhaltung muss ich mich am Fels festhalten, um nicht plötzlich umgeworfen zu werden. Worauf warten wir eigentlich? Sekunden gefrieren zu Minuten, und Minuten erstarren zur Ewigkeit.

»Huure Schissdreck, der Sturm!«, flucht Reto. »Schluss jetzt, mer cheret um!«

Machtwort vom Chef. Aber diesmal bleibt es nicht unwidersprochen.

»Verdammt nochmal, warum haben wir dann eine Stunde in der Scheißkälte gewartet?«, platzt es aus mir heraus. »Ich will endlich auf diesen Liskamm! Merkst du nicht, der Sturm lässt schon spürbar nach!«

Hannibal hat seine helle Freude an mir! Diesmal akzeptiere ich den Bergführerentscheid nicht. Lieber noch einmal eine Stunde warten, jetzt ist es eh schon egal.

»Jetzt pass emal guet uf, du Klugschisser! Ich gang da nöd ufa! Du hast noch niemand dort oben sterben gesehen, aber ich schon! Und jetzt los!«

Oha, wenn Reto ins Hochdeutsche verfällt, ist der Spaß vorbei. Zähneknirschend gebe ich auf.

»Okay, Chef, ich komme ja schon.«

Eine Tour gleich am Anfang abzubrechen, fällt dem gipfelgierigen Bergsteiger wesentlich leichter als uns heute! Das Ziel war näher gerückt, wir hatten Zeit und Mühe investiert. Mehrere Stunden dem Sturm getrotzt! Ich stand unmittelbar vor dem Einstieg in den Grat, das prickelnde

Abenteuer in Greifweite! Blauer Himmel, ein wenig windig war es halt. Gefährlich, so ein paar Windstöße? Pah! Wofür haben wir denn Steigeisen und Pickel? Da kommen die Dinger endlich mal richtig zum Einsatz! Rechtzeitig umkehren, Point of no Return? Ja, ein Dauerbrenner-Argument. Diesen Trumpf zieht der Bergführer immer gerne aus dem Ärmel, wenn ihm die Argumente ausgehen. Aber doch nicht an einem Firngrat, da kann ich jederzeit umdrehen! Hannibal redet sich so richtig in Rage nach unserem gescheiterten Versuch am Liskamm.

Doch halt, ich bin doch auch vor einem halben Jahr schon einmal umgekehrt! Freiwillig sogar, auf halbem Wege einer vielversprechenden Karriere! War das der richtige Zeitpunkt? Gibt es den überhaupt? Lieber zu früh als zu spät raus! Ich weiß, nicht wenige Erfolgsmanager denken oft ans Umkehren. An den Ausstieg. Aber sie schaffen ihn nie: weil sie nicht über den richtigen Zeitpunkt nachdenken – und ihn verpassen! Halt, ich sagte eben »freiwillig«. Stimmt das? Ich gebe zu, das war bei mir kein heroischer Entschluss eines Erfolgsmenschen auf dem Zenit. Ich stieg aus dem Rattenrennen aus, als mein Motor schon zu stottern begann. Eine meiner Kernstärken: Zufälligkeiten als meine ureigene Leistung darzustellen! Hätten mein Körper und meine Seele nicht lautstark SOS gefunkt, würde ich vielleicht noch immer von wichtigen zu noch wichtigeren Meetings hetzen. Jetzt verstehe ich, warum Hannibal so aggressiv den Run auf die Gipfel einfordert: Er will, dass ich meine Karriere als Alpinist bis zum Zenit ausreize! Um diesmal bewusst umkehren zu können, und nicht, weil mein Körper kollabiert. Eigentlich meint er es gut mit mir.

Reto lässt sich nicht lumpen und wartet mit einem attraktiven Ersatzprogramm auf. Und er lässt Weisheit walten: Es ist klug den heutigen Wetterbedingungen angepasst. Wir kreuzen auf etwa 3500 Metern Höhe nach Osten und umrunden den Liskamm an seiner südlichen Flanke. Jetzt schirmt er uns gegen den aus Norden kommenden Sturm ab. Das ist ja die reine Betriebswirtschaftslehre – ein Risiko in eine Chance ummünzen! Reto, Respekt! Im Windschatten des Liskamm trauen wir uns nun wieder höher und erreichen in nahezu vollständiger Windstille den Gipfel des Naso (4272 m ü. M.). Es verschlägt mir fast den Atem! Reto hat wirklich eine feine Nase für dramatische Inszenierungen. Eine fulminante Gletscherebene erstreckt sich bis zum Horizont, Antarktis-Feeling total! Wie ein unermessliches, flirrend weißes Leintuch breiten sich die Gletscher des Monte-Rosa-Massivs vor unseren Augen aus.

Die Eispickel schwingend stürzen wir uns in eine Orgie aus Viertausendern. Jetzt kommt Hannibal doch noch auf seine Kosten, unter lauten Fanfarenstößen schickt er seine dicksten Elefanten in die Schlacht. Erst mal ganz im Süden mit dem kleinsten Gipfelchen anfangen: das Balmenhorn (4167 m ü. M.): nicht mehr als ein kleiner Haufen Felsbrocken auf dem Gletscher. Corno Nero (4322 m ü. M.) – zu Deutsch Schwarzhorn – ist schon ein respektableres Kaliber. Ein schwarzes Felsdreieck ragt 100 Meter aus dem Gletschermantel auf, spektakulär anzuschauen, aber nur leichte Kraxelei. Hannibal jauchzt und belädt seine Packelefanten mit reicher Beute! Nachsetzen, der Gegner auf der Flucht, da ist noch mehr zu holen! Stück für Stück dringen wir nach Norden vor. Die Ludwigshöhe (4342 m ü. M.)! Klingt ja eher wie ein Aussichtshügel im Englischen Garten in München! Macht nichts, den nehmen wir auch noch mit! Ein langgezogener breiter Firnrücken führt zum Gipfel, hier kämen Hannibals Elefanten locker hinauf.

Heute ist *der* Tag des Gipfelsüchtigen! Reto, mein erfahrener Top-Dealer, verabreicht mir immer stärkere Dosen: Der jeweils nächste Viertausender ist immer höher als der vorhergehende. Jetzt bin ich vollends im Höhenrausch, gut, dass ich angeseilt bin, sonst würde ich glatt davonfliegen! Noch weiter nordwärts, auf die Parrotspitze (4436 m ü. M.)! Feinste Schneekristalle flirren in der Luft,

Gipfeljunkie mit Madonna – am Gipfel des Corno Nero

wie fliegende winzige Brillanten im gleißenden Sonnenlicht. Zerstäubtes Alpin-Crack? Ich atme tief ein und aus, weite und fülle meine Lungen. Tatsächlich, wieder ein Energieschub. Reto, weiter!

»Ruedi, no einer, dann isch es guet für hüt!«

Ein dezenter Hinweis, um rechtzeitig die überschäumende Gipfelgier einzubremsen! Krönung und Ende eines verrückten Tages ist die Signalkuppe (4554 m ü. M.). Statt Gipfelkreuz steht hier eine Hütte. Sehr praktisch, hier werden wir übernachten. Das Rifugio Margherita ist die höchstgelegene Hütte der Alpen. Wie eine Trutzburg thront sie auf dem Gipfel der Signalkuppe. Dank massiver Betonfundamente und abgeschrägter, mit Eisenplatten gepanzerter Hauswände ist sie hinreichend gegen die harten klimatischen Bedingungen gewappnet. Noch einmal lässt Hannibal die Siegesfanfare erschallen und die Elefanten absatteln. Mit dem triumphalen Gefühl »Hey Mann, was war ich gut heute!« stolziere ich in die Gaststube.

Mein Gott, was ist denn hier los? Blasse, stöhnende Bergsteiger, gekrümmt auf den Bänken sitzend oder liegend – Opfer der Höhenkrankheit, wie es scheint. Völlig verdattert setze ich mich auf eine freie Bank und bestelle einen Tee. Offenbar gibt es hier jede Menge Leute, die nicht so gut drauf sind wie ich. Einige zittern ja vor Schüttelfrost! Erst jetzt fällt mir auf, wie kalt es hier drinnen ist. Kein Wunder, in dieser Höhenlage ist es schwer, einen Raum spürbar über null Grad aufzuheizen. Einem scheint das alles nichts auszumachen: Der Hüttenchef ist bestens akklimatisiert, gut gelaunt verkauft er Unmengen von Tee und Kopfwehtabletten an seine Gäste. Schweigend sitze ich mit Reto in einer Ecke des Raumes und beobachte die anderen Bergsteiger. Hannibal hat nach all seinen Siegen unverhofft einen Dämpfer erhalten. Als seien ihm nun die Listen all seiner gefallenen Krieger vorgelegt worden.

»Wo gehobelt wird, da fallen Späne!« rechtfertigt er sich mürrisch.

Jetzt meldet sich eine andere Stimme, seit heute morgen war sie verstummt.

»Sieh mal einer an, endlich hörst du mir mal wieder zu!

Deine Gipfelsiege – doch nicht alles Gold, was glänzt, wie? Und offenbar gibt es hier einige, denen geht's nicht so gut wie dir!«

Etwas beschämt suche ich das Gespräch mit dem Nachbartisch. Ist vielleicht doch besser, als die Leute nur cool anzuglotzen. Ein junges Pärchen hält Händchen, wie sich herausstellt, teilen wir die gleiche Schlafkammer. Ihr geht es gar nicht gut, sie zittert wie Espenlaub und ist leichenblass. Während der Nacht verschlimmert sich ihr Zustand, sie muss höllisch unter den Qualen der Höhenkrankheit leiden. Nicht ungefährlich, ein Lungenödem droht! Die Lunge kann sich mit Wasser füllen, einzig der rasche Abtransport in tiefere Lagen hilft. Reto bietet dem Mann an, seine Freundin mit einem Rettungsschlitten ins Tal zu transportieren, er ist ja auch ausgebildeter Bergretter. Doch draußen tobt eine weitere Schlechtwetterfront, die Frau muss bis zum nächsten Morgen ausharren und leiden. Ich kann auch keinen Schlaf finden und starre an die Decke. Kann mir das alles nicht erklären, erst die Ekstase der Viertausender, und jetzt das hier.

Auch am Morgen rütteln noch zornige Sturmböen an der Hütte. Nebel und Wolkenfetzen ziehen vorbei. Die kranke Frau hat sich so weit stabilisiert, dass sie sich mit ihrem Freund einem Bergführer anschließen kann, der sie ins Tal begleitet. Reto verwirft sofort den Gedanken, heute den Liskamm in umgekehrter Richtung anzugehen. Mir fehlt dazu ebenfalls der Biss. Wer zu nachdenklich ist, taugt nicht zum Gipfelstürmer. In dichter Wolkensuppe führt mich Reto auf die Zumsteinspitze (4563 m ü. M.), einen Nachbargipfel der Signalkuppe. Wie weggeblasen die Faszination von gestern. Müde und apathisch folge ich Retos Spuren beim Abstieg über den gewaltigen Grenzgletscher in Richtung Zermatt.

Der Nebel ist so dicht, dass das Seil vor mir im Nichts zu verschwinden scheint. Maximale Sicherheit erreicht eine Seilschaft in weitläufigem Gletschergelände, wenn das Seil zwischen den einzelnen Bergsteigern möglichst lang ist, am besten mehr als zehn Meter. Falls dann einer in eine Gletscherspalte stürzt, findet das Seil auf dem Schnee genug Reibung, um zu verhindern, dass die anderen Bergsteiger mitgerissen werden.

Plötzlich hebt sich der Nebelvorhang! Klar treten die Konturen der umliegenden Bergkämme zutage. Wir stehen am nördlichen Fuße des Liskamm. Bis zu 1000 Metern hoch türmt sich eine fast lotrechte Wand aus Fels und Eis vor uns auf, fünf Kilometer breit. Dicke Eispakete kragen aus der Wand, dazwischen verlaufen vertikale Felsrippen. Ganz oben, am Firngrat, schleudert der Sturm Fontänen von Schneestaub in den stahlblauen Himmel. Die Natur inszeniert mit majestätischer Gelassenheit eine eindrucksvolle Demonstration ihrer Urgewalt. Ausgelöscht der Drang, in Retos Viertausender-Drückerkolonne auch noch diesen Berg abzuhaken.

Banking ist wie Staubsaugergeschäft im Direktvertrieb. Die eine Hälfte der Belegschaft montiert in der Fabrik Motoren, Elektronik und Gehäuse zu Endgeräten, die andere Hälfte putzt die Haustürklingeln der Republik. Die Drückerkolonne. Als M&A-Mann schraubte Herr W. an den großen Deals herum, ein veritabler Transaktionsingenieur. Die sogenannten Relationship-Manager, das waren die Drücker. Smart, aufgelegt, mit Einstecktuch. Als Produktspezialist begleitete Herr W. die Klingelputzer auch zu ihren Küchentischgesprächen mit den Küchenchefs ihrer Kunden,

den CEOs und CFOs der Republik. Mit einer gestelzten Einführung der Drücker (»*Für Sie, lieber Kunde, tun wir wirklich alles!*«) ging das Wort an W. Der durfte dann den Staubsauger zerlegen und erklären, wie alles funktioniert. Meistens standen beim Kunden schon Dutzende von Staubsaugern herum, aber das war den Drückern egal. Fasziniert beobachtete W., wie es ihnen immer wieder gelang, sich in der Schmerzzone des Kunden so lange festzubeißen, bis der sich genervt breitreden ließ, einen weiteren Staubsauger in die Kammer zu stellen.

Brotzeit auf der Monte-Rosa-Hütte. Reto stärkt sich an seinem Teil der Salami, die uns heute unterwegs als Hauptmahlzeit dient. Nonchalant, so ganz nebenbei, streut er einen Satz ein, der mich für eine Sekunde in Schrecklähmung verfallen lässt:

»Du, Ruedi, mer chönt morge uffs Hore go!«

Zermatter nennen »den Berg« einfach »Hore«. »Horn«.

Ich glaube meinen Ohren nicht zu trauen. Das M-Wort! Matterhorn! Der Inbegriff des Alpinismus. 4478 Meter hoch! Nicht einmal in meinen kühnsten Träumen hätte ich daran gedacht, den Namen dieses Berges als Aufstiegsziel in den Mund zu nehmen. *Ich* soll mich mit diesem Mythos von einem Gipfel messen? Da verschlägt es mir glatt die Sprache. Und im Kopf beginnt sich sofort das Gedankenkarussell zu drehen:

»Das Matterhorn ist den Erfahrensten und Besten vorbehalten, da kommst du nicht einfach so mir nichts, dir nichts rauf!«

Ah, es gibt ihn also noch, den ewigen Kritiker und Bedenkenträger in mir. Meldet sich aus der inneren Emigration zurück. Von seinem entfernten Standort aus, meint er den besten Überblick zu haben. Doch bei diesem Thema lasse ich mich nicht einschüchtern!

»Reto ist schließlich nicht irgendeine Gipfelwurst. Wenn er mich fragt, ob ich aufs Matterhorn will, dann heißt das: Ich bin *reif* fürs Matterhorn!«

Aber das reicht noch nicht, der nächste Pfeil ist schon aus dem Köcher geholt und wird postwendend abgeschossen, mitten in meine empfindlichste Zone:

»Das hast du doch nicht nötig, ist doch auch so ein Modeberg, mit dem sich nur eitle Pickelschwinger schmücken!«

Schluck, das traf. Wenn jetzt auch der Nonkonformist in mir die Seiten wechselt, werde ich noch eine einzigartige Chance verpassen! Gut, dass Reto gerade jetzt, im kritischsten Moment, eingreift:

»Lueg amol, Ruedi …«

Er zieht meinen Namen noch mehr in die Länge als sonst, was im Schwyzerdütsch trotzdem ganz natürlich rüberkommt. Und weil er auch noch eine sekundenlange Sprechpause macht, während er sich ein neues Stück Salami vom Teller fischt und schmatzend darauf herumzukauen beginnt, zieht er geschickt meine ungeteilte Aufmerksamkeit auf sich. Beide Stimmen im Kopf schweigen. Ich bin bereit, die Offenbarung meines Gurus zu empfangen.

»Lueg amol, Ruuediii …« – Name noch mehr langgezogen, Kopf leicht zur Seite gelegt, und ein cool-gelangweilter Blick durchs Fenster nach draußen, auf die leckeren Gipfel der Umgebung:

»Lueg amol, so öppis chumt nöd jede Tag.«

Weiteres Schmatzen, diesmal auch ein Schluck aus dem Rotweinglas. Durchatmen! Ich werde jetzt eine Entschei-

dung fällen. ICH werde es tun – oder meinetwegen auch nur jener Teil von mir, der einfach scharf ist aufs Matterhorn. M-A-T-T-E-R-H-O-R-N ! ! ! Die Bergikone schlechthin!
»JA, ICH WILL ! ! !«
»Dann sei es!«
Reto hält mir die Hand hin und ich schlage ein. Dabei könnte ich ihn vor Begeisterung umarmen!

Der Mythos Matterhorn hat also auch mich gepackt – mein alpiner Mega-Deal kommt tatsächlich ins Laufen! Ja, Retos Vorschlag schmeichelt meinem Ego. So wie früher mein Chef mir schmeichelte, wenn er mir die pikantesten Transaktionen der Bank antrug. Ach was – noch viel, viel mehr! Reto, du genialer Bauchpinsler, ich danke dir.

Jetzt braucht mich keiner mehr zu motivieren. Im gestreckten Lauf zur Gornergratbahn, damit runter nach Zermatt (eindeutige Regelverletzung, ohne inneren Protest) und rauf zur Hörnlihütte (natürlich zu Fuß). Der Startpunkt zur Bergsteigerarena, die dem Mythos vorgelagert ist. Gerade noch rechtzeitig zum Abendessen. Bei guten und stabilen Wetterverhältnissen kauern oft über zweihundert Gipfelstürmer hier auf der Hütte. Heute sind »nur« etwa vierzig da. Zu viel Schneefall in den vergangenen Tagen, das schreckt doch einige ab. Neugierig sehe ich mich in der Stube um.

Wir alle haben morgen dasselbe Ziel vor uns. Der M-Berg! Was mag in euch vorgehen? Ich versuche, Regungen in den Gesichtern auszumachen, Rückschlüsse auf die Gemütsverfassung der anderen Bergsteiger zu ziehen. Einige unterhalten sich ruhig mit ihren Tischnachbarn, andere bleiben stumm, ganz in sich gekehrt. Pokerfaces. Alle erfahren und abgeklärt, die Halbschuhtouristen sind im Tal geblieben. Sitzen wir alle im selben Boot, solidarisch geeint durch unser gemeinsames Ziel? Oder ist das hier wie auf einer Rettungsinsel, wo nur die Hälfte Platz finden wird, während die andere absäuft? Ich fühle mich ebenfalls neugierig gemustert, misstrauisch, nicht eben freundlich. Ich kann mich des Eindrucks nicht erwehren, dass wir alle Wettbewerber um eine knappe Resource sind. Als ginge es darum, das am Gipfel versteckte Goldnugget als erster zu finden.

Schlafen, Kräfte tanken. Doch ich habe eindeutig zu viel Adrenalin in den Adern, bin aufgeregt und nervös. Das Kopfkino läuft auf vollen Touren. Schlafe ich oder wache ich? Jetzt schrecke ich hoch, weil ich mich gerade vom Gipfel stürzen sah – ich muss geträumt haben. Zwei Betten weiter sägt einer einen ganzen Wald weg. Na, der scheint bessere Nerven zu haben. Ich muss unbedingt schlafen! Werde ich doch alle meine Kräfte brauchen, morgen in der Steilwand. Ob es so schlau ist, nach drei Tagen härtester Kraxelei mit Reto jetzt ausgerechnet noch … Wie spät ist es eigentlich?

Schrilles Weckerklingeln um Punkt 5:00 Uhr. Sekunden später stürzte Herr W. ins Bad. Die folgenden 15 Minuten waren exakt getaktet und folgten einem ausgeklügelten Ablauf: duschen, Zähne putzen, rasieren, ankleiden. Keine Minute durfte vergeudet werden, denn der Schlaf war kurz und kostbar. Den Koffer hatte W. bereits am Abend zuvor gepackt. Die Aktenmappe war prall gefüllt mit den Dokumenten, die während des Fluges und der kommenden Tage gelesen werden mussten. Dann eine Tasse Kaffee, hastig ein Stück Brot hinunterwürgen, den Mantel anziehen, in das bereits wartende Taxi einsteigen und zum Flughafen fahren. Auch hier folgten alle einzelnen Schritte einem genau einstudierten, exakt durchchoreografierten Ablauf. Perfektion in zeit-

licher Effizienz. Die kleinste Abweichung rief Stress hervor, löste einen Adrenalinschub aus, ließ den Magen verkrampfen.

Heiser und viel zu leise der Weckruf des Hüttenwarts um Punkt 4:30 Uhr. Der weiß: Hier wird ihn keiner überhören! Eine Sekunde später (gefühlt) stürzen vierzig Bergsteiger, zeitgleich getaktet fast wie Synchronschwimmer, mit fertig gepackten Rucksäcken auf die Gänge. Ihnen ist bekannt, worauf es ankommt! Dann hinunter in den Speisesaal. Nach 5 Minuten und 37 Sekunden (gestoppt) haben alle das Frühstück hinuntergewürgt. Unglaublich, ich bin hier wohl in einer Art Alpinisten-Ballett! Das sind durchweg Champions, so wie die hier im gleichen Takt in ihre Müsliriegel beißen! Nach einer weiteren Minute (konservativ geschätzt) gibt es den unvermeidlichen Stau beim Verlassen der Hütte. Niemand spricht ein Wort, jeder weiß, was zu tun ist. Reißverschlussverfahren, wie vor einer Autobahnbaustelle. Einfädeln, rausgehen, loslaufen. Kein Drängeln, kein Murren, jeder findet seinen Platz in der Kette. Mucksmäuschenstill ist es draußen.

Das hier ist nicht irgendein Berg. Schon nach nur zehn Minuten Aufstieg konfrontiert er uns mit einer ersten Schlüsselstelle. Eine Herausforderung von schlichter Geradlinigkeit und unterkühlter Schönheit: eine gut 50 Meter hohe, absolut senkrechte Felswand, und nur mannsbreit der Einstieg. Da müssen alle durch, und zwar einzeln. Was dem Bankräuber der Zahlencode vom Safe des Tresorraums, das ist dem Alpinisten seine Schlüsselstelle im Berg. Wenn er die nicht knackt, kann er gleich die ganze Unternehmung vergessen. Der M-Berg hielt sich Jahrtausende lang dadurch allzu viel Andrang vom massigen Leib. Half alles nichts! Früher war schon diese erste Barriere für fast alle Bergsteiger unüberwindlich. Heute aber, in Zeiten des Alpintourismus, geht es ganz problemlos durch die Felswand – wenn man einigermaßen fit ist. Man zieht sich einfach an einem Fixseil hoch, einem dauerhaft am Fels fixierten Tau, wie es heutzutage als Kletterhilfe vielerorts angebracht ist. Eigentlich nicht ganz fair dem Berg gegenüber – ein bisschen so, als ob man dem Bankräuber einen Zettel mit dem Zahlencode an den Safe klebt.

Das größere Problem ist das Anstehen in der Schlange! Wie beim Besteigen eines Flugzeugs – nur bin ich da immer auf der Seite der Privilegierten gewesen. Hier kann mit den Hufen scharren, wer will: Es gibt keine Privilegien, der Berg trotzt den Kraxlern das Gleichheitsprinzip ab. Da kann sich wirklich niemand vordrängeln! Ein schnörkelloses Einlassprinzip: »Wer zuerst kommt, mahlt zuerst.« Aber wer weiß: Vielleicht werden auf der Hütte ja irgendwann noch Platzkarten für Business- und Touristenklasse verkauft. Oder man stellt einen Automaten auf, wo man am Abend zuvor Nummern ziehen kann. Das könnte die Situation an Tagen mit 200 Bergsteigern durchaus entspannen: Wie auf dem Arbeitsamt – jeder wüsste wenigstens grob einzuschätzen, wie lange es noch dauert, bis er dran kommt.

Das Matterhorn-Exklusiv-Individual-Feeling gibt es nicht – nicht mehr, muss man wohl sagen. Ich fühle mich wie am Wühltisch im Schlussverkauf. Ob es den Jakobsweg-Pilgern auf ihren letzten Etappen wohl besser ergeht? Letztlich ist die massenhafte M-Show doch auch gewollt. Aber auch eine zweischneidige Sache für die gipfelgierige Klientel: Das M-Wort flößt längst nicht mehr allen den nötigen Respekt ein, weil sich herumgesprochen hat, dass es gewisse künstliche Hilfen für den Aufstieg gibt. Oben stürzen heute mehr Unglückliche ab als früher – es trauen sich viel zu viele Dilettanten hinauf. Am Fixseil wiegt man sich leicht in Sicherheit, aber die eigentlichen Gefahren lauern weiter oben: Steinschlag, Blitzschlag, Absturz im scheinbar leicht zu durchkletternden Gelände. Wie bei unserem Bankräuber: Dem mag der Tresorcode als die größte Hürde erscheinen, statistisch gesehen sind es aber die Kugeln der Polizei! Wenn er den Code nicht knackt und wieder nach Hause gehen muss, hat er letztlich bessere Chancen zu überleben.

Apropos: Links von mir sehe ich eine an den Fels montierte Plakette. Eine lange Liste mit den Namen tödlich verunglückter Bergsteiger, wie ein Mahnmal für gefallene Soldaten. Ihr Schicksal war schon besiegelt, während sie hier standen, voller Vorfreude. Wie auch ich jetzt. Verleitete sie das Fixseil, ihre eigenen Möglichkeiten zu überschätzen? Hatten sie eine Vorahnung des Todes? Warum eigentlich kehre ich nicht augenblicklich um?

Vom Tal her gesehen bietet das Matterhorn eine fulminante Optik. Ein Bild von einem Berg – nein, *das* Bild eines Berges schlechthin. Sicher, es gibt viele Berge auf der Erde, die noch höher und es gibt nicht wenige, die noch schwieriger zu bezwingen sind. Doch jeder Mensch kennt das Matterhorn. Nur als Bild die meisten, das ist klar, aber das Matterhorn ist nun einmal der meistfotografierte Bergriese der Welt. Aus gutem Grund: Schroff erhebt er sich wie ein Obelisk in den Himmel, von seinem Fuß aus fast 2000 Meter. Ein in sich geschlossener, super-massiver Felsklotz, der in perfekter Proportion zum Himmel strebt: auf der mächtigen Basis ruhend, sich über schlanke Steilflanken nach oben hin fast gleichmäßig verjüngend, in einen spitzen Gipfel auslaufend. Eine marketinggerechte Optik, in der Tat. Wie gesagt: vom Tal her gesehen. Wer aber auf das Matterhorn hinaufklettert, erkennt die ganze Wahrheit: Außen herum ist der Berg kein makellos glatter Fels, sondern ein einziger Schutthaufen aus losem Geröll. Wie ein zerbröselnder Hinkelstein.

Das bedeutet für mich: höchste Vorsicht »auf Schritt und Griff«, denn es kann passieren, dass man das Stück Stein, an dem man sich gerade hochziehen will, plötzlich in der Hand hält. Oder eben ein anderes Stück plötzlich auf den Kopf bekommt, sei es durch Steinschlag oder weil weiter oben wieder jemand etwas losgetreten hat. In höchstem Maße vom Steinschlag gefährdet sind die Stellen unterhalb des Hörnligrats, der viele Hundert Meter langen Kante an der nordöstlichen Seitenflanke des Riesen. Hier ist der Verwitterungseffekt am Gestein natürlich am größten, und es kann sich immer etwas lösen. Für Bergsteiger ist der Grat die Ideallinie für den Aufstieg – vorausgesetzt, es herrscht gutes Wetter. Bei Sturm und Gewitter hingegen bietet man dort eine ideale Angriffsfläche für die Naturgewalten! All das habe ich im Kopf, jetzt, da wir uns Meter für Meter an Höhe erarbeiten. Was ich nicht wissen kann und auch nicht im Mindesten erahne, ist, welche Rolle Letzteres heute noch für uns spielen wird.

Es gibt wohl nur wenige, die den Hörnligrat von unten bis oben genau auf der Gratkante zu erklettern vermögen. Wohl oder übel muss man hier und da in die Ostwand ausweichen, je nach technischem Vermögen. Machen wir es einfach so, wie der Wanderer auf einem Waldweg mit großen Pfützen: immer schön drum herum. Gerade ertaste ich mir auf einem schmalen Gratstück einen Standplatz. Müsste ich den Anblick der Angst einflößenden Abgründe links und rechts von mir vertonen, es wäre ein Fanfarenstoß schrill disharmonischer Töne! Konditionell fühle ich mich ausgerechnet heute wie ein Asthmatiker, der die Tuba blasen soll. Gerade mal ein zittriges, flaues Tönchen vermöchte ich aus meinem Instrument herauszuholen. In den vergangenen Tagen ist es doch noch schneidige Marschmusik gewesen! Und meine psychische Verfassung ist auf dem besten Wege, wieder einmal zum Ebenbild der körperlichen zu werden.

War es vielleicht doch nicht so klug, das M-Wort in den Mund – und dieses »Hore« mal eben so mitzunehmen? Die Vertraulichkeit, mit der die Zermatter mit ihrem »Hörnli« umgehen, erscheint mir jetzt wie blanker Hohn! Mit Pilgerbewusstsein komme ich da überhaupt nicht weiter. Also, wie war das doch früher, in der dünnen Luft der Hochfinanz? Auf halbem Wege zwischen Gipfel und Abgrund begegnen wir uns wieder, mein altes und mein neues Ich. An einem Schweizer »Hore«! Und ich bin dankbar, in dieser Situation eine Fähigkeit aus alten Tagen reaktivieren zu können: mich durchzubeißen, auch wenn es völlig sinnlos erscheinen mag.

Auf 4000 Metern Höhe erreichen wir endlich die Solvay-Hütte, ein Biwak, das immer wieder ausgepumpte Alpinisten aus dramatischer Situation gerettet hat. Nun, bei mir war es heute wohl eher wieder mein persönliches Melodram, was Reto mit unbestechlichem Blick auch sofort erkennt. Wenn er nach kurzer Verschnaufpause schon wieder zum Aufbruch drängt, dann aber auch aus anderem Grund: Gewitter sind angesagt.

Wir schinden uns weiter hinauf, das nächste Zwischenziel kurz vor dem Kulminationspunkt des M-Mythos ist eine steile Schulter. Die zweite Schlüsselstelle: eine wie mit dem Lineal gezogene, absolut senkrechte Zehn-Meter-Wand. Danach lockt der Gipfel! Die Alpinisten früherer Tage mussten hier nach rechts in die Nordwand ausweichen, in Zeiten der Bergriesen-Domestizierung ermöglicht erneut ein Fixseil den Durchstieg. Ich ergreife es, mit vor Kälte schon ganz steifen Händen. Schockschwerenot – das Ding ist ja total vereist! Auch das noch! Wie ein nasser, schwerer Sack hänge ich am unteren Ende. Und käme gar nicht dazu, meine ganze Kraft anzuwenden, selbst wenn ich sie noch hätte. Das Ding ist aalglatt, ich bekomme überhaupt keinen Griff, immer wieder rutsche ich ab. Pudding in den Armen, Leere im Kopf. Meine Augen füllen sich mit Wasser, Tränen der Wut und Enttäuschung, über mich selbst und die Situation. Und jetzt auch noch Unmutsbekundungen aus der nachfolgenden Seilschaft!

Was bleibt mir anderes übrig: Mit beiden Händen ergreife ich erneut und mit dem Mute der Verzweiflung das Seil ... und da ist plötzlich wieder Spannung in den Armen. Ja, ich schaffe den ersten Klimmzug! Dies muss der Anfang vom Ende der elenden Schinderei sein! Das motiviert doch für einen zweiten, einen dritten und noch weitere Armzüge. Mögen die Beine auch immer wieder strampeln und zucken, weil die Füße keinen rechten Halt an der Wand bekommen – jetzt werde ich nicht mehr aufgeben! Nie und nimmer! Da, die obere Kante! Ich kann schon fast drüber hinweg sehen, gleich werde ich es geschafft haben! Ich bin kurz vor dem Ziel!!!

Da passiert etwas, das mir fast den Atem verschlägt und mich völlig wehrlos macht ...

Der nachfolgende Bergführer gibt mir einfach einen Schubs von hinten, und ich plumpse aufs Matterhorn wie ein Nichtschwimmer ins Wasser. Ich bin total konsterniert. Soll ich mich freuen oder wütend sein auf diesen Kerl? Der hätte doch noch ein paar Sekunden warten können! Mein größter Triumph wurde mir durch ein alpines Kampfschwein gestohlen! Auf den Gipfel des Matterhorns gestupst – einfach so, ganz selbstverständlich und ohne vorher gefragt zu werden, ob überhaupt Hilfe nötig ist! Ich bin atemlos, total erschöpft – und sauer. Alles, nur nicht von großen Gefühlen überwältigt. Dazu ist die Erschöpfung einfach zu groß. Und der Ärger. Beschämt und verwirrt, blinzle ich verlegen in den Sonnenschein. Und ich hatte mir so fest vorgenommen, mir jeden Eindruck hier oben einzuprägen wie ein Schachgroßmeister sich seine Züge! Und jetzt?

Mein gesamtes Gewahrsein schaltet von Panoramasicht auf Einzelbildaufnahme, Reservemodus. Nur wenige kräftige Bilder vom Gipfel werden im Gedächtnis bleiben. Der chinesische Berggänger neben mir: hingekauert, vor Erschöpfung und Glück einfach losheulend. Die kleine Statue der Madonna, die stoisch in die Ferne blickt. Der Schnee unter meinen Füssen, auf den letzten Metern.

Reto ahnt nichts Gutes vom Himmel her kommend, drängt auf den Rückweg. Erzwingt die Wiederkehr meiner mentalen Präsenz mit einem lebenswichtigen Hinweis:

»70 Prozent der tödlichen Unfälle am Matterhorn passieren beim Abstieg!«

Ist ja wie im Mergers-and-Acquisitions-Geschäft – auch da gehen die Deals meistens erst schief, wenn man glaubt, schon alles in trockenen Tüchern zu haben.

Rein technisch ist das Abseilen für mich nicht mehr als Routine, fast eine Wellness-Packung, auf dem angenehm warmen Fels hier. Doch die Gewitterfront ist noch schneller da als befürchtet. Unterhalb der Solvay-Hütte, auf etwa 3800 Metern Höhe, geraten wir in einen Alptraum: Im Handumdrehen zieht Nebel auf, erst nervös an der Felswand herum hastende Fetzen, dann dicke, träge Schwaden, die uns die

Sicht nehmen. Innerhalb weniger Minuten wird der Himmel von quellenden, tiefschwarzen Wolkentürmen verfinstert. Wir beschleunigen das Tempo, Reto nimmt mich jetzt »ans kurze Seil«: Wir klettern beide gleichzeitig hintereinander, ohne zeitaufwendiges Sichern, er geht voran. Sonst ist der Gast beim Abstieg vorne dran, aber jetzt ist Orientierung wichtiger als Sichern. Abrupte Windstöße lassen die ersten nassen Schneeflocken an den Fels klatschen und zupfen fordernd an unserer Montur, wie Raubvögel an der Beute. Donnergrollen in der Ferne! Reto wird jetzt sehr streng und treibt mich mit Blicken, Worten und Ziehen-am-Seil immer mehr an. Schneller, noch schneller …

Geht aber nicht! Ich sehe ja kaum meine Hand vor Augen, das Gestein ist nass und glitschig. In meiner Hektik trete ich auch noch so ungeschickt auf einen Geröllbrocken, dass er sich löst und nach unten poltert. Ich komme ins Rutschen, kann mich gerade noch mit beiden Armbeugen an einem Felszacken festkrallen. Eine ungewöhnliche Umarmungsstrategie! Sekunden später hören wir den Gesteinsbrocken mit unerfreulichem Spritzgeräusch zerbersten. Hoffentlich war da unten niemand in der Nähe!

Nun ist das Gewitter direkt über uns – Blitz und Donner entladen sich in ein und derselben Sekunde mit infernalischem Getöse. Mir läuft es kalt den Rücken herunter, weil ich mit einem Mal realisiere, dass wir gerade auf dem Blitzableiter des Matterhorns sind: auch eine neckische Eigenschaft von unserem kleinen Freund, dem »Hörnchengrat«. In einem wahren Affenzahn klettern, krabbeln und hangeln wir uns nach unten und endlich auch aus dieser Gefahrenzone heraus. Reto zerrt mich immer wieder über die ärgsten Hindernisse, wie ein Stück Vieh am Strick. Ein Wunder, dass ich nicht stürze …

In höchster Gefahr übernimmt der Instinkt das Steuer und sorgt für Konzentration bis in die Haarspitzen. Ohne bewusstes Zutun wachse ich noch einmal über mich hinaus. Das unrühmliche Finale beim Aufstieg: längst wettgemacht! Nur Schnee und Wasser vor meinen Augen, ich sehe nichts mehr, reiße meine Brille herunter und werfe sie einfach weg. Wie ein Taucher in Atemnot seine Maske. Die letzten Kraftreserven mobilisieren. Nur nicht in nackte Panik verfallen! Wir überholen andere Seilschaften, ihnen sitzt die Angst noch stärker im Nacken, sie greifen nach dem Fels wie Schiffbrüchige nach der Bordwand eines übervollen Rettungsbootes, das sie doch nicht mehr aufzunehmen vermag … Entgeistert starren sie uns nach, die wir uns tollkühn den Weg voran bahnen, immer weiter nach unten, nach unten … nur heraus aus dem Gewitter.

In solchen Momenten ist jeder eine Insel. Sucht ganz auf sich allein gestellt sein Heil in der Flucht. Ich brülle Reto an, er soll doch langsamer klettern, stolpere schon wieder, finde gerade noch einen Griff, reiße mir dabei die Hand auf. Mit knapper Not nochmal gut gegangen, schon wieder. Ich zittere vor Schmerz und Angst, doch Reto bleibt unbarmherzig, zieht mich immer weiter voran. Und ich muss ihm folgen: Seilgemeinschaft – Schicksalsgemeinschaft! Irgendwann, ich weiß nicht, wie viel Zeit vergangen ist, weil mir jegliches Gefühl dafür abhanden gekommen ist, setzt der Himmel dem Spuk ein Ende. So plötzlich, wie es kam, zieht das Gewitter auch wieder ab.

Wie in Trance, aber außer Todesgefahr, gehe ich den Rest des Abstiegs an. Vielleicht eine Stunde dauert es noch, vielleicht weniger, es interessiert mich nicht. In diesem Zustand muss ich mich ohnehin ganz auf meinen Taktgeber verlassen. Ich habe einen Schock, kompletter Filmriss bis zur Hörnlihütte! Der Alpinjunkie hat endlich die Überdosis gefixt bekommen, auf die er insgeheim scharf war. In der Gaststube sinke ich wie ein Häufchen Elend in mich zusammen. Anspannung und Strapazen lösen sich nur ganz allmählich. Ich fühle eine so unermessliche Leere in meinem Innern, wie sie sonst nur im Weltraum herrschen kann. Kauere mich, eingerollt wie eine Katze, neben eine Bank auf den Fußboden. Unfähig, mich zu bewegen, unfähig, einen klaren Gedanken zu fassen.

Hüttengastronomie ist vielleicht die älteste Konzeptgastronomie der Welt, und ihr Konzept funktioniert immer: Tee und Suppe bringen die Lebensgeister des ausgepumpten Berggängers mit absoluter Verlässlichkeit zurück. Wenn in meinem Fall auch sehr langsam. Gut eine Stunde benötige ich, um überhaupt wieder auf den Beinen stehen zu können. Wir haben das letzte Stück Weges ja noch vor uns! Wie eine hölzerne Marionette, staksend und schwankend, entferne ich mich von der Hütte, vom Berg. Willenlos. Langsam sickern die Erinnerungen an die vergangenen Stunden ins Bewusstsein. Im zweiten Erlebnisteil kein Melodram mehr, sondern wirkliche, lebensbedrohliche Dramatik.

Danke, Reto! Du hast mich aus dem Inferno herausgeführt. Mit der richtigen Mischung aus Druck und Rücksicht, ohne durchzudrehen. Ob du dir selber sicher warst, dass wir es schaffen würden? Ich frage dich lieber nicht. Nun, da ich immer mehr begreife, dass wir es geschafft haben, durchflutet mich ein warmer Strom der Zufriedenheit und Dankbarkeit. Ein letzter Blick zurück, hinauf in die schwindelnde

Höhe, aus der wir gekommen sind. Das M-Wort – ich werde es in Zukunft mit kleinlautem Respekt aussprechen. Ich bin so froh, auf den Boden zurückgeholt worden zu sein – in mehr als nur in einem Sinn.

Herr W. saß mit seiner Freundin am Ufer des Zuger Sees. Sie genossen den herrlichen Blick über das spiegelglatte Wasser und auf die schneebedeckten Berge. Ein sommerlicher Freitagabend, ein sonniges Wochenende stand bevor. Hier in einer kleinen Wohnung direkt am Ufer hatten sie einen Sommer innigen Glücks verbracht. W.'s Projektarbeit hatte ihn hierher geführt. Die Beziehung war harmonisch und gefestigt, schien nun reif für weitere Schritte. Dann der Anruf seines Chefs. »Kannst du am Montag in Brasilien sein? Wir brauchen dich da.« Spontan traf W. die Entscheidung, für sich alleine. Er sagte auf der Stelle zu. Die Freundin informierte er – wie er fand, pflichtgemäß – gleich anschließend: »Z. hat mich angerufen. Das Büro in São Paulo sucht einen Projektleiter für mindestens ein halbes Jahr. Du, das ist die Chance für mich. Brasilien hat mich schon immer gereizt, und Portugiesisch kann ich auch noch lernen. Die wollen, dass ich am Montag rüberfliege und anfange.« Vor lauter Begeisterung über die beruflichen Perspektiven bemerkte W. nicht, dass er soeben einem Menschen, der ihn liebte, das Herz gebrochen hatte. Der Anfang vom Ende der Beziehung.

Der Bergsteigerfriedhof liegt – aus gutem Grund, wie ich finde – genau in der Mitte von Zermatt. Größen aus der Geschichte des Alpinismus liegen hier neben Unbekannten begraben. Alle verunglückt. Ihre Passion wurde ihnen zum Verhängnis. Wohlbehalten zurück im Tal, ist es eine meiner ersten Handlungen, den Friedhof erneut zu besuchen und dankbar eine Kerze in seiner Kirche anzuzünden. Außerdem gönne ich mir einen Tag – warum eigentlich nicht auch zwei? – in einem erstklassigen Hotel. Mit Blick auf den »Berg der Berge« direkt von meinem Bett aus! Ich brauche jetzt ganz einfach dieses Gegengewicht zu den Entbehrungen und Anstrengungen der letzten Tage. Und der Pilger in mir, soviel ist jetzt klar, wird wohl für immer den Hedonisten brauchen, um auch mit dem Ehrgeizling in Frieden leben zu können! Wenn gestern Hannibal und heute Hedonist sich in den Vordergrund schieben, wird sich morgen auch der Pilger wieder ins rechte Licht zu setzen wissen. Da bin ich mir mittlerweile sicher: Eine wahrhaft ganzheitliche Lebensqualität ist das, der ich nie mehr abschwören möchte. Nie im Leben mehr!

Herrlich, einmal auszuschlafen, ohne zu unchristlicher Stunde geweckt zu werden! Ich nehme mir alle Zeit der Welt beim Wachwerden, kuschele mich ausgiebig in das flauschig-luftig-duftige, frisch bezogene Bett. Wie eine neuartige Dimension der Sinnlichkeit ist das. Sehr bewusst lasse ich mich den lieben langen Tag von Komfort und Gediegenheit verwöhnen. Mit dem Hoteliersehepaar, Lisa und Theo, habe ich mich schnell angefreundet. Ausgiebiges gemeinsames Frühstück auf der Terrasse. Meine Haut hat noch die Sonne vergangener Tage eingespeichert. Außen herum Ruhe und freundliche Menschen, innen drin Zufriedenheit und Frieden.

Herr W. schätzte die Politik der Bank, ihre Managing Directors stets in den besten Hotels unterzubringen. Luxuskomfort als Ausgleich zum anstrengenden Arbeitsalltag, ein exklusives Kolorit als elitärer Rahmen, dem Ego seiner Liga angemessen. Hier durfte man sich unter seinesgleichen fühlen und wurde selbst so gesehen, ohne jedwede Irritation durch das Fußvolk. Allerdings beschränkten sich die Aufenthalte im Elysium meist auf wenige Stunden, nach endlosen Sitzungen oder Kundendinners kam er meist erst nach Mitternacht in sein Zimmer und ließ sich bereits früh am Morgen wecken, um den ersten Flug zu nehmen. Der Schlaf war mehr Tortur als Erholung. W. spürte einen papierenen Geschmack im Mund, Magendrücken und Sodbrennen vom schweren Abendessen. Des Öfteren erwachte er schweißgebadet, grübelte dann ruhelos und zerfahren über die morgige Agenda nach, zappte nervös durchs Nachtprogramm. Kopfweh, wieder zuviel getrunken. Während dieser grauen Stunden fiel die glamouröse Maske des Fünfsternehotels, der äußere Luxus enthüllte seine höhnische Fratze.

Reto ruft an, der alte Antreiber. Er will mir nur einen einzigen Tag der Ruhe gewähren.

»Ruedi, wo bisch, chumm, mer spazieret noch zur Hütte, morn packe mer 's Zinalrothorn!«

Seit ich zum Tross eines eidgenössischen Alpinfeldmarschalls gehöre, sehne ich mich manchmal fast schon nach meinem Südtiroler Bergfeldwebel zurück. Doch wenn ich ehrlich bin, zieht es mich bereits wieder hinaus – oder besser: hinauf. Pilger und Hedonist, zurücktreten ins Glied – jetzt ist nochmal Hannibal am Zuge! Wer weiß, wie oft ich noch Gelegenheit haben werde, eine solche Spitzenkraft wie Reto ganz für mich allein zu haben.

Ein formidabler Zacken, das Zinalrothorn (4221 m ü. M.), er sieht ein wenig aus wie eine überstürzende Woge, bevor sie zusammenbricht. Ein bisschen der kleine Bruder des Matterhorns, und tatsächlich sind beide von demselben Stamm: Ihr Gestein ist aus Gneis – der vom afrikanischen Urkontinent stammt! Es ist sonnig, aber eine kühle, so gar nicht mehr sommerliche Brise weht durch die Gassen von Zermatt. Rauf zur Rothorn-Hütte auf 3200 Metern, eine gute Portion von 1600 Höhenmetern für den angekündigten Nachmittagsspaziergang. Wenigstens kann ich im Windschatten meines Bergboliden laufen.

Der genussorientierte Wandersmann findet am Wegesrand schöne Bergbeizen: die Edelweißhütte (Reto zerrt mich weiter) und das Trifthotel (dort darf ich mich mit frischem Apfelkuchen stärken). Er weiß schon, warum ich ein paar Kalorien brauche, denn nun hetzt er mich durch schroffes graues Moränengelände. Schneidend und eisig senkt sich jetzt der Wind auf uns herab. Außer uns kam nur eine Gruppe Österreicher auf die verrückte Idee, bei dieser Kälte überhaupt noch eine Bergtour zu machen. Blass hocken sie in der Gaststube, als wir auf der Hütte ankommen, der an ihnen hängende Atemdampf sagt alles über die Temperaturen, die hier auch im August herrschen. Einzige Wärmequelle ist der mit Holz befeuerte Ofen in der Küche.

An den kuscheln sich zwei hübsche, junge Frauen und schälen zitternd Kartoffeln. So sehr frieren und trotzdem so nett sein! Selbst bei Dauerfrost während der Sommermonate den Gästen mit ansteckender Fröhlichkeit zu begegnen, das muss ihnen erst mal einer nachmachen. Reto vertrauen sie an, dass sie an rheumatischen Beschwerden leiden. Die sind noch keine 30, aber schon krank durch Arbeit! Und wir beide, Reto und ich, sind schon so alt, dass wir prinzipiell bei jedem Aufenthalt ab 3000 Metern Höhe ein Angebot nicht nur in zwischenmenschlicher Wärme, sondern auch in Grad Celsius erwarten! Am liebsten würde ich sofort den verantwortlichen Sektionschef anrufen und ihm meine Meinung sagen. Wohl wieder einer dieser Hardcore-Ökos, für die beheizte Räume im Sommer sogar im Hochgebirge tabu sind. Dem würde ich gerne mal im Winter zuhause die Zentralheizung abschalten! Mitarbeiter und Gäste hier so frieren zu lassen! Nachts will ich wie gewohnt meinen Durst mit einem Schluck Wasser stillen, doch nichts kommt raus aus der Flasche. Zu einem Klumpen Eis gefroren! Heizung abschalten ist noch viel zu human – ich wünsche dem Herrn Sektionschef unverzüglich eine Übernachtung in der Tiefkühltruhe an den Hals.

Sternklare Nacht. Aggressiv rüttelt der Sturm an den Fensterläden. Aufbruch im Dunkeln, immer wieder Sturmböen. Wie die Schläge einer Peitsche, deren hartes Leder mit Eispartikeln besetzt ist, mitten ins Gesicht. Meine Bewegungen und Gedanken sind eingefroren, jeder Schritt ein Energie saugender Willensakt. Wir zwängen uns durch das »Wasserloch«, eine heikle Kletterpassage, die ihren Namen nicht ganz zu Unrecht trägt: Das Gestein wehrt sich mit der schlüpfrig-schmierigen, dreckig-schlammigen Haut eines kalten Karpfens gegen unseren Angriff. Wir tasten uns, auf den Pickel gestützt, über ein schräges, stark abschüssiges Firnfeld. Frontal angreifende Sturmböen werfen mich fast um, ich fühle mich unsicher, kralle mich mit dem Pickel am Eis fest. Nirgends finde ich richtig Halt, die Fußgelenke müssen – schmerzhaft! – unnatürlich angewinkelt werden, damit man den Fuß möglichst flächig aufzusetzen kann. Balance halten wie auf einem Hochseil, sich bloß nicht in die Tiefe kippen lassen! Auf dieser Seife nach unten gleitend fände ich nirgendwo mehr Halt. Würde irgendwo in der Tiefe zu einer formlosen Masse zerschmettert.

Und doch geschafft, wieder einmal – wir haben das obere Ende des Triftgletschers erreicht. Hier beginnt ein Eisgrat, wie er im Buche steht: etwa einhundert Meter lang, der First bietet gerade einmal einen halben Meter Trittfläche in der Breite – na, wenn das nicht reicht! Eine »Eisscheide« gleichsam, seit undenklichen Zeiten fließt hier das Eis zu beiden Seiten des Firstes in die Tiefe und speist jeweils einen mächtigen Gletscher. Wir klammern uns zunächst an der Firnwulst des Grats fest, bis wir uns einigermaßen erholt haben. Um anschließend unseren Gang auf Messers Schneide anzutreten, hinüber zum Felseinstieg.

Sturmböen! Jedesmal ducken wir uns, um auf ein kurzes Windloch zu warten, laufen dann sofort gebückt weiter, mit den Fingerspitzen kurz über dem Boden, um den Körper im Notfall sofort abfangen zu können. Immer bereit, uns schlagartig hinzuwerfen und festzukrallen, da die nächste Bö nur eine Frage der Zeit ist. Reto ist wirklich mein Mann für die dramatischen Momente! Endlich, das Ende des eisigen Schwebebalkens ist erreicht und damit die felsige, unvereiste Flanke des Gipfels. Sie schützt uns vor dem Wind, fängt wie ein Parabolspiegel die ersten warmen Sonnenstrahlen des noch jungen Tages ein. Die Sonne! In entrückter Distanz zu zwei Menschen, die aus freien Stücken die Gewalt der Elemente herausfordern, hat sie sich auf ihre Bahn begeben und hüllt drüben am Horizont die Kämme von Obergabelhorn und Dent Blanche in das zarteste Rosa.

Der Einstieg in die Ostflanke. In eine Felsrinne, eng wie ein Kamin und fast so steil. Mit gespreizten Beinen arbeiten wir uns hinauf, bis zu einer Einkerbung im Südgrat. Genug gespielt, meint jetzt das Zinalrothorn und kokettiert mit seiner Schlüsselstelle, der Binerplatte, einer atemberaubend abschüssigen und erschreckend glatt gezogenen Felstafel. Gleich dem Dach einer riesigen Kathedrale ist sie vor uns aufgehängt, wie um uns gezielt den Zugang zum Gipfelgrat zu verbauen. An ihrer unteren Kante mündet sie in einen Abgrund von mehreren Hundert Metern Tiefe. Erneut bietet der Berg seinen heute wertvollsten Verbündeten auf, den Sturm, lässt ihn jetzt aber frontal attackieren, wahrscheinlich weil er weiß, dass uns dies wiederum am empfindlichsten trifft.

Auch die Binerplatte, ein echtes Highlight des Alpinismus, wurde für die Kletterer natürlich bereits so weit mundgerecht aufbereitet, dass unter normalen Bedingungen niemand zu Schaden kommen sollte, der die erforderlichen Techniken beherrscht. Dies geschah hier passenderweise durch das Setzen von Bohrhaken. Wir allerdings stehen jetzt vor einem echten Problem, denn Neuschnee hat die Haken zugeweht, und Reto findet keine Stelle, um mich zu sichern. 20 lange Minuten vergehen, bis er ohne Sicherung, mit der Körperbeherrschung eines Kunstturners, die Binerplatte tatsächlich überwunden hat. Unterdessen kauere ich, erbärmlich frierend, in einer Felsnische. Obwohl ich zwei Paar Handschuhe trage, sind meine Finger schon völlig taub. 15 Grad Minus, Böen von 100 km/h, wie wir später erfahren! Reto brüllt auf Hochdeutsch in den tosenden Sturm hinein:

»Traust du dich, hier rüber zu klettern? Wenn du ausrutschst, sind wir beide tot. Ich kann dich nicht vernünftig sichern! Oder wir kehren um.«

Eine dieser digitalen Entscheidungen am Berg, die ich doch so schätze! Und hier geht es um Leben oder Tod. Um unser beider Leben! Reto kann mich nicht sichern, beide sind wir mit dem Seil verbunden. Der Mann hat ein Vertrauen in mich! Ein innerer Kampf entbrennt – heftig, aber kurz. Nach nur zehn Sekunden hat Hannibal den Pilger per Schulterwurf erledigt.

»Ich komme rüber!« brülle ich zurück.

An sich ist die Stelle technisch nicht allzu schwer, aber die erschreckende Tiefe am unteren Rand der Binerplatte und der heftige Sturm lassen meine Knie butterweich werden. Wenn ich hier abrutsche, kann mich Reto nicht halten, und wir stürzen beide in den Abgrund. Aber meine Konzentration ist nadelspitz ausgerichtet auf die Herausforderung, die jetzt vor mir liegt: unter Aufbietung aller Körperkräfte und Balancierkünste unser Leben nicht zu gefährden! Im Zeitlupentempo, aber doch ohne kritische Momente, gelange ich hoch zu Reto. Große Erleichterung bei uns beiden! Es war wirklich ein enormer Vertrauensvorschuss, den ich – Gott sei Dank! – rechtfertigen konnte.

Jetzt aber wollen wir den Lohn unserer Angst einheimsen! Der Gipfelgrat liegt vor uns. Sieht gefährlich aus, wie ein zackiges, schräg aufgestelltes Brotmesser. Ist aber griffig, und wir kommen rasch voran. Am Gipfel! Innerlich aufgewühlt, ausgelaugt durch die Kälte, erschöpft von der körperlichen Anstrengung. Dichte, kraftvoll-farbige Bilder, arktisches Blau und Weiß des Himmels und der Gletschergipfel. Retos knallgrüne Jacke flattert im Sturm, ein punkiger Farbtupfer. Die Kälte treibt uns zurück zur Rothornhütte: wie in Trance im Krebsgang über das Brotmesser hangeln, losgelöst von Zeit- und Raumgefühl an Felswänden vorbei schweben, über Gletscherfelder gleiten. Mein Bewusstsein reduziert sich darauf, den linken Fuß irgendwie kontrolliert vor den rechten zu schlenkern und dann aufzusetzen. Und danach den rechten vor den linken. Nichts weiter. Alle mentale Kraft verbrannt, wie Brennstäbe im AKW, menschlicher Geist in der Abklingphase des Energiekreislaufs. Nutzungsgrad einhundert Prozent. Auf der Rothornhütte ist es inzwischen noch kälter geworden, und der Strom ist auch ausgefallen. Wie passend. Eine heiße Suppe bekommen wir trotzdem, also was wollen wir noch. Halten wir eben den Löffel mit dem Fäustling, um die Brühe mit dem Körperschlitz zwischen Daunenjacke und Mütze einzuschlürfen. Eingerollt unter einem halben Dutzend Decken, fröstelnd wie ein Fiebernder, doch ausgekühlt bis in den Kern seines Körpers, sucht Hannibal den Schlaf. Reto schnarcht. Kein Pardon, morgen gilt es das Obergabelhorn zu besteigen.

»Bergkameradschaft« – ein verstaubter, aber unverwüstlicher Begriffs-Dauerbrenner. Was dahinter steht, mag in der Zeit internetbasierter, globaler Netzwerke saurierhaft anmuten. Kantigen Typen wie Reto fehlt der urbane Feinschliff. Sie sind nun mal direkter, üben sich nicht in fein ziselierter Prosa. Doch ich habe durch die ungehobelte Kruste hindurchgesehen, habe mich um Freundschaft bemüht – und wurde belohnt! Dem Sohn der Berge sind – wie einem unverdorbenen Kind – Herkunft, soziale Stellung, Beruf oder Vermögenslage des Gefährten völlig gleichgültig. Sympathie findet ihren Ursprung im Bauch, nicht im Kopf. Der Bergler ist kein Kuschelbär. Wenn ich bei seinem Händedruck vor Schmerz aufjaulen könnte, dann weiß ich: Der Mann mag mich! Wir teilen die Leidenschaft für die Berge und die Natur. Kein Erklärungsbedarf, einfach eine schweigende, verstehende Komplizenschaft. In der Felswand begeben wir uns in eine selbstgewählte Schicksalsgemeinschaft. Vertrauen für Vertrauen: nur so kehren wir im Ernstfall unversehrt zurück. Wir sichern uns gegenseitig, stehen uns *immer* zur Seite – ob im Notfall oder wenn einer einfach mal schlapp macht. Das Fehlverhalten des einen oder des anderen kann uns beide ins Jenseits befördern. Wir spinnen einen Kokon des Muts und der Umsicht, des Willens und des Loslassens um uns herum. Das schützt – und motiviert.

Eine feine Adresse im Villenviertel einer Kleinstadt im Taunus. Einer der Senior Managing Directors *hatte zur alljährlichen Sommerparty geladen. Ein repräsentatives Landhaus mit großem, gepflegtem Garten und altem Baumbestand, ein kleiner Park schon fast. Respekt, dachte Herr W. beim Eintreten, nicht nur teures, sondern auch feines und geschmackvolles* Interior Design. *Alles unaufdringlich restauriert. Nicht zu protzige Blumengestecke im Foyer. Die Möbel eine gelungene Mischung aus Alt und Neu, mit sicherem Geschmack aufeinander abgestimmt. Mit Stil präsentierter Wohlstand, komplimentierte W. innerlich.*

Im Wohnzimmer ein Steinway-Flügel, nicht neu, sondern sichtbar über lange Zeit bespielt. Hier stutzte W. zum ersten Male. Der Hausherr spielt doch nicht selber? Sicher einem Pianisten abgekauft. Gedacht als Möbel mit dem Flair echter Kultur, hingestellt wie für eine Schaufensterdekoration bei Harrod's. *W. triumphierte ein bisschen. Hatte er doch ein untrügliches Anzeichen von* Fake *in dem sonst so gelungenen Arrangement ausfindig gemacht. Etwas unbeseelt wirkte das Haus bei näherem Hinsehen sowieso. Kein Wunder, lebte die Familie doch überwiegend in London. Hier war das Nebendomizil, es diente nur für soziale Anlässe wie diesen. Manchmal übernachtete der Hausherr hier auch, falls er einmal den letzten Flieger nach London verpasste. Oder verpassen wollte, aus Gründen, die höchstens seine langjährige Assistentin kannte.*

Gedämpfte Musik im Garten, ein kubanisches Ensemble spiel-

te Son. Wie im Film Buena Vista Social Club. *Wieder diese gekaufte Authentizität.* Adrette Damen des Catering Service reichten den Gästen appetitliche Häppchen auf Silbertabletts. Der Hausherr, souverän im Anzug auch ohne Krawatte, machte Konversation mit seinen wichtigsten Managern. Geladen auch die Junior-Berater, sie gruppierten sich in kleinen Runden, warfen interessierte Blicke auf die Top-Manager. Zeigten ihr bestes Gesicht. Wie in einem leidenschaftlichen Flirt. Ja, schaut nur hin, ihr Jungspunde, so weit kann man es bringen, wenn man nur hart genug arbeitet!

Die Gespräche: sommerlich-relaxter Smalltalk unter Arrivierten, denen ihr Gegenüber im Innersten doch gleichgültig ist. Oder die sich wenigstens auf sicherem Wege in diese zivilisatorische Rangstufe wähnen. Worte sind der Schmierstoff für die Mechanik eines guten sozialen Netzwerks. Wie das Erdöl für die globale Ökonomie. Jeder ist ein gut geöltes, kleines oder großes Zahnrad und läuft widerstandslos in einer gewaltigen Maschinerie mit. Geschrien wird lautlos. Gelitten im Verborgenen. Champagnergläser wurden gefüllt, der Hausherr gab einen Toast auf die erfolgreiche Zukunft der Bank aus.

Millionen Sterne am nachtschwarzen Firmament. Bei den ersten Atemzügen dringt die Kälte in die Lungen wie ein spitzes Messer. Sofort wird mir klar: Reto hat mich zu einem arktischen Tiefkühltrip überredet. Der Eislauf beginnt unter den gleichen Vorzeichen wie gestern, nur ist der Sturm noch stärker geworden, die Temperatur noch weiter gefallen. Ich bin schon jetzt erschöpft, ohne jede Energie.

»Reto, benutzt du mich hier nur als willenlosen, eisgekühlten Begleitdackel, weil du in Ausübung deiner masochistischen Neigungen wenigstens nicht als hoffnungsloser Loner gelten willst?«

Nur als Frage an mich selber, natürlich. Die Antwort kommt, wie meistens bei Fragen dieser Art, aus dem Off zwischen meinen Ohren:

»Lauf einfach hinter Reto her, du bist ihm was schuldig. Hat er dir nicht gestern bewiesen, dass du endlich ein normaler Mensch wirst?«

Ich weiß jetzt nicht so genau, welcher Teil meiner – hoffentlich nur vorübergehend – multiplen Persönlichkeit sich da jetzt vorwagt. Ich brauche ohnehin nicht mehr selbst aktiv zu werden, um interessante Gespräche dieser Art in Gang zu halten:

»Du meinst, weil er mir unbegrenztes Vertrauen geschenkt hat?«

Ein Gefühl von Stolz wärmt immer, selbst wenn man schon alles dafür tut, durch Laufen seine Gliedmaßen vor Erfrierungen zu bewahren: Pickel in die linke Hand, die Rechte im Handschuh zur Faust ballen, damit sie sich erwärmt, dann andersherum. Das ist ungefähr so wirkungsvoll, als wollte man mit einem Streichholz eine Wanne voll Eis auftauen.

»Kein unbegrenztes Vertrauen, du Idiot! Hast es immer noch nicht begriffen: Er wusste sehr wohl, was er tut – schließlich ist er jetzt dein Guru. Und du musst immer tun, was dein Guru sagt. Er weiß es besser!«

Aha, der Pilger in mir meldet sich wieder mal zu Wort! Anscheinend fühlt er sich etwas benachteiligt und greift jetzt zum letzten Mittel: esoterische Gehirnwäsche! Andererseits: Vertrauen gegen Vertrauen – wer weiß, was der Tag noch bringt. Ich werde Reto eine Chance geben. Und wenn wir am Ende des Tages schon nicht quitt sein werden, so kann ich vielleicht mein Goodwill-Konto ein bisschen auffüllen.

So taub sind meine Hände inzwischen geworden, dass ich mich beim Klettern nicht mehr richtig an den Felskerben, neben dem Seilführer meine einzig verlässlichen Partner, festhalten kann. Wie zwei Eisklumpen hängen die Hände an meinen Armen, die selber zu knarzen scheinen wie rostige Türangeln. Und Reto? Der hat jetzt Betriebstemperatur erreicht, dampft nur so vor Kletterfreude. Bemerkt aber doch, dass sein Gast – ja, auch das erfüllt mich ein wenig mit Stolz: Ich bin hier nicht mehr zahlender Kunde, sondern »Klettergast« – Quadratzentimeter für Quadratzentimeter am Fels festfrieren und zur Eissäule erstarren könnte. Auf der Wellenkuppe hat er endlich ein Einsehen:

»Du chumsch da nimmer uffa, ufs Obergabelhorn! Hät au ein Huureschturm dört obe! Mir chehret um!«

Mir ist alles recht, ich will nur in die Wärme. Wärme! Apathisch stolpere ich ins Tal. Mir könnte jetzt Herr Yeti höchstpersönlich mit einem dressierten Mammut begegnen, ich hätte keine Lust, die Kamera zu zücken. Und schon gar nicht für die Herde staunender Steinböcke dort drüben. Glotzt nicht so, ihr habt ja keine Ahnung, was es für einen normalen Menschen bedeutet, sich in eure Gefilde zu begeben!

Endlich wieder im Tal! Schnurstracks steuere ich die Sauna des Elysiums von Lisa und Theo an. Zur Wärmeheilbehandlung! Eigenartig, die ersten Wärmewellen prallen an meinen obersten Hautschichten wie an einem tiefgekühlten Hitzeschild ab. Jetzt fange ich erst richtig zu frieren an. Stimmt, Unterkühlte soll man ja langsam aufheizen! Egal, erst mal einen Aufguss, vielleicht sprengt das die Hitzekacheln um meinen Körper weg. Ah, ganz langsam sickern

Wärmewellen durch die Poren, herrlich! Jetzt erst fällt mein Blick auf die Hände. Sieben Fingernägel sind violett angelaufen. Angefroren, wie es scheint. Ob die jetzt abfallen? Auch einen großen Zeh hat es erwischt. Mit der Wärme kommt auch der Schmerz. Man kann eben nicht alles haben! Heute stelle ich locker einen Guinness-Rekord im Saunasitzen auf. In der Zermatter Ärzteszene gehören Erfrierungen zur täglichen Routine, und nach einem kurzen Praxisbesuch kann ich beim Flanieren auf der Hauptstraße den staunenden Touristen nicht weniger als sieben blütenweiße Fingerkuppenverbände als Trophäe entgegenstrecken!

Ja, heute Abend will ich mal wieder fein ausgehen und gut essen! Natürlich im Rahmen meiner Möglichkeiten: frisch rasiert und geduscht, mit handgewaschener frischer Funktionswäsche und Badeschlappen statt verdreckter Bergschuhe. Das ist deutlich unter Jacketstandard, aber was soll's.

Im Hotel empfiehlt man mir die »Schafstube« *Chez Daniela*. Ein Volltreffer! Eine Schnupperportion sämige, goldgelbe Raclette. Butterzarte Lammracks, saftig am offenen Grill zubereitet! Vollmundiger, rubinrot funkelnder Walliser Rotwein in der Karaffe. Mit Daniela verstehe ich mich auf Anhieb blendend, kein Wunder, sie hat bereits alle Viertausender der Schweizer Alpen bezwungen. Überhaupt nicht eingebildet, locker und gut drauf, führt sie das erstklassige Restaurant mit unaufdringlich persönlicher Note. Da bin ich ziemlich beeindruckt – wie immer, wenn ich einen Menschen treffe, der mit Hingabe schafft, aber nicht nur lebt, um zu arbeiten.

Der Saal war bis auf den letzten Platz gefüllt, denn alle Managing Directors der weltweit agierenden Bank fanden hier in New York zu ihrem Jahrestreffen zusammen. Der CEO hielt mit sonorer Stimme die Einleitungsrede. Dieser Mann war eine lebende Legende, ein kampferprobter Veteran der Wall Street. Eine Milliarde Dollar schwer, größter Einzelaktionär des Konzerns, bestens vernetzt mit den anderen Größen der Finanzszene, befreundet mit dem Präsidenten. Einen Freund hatte er heute auch als Überraschungsgast für das Meeting eingeladen, eine weltbekannte Ikone der Private-Equity-Szene, ebenfalls milliardenschwer, berühmt-berüchtigt für sein Gespür als Firmenjäger. Der bullige, untersetzte Mann stieg schnaufend die kurze Treppe zum Podest mit dem Rednerpult hinauf.

Und das sollte der »Barbar vor den Stadttoren« sein? So jedenfalls nannten ihn alle, die fürchteten, von ihm aufgekauft zu werden. Der kommt ja kaum die paar Stufen rauf, kicherte W. in sich hinein. Da stand er nun, die Private-Equity-Ikone, an der Seite des CEO. Raunen im Saal bei denen, die ihn als erste erkannten. Dann brach frenetischer Jubel aus. Da oben standen nun zwei Männer, die es geschafft hatten. Sie standen an der Spitze des amerikanischen Traums vom selbstgeschaffenen, unermesslichen Reichtum und nahmen die stehenden Ovationen der Banker entgegen. Das Yes, we can! des Kapitalismus. Eine perfekte Inszenierung, um jeden im Saal mit diesem berauschenden Credo zu infizieren: Make Money! Make more Money! Nur W. war wieder einmal irritiert: Diese beiden Männer da oben schienen alles andere als entspannt. Ja, sie wirkten verbissen und verkrampft. Ein fanatisches und getriebenes Blitzen in ihren Augen. Eigentlich könnten sie sich doch cool zurücklehnen, dachte W.

Dorthin aufzusteigen, wo man auf diesem Planeten den Sternen tatsächlich am nächsten ist, erfordert weise Selbstbeschränkung. Es heißt, sich auf das wirklich Notwendige zu beschränken und alles Überflüssige zu vermeiden. Das gilt für die Optimierung der Ausrüstung und des Gepäcks, für die planvolle Einteilung der eigenen Kräfte, nicht zuletzt für die Kommunikation in der Gemeinschaft. Jedes »Zuviel« kann die Konzentration stören, die Kräfte auslaugen, den Erfolg infrage stellen. Jede Handlung, jeder Gedanke muss sich schnörkellos dem Ziel unterordnen, den Gipfel zu erreichen und unversehrt heimzukehren. Darin liegen Demut und Leidenschaft, Dienen und Leadership, Loslassen und Zupacken in einem. Kein Platz für inhaltsleere Rituale, die dem Aufbau und der Erhaltung von Status und schönem Schein gelten. Der solide handwerkliche Könner erringt den Gipfelerfolg und gelangt sicher nach Hause, nicht der genialische Überflieger. »Einer für alle, alle für einen« – und nicht »The winner takes it all«.

Wie also gestalte ich meine jetzt dringend erforderlichen Ruhetage? Lust, mich zu bewegen, verspüre ich überhaupt nicht! Lediglich zu gewissen Besorgungen und Beschäftigungen im überschaubaren Radius raffe ich mich auf. Proviant im Supermarkt um die Ecke auffrischen, technische Ausrüstung verfeinern (hier in Zermatt: eine wärmere und stabilere Kletterhose, wärmere Handschuhe), entspannen (in rustikalen Beizen und beim Saunabesuch), meinen Blog in einem Internet-Café aktualisieren. Er ist mein kleines Türchen zur Außenwelt, hier zeichne ich Abschnitt für Abschnitt die Linie meiner Wanderschaft nach. Über Mails von Lesern werde ich mittlerweile sogar ermuntert, weiter durchzuhalten!

In diesen Zermatter Tagen entsteht auch die Idee, ein

Buch über meine Erlebnisse zu schreiben. Das nächste Abenteuer findet doch nicht etwa am Schreibtisch statt? So nach dem Motto: »Die Erzählung von den Abenteuern des Herrn W. mit den lila gefrorenen Fingernägeln«. Nein, das klingt wie ein Kinderbuch. Das Werk darf nicht zu schwerblütig daher kommen, sonst verkauft es sich nicht. Wie wär's mit einem Titel in der Art von »Hannibals Reisen«? Ach nein, dann nimmt mir keiner ab, dass ich auch auf dem Weg zu mir selbst bin. Auf die Gefahr hin, dass es zu spirituell wirkt, könnte ich mich anfreunden mit: »Über die Berge zu mir selbst«. Ob ich dafür einen Verlag finde?

Ruhevolle Intermezzi unterbrechen, stören aber nicht meinen Bewegungsfluss. Sie lassen mich am sozialen Leben teilnehmen, schenken mir Begegnungen mit Menschen, Kontaktpunkte der Seele. In einem Sportgeschäft begegne ich zufällig einem mir bekannten Bergführer wieder. »Jo, der Walter aus Österreich, ein Freak!«, so war er mir vor ein paar Tagen auf einer Berghütte von Reto vorgestellt worden. Schon damals dachte ich: ein interessanter Typ, verwegen mit seiner wilden Haarpracht, individuell in seiner Lodenberghose, intellektuell mit seiner Brille. Mit dem würde ich mal gerne kraxeln gehen! Jetzt kommen wir ins Gespräch, und spontan frage ich ihn, ob er Zeit hätte. Er hat, für mehrere Tage sogar! Wir verabreden uns schon für morgen Nachmittag, im Biwak am Kleinen Matterhorn. Ich freue mich über diese Begegnung und auf die Tour mit Walter.

»Ich will aber!« Herr W. versuchte wieder einmal, damit durchzukommen. Ein schlichter Satz, aber bei der Dame am Counter der Airline hatte er sich schon des Öfteren als Zauberformel erwiesen.

Dank seiner VIP-Karte war er üblicherweise ganz oben auf der Warteliste für den Flug nach Hamburg. Der Flieger war wie immer überbucht, und nun drängte sich die Schar mürrischer Reisender, die wie er auf der Liste standen, nach vorne. Normalerweise bekam W. mit seinem Top-Ranking ohne Probleme einen Sitzplatz. Diesmal aber wurden vor ihm Mitglieder der neu eingeführten, noch exklusiveren VIP²-Karte mit Plätzen bedient. W. tobte.

»Das ist eine unglaubliche Schweinerei. Ich muss diesen Flieger nehmen! Jede Woche fliege ich viermal mit dieser Scheiß-Airline, da kann man Service erwarten!« Beschwichtigende Worte von der Dame. »Das ist mir sowas von egal. Ich will! Ich will sofort Ihren Chef sprechen. Sie werden mal sehen, was hier passiert, wenn ich den Herrn N. mal anrufe und Bescheid gebe. Den kenne ich nämlich persönlich, ich arbeite für ihn!«

Herr N. war der Vorstand der Airline. W. überlegte tatsächlich, ob er seine Ankündigung wahr machen sollte. Es war keine leere Drohung, er hatte die Nummer. Fädelte er doch höchstselbst gerade die Akquisition der nationalen Airline eines Nachbarlandes für Herrn N. ein. Aber W. konnte sich gerade noch einmal bremsen – es wäre doch allzu peinlich gewesen, Herrn N. mit seinen persönlichen Problemen zu behelligen, womöglich noch in einer wichtigen Sitzung. Da die Dame am Counter wie immer ihr maskenhaft freundliches Lächeln aufzog und um ihn herum auch alle anderen Wartenden aufgebracht waren, brauchte er sich auch nicht für seine Unbeherrschtheit zu schämen. Höchstens vor sich selber, aber da hatte er schon zum Handy gegriffen und eine Teamassistentin angeraunzt, sie solle seine Verspätung angemessen entschuldigen. So oder so musste sich Herr W. bis zum nächsten Flug gedulden.

Die Begegnung mit Walter regt mich zum Nachdenken an. »So ein Zufall!« – das ist doch der erste Gedanke, der einem da kommt. Hinter ihm steht allerdings eine komplexere Prämisse, als das Alltagsbewusstsein erkennen mag: Wer so denkt, hält noch die unwahrscheinlichsten Begebenheiten für eine Laune der Natur oder – geschwollener ausgedrückt, aber im Grunde dasselbe sagend – für ein durch beliebige Randbedingungen ziellos zustande gekommenes, im Grunde austauschbares Ergebnis eines stochastischen Experiments mit sehr geringer Wahrscheinlichkeit. Wenn ein Mensch, der so dächte, auch noch gläubig wäre, müsste er sich, in Abwandlung von Einsteins berühmtem Satz, eigentlich folgendermaßen bekennen: »Gott würfelt doch.« Nein, das ist mir eine zu mechanische Erklärung, da ist noch etwas anderes.

Also, zunächst suchte ich einen Bergführer, und Walter bildete eine wünschenswerte Option. Meine Gemütslage war entspannt und gelassen: eine lockere, positive Erwartungshaltung, ich wollte überhaupt nichts erzwingen. Hatte das unverkrampfte Gefühl, es werde sich schon etwas ergeben. Ich hatte »losgelassen«. Und, schwupps, alles präsentiert sich wie gewünscht! Welch unglaubliche Erweiterung meiner Möglichkeiten! Nicht managermäßig etwas bis ins Letzte durchplanen, es notfalls übers Knie brechen, wenn es nicht klappen will – sondern einfach den Dingen ihren Lauf lassen. Und die im Prozess wirkenden Energien durch die richtige mentale Haltung in die gewünschte Richtung lenken. Wunschdenken? Ja, aber mit einer Rache an der Ratio, seitens der Bauchintelligenz! Ich beschließe, mit dem Wort »Zufall« in Zukunft etwas vorsichtiger umzugehen.

An der Bergstation des Kleinen Matterhorns befindet sich eine kleine Hütte, sie dient dem Personal tagsüber als Pausenraum. Manchmal dürfen hier Bergführer mit ihren Gästen übernachten. Walter und ich sitzen auf der Terrasse in der Sonne, allmählich leert sich das Plateau, die letzte Bahn nimmt die wenigen noch verbliebenen Touristen mit hinunter ins Tal. Wir sind jetzt alleine, still senken sich die letzten milden Sonnenstrahlen über die Gipfel. Trotz einer Höhe von fast 4000 Metern ist es recht warm im Biwak.

Walter kocht Spaghetti. Für mich ein Anhauch von Kindheitserinnerung. Kein Kompliment für Walter, aber ich sah da kurz meine Oma in der Schürze stehen, duftendes Essen bereitend, mich kleinen Jungen immer wohlwollend im liebenden Auge. Bald genießen wir unser einfaches Mahl, streuen frischen Parmigiano über die Pasta, nippen am Rotwein. Kein edler Tropfen, doch ist man erst in stille Behaglichkeit entrückt, schenkt auch ein einfacher Landwein ein volles erdiges Bouquet. Noch lange diskutiere ich mit Walter – ein bemerkenswerter Mensch, eigenwillig, kantig, rundheraus in seinen Ansichten. Sohn einer Unternehmerfamilie, er studierte Philosophie, folgte aber seiner Passion und wurde Bergführer. Arbeitet im Winter als Möbeldesigner, darin ist er Autodidakt. In diesem Lebenslauf ist viel Stoff zum Nachdenken für mich, den Suchenden nach sich selbst. Das Gespräch hat mich weit hinausgetragen in eine noch völlig neue Gedankenwelt. Auf einer alten Matratze lege ich mich schlafen, eingewickelt in eine alte Militärdecke. Zwischenheimat. Oder schon mehr als das?

Eine Bar irgendwo in Übersee. Mitternacht lange vorbei, die Verhandlungen hatten sich bis weit in den Abend hineingezogen. Der zuständige Auslandschef war hochzufrieden. Der Deal war

so gut wie in trockenen Tüchern, jetzt musste nur noch das Announcement erfolgen. PR (Public Relations) und IR (Investor Relations) würden das morgen erledigen. Das Bankerteam hatte gediegen zu Abend gegessen, Hummer »bis zum Abwinken!« in einer vornehmen Adresse am Meer. Jetzt stand W. mit einem jüngeren Associate und dem Landeschef am Tresen. Sie stießen auf den Deal an und nahmen einen Schluck kühles Bier. Eine dunkelhäutige Schönheit näherte sich gezielt und doch zwanglos der Gruppe, sprach den Landeschef wie einen alten Freund an. »Hi Sweetie, how are you?« Der klinkte sich bei der Dame ein, winkte seinen Eleven zu und verschwand mit Dame und Bierglas in einer Hintertür. Seinen beiden zurückgebliebenen Kollegen rief er noch mit einladender Geste zu: »Hey guys, pick yourself two nice asses. See you tomorrow!«

Wecken bereits um zwei Uhr nachts, denn ein beträchtliches Tagespensum steht bevor: Castor, Felikhorn, die beiden Gipfel des Liskamm, Zumsteinspitze, Grenzgipfel und Dufourspitze, zweithöchster Alpengipfel überhaupt. Sieben Viertausender! Wie die sieben Töne einer Tonleiter, eine regelrechte Gipfelmelodie – mir klangen schon die Ohren, als Walter sie am Vorabend, bei der Lagebesprechung, alle nacheinander aufzählte. Und heute sind die äußeren Bedingungen optimal: klarer Sternenhimmel, angenehme Kühle. Kein Lüftchen regt sich. Vollkommene Lautlosigkeit. Unwillkürlich fast auf Zehenspitzen setzt sich die Zweimann-Gletscherkarawane in Bewegung. Doch schon beschleunigt sie auf ein adäquates Marschtempo, um noch vor Anbruch des Morgens den ersten Gipfel zu nehmen. Dort auf dem Castor erst einmal innehalten: Droben am Firmament das Sternenmeer, weit unten in der Ferne der Lichterteppich der norditalienischen Städte. Fast wie Fremdlinge fühlen sich die beiden Männer auf diesem Planeten, der auf ihnen unbekannter Bahn durch ein unermessliches Universum zieht.

Am Übergang zwischen Castor und Liskamm stülpt sich eine fast unscheinbare Schneekuppe aus dem Gletscher. Gestatten, Felikhorn, ich bin auch ein Viertausender, 4087 Meter hoch! Unsere Hochachtung, wir packen dich jetzt in unsere Gipfeltüte und marschieren weiter.

Liskamm zum Dritten. Ich kann es nicht lassen, bin aber vorsichtig geworden: Mit gehöriger Achtung nähere ich mich heute dem Berg, der mich schon zweimal abgewiesen hat. Doch nun scheint er meine Anwesenheit zu dulden. Ich bin ruhig, fühle mich kräftig, setze jeden Schritt bewusst. Der imposante, sich über mehrere Kilometer erstreckende Kamm hat zahlreiche Gipfel, was ihm wohl auch seinen Namen, der im Walserdeutsch »Läusekamm« bedeutet, eingetragen hat. Vielleicht verfügen die Walliser, neben ihren sonstigen Eigenarten, auch über besondere Erkenntnisse bezüglich des Hygieneverhaltens der Himmelsbewohner? Irdische Wesen jedenfalls dürften in einer Höhe von viereinhalbtausend Metern vor der nächsten Kopfwäsche den Rückzug ins Tal antreten.

Unsere Route führt vom Felikjoch über den Westgrat zunächst zum Westgipfel (4481 m ü. M.). Um ihn zu erreichen, verlangt uns eine gewaltige Firnflanke zwar noch kein besonderes technisches Vermögen, aber doch bereits eine subtanzielle Ausdauerleistung ab. Am westlichen Gipfel dann liegt unser Startpunkt zum Anmarsch auf den noch etwas höheren Ostgipfel (4527 m ü. M.). Dieser Weg führt über den »Langen Grat«, dessen Name keiner besonderen Erklärung bedarf, wenn man weiß, dass er über einen Kilometer lang ist. Während unserer Vorbereitung auf unser heutiges Abenteuer hielt Walter bezüglich dieses Teilstücks eine gute und eine schlechte Nachricht für mich bereit. Die gute Nachricht bestand darin, dass auch dieser Anstieg technisch nicht besonders schwierig sein würde. Die schlechte, dass er dafür lang und gefährlich ist. An aussagekräftigen Beinamen für Bergmonster mangelt es nicht, und so hat der Liskamm auch noch den Titel »Menschenfresser« weggekriegt. Eben deshalb, weil auf dem teilweise gerade einmal handtuchbreiten Felsgrat, vor dem wir in diesem Moment stehen, schon etliche Bergsteiger umgekommen sind.

Kletterlektion, Nummer fünf: Verhalten bei Wechtenbruch. Eine Wechte ist allgemeinsprachlich eine ganz normale Schneewehe, im Bergsteigerjargon dagegen bezeichnet das Wort eine spezielle und überaus tückische Form der Schneeverfrachtung: Der Wind treibt Schnee von der einen Seite an den Grat, und dieser Schnee lagert sich stark verdichtet auf der windabgewandten Seite, auf Höhe und unterhalb der Gratkante, an. Manchmal wächst dieser Treibschnee wie ein Keil aus der Kuppe des Grats heraus. Tritt man auf diese Wechte, kommt es zu einer jener Ja-Nein-Fragen, die hier oben über Leben und Tod entscheiden können: Hält sie – oder hält sie nicht? Ganz ähnlich wie beim Erspüren von Gletscherspalten und Gletschertöpfen bedarf es einer Art von sechstem Sinn, um den Verdichtungsgrad und damit die Haltbarkeit einer Wechte einzuschätzen, ja, um überhaupt zu erkennen, dass unter dem Schnee kein Fels ist – sondern ein Abgrund. 500 Meter wären es hier zur einen Seite, bis man unten, am »Läusegletscher«, ankäme. Zur anderen bis zu einem Kilometer – die eisgepanzerte Nordostwand hinunter. Soweit die theoretische Vorbereitung. Der praktische Teil der Lektion ist ein Musterbeispiel für die lakonische Art, die den typischen Bergmenschen im Umgang mit Gefahren kennzeichnet:

»Sollte ich auf dem Grat abstürzen, hast du genau fünf Meter Seil oder anderthalb Sekunden, um auf der anderen Seite hinunterzuspringen. Dann kann nichts passieren. Wenn du zu lange zögerst, stürzen wir beide ab.«

Klingt einleuchtend, oder? Walter hat zwar eine sanfte Stimme, aber er ist ein harter Kerl. Und jetzt meint er es todernst. Also rekapitulieren: Er stürzt links in den Abgrund – ich springe in den rechten. Und umgekehrt: Er schmiert rechts ab, ich stürze mich links runter. Da wir ungefähr das gleiche Körpergewicht haben, müssten wir uns perfekt ergänzen. Darf nur keiner von uns zu viel Schnee am Anzug haben! Intellektuell bin ich der Sache gewachsen – aber auch nervlich? Werde ich in der Schrecksekunde geistesgegenwärtig genug sein?

Jedenfalls sind die Elemente uns bisher ausgesprochen freundlich gesinnt, außerdem sind wir früh genug unterwegs, dass der Firn zunächst noch hart gefroren sein sollte. Damit dürfte auch die eine oder andere Wechte ein ganz brauchbarer Partner in Sachen Sicherheit sein. Unsere Wanderung auf dieser zarten Kante wird Stunden in Anspruch nehmen, da wir uns äußerst vorsichtig vorwärtsarbeiten müssen. Im Lauf der Zeit wird die Sonne den Schnee zunehmend aufweichen. An besonders schmalen Passagen – wie gesagt, bisweilen ist der trittsichere Fels nur handtuchbreit! – könnte es kritisch werden. Lieber nicht zur Seite nach unten blicken! Eher schon mal nach oben, in einem Anflug von Hannibal-Hedonismus: zwei Seiltänzer in schwindelnder Höhe, allem Irdischen entrückt – großartig! Die Unendlichkeit spannt ihr azurblaues Trapez auf, uns an unsichtbaren Fäden auf trittsicherem Weg haltend, wie filigrane Marionetten. Das muss es sein, was Artisten an ihrem lebensgefährlichen Beruf fesselt: das Wissen um die Möglichkeit des Todes mit mentaler Stärke zu meistern und sich der körperlichen Herausforderung mit Fitness, Mut und Erfahrung zu stellen. Noch etwas matt erhebt sich die Morgensonne über dem Monte Rosa, aber schon vergoldet sie den Schnee mit einem honiggelben Schimmer. Nur weiter jetzt, der Firn wird nun schneller schmelzen ...

Herr W. ist spät dran für sein Meeting. Bedenkenlos rennt er über die verkehrsreiche Straße, donnert mit seinem Sportwagen viel zu schnell über die Autobahn zum Flughafen, während er mit der Sekretärin telefoniert und eine Nachricht auf seinem Blackberry schreibt. Hektisch und gedankenverloren zugleich. Knapp, wie immer, erwischt er das Flugzeug, würgt ein Sandwich hinunter und ist dabei schon wieder mit dem Nächsten beschäftigt: noch einmal die Präsentation durchblättern. Das Flugzeug muss heute wegen Sturmböen bei der Landung noch einmal durchstarten und hat Verspätung. Der Taxifahrer riskiert seinen Führerschein, um W. mit Vollgas zum Meeting zu chauffieren. Da ruft seine Sekretärin an. Der Kunde hat kurzfristig den Termin abgesagt und bittet um einen neuen Terminvorschlag. War Herr W. sich eigentlich bewusst, dass er heute mehrmals sein Leben riskiert hat? Wofür eigentlich?

Alles gut gegangen. Der Ostgipfel ist erreicht. Und gleich weiter – das Tagespensum! Der Ostgrat senkt sich zum Lisjoch, 350 Höhenmeter weiter unten, und dann geht es in einem leichten Linksschwenk Richtung Norden. Jetzt sind es zwei winzige Läuse, ihrem Todfeind vom Zinken gehüpft, die frohgemut weiter krabbeln, über ein frisch gewaschenes, strahlend weißes Leintuch hinweg, das sich von Horizont zu Horizont spannt. Windstille. Feinste Schneekristalle flirren im Gegenlicht der Sonne. Auf dem makellos gebügelten Laken fehlen den fipsigen Viechern die Referenzpunkte, sie scheinen fast auf der Stelle festzukleben.

Doch wie den Blutsauger nach neuen Opfern, gelüstet auch mich jetzt nach weiteren Gipfelerlebnissen! Als nächstes nehmen wir die Zumsteinspitze (4563 m ü. M.) in Angriff. Trotz seiner immensen Höhe wirkt dieser Gipfel wie ein kleiner schüchterner Zipfel. Kein Wunder, steht er doch in unmittelbarer Nachbarschaft zur gewaltigen pyramidenförmigen Südwand der Dufourspitze (4634 m ü. M.). Die beiden ungleichen Brüder trennt nur ein schlanker, etwa ein Kilometer langer Firngrat. Auf ihm balancieren wir vorsichtig hinunter bis zum Einstieg in die Felswand. Kritisch mustert Walter den Gegner, lächelt aber sogleich: griffiger, rötlicher Fels, warm von der Sonneneinstrahlung. Ideale Voraussetzung für reines Klettervergnügen!

Walter schwingt sich die Mauer empor, nimmt schnörkellos den kürzesten Weg, die Falllinie entlang. Noch reichen meine Kraftreserven, um ihm immer wieder in die Höhe zu folgen. Keine Fixseile wie am Matterhorn, hier wird noch ehrliche Arbeit abgeliefert! Jetzt ist das Dach der Schweiz, der zweithöchste Berg der Alpen, zum Greifen nahe, nur noch über den Grenzgipfel und eine scharfe Felsrippe hinauf. Der Gipfel! Ich könnte losschreien vor unbändiger Lebensfreude. Oben angekommen, werde ich aber plötzlich ganz ruhig. Walter klopft mir mit einem kräftigen Schlag auf den Rücken.

»Mei, is des a supa Tag! Guat gmacht, Rudi! Mir dir tat i auf alle Berg geh!«

»Walter, danke!«

Mehr bekomme ich nicht heraus, er soll ja nicht merken, dass ich jetzt ganz sentimental werde! Das schafft nur ein Bergmensch, so viel Wärme, Anerkennung und Sympathie in wenige einfache Worte zu packen! Ich setze mich auf einen Gipfelfels, lasse meine Beine über der atemberaubend tiefen Südwand baumeln, gehe noch einmal langsam mit den Augen das Halbrund unserer Marschlinie nach. Ein Schluck Tee, ein Bissen vom Trockenfleisch. Ganz leicht streicht mir ein kühler Windhauch über die Wangen. Wie glücklich ich bin! Nun erhalten all die Momente der Selbstüberwindung, des geduldigen Weiterlaufens in den vergangenen Monaten einen tief empfundenen Sinn. Wir sitzen schweigend nebeneinander. Sind es fünf Minuten, ist es eine halbe Stunde? Ich weiß es nicht. Wir sind beide nicht zum Sprechen aufgelegt, aber das wirkt hier nicht befremdlich. Jeder hängt seinen eigenen Gedanken nach, und dennoch fühle ich eine Harmonie. Spüre, dass in Walter Ähnliches vorgeht wie in mir. Wie er sich einfangen lässt von der Stille und der Besonderheit des Moments.

Vom Abstieg wird nichts in Erinnerung bleiben, wie in Trance folge ich Walter, als wäre ich sein Schatten. Ich benötige jetzt Zeit, um die Erlebnisse des Tages zu verarbeiten, wieder und wieder sehe ich sie vor meinem geistigen Auge. Wie nach dem Verlassen eines Kinos, wenn man fast apathisch aus dem Saal hinausstolpert. In Zermatt genehmigen wir uns in einem kleinen Biergarten ein Weizenbier. Andere Bergführer laufen vorbei. Wie ein Novize nach seiner ersten bestandenen Prüfung, proste ich den Jungs mit vor Stolz geschwellter Brust zu. Walter ist ganz aufgedreht:

»Kimmts, i lad euch zu am Bier ein. Mei, ham wir an supa Tag ghabt!«

Schon ist er mitten drin in der Gipfelballade von Meister Walter und seinem besten Gesellen. Egal, ob vom Freibier oder unseren Heldentaten angelockt, die Bergführer gesellen sich gerne zu uns und nicken mir anerkennend zu, als sei ich einer von ihnen.

Das Wunder der kleinen Schritte. Jeden Tag verfolge ich ein Etappenziel: ein Gipfel, eine Hütte, ein Bergdorf. Und immer auch mein großes Ziel: das Meer. Bis auf ganz wenige Ausnahmen nutze ich nur ein einziges Fortbewegungsmittel: meine Beine! Unendlich viele, aufeinander folgende, einfache Schritte. Die Natur begrenzt die Möglichkeiten des Menschen, und der menschliche Schritt ist für mich das Maß aller Dinge. Sprunghafte Kraftanstrengungen, um mein Fortkommen zu beschleunigen, erweisen sich als fruchtlos. Und sie erschöpfen mich unnötig. Sich der natürlichen Mechanik meiner Schritte anzuvertrauen, das ist das ganze Geheimnis. Dem Drang widerstehen, immer wieder zu beschleunigen. Auf meinen Körper hören, um das richtige Tempo zu finden, das meinen Kräften entspricht und mich am weitesten trägt. Das heißt auch, mit einem Widerspruch leben zu lernen und an ihm zu wachsen: Der einzelne Schritt, der gerade erlebte Moment, sie sind scheinbar nichts im Vergleich mit der Entfernung zum Ziel. Und doch bringt mich jeder einzelne Schritt ihm näher. Unmerklich zwar, aber gewiss. Die unbegreiflich große Zahl kleiner Schritte ist es, die mich ans Ziel bringt. Ein Wunder. Um es zu bewirken, brauche ich

Geduld und Selbstvertrauen. Keine Fort-Schritts-Kontrolle wie früher. Einfach nur Vertrauen in das alltägliche Wunder.

Organisches Wachstum, kleine Schritte: In der Bankerwelt des Herrn W. sind das Attribute von Angsthasen und Verlierern. Der Megadeal, der große Wurf, das Millionenhonorar. Think big! Vergiss den Millionendeal, wenn du den Milliardendeal bekommen kannst. Der Kunde zahlt königliche Honorare, also darf er Ergebnisse bereits vorgestern erwarten. Der Kapitalmarkt giert nach Real-time-Information, permanenten Updates, Quartalsberichten. Was im Quartalsbericht angekündigt wird, muss im Folgequartal geliefert werden. Budgets sind Zuckerbrot für naive und Peitsche für erfahrene Banker. Da ist keine Zeit für behutsame und nachhaltige Entwicklung. Der Kapitalmarkt ist ein Stundenhotel. Der Banker ist eine Edelhure. Bodylease *heißt das im Beraterdeutsch, der Kunde bestimmt den Service. Worin bestand eigentlich der Unterschied zwischen Herrn W. und einer brasilianischen Escortdame, die ein paar Jahre lächelnd rund um die Uhr ihren Kunden zu Diensten steht, um sich dann zur Ruhe setzen zu können?*

Es wird Zeit, Zermatt Richtung Westen zu verlassen. Der Hochsommer, in dem ich fast meine Finger erfror, neigt sich dem Ende zu. Spürbar werden die Tage kürzer, bräunliche Farbtöne überziehen die Bergwiesen. Immer noch ein weiter Weg bis zum Mittelmeer. Am Nachmittag des folgenden Tages verlasse ich Zermatt zusammen mit Walter, wir wandern zur Schönbieler Hütte hinauf. Eine wilde Gegend, bestanden von eigenwillig wachsenden Arven. Ich leiste mir immer wieder mal ein verstohlen-kumpelhaftes Zwinkern hinüber zum Matterhorn. Jetzt stehe ich genau vor seiner Nordwand und der jäh abbrechenden Kante des Zmuttgletschers am Fuß der Wand. Eingekeilt zwischen mehrere Viertausender markiert die Hütte den äußersten südwestlichen Zipfel des deutschen Sprachgebietes. Südlich, hinter der Dent d'Hérens, spricht man italienisch und westlich, hinter der Dent Blanche, französisch. Hier macht das Wort »Sprachbarriere« noch Sinn: Jenseits der monumentalen Gletschermauer könnten die Menschen auch Mandarin sprechen, und hier würde es wohl keinem auffallen.

Das Saisonende naht in Riesenschritten, und so sind nur einige versprengte Restalpinisten jetzt noch hier. In Erwartung des baldigen Urlaubs ist das Hüttenpersonal angenehm entspannt. Man ist gut drauf, scherzt viel und lässt sich durch nichts mehr aus der Ruhe bringen.

Unweit der Schönbieler Hütte versperrt ein klobiger breiter Riegel den Weg nach Westen, er ist mehrere Hundert Meter hoch. Da würden wir uns jetzt am liebsten hinaufbeamen, denn wir wollen doch noch unsere nächste Hütte, die Cabane de Dent Blanche, erreichen. Walter ist nun aber nicht Captain Kirk und von daher gefordert, den richtigen Einstieg in die Wand zu finden. Gar nicht so einfach, wie es scheint! Ziemlich zeitaufwendig sieht dieses Aufstiegsprojekt aus, doch schon hat mein Kletterscout die Fährte nach oben aufgespürt. An einer griffigen Felskante beginnt Kraxlervergnügen pur!

Wir kommen voran wie die Weltmeister im Sportklettern und sind viel früher oben als gedacht. Wow, nur knapp zwei Stunden für einen fast 600 Meter hohen Felsriegel! Um

Auf dem Weg zum Kletterfreak

Langeweile auf der Hütte zu vermeiden, verlängern wir unsere sportive Outdoor-Aktivität noch ein wenig und lenken die Schritte auf den Gipfel des Wandflühhorns. Dieser bedauernswerte Berg spielt leider nur in der Kreisklasse der Zermatter Bergliga, ein subalterner, mickriger Dreitausender halt. Mit diesem miesen Rating investiert kaum ein Bergsteiger seine Kraft in ihn, und so fristet er ein stiefmütterliches Dasein im alpinen Graumarkt. Oberhalb eines weitläufigen Gletschers thront die Cabane de Dent Blanche, wie der Ausguck auf einem Piratenschiff.

Hier führt eine Frau das Regiment! Isolde trägt gerade frischen Obstkuchen herein. Übermorgen macht auch sie die Hütte dicht. Ein paar Büchsen Bier treibt sie für uns noch auf. Nur her damit! Resolut-sympathisch, wie sie nun mal ist, kommt sie mit wenigen präzisen Fragen zum Kern der Sache. Bereits nach wenigen Minuten weiß sie, dass Walter und ich beide aus Überzeugung unverheiratet sind. Gar nicht so schlecht, ihr Versuch, uns die Ehe schmackhaft zu machen:

»Wisst Ihr, ich lass den Alten drei Monate im Sommer im Tal! Im Herbst freu ich mich, ihn wiederzusehen, und im Juni freu ich mich, ihn wieder los zu sein!«

Bemerkenswert pragmatisch, vielleicht sollte ich doch heiraten. Isoldes Logik folgend, müsste ihre Freude auf den Ehemann in diesen Tagen den saisonalen Höhepunkt erreichen. Ihre Kochfreude scheint schon heute Abend aufs höchste stimuliert. Erstaunlich, welches vorzügliche Mahl sie aus den wenigen verfügbaren Restbeständen an Lebensmitteln zaubert!

Herr W. beobachtete bei seinen Kollegen einen stetigen Anstieg ihres Einkommens. Noch stärker aber stiegen ihre Aufwendungen für den eigenen Lebensunterhalt. Der Fantasie sind beim Ausgeben von Geld keine Grenzen gesetzt. Ein erstaunliches Talent der Geldvernichtung entwickelten die Freundinnen und Frauen der Kollegen. Nicht alle, aber doch einige. Kein Wunder, sie hatten auch genug Zeit dafür. Im Gegenzug woben diese Frauen für ihre Männer ein dichtes Netz sozialer Beziehungen aus Bekannten und Freunden, das dem Status und Ego der Frauen entsprach und der finanziellen Potenz ihrer Männer angemessen war. Viel Energie setzten sie dafür ein, denn Bekanntschaften dieser Art wollen permanent gepflegt und mit adäquaten Events gefüttert werden: Partys, Einladungen, Gegeneinladungen. Die Kriterien der Zugehörigkeit zu dem exklusiven Zirkel waren streng. Aufgenommen zu werden erforderte – neben dem nötigen Kleingeld – viel Geduld und Anpassung. Herausfallen konnte man dagegen schnell – und das war nicht hinzunehmen, schon gar nicht für die Frauen. Sonst

wären sie sich ja der Sinnentleertheit ihres Daseins bewusst geworden. *Also machten sie regen Gebrauch von jedem nur denkbaren Druckmittel, um ihre Männer zur permanenten und fortgesetzten Höchstleistung anzustacheln.* Eigenartig, dachte W., bei manchen Leuten schaukeln sich der Zwang, viel Geld zu verdienen, und der Zwang, viel Geld auszugeben, gegenseitig hoch. Es sprach eigentlich nichts dagegen, beides zu eliminieren.

Heute erlauben wir uns die Lässigkeit, die anderen Bergsteiger vor uns losziehen zu lassen, um selbst ungestört und in Ruhe frühstücken zu können. Mit Turbo-Walter als Bergführer und dank meiner recht ordentlichen Kondition holen wir sie bestimmt schnell wieder ein. Es ist Mitte September, noch vor wenigen Wochen wäre es mir undenkbar erschienen, je so abgeklärt mein Müsli zu schlabbern – noch dazu vor so einer anstrengenden und fordernden Expedition wie auf die Dent Blanche! Da ist sogar die Normalroute anspruchsvoll. Man klettert stundenlang auf dem langgezogenen Südgrat, fast frei schwebend über Hunderte von Metern tiefen Abgründen links und rechts. Um überhaupt dorthin zu gelangen, müssen wir eine steile Eisnase traversieren. Bei jedem Schritt winkle ich den Fuß so stark an wie nur möglich, um mit den Steigeisen maximale Haftung auf dem spiegelglatten Grund zu erreichen. Ein Eiertanz, denn das geht zu Lasten der Balance! Oje, wo ist auf einmal meine souveräne Sicherheit geblieben?

Unsicherheit führt zu Angst, und Angst zu noch mehr Angst. Wie ein Kartenhaus bricht meine ach so tolle, coole Gipfelstürmerfassade in sich zusammen: weiche Knie, Zittern, Angstschweiß, Höhenkoller, Absturzpanik. Ein Häufchen Elend klebt schlotternd am Eis und kommt weder vor noch zurück. Walter, hilf! Gutes Zureden bringt bei mir ja fast immer etwas, und so manövriert er mich Schritt für Schritt aus der Gefahrenzone heraus. Ran an die Felsbrocken, Rudi, mein Freund! Dort kehrt die Sicherheit wieder, das ist mein Wohlfühlterrain. Feuer und Erde formten den Fels, kantig und klar. Griffe zum Festhalten, Vorsprünge zum Draufstehen, trockenes, hartes, berechenbares Urgestein. Bequem kann ich Sicherungen legen, mich vertrauensvoll abseilen. Ganz anders als im Eis, diesem mysteriösen, suspekten Amalgat aus Wasser und Luft. Unberechenbar, launisch, schlüpfrig, stetig veränderlich, tückisch.

Das Wohlfühlterrain des Bankers, ein zerbrechliches Gebilde! Ja, Routine und Erfahrung schirmten ein wenig gegen die heranstürmenden Anforderungen von Chefs und Kunden ab. Halfen auch, Arbeit effizienter zu verrichten, Zeit zu gewinnen. Doch das System hat ein feines Gespür, frei werdende Kapazitäten sofort wieder zu füllen. So arbeitete Herr W. eben nicht mehr an zwei, sondern an fünf Transaktionen gleichzeitig. Die Bank will keine Banker, die zu viel Zeit zum Nachdenken über ihr Leben haben.

Auch wenn sich uns jetzt mehrere muskulöse »Gendarmen« – das sind Felsbarrieren auf dem Grat – entgegenstemmen, dann schreckt mich das nicht mehr. Meine Scheu vor ihnen habe ich längst überwunden, obwohl das eine Weile gedauert hat. Polizisten waren halt immer absolute Respektpersonen für mich. Heute aber, nach der schlimmen

Erfahrung beim Eistanz, freue ich mich geradezu auf die Konfrontation mit diesen beinharten Ordnungshütern! Fels in Fels – das ist mein ureigenes Geläuf! Gendarm Nummer eins entziehen wir uns, indem wir in die Westflanke absteigen. Gendarm Nummer zwei überklettern wir einfach, ohne zu fragen. Nun habe ich wieder voll und ganz Tritt gefasst. Ich fühle mich wie ein Schachspieler vor dem nächsten Zug. Der Berg ist mein Gegner. In Ruhe prüfe ich die Ausgangslage, spiele mehrere Griff- und Trittabfolgen gedanklich durch, nehme mögliche Gegenzüge vorweg, wäge Kombinationen ab, verwerfe, entscheide mich, klettere. Mit wachsender Erfahrung ist auch die Sicherheit gestiegen. Denn mit jedem Tritt und jedem Griff entwickle ich ein noch besseres Gefühl für die Machbarkeit einer Passage, steigere ich die Erfolgsaussichten meiner Schachzüge. Das schafft mentalen Freiraum, um das Klettern intensiver und sinnlicher erleben zu können. Bewusst lasse ich den Sog der Tiefe auf mich wirken, spüre den Wind in den Haaren, genieße es, den warmen Felsen zu ertasten, fühle ich die Nähe zum Himmel.

Das klassische Beinkleid des Bergsteigers ist die derbe, dicke Lodenhose. Nicht ohne Stolz trägt Walter sie immer noch. Ein gutes Stück aus fein gesponnenem Gewebe, und doch unglaublich strapazierfähig. Wie sein Träger. Dieser verwebt körperliche und geistige Energie zu einer ebenfalls sehr stabilen Textur. Kraftvoll und geschmeidig, selbstbewusst und furchtlos, dabei doch achtsam und respektvoll gegenüber der Natur: so ist der Bergmensch »at work«.

Ich muss an meinen Vater denken. Er erzählte mir oft von »seiner« Tour auf die Dent Blanche. Gut 50 Jahre muss das her sein, so Anfang der Fünfzigerjahre. Wie fühlte er sich wohl an jenem Tag? Ging er die Sache souverän an?

So kam er mir doch in allen Dingen vor, die er anpackte. Oder hatte auch er hierbei gehörig »Schiss«? (Eines seiner Lieblingsworte, um mich zu motivieren: »Hab doch keinen Schiss!«) Gib's doch zu, Vater, so cool warst selbst du nicht, das nehme ich dir nicht ab! Ich sehe dich hier fast neben mir, als dritten Mann in unserer Seilschaft. Ja, was hast du denn für eine antiquierte Ausrüstung – technischer Entwicklungsstand von 1950! Das genügt den heutigen Anforderungen aber nicht mehr. Kratzende, schwere und immer nasse Baumwollklamotten! Und die schwarze nickelumrandete Gletscherbrille: wie aus einer Schweißerausrüstung. Diese Nagelschuhe! Der Eispickel mit Holzgriff! Und kein Klettergurt, aber das Seil kunstvoll um Bauch und Brust geschlungen. Komm, los geht's, Vater! Wir sind jetzt in ein und derselben Seilschaft. Hier kämpfen wir füreinander, nicht gegeneinander. Ich fühle mich bereit. Zur Versöhnung. Mein Leben selbstbestimmt zu gestalten.

Adieu, Isolde! Weiterhin viel Erfolg mit deinem Ehemodell, vielleicht lässt du es dir vom Vatikan patentieren! In sternklarer Nacht, klirrender Kälte und ganz unromantischer Stimmung schleichen wir von dannen. Der Schein von Walters Stirnlampe schneidet einen hellen Lichtkeil in die Dunkelheit. Wir ziehen südwärts, Richtung Dent d'Hérens, einem fast vergessenen Viertausender, an der Westseite des Matterhorns versteckt. Doch dieser Berg hat es in sich, die Nordwand ist eine fast vier Kilometer breite Mauer, bis zu 1300 Metern hoch. Auf etwa zwei Drittel der Höhe verläuft auf gleichbleibender Höhe ein Gletscherkranz, der über den Felswänden abgebrochen ist und eine ungeheure Eisbarriere bildet. Wir nähern uns seinem Westgrat, zunächst den Valpelline-Gletscher hinauf zur Tête de Valpelline, einem harmlosen Schneebuckel. Wieder so eine Sylter

Wanderdüne! Von hier aus sehen wir düster die finstere Silhouette des zackigen Westgrats der Dent d'Hérens lauern.

»Mann, Walter, wir sind viel zu früh dran, wir hätten ja noch eine Stunde länger schlafen können!«, lästere ich in die finstere Nacht hinein.

»Jo mei, wannst du au so schnell laufst! Da moch ma hoit a Notbiwak und warten!«

Es ist in der Tat nicht ratsam, vor dem Morgengrauen in den Fels einzusteigen. »Notbiwak« klingt sehr fachlich, aber die Betonung liegt auf »Not«. Es ist eine Art Zweier-Müllbeutel, in den wir jetzt hineinsteigen. Da drin setzen wir uns auf unsere Rucksäcke und warten einfach ab.

»He, Walter, das soll ein Biwak sein? Ich friere an Arsch und Kragen!«

»Ois is relativ! Denk an wos Woams!«

Sehr witzig. Jetzt frischt der Wind auch noch weiter auf, Sturmböen verfangen sich im Biwakstoff, bringen ihn zum Flattern, und die fischig-kalte Hülle klatscht mir in den Nacken und ins Gesicht.

»Jetzt amal ernsthaft, des san mindestens minus fünf Grad, guat, dass wir des Biwak ham!«

Nette Aufmunterung von Walter, aber für mich fühlt sich das an, als wären wir nahe am absoluten Nullpunkt! Diese lächerliche Plane kommt mir so wirkungsvoll vor, als wollte man sich auf einem sinkenden Schiff mit einem Regenschirm gegen die hereinbrechenden Wassermassen schützen. Von allen Seiten frisst sich die Kälte in meinen Körper, Zehenspitzen und Finger fühlen sich schon wieder taub an. Vor dem Endorphinkick des Viertausender noch eine Lokalanästhesie für meine Gliedmaßen? Und wie schleichend langsam hier die Zeit vergeht! Zeit ist temperaturabhängig, ganz klar, Frost lässt die Zeit gefrieren! Angestrengt zu denken, hilft das vielleicht? Das verbrennt doch Kalorien, erzeugt ergo Wärme! Und damit vergeht die Zeit schneller! Ja, hier ist sie, die wissenschaftliche Revolution. Dass da noch keiner draufgekommen ist! Eine neue Relativitätstheorie! Ja, so muss es sein, und deshalb stelle ich mir jetzt unter Aufbietung aller Gedankenkraft vor, wie die Zeit vergeht – indem ich frierend mit geschlossenen Augen das Ticktack eines imaginären Sekundenzeigers beobachtete. Aber was passiert? Verflixt nochmal, so vergeht die Zeit noch langsamer! Ich selbst bin der empirische Beweis: die längste Stunde meines Lebens!

Beim ersten Tageslicht stecken wir zaghaft unsere Köpfe unter der Plane hervor. Da sehen wir ihn nun in aller Klarheit, den schroffen Felsgrat. Und wir erkennen auf den ersten Blick: Es liegt viel zu viel Schnee in den Felsen, um heute dort hinauf zu steigen. Umsonst gefroren! Aber so ist es eben, und ja auch nicht das erste Mal. Wir verstauen unsere Behausung – und packen den zackigen Burschen da drüben halt von Süden! Erst tippeln wir zum Col de Valpelline und von dort in südlicher Richtung im Laufschritt zum Rifugio Aosta. Auf dieser Hütte lagern wir einen Großteil unserer Sachen und steigen im Eiltempo wieder fast 1000 Höhenmeter auf. Ein richtig schönes Rauf-und-Runter, wie Ötzi in seinen letzten Stunden, nur werden wir nicht von schussbereiten Verfolgern gehetzt, sondern wir hetzen uns selber. Das Tagespensum, es muss doch zu schaffen sein!

Inzwischen hat intensive Sonnenstrahlung den Hérens-Gletscher mürbe gemacht, sein Firn ist nun morsch wie faules Holz. Eine gefährliche Situation, denn die Schneebrücken, auf denen wir über die starken Zerklüftungen im Gletschereis laufen müssen, könnten unter unserem Gewicht einbrechen. Wir probieren es und sind schon ein gutes Stück vorangekommen, da bläst Walter plötzlich zum Rückzug. Er wird sich das gut überlegt haben, angesichts der Risiken, die auch diese Entscheidung birgt.

Ein Minensuchkommando hat gegenüber einer Gletscherexpedition wenigstens einen Vorteil: Bereits betretenes Gelände bleibt sicher! Nicht so auf einem Gletscher. Eine auf dem Hinweg noch sichere Schneebrücke kann auf dem Rückweg einstürzen. Als müsste er eine Bombe entschärfen, tastet sich Walter voran, mit dem Pickel als Sonde. Schweißperlen stehen auf seiner Stirn. Der Entschluss zur Umkehr ist eine der schwierigsten, wichtigsten und mutigsten Entscheidungen in den Bergen. Schwierig, weil er nicht nur die kompetente und nüchterne Lagebeurteilung erfordert, sondern auch Enttäuschung mit sich bringt. Wichtig, weil es dabei um Leben und Tod geht. Mutig, weil auch der Rückweg mit Gefahren gepflastert sein kann. Wie in unserem Fall.

Ein Deal wie ein Paukenschlag. Montags der Anruf des Kunden, mittwochs präsentierte Herr W. bereits mit seinem Team Empfehlungen zu Taktik, Bewertung und Struktur der Transaktion, am Donnerstag erhielt die Bank das Beratungsmandat. Man konnte nun mit Hochgeschwindigkeit an die Arbeit gehen. Ein Team aus erfahrenen Seniors und hungrigen Juniors wurde zusammengestellt. Auch ein Praktikant war dabei, ein überdurchschnittlich begabter und engagierter junger Mann. Rund um die Uhr arbeitete das Team, Daten wurden zusammengetragen, komplexe finanzmathematische Modelle gebaut, rechtliche Strukturen überprüft, Kartellthemen des geplanten Firmenzusammenschlusses analysiert. An Schlaf war kaum zu denken. Gute Gelegenheit, insbesondere für die Juniors, ihren Einsatzwillen

unter Beweis zu stellen. Die höchste Trophäe für bedingungslosen Kampfeinsatz am Schreibtisch: der sogenannte »Allnighter«. Die ganze Nacht durcharbeiten und den folgenden Tag natürlich auch. Geradezu heroisch jene Mitarbeiter, die zwei oder sogar drei Allnighter hintereinander absolvierten. Der Praktikant war wild entschlossen, sein Bestes zu geben. Das war leider nicht gut genug, nach dem dritten Allnighter brach er zusammen. Auf der Intensivstation des Krankenhauses endete seine Karriere im Banking. Er verbrachte noch einige Monate in der Psychiatrie. Up or Out! Es gibt nur eine Richtung in der Firma. Outperformer oder Underperformer. Gelebter Sozialdarwinismus.

Auf der Hütte gönnt sich Sprengmeister Walter erst einmal eine Beruhigungszigarette. Wir sammeln unser Gepäck ein und wandern durch das Valpelline-Tal weiter nach Süden. Unterhalb der Hütte stolpern wir durch ein Chaos aus mannshohen Felsklötzen und Geröll. Dort oben, zu unserer Linken und Rechten, drohen gewaltige Gletscherbrüche herunterzustürzen. Ein Gletscherbruch entsteht dort, wo der felsige Untergrund, auf dem der Gletscher fließt, plötzlich steil abfällt: Wäre es kein Eis, sondern Wasser, würde ein Wasserfall entstehen, das steife Eis aber kragt zunächst über der Kante des Gesteins aus. Nachrückendes Eis drückt es nach vorn, und irgendwann bricht das vordere Ende ab. Aus einem Dutzende Meter dicken Gletscher lösen sich dann tonnenschwere Brocken und poltern donnernd in die Tiefe, wie mit einem gewaltigen Vorschlaghammer zertrümmert.

In dieser rauen Landschaft ist der Mensch nicht willkommen, nicht einmal Vegetation ist geduldet. Die Elemente Erde, Wasser, Luft und Feuer schicken jeweils ihr härtestes

Kampfbataillon in den archaischen Überlebenskampf, der hier tobt: die Erde den nackten Fels, die Luft den brausenden Sturm, das Wasser das harte Eis – und das Feuer, nun ja, aus List vielleicht schickt es sein eigenes Gegenteil: die schneidende Kälte. Gemeinsam errichten die unbezwingbaren Naturkräfte ein lebensabweisendes Bollwerk.

Nur zaghaft tauchen Pflanzen auf, Flechten erst, dann Steinbrecher und Moose, ein paar Grasbüschel, dann erste robuste Sträucher. Die Luft wird milder, das Tal weitet sich. Vegetation überwuchert die Felsen, hier wirkt alles geordneter, weniger kantig, runder. Dann Arvenwälder, knorrige Bäume, ein türkisblauer See, Wiesen mit bunten Herbstblumen, Vogelgezwitscher, schließlich Geräusche menschlichen Lebens.

Vorübergehender Abschied von Walter – wir werden uns wieder sehen. Erst einmal fährt er nach Zermatt. In Bionaz, einem kleinen Bergdorf, fällt mir ein altes Gutshaus ins Auge, Auberge la Bâtise steht über dem Eingang. Mal sehen! Beim Eintreten klingelt ein helles Glöcklein. Hier fällt man förmlich mit der Tür ins Haus, schon stehe ich mitten in einem großen Wohnraum. Zur Rechten eine meterlange Tafel, aus grobem Holz gezimmert, mit schlichten Holzstühlen, zur Linken eine gemütliche Sitzecke mit Kamin. Mächtige Holzbohlen an der Decke, die Wände aus hellen Sandsteinblöcken aufgemauert. Ich bin ganz allein. Dieser Raum nimmt mich sofort gefangen, ich setze mich vor den Kamin und warte, was passiert. Hier würde ich gerne bleiben! Ein kräftiger, großer Mann mit kantigen Gesichtszügen tritt ein. Da steht eine ungewöhnliche Person, mit starker Ausstrahlung. Horst, der Eigentümer. Ein komischer Name für einen Italiener.

»Ein schönes Haus! Kann ich übernachten?«

»Klar, wenn es dir nichts ausmacht, mit einer Gruppe Studenten das Massenlager zu teilen!«

Wenn er wüsste, wie genügsam ich inzwischen geworden bin! Spontan schießt mir eine Frage in den Kopf:

»Du, Horst, ich wette, du hast in deinem Leben schon mal was ganz anderes gemacht als Hüttenwirt, stimmt's?«

»Recht hast du, aber mehr sag ich nicht! Du bist ja auch kein Alpinist von Berufs wegen!«

Wir lachen beide schallend. Eigenartig, früher wäre mir so etwas nie möglich gewesen! Jemandem die vielschichtige Persönlichkeit einfach so anzusehen. Besser gesagt, sie zu fühlen. Da nahm ich jeden für das, als was er sich gerade präsentierte. Beginne ich andere differenzierter wahrnehmen, weil ich auch mir selbst immer mehr zugestehe, verschiedene Seiten meiner Persönlichkeit zu leben?

Gut gelaunt suche ich mein Lager auf, erhalte aber gleich einen leichten Dämpfer. Da ist gerade eine Kissenschlacht im Gange. Buongiorno! Aber keiner nimmt Kenntnis von mir, die Jungs und Mädels toben ungebremst weiter. Na, hoffentlich geben die heute Nacht Ruhe. Der Essensgong ertönt, alles stürmt runter in die gute Stube. Zwei Pärchen turteln kräftig miteinander. Auf Klassenfahrt scheint es heute immer noch zuzugehen wie eh und je! Die Köchin trägt duftenden Braten und heiße Pasta auf, sichtbar erfreut, in dieser hungrigen Bande dankbare Abnehmer ihrer Kochkunst zu finden. Eine seltsame Konstellation: dreißig junge, quicklebendige Italiener, ein etwas rätselhafter Wirt (ehemaliger Manager?) und ein etwas verunsicherter Loner der Bergwelt an einem Tisch.

»Die brauchen dich alten Knochen nun wirklich nicht für einen kurzweiligen Abend! Also hau rein und verzieh dich gleich danach! Müde bist du auch.«

So grantelt es in mir. Hat hier etwa jemand Angst davor, es könnte wieder ein Stück von der Mauer eingerissen werden? »Gemach, gemach! Jetzt genieße erst dein Essen und höre ein wenig zu! Trink deinen Rotwein, der löst deine Zunge, und schau einfach, was geschieht. Das sind alles nette junge Leute, und Hannibal ist doch nur unsicher!«

Aha, hier will sich ein anderer Seelenteil einfach der Situation hingeben und erhofft sich ein wenig Geselligkeit.

Richtig so, nur keinen Stress jetzt. Und schon kommen wir ins Gespräch. Ich erzähle von mir und die Italiener von sich. Es ist, als ob ich schon tagelang mit der Gruppe unterwegs wäre. Ich höre mich selbst italienische Redewendungen benutzen, die ich vorher nicht einmal zu kennen glaubte! Bei der zweiten Kissenschlacht, vor dem Schlafengehen, da bin ich natürlich mit dabei!

Herr W. führte das Leben eines Nomaden. Er selbst hätte das vornehm als die Grundhaltung eines Kosmopoliten bezeichnet. International, interkontinental, global. Da wäre schon die Frage erlaubt gewesen, wo eigentlich seine Heimat war. Nun, üblicherweise ist Heimat so etwas wie ein Gravitationszentrum für die menschliche Seele. Bei W. war das genau anders herum. Nur in den entlegensten Ecken der Welt entwickelte er seine Version von Heimatgefühl. Dort, wo ihn seine zentrifugale Lebensweise zufällig hinverschlug. In hintersten Zipfeln Brasiliens oder Indiens fühlte er sich wohl. Denn dort wähnte er sich noch am ehesten frei von den Erwartungen anderer. Schon der Gedanke einer Sesshaftwerdung bereitete ihm nachhaltiges Unbehagen. Immer wenn diese Möglichkeit wahrscheinlicher zu werden drohte, begegnete er ihr mit einem erneuten Ortswechsel. Der Beruf

lieferte die Argumente, der neue Ort die Anmutung von Freiheit. Aber irgendwann war da noch etwas anderes, zunächst kaum wahrnehmbar, doch dann immer stärker: ein Ergriffensein, ein Innehalten, ein wohliger Schauer, ein inneres Aufblühen, wenn er an den Orten seiner Kindheit vorbeifuhr, wenn er durch die Straßen seiner Heimatstadt schlenderte.

In der Nacht ist eine Regenfront hereingebrochen, es hat bis weit unter die Baumgrenze geschneit. Unwillig verlasse ich die schützende Trockenheit meiner Unterkunft, trete in einen dichten Vorhang aus kaltem Regen. Strecke machen, sonst setzt mich der Winter irgendwo fest, so in der Art, wie ein Expeditionsschiff im arktischen Meer einfrieren kann bis zum nächsten Frühling. In flächigen Pfützen und immer weiter anschwellenden Rinnsalen sammelt sich das Wasser. Regenschlieren verwischen alle Konturen. Der Wald, vor Feuchtigkeit dampfend, verschwimmt zu einer dunkelgrünen Kulisse. Aus dem Nebelgrau leuchtet einzig ein orangefarbener Hochgebirgsanorak hervor. Im Valpelline zieht er einsam nach Westen, Richtung Aosta-Tal. Zur Mittagszeit huscht er mit hängenden Schultern in ein Dorfrestaurant.

Triefend plumpse ich auf einen Stuhl, von meinem Rucksack und aus meiner Kleidung tröpfelt es, schnell bildet sich eine Lache unter meinem Stuhl. Auch die Papiertischdecke vor mir hat sich bereits mit Wasser vollgesogen. Eine schöne Schweinerei! Schluck, die Wirtin naht. Doch sie lacht nur lauthals los, kommt mit der Speisekarte und einem Wischtuch wieder und hat ihre helle Freude an mir Häufchen Elend. Langsam entspanne ich mich und nehme jetzt erst so richtig wahr, wie wunderbar gemütlich es doch hier ist.

»Halt, nicht sofort relaxen, denk mal nach, was eben passiert ist!«, mahnt mich der Pilger in mir mit fester, ja strenger Stimme.

Den Ton kenne ich ja gar nicht von ihm.

»Wie ein geschlagener Hund bist du eben hier hereingekommen! Das verkörperte schlechte Gewissen! Du wolltest ja fast noch weiter geschlagen werden! Deine alte Mitleidsmasche mit dem Dackelblick!«

Der Pilger dreht voll auf! So ein temperamentvoller Bursche auf einmal! Ob er sich etwas von seinem Kontrahenten abgeschaut hat, damit er nicht ganz ins Hintertreffen gerät? »Lerne selbst von deinem ärgsten Feind, wenn er etwas kann, was du hingegen nicht vermagst«, sprach schon Mao Tse Tung. Das habe ich jedenfalls auf einer Fachkollegentagung in Shanghai von chinesischen Staatsbankern gehört.

Aber Recht hat er doch, es ist schon eine ziemlich billige Nummer, Aufmerksamkeit zu erheischen, indem man Mitleid erregt. Habe ich das nötig? Nein!

»Gut, und jetzt genieße dein Mahl!«

Danke, Pilger! Und wie ich verwöhnt werde! Ein üppiges, leckeres Menü zu einem lachhaften Preis. Im Landwein kann ich sogar noch den warmen Bergsommer nachempfinden. Draußen aber ist schon der kalte Atem des Herbstes zu spüren. In den Bergen ist der Herbst kurz, eigentlich nur der Türöffner des Winters. Farben, Wärme, Gerüche, Stimmungen des Sommers einfangen, um an frostigen Abenden davon zu zehren: jeder tut das auf seine Weise, der Bauer, der Winzer, der Maler, der Bergführer. Und ich? Habe bisher in der Illusion gelebt, der Sommer würde ewig währen. Habe konsumiert, nichts konserviert. Aber wie ändere ich das? Auf einmal bin ich wieder in Zweifel und Sorge.

»Schau doch einfach mal da hinüber, anstatt sinnlos zu grübeln!«, hilft mir der Pilger.

An einem großen runden Tisch halten Landarbeiter Brotzeit. Derbe Männerhände umfassen die Weinkrüge, von Wind und Sonne gefurchte und gebräunte Gesichter leuchten beim Essen und Schwatzen. Ist es das? Haben diese einfachen Menschen eine Weisheit, der ich hinterherlaufe? Ich lasse mich forttragen von der Atmosphäre des Augenblicks … Die Geschichte vom kleinen Frederick, einer Landmaus, und seiner Familie: Als Kind begeisterte ich mich an den Bildern des Kinderbuchs, jetzt macht mich die Erinnerung daran nachdenklich. Den ganzen Sommer lang sammelte die Mäusefamilie Vorräte für den Winter, nur der kleine Frederick saß auf einem Stein und tat nichts. Bekam die Vorwürfe der Eltern zu hören und den Ärger der Geschwister zu spüren. Der Winter kam, und die Familie labte sich an all den herrlichen Vorräten. Aber es wurde ein langer Winter, die Nahrungsreserven neigten sich dem Ende zu, die Stimmung wurde gedrückt. Irgendwann war alles aufgebraucht. Da begann Frederick zu erzählen: von all den Bildern, Eindrücken und Empfindungen des Sommers, die er gesammelt hatte, während er scheinbar untätig herumsaß. Das war sein Beitrag, um der Familie zu helfen, die härteste Zeit des Winters zu überstehen, und er war jetzt sehr wertvoll.

Das Monthly. *Gedacht als Pflichtlektüre jedes M&A-Bankers. Gelesen als Branchen-Infotainment zwischendurch, im Flugzeug*

oder beim Warten auf den Kunden. In jeder Ausgabe das Porträt einer Beraterpersönlichkeit: bekannte Gesichter der Szene. Diesmal H. – ein legendärer Dealmaker. Unvermeidlich für ihn, hier endlich mal persönliche Seiten durchschimmern zu lassen. Hobbies zum Beispiel. Wir sind doch alle Menschen, okay? In der Öffentlichkeit werden weiche Seiten zur Pflichtübung! Was aber, wenn da nichts ist? In seiner Not ließ H. sich als begnadetes Skitalent porträtieren: *aggressiv auf jeder Piste!*

Wenige Wochen später. Winter-Offsite *der Abteilung in Sankt Moritz. Jetzt natürlich mit H. als Downhill-Speerspitze. Die erste Abfahrt, die erste Kurve: H. rauschte unkontrolliert und im Stemmbogen den Hang hinunter, raste in eine andere Skifahrerin. W. sah ihn erst abends an der Bar wieder, im Gipsbein.*

Die Nachmittagsetappe nach Rey, genauso wie die Übernachtung dort: nicht der Rede wert! Während der Nacht ließ der Regen nach, und jetzt ist alles in dicken Nebel eingepackt. Auf einer lockeren Wanderroute, dem Alta-Via-Höhenweg, wollte ich mir heute das Panorama der Monte-Rosa-Gruppe, des Matterhorns, des Grand Combin und der Mont-Blanc-Gruppe genussvoll zu Gemüte führen. Doch Nebel und der Neuschnee machen mir einen Strich durch die Rechnung. Also weiche ich auf eine tiefergelegene Route aus. Sattgrüne Farne überwuchern den Weg, mehr und mehr verlieren sich die Markierungen, wie ein aufgedröseltes Seil zerfasert sich mein Pfad – und verschwindet ganz. Unversehens balanciere ich auf einer steilen Geröllhalde aus rutschigen, handtellergroßen Schieferplatten. Eben noch Lustwandeln auf einem lieblichen Waldweg, jetzt finde ich mich plötzlich in einem Minenriegel wieder!

Wieso komme ich nicht auf die einfachste Lösung? Umkehren! Stattdessen tapere ich weiter – eigentlich unklar, wohin. Peng! Schon rutsche ich aus, verliere das Gleichgewicht, stürze und schlittere mit ungeahnt heftiger Beschleunigung in die Tiefe. Flache nasse Steinplatten sind so rutschig wie Seife! Im Reflex werfe ich mich auf den Bauch, ramme die Schuhspitzen gegen den Abhang, um endlich Halt zu finden ... und komme wenige Meter vor einem Abgrund zum Halten.

Da sitze ich Alpenwürstchen an der oberen Kante einer zehn Meter hohen Felswand, zitternd vor Schmerz und Schock. Außer einer zerrissenen Hose und ein paar Schnitt- und Schürfwunden an den Händen ist Gott sei Dank nichts passiert. Die Gedanken sammeln. Das Herz beruhigen. Das hätte verdammt ins Auge gehen können! Niemand hätte mich hier gefunden. Erst nach einer guten halben Stunde finde ich den Mut und die Kraft zum Weiterlaufen, finde nach langem Irren auch zurück zum Weg. Wieso bin ich nicht gleich umgekehrt?

W. traf die große Liebe. Der Himmel auf Erden. Zwei Menschen, füreinander geschaffen. Aber der Weg ins Desaster war von einem bestimmten Moment an vorgezeichnet. Es begann mit dem an sich gutgemeinten Verschweigen einer in W.s Augen harmlosen Tatsache. W. sah immer wieder die Zeichen der Umkehr, aber er nutzte sie nicht. W. wollte keine Gefühle verletzen. Im Schlepptau dieser Geschichte folgten, aneinander angedockt wie Dominosteine, kleinere und dann immer größere Notlügen. Lange Zeit hätte W. noch ohne Schaden umkehren können. Aber W. war zu feige für die Wahrheit. Die ließ sich letztlich nicht verbergen und

kam auch so ans Licht. Selbst da wäre noch Zeit für die Umkehr gewesen, seine Liebe streckte die Hand aus. W. verkannte die Gefahr und machte alles nur noch schlimmer. Am Ende brach alles zusammen. Zu spät für die Umkehr.

Die autonome Region Valle Aosta erinnert mich an Südtirol. Freundliche Menschen mit guter Erdung, hübschestes Landschaftsidyll, einfache und gemütliche Pensionen und Rusticos. Der Reisende fühlt sich willkommen. Offenbar haben Menschen, die sich als kleine Volksgruppe in der Minderheit befinden, ein sympathisierendes Gespür für das Fremdsein! In Saint Rhémy ist das Hotel de la Suisse ein solcher Ort der Gastfreundschaft, ein altes Bürgerhaus, wie Großteile des Ortes unprätentiös renoviert. Im düsteren Schatten einer schroff abfallenden Schlucht am Beginn des Gran San Bernardo stemmen sich die steinernen Häuser gegen hohe Felswände, wie um nicht erdrückt zu werden. Napoleon kam hier mit seinen Truppen durch. Der hatte vermutlich mehr an den strategischen Besonderheiten der Gegend Interesse, weniger an den Naturschönheiten. In der Gaststube geben die Steinwände, aus groben Felsbrocken aufgemauert, eine erdige Wärme ab. Ich verwöhne meinen Gaumen mit einer Flasche Barolo und feiere mit meinem Schutzengel. Ich bin neugierig und beginne ein Gespräch mit ihm:

»Du, Schutzengel, was ist da eigentlich heute passiert? Ich laufe ganz arglos herum, und plötzlich bin ich in Lebensgefahr.«

»Du hast die Zeichen nicht erkannt.«

»Wieso denn, ich wollte doch dem auf der Karte eingezeichneten Weg folgen!«

»Du bist dem falschen Weg gefolgt. Der Weg auf der Karte war richtig, aber du hast ihn nicht erkannt.«

»Aber ich versuchte doch, ihn zu finden! Er verschwand einfach!«

»Eben! Das war ein Zeichen, umzukehren und dich neu zu orientieren. Stattdessen hast du dich in deine Idee eines Weges verrannt und versucht einen Weg zu sehen, wo lange schon keiner mehr war.«

»Fein, das verstehe ich jetzt. Und was ist deine Rolle?«

»Ich gebe dir Zeichen.«

Der Grand Combin ist ein wuchtiges Massiv zwischen den Viertausendern von Zermatt und dem Mont Blanc. Auf seinen drei Gipfeln ruht eine breite Eis- und Firnkappe wie eine mächtige Krone, nach Osten und Westen weithin sichtbar. Mit Reto – ja, mit ihm, irgendwie brauche ich mal wieder eine Packung Hardcore-Alpinismus – steige ich nachmittags zur Cabane de Valsorey auf. Zu dieser Hütte schlängelt sich in endlosen Serpentinen ein Wanderweg hinauf. Wie ein Adlernest thront sie auf dem Felsen, einer markanten Hakennase aus Urgestein inmitten der mächtigen Südflanke des Combin de Valsorey. Einige wenige Gäste sind bereits in der Gaststube.

Happy Birthday! Eine Dame aus Zürich ist mit ihren Freundinnen hochgekommen, um 60. Geburtstag zu feiern. Champagner, Kaffee und Kuchen, wir sind eingeladen. Es ist Spätsaison, und es herrscht eine ruhig-heimelige, fast familiäre Stimmung. Auch der Hüttenwirt ist glänzend aufgelegt. Drei Engländer sind noch hier, eine Zweier-Seilschaft und ein Einzelgänger. Ein witziger Typ, Weltenbummler und ein wenig Freak, schräger britischer Humor, offen und interessiert, schlagfertig und amüsant. Eine köstliche Unterhaltung! Wie er mir berichtet, hat er sich kurzerhand für morgen seinen Landsleuten angeschlossen und dafür seinem Bergführer abgesagt. Später kommt noch ein eigenartiger Kauz an: Er kocht vor der Hütte mit einer Gaskartusche sein eigenes Süppchen, spricht mit keinem ein Wort und verzieht sich schweigend in den Schlafsaal. Kauz, Engländer, Frauengeburtstagsgäste: immer wieder erstaunlich, welche Kombinationen von Charakteren am Vorabend einer Bergtour zusammengewürfelt werden.

Eine Binsenweisheit, dass mit dem Ertrag das Risiko steigen muss. In der Welt des Herrn W. aber wurde dieses eherne Gesetz außer Kraft gesetzt. Zumindest scheinbar, wie man inzwischen weiß. Die persönlichen Risiken der Bankverwalter wurden eliminiert: Garantiebonus, Manager-Versicherung, die Sicherheit, in einem boomenden Markt eh wieder einen Job zu bekommen. Die Risiken der Aktionäre dagegen wurden verschoben, immer weiter, bis sie im Dunst einer unverständlichen Komplexität verschwanden: Bilanzierungen außerhalb der Bilanz, spezielle Firmenstrukturen und Vehikel, Verbriefungen, Strukturierungen. Verpackt in glänzende Prospekte und mit Profit weiterverkauft.

Ein Berggang mit Reto ist für mich ein Tag, an dem ich meinen höchsten Einsatz erbringen muss, an dem aber auch ein hoher Gewinn lockt. Und was die Gefahr betrifft: Dieser Mann ist, wie ich weiß, die beste Lebensversicherung, die es für mich im Berg geben kann. Aber auch er ist kein Zauber-Zertifikat, mit dem sich jedes Risiko einfach »weg-hedgen« lässt. Das gibt es nur in der Finanzwelt, und die kann im Gegensatz zur Bergwelt leicht ins Wanken geraten!

Zu nächtlicher Stunde stehen wir auf. In der Ferne schimmert der Gletscher im gedämpften Mondlicht, blass wie Elfenbein. Leise schleichen wir hinaus, bloß nicht die Damen wecken. Der Kauz! Lauert bereits startklar im Schuhraum, will sich wohl an unsere Fersen heften. Geduckt wie ein Raubtier zum Sprung. Oder doch eher wie ein flügellahmer Habicht? Unsere Vermutung trügt nicht. Von Anfang an hält er sich in unserer Spur. Rein zufällig legt er eine Teepause ein, wenn wir auch anhalten. Hannibal beobachtet ihn schon seit einiger Zeit argwöhnisch und unwillig. Jetzt platzt es aus ihm heraus:

»Ich habe den Kerl durchschaut: das ist ein alpiner Trittbrettfahrer – und auch noch ein schlechter Schauspieler. Der mimt den Profi! Das sind mir die Liebsten, den Weg nicht kennen und den Bergführertarif sparen!«

Holla, der geht ja ab wie ein Zäpfchen!

»Wieso regst du dich so auf? Tut dir der Mann etwas? Kann sich halt nicht jeder wie du einen Edel-Sherpa leisten! Relax, Mann!«

Hey, der Pilger in mir bekommt ja richtig Profil, das gefällt mir!

»Jetzt schau doch mal, wie gekünstelt der an seinem Rucksack rumnestelt! Bloß nicht in Verlegenheit kommen, uns überholen zu müssen, dann wäre er aufgeschmissen!«

Voll reingegrätscht von Hannibal, das ist seine Stärke.

»Reg dich ab, Alter! Du wärst bei knapper Kasse mit der Erste, der sich *genauso* verhalten würde!«

Ich habe richtig Freude am Pilger, der kann auch kämpferisch sein! Weiter unten sehen wir die drei Engländer, wie sie im Schein ihrer Stirnlampen mit den Steigeisen und einem Seil hantieren. Das sieht nicht gerade souverän aus, sie erscheinen mir ein wenig zu ambitioniert.

Wir dagegen kommen auf der Meitinroute in der brüchigen Südflanke gut voran und können direkt aufsteigen, und zwar in einem mit pickelhartem Eis bedeckten »Kanonenrohr«: Das ist im Alpinistenjargon eine abschüssige Einkerbung in der Bergflanke. Perfektes Timing, wir sind früh genug dran, um den Südanstieg noch vor Sonnenaufgang zu bewältigen. Kaum steigen wir 100 Meter unterhalb des Gipfels aus der Flanke auf den Gipfelgrat, geht die Sonne in kraftvollen Farben auf. Ihre warmen Strahlen lockern bald die ersten Felsbrocken aus dem Eis, krachend poltern sie an uns vorbei in die Tiefe.

Ohrenbetäubendes Knattern – ein Helikopter umkreist das Bergmassiv und fliegt unterhalb von uns nahe an die Südflanke heran. Eigenartig, was will der? Manchmal transportieren die Helis im Herbst Baumaterial zu den Hütten, aber der da fliegt ohne Ladung. Ein Bergunfall? Aber hier am Berg? Braucht eine der Damen auf der Hütte einen Arzt? Ist alles in Ordnung mit den Engländern? Die waren ja noch eben hinter uns! Ein flaues Gefühl bleibt, ich weiß nicht so recht, woran das liegt. Weil wir unsicher sind, was wirklich passiert ist? Oder weil auch wir einmal Hilfe beanspruchen könnten?

Doch jetzt fordert der Berg meine volle Konzentration. Das letzte Stück des Meitingrats hat es in sich. Links und rechts Abgrund, keinerlei Fehltritte erlaubt. Ein kurzer Händedruck am Gipfel des Combin de Valsorey (4184 m ü. M.), Reto ist ungeduldig und drängt voran. Zwischen seinen beiden Hauptgipfeln gibt sich das Combin-Massiv harmlos, ja fast verspielt, wir fühlen uns wie auf einer Skifahrer-Anfängerpiste. Der Combin du Grafenaire ist mit seinen 4314 Metern der höchste Berg der Combin-Gruppe. Keine fünf Minuten später kommt auch der Kauz an, was für ein Zufall! Hannibal knurrt, der Pilger indes will ihm zum Gipfelerfolg gratulieren. Immerhin, der Mann hat das alleine geschafft! Er pirscht sich an Reto heran, fragt etwas verdrückt und schüchtern:

»Le retour, c'est où?«

»Aha, keine Ahnung, wo es lang geht«, höhnt Hannibal. »Ist doch typisch! Ein durchsichtiges Manöver. Wenigstens hat auch er schon kapiert, dass der direkte Rückweg durch Steinschlag blockiert ist!«

Der Kauz druckst herum.

»Ähm, kannst du mich mit ans Seil nehmen?«

Eine knifflige Situation! Reto ist natürlich in erster Linie für seinen zahlenden Gast verantwortlich. Daneben verpflichtet ihn aber auch der Alpinkodex, Dritten in der Not zu helfen. Also sollte Reto so handeln, dass er mich sicher ins Tal bringt *und* die Risiken für den Kauz minimiert. Er lässt sich etwas Zeit mit seiner Entscheidung.

Für Hannibal ist die Sache jetzt schon klar:

»Dieser Sack soll schauen, wo er bleibt. Hat ihn keiner gebeten, hier rauf zu kommen!«

»Warum nicht den Mann in die Seilschaft einbinden, so schlecht kann er nicht unterwegs sein, wenn er alleine hier rauf kommt! Dann macht er wenigstens auch keine Dummheiten!«, gibt der Pilger zu bedenken.

Reto kommt meinem Schiedsspruch im Widerstreit meiner eigenen Teilpersönlichkeiten zuvor und meint trocken:

»Wer hier alleine raufkommt, kommt auch wieder alleine runter! Chumm, Ruedi, mir gönd.«

Sprach's und lässt den verdatterten Kauz stehen.

Zunächst noch spazieren wir über festen, fingerdick mit fluffigem Neuschnee bedeckten Firn. Nur leichtes Gefälle. Nach einer halben Stunde stehen wir an der Kante eines enormen, 400 Meter hohen und steil abstürzenden Gletscherbruchs. Wie ein Band durchzieht diese Verwerfung die gesamte vergletscherte Nordseite des Combin. Keine Chance, dieses gefährliche Ungetüm zu umgehen. Also den berühmt-berüchtigten »Corridor« durch das Eisfeld hinunter! Jetzt weiß ich, warum der Kauz mit uns am Seil gehen wollte! Ich gehe voran, hinein in die steile Eisrinne, und Reto sichert mich von hinten. In diesem explosiven Bereich sind meine Nerven zum Zerreißen gespannt. Bei dem kleinsten Geräusch zucke ich zusammen, eine Eislawine könnte losbrechen, mein Atem geht flach und schnell, die Beinmuskulatur übersäuert. Reto folgt mir in die Rinne. Jetzt ist unsere Seilschaft am verwundbarsten. Viele Bergsteiger sind hier schon durch herabstürzende Eisabbrüche getötet worden. Der Kauz! 50 Meter genau oberhalb von uns! Unsicher und schwankend wackelt er über das Eis. Wenn er stürzt, reißt er uns alle ins Verderben. Eine äußerst prekäre Situation. Reto kocht vor Wut und brüllt hinauf:

»Abstand halten, du Idiot!«

Unsere Chance zum Überleben können wir nur erhöhen, indem wir unser Tempo so stark beschleunigen, dass wir aus der Falllinie des Kauz ausscheren.

»Dilettanten am Berg, gefährlicher als alle Lawinen, Gletscherspalten und Steinschläge zusammen!«, fasst Hannibal die Situation zusammen.

»Quatsch, wir waren einfach nicht konsequent! Entweder hätten wir ganz am Anfang der Tour den Mann freundlich darauf hinweisen sollen, dass er hier absolut eigenverantwortlich unterwegs ist. Oder wir hätten ihm seine Bitte am Gipfel nicht abschlagen dürfen. Dann würden wir hier alle drei sicher und ungefährdet herunter kommen!«, setzt der Pilger entgegen.

Stimmt eigentlich, doch Stunden später – wir sind bereits wieder auf der Hütte – bin ich emotional noch so aufgeladen, dass ich meinen Frust am Kauz auslasse:

»Fein gemacht! Tolle Tour heute, was? Und so preiswert! Einen klasse Bergführer zum Nulltarif! Ach ja, danke, dass du uns so dicht auf die Pelle gerückt bist! Wie wär's, jetzt wenigstens deinen Bergführer zum Mittagessen einzuladen?«

Der Habicht – wohl doch eher Grünschnabel – möchte mir wohl am liebsten ins Gesicht hacken, hat sich aber immer noch besser im Griff als ich mich selber. Schaut mich nur grimmig an, schnappt seinen Rucksack und läuft grußlos ins Tal. So, jetzt ist es raus und ich fühle mich erleichtert. Wirklich? Die coole Nummer abfahren, nachdem alles in trockenen Tüchern ist? Mit Reto im Rücken, der die Marschrichtung vorgab? Auf einen Dritten – mit Abstand den Schwächsten in der Konstellation – eindreschen und den Lorbeer des Starken ernten? Wie würden wir jetzt dastehen und uns fühlen, wenn der Kauz zu Tode gestürzt wäre, *ohne* uns zu gefährden? Schuldig, ohne jemals angeklagt zu werden, denn der einzige Zeuge wäre tot. Auf einmal komme ich mir ziemlich klein und mies vor.

Erst jetzt fällt mir die gedrückte Stimmung des Hüttenwirtes auf. Der war doch gestern so gut drauf! Reto hat den gleichen Gedanken, er fragt den Wirt:

»Du, Gerard, wo sind eigentlich die Engländer abgeblieben? Wir sahen sie früh am Morgen zum letzten Mal, als sie hinter uns die Eisrinne hochstiegen. Dann verloren wir sie aus den Augen. Weißt du, wo die sind?«

»Es ist heute ein schreckliches Unglück passiert!«, erwidert Gerard. »Ich hatte schon so ein ungutes Gefühl mit den dreien. Hab' sie mit dem Feldstecher beobachtet. Ihr wisst ja, der dritte Engländer schloss sich seinen Landsleuten an. Offenbar trauten die beiden anderen ihm im letzten Moment doch nicht ganz. Sie nahmen ihn an der kritischen Passage nicht ans Seil! Gewährten nur, dass er hinter ihnen herlief.«

Jetzt werde ich noch hellhöriger! Genau die gleiche Konstellation wie bei uns mit dem Kauz! Gerard fährt fort:

»Die drei stiegen also die steile Firnrinne hoch. Das Steigeisen des dritten Engländers löste sich, er verlor das Gleichgewicht, stürzte ab, überschlug sich mehrmals und prallte in die Felsen am Ende des Eisfeldes. Ich rief sofort bei der Bergrettung an. Eine Viertelstunde später war ein Helikopter zur Stelle. Schwerverletzt wurde er vom Notarzt aus den Felsen geborgen.«

Schweigen. Betreten schaue ich zur Seite. Zwei nahezu identische Situationen an ein und demselben Tag. Mit so unterschiedlichem Ausgang. Zufall? Nein, im Guten wie im Tragischen: Ich glaube nicht mehr daran.

Ein paar Tage später ruft mich Reto an:

»Rudi, der Engländer ist tot. Hier, es steht in der Zeitung.« Reto liest vor: »Mehrere Tage kämpften die Ärzte in der Klinik um das Leben des Verunglückten. Vergeblich. Er erlag seinen inneren Verletzungen und verstarb.«

In der Nacht hat dicker Tau die Spinnennetze mit funkelnden Perlenketten überzogen, in denen sich das milde Spätsommerlicht tausendfach bricht. Die schweren Blütenköpfe goldgelber Sonnenblumen schwanken in der kühlen und leichten Morgenbrise hin und her. Heute will meine Stimmung gar nicht zu dieser heiteren Umgebung passen, zu schwer steckt mir das Unglück vom Combin noch in den Knochen. Am besten, ich vertraue auf die therapeutische Wirkung des Wanderns und lasse mich überraschen. Heute geht es von Saint Rhémy zum Col Serena. Eine reine Zweifarbenlandschaft, monotone Flächen aus grauem Geröll und braunen Wiesen. Vom Col steige ich hinunter ins Tal, in Richtung Courmajeur. Der Boden ist trocken, bei jedem Schritt knistert es. Koniferen, Wacholderbüsche und nun auch Zypressen – ein Hauch von Mittelmeer! Wow, ich komme wirklich voran! Fort-Schritt im Wortsinne! Nun löst sich auch meine Beklemmung.

Wieder einmal hilft mir dabei die Pilgerstimme:

»Wieso bist du bedrückt? Weil ein Bergsteiger ums Leben kam? Das glaube ich dir nicht, der Engländer ist dir doch eigentlich egal!«

Stimmt, ich habe ihn ja kaum kennengelernt. Aber warum bin ich dann so betroffen?

»Du kreist mal wieder nur um dich selber! Erst einmal wurde dir deutlich gemacht, dass deine Unternehmung nicht ohne Gefahren ist. Auch du könntest abstürzen und ums Leben kommen. Das hast du bei all deiner Gipfel-Hype wohl übersehen! Aber«, so fährt der Pilger nun sehr ernst fort, »das eigentliche Thema ist dein schlechtes Gewissen! Du hast etwas billigend in Kauf genommen, was einen anderen das Leben hätte kosten können. Das sollte dir bekannt sein! So hast du dein bisheriges Leben lang funktioniert: dich immer schön elegant durchmogeln und gut rauskommen – und dir die Absolution holen durch dein ach so schlechtes Gewissen!«

Gnadenlos, der Pilger. Ich schlucke und höre weiter zu. »Ich hoffe, du lernst eines auf deiner Reise: So geht's nicht weiter! Lebe endlich nach klaren Prinzipien! Dann bekommst du auch die Kraft, um dein Leben selbstbestimmt zu gestalten. Und entsorge ein für allemal dein notorisch schlechtes Gewissen und deinen Dackelblick auf den Altlasten-Seelenmüllplatz! Und noch was: Nimm dich am besten einfach nicht so wichtig!«

Selten habe ich den Pilger so energisch erlebt! Ein reinigendes Seelengewitter. Mein inneres Gleichgewicht ist wiederhergestellt, mit leichtem Schritt erreiche ich Pré Saint Didier, einen Vorort von Courmajeur am südlichen Fuß des Mont Blanc.

Der Mont Blanc, der Bergherrscher ganz Europas! Der Olymp der Alpinisten! Noch einmal darf Hannibal die Elefanten zum Kampfe rüsten. Der ist jetzt so heiß, als stünde er vor den Toren Roms. Die Mutter aller Schlachten! Auf einmal übersieht er großzügig meinen Regelverstoß, mit dem Bus nordwärts durch den Montblanc-Tunnel nach Chamonix zu fahren. Hauptsache, der Gipfel fällt! In einem Café in Chamonix wartet schon Walter auf mich, die Zeit drängt, also Regelverstoß Nummer zwei an ein und demselben Tage: mit der Zahnradbahn hinauf zum Nid d'Aigle. Um vier Uhr nachmittags – sonst die Zeit meines Erholungsnickerchens – packt Walter die Keule aus: 1800 Höhenmeter auf einem einzigen durchgängigen Streckenstück hinauf zum Refuge Gouter.

Das Gelände sieht ja aus wie ein steil angestelltes Waschbrett in Weiß, ein echter Konditionshammer! Ganz oben, an einer Felskante, duckt sich die Hütte in den Wind. Das ist ein knochenhartes Konditionstraining. Bei jedem Schritt haben wir das Ziel vor Augen, bewegen uns geradewegs darauf zu. Ich zähle jeden Höhenmeter wie ein Langstreckenläufer seine Runden auf der Tartanbahn. In den schwächelnden Strahlen der untergehenden Sonne erklettern wir einen Felsgrat, statt Wärme liefert das Zentralgestirn jetzt Farben satt: Erst wird der Schnee in Orange getunkt, dann in blutigstes Rot. Eine halbe Stunde lang changieren die Farben, plötzlich senkt sich in Minutenschnelle die Dunkelheit über uns. Gerade noch geschafft!

Längst schon haben die anderen Gäste den Tag beendet. Im Matratzenlager schnarchen sie wie schlecht geölte Motorsägen. Bei Kerzenschein schlürfen wir eine wässrige Suppe. Walter sieht mich an und errät meine Gedanken.

»Keinen Bock, dich zu den furzenden Schnarchern dazuzulegen, was?«

Ich nicke. Walter spricht aus, was ich denke:

»Rudi, wir könnten gleich weiterlaufen, zum Gipfel!«

Verrückt, dann wären wir zum Frühstück wieder zurück! Fit genug fühle ich mich, und mit Walter würde ich sogar den Kilimandscharo in Lederhosen erklimmen!

»Jaja, hervorragende Idee! Losschlagen vor dem Sonnenaufgang, so werde ich auch die Römer in die Knie zwingen!«

Hannibal ist ganz aus dem Häuschen und lässt schon die Trompeter die Fanfaren zücken.

»Mooooment mal, ganz langsam!«

Ach, der Pilger will auch was sagen – kommt jetzt ja immer öfter vor!

»Seid ihr eigentlich total bekloppt? Völlig durchgeknallt? Ihr seid egomane Höhenmeterfresser! Geht doch gleich in den Kraftraum, dann könnt ihr eure Kilometerleistung digital und exakt messen! Auf den Mont Blanc in Dunkelheit rauf und runter, damit du dein Häkchen im Blog machen kannst? Ich mach' da nicht mit!«

»Weichei!«, raunzt Hannibal nur noch.

Doch ich werde stutzig, der Pilger hat eigentlich recht. Ich will doch die Krönung all meiner alpinen Abenteuer ganz bewusst erleben!

»Walter, lass uns lieber ein wenig schlafen! Wir gehen morgen früh auf den Gipfel! Ich möchte gerne den Sonnenaufgang da oben erleben.«

Also drei Stunden Schlaf im Motorsägenparadies!

Um 2:30 Uhr sind wir startklar und verlassen die schützende Hütte. Eine finstere Welt, und bitterkalt. Jeden Moment könnten Elfen vom Himmel herabschweben, zerbrechlich wie Schneekristalle. Oder ein riesiger Yeti aus der Nachtschwärze auftauchen, um uns mit einem einzigen Tritt in den Schnee zu stampfen. Vielleicht ziehen auch ein paar Heinzelmännchen mit roten Kappen vorbei, um uns einen guten Tag zu wünschen. Ist das der Höhenrausch?

Der Schnee knirscht monoton unter unseren gleichmäßigen Schritten, mechanisch, mit der rhythmischen Taktfolge von Nähmaschinennadeln gewinnen wir Höhe. Zaghaft wagen sich jetzt ein paar Lichtpunkte aus der Hütte. Flink wie die Gämsen sind wir den anderen Bergsteigern enteilt. Da sind noch Energiereserven! Gerade will ich Walter auffordern, schneller zu laufen.

»Hey, bist du wahnsinnig! Verdammt, sei froh, dass du dich so gut fühlst! Genieße doch einfach den Moment und spare deine Kräfte!«

Okay, Pilger, hast ja recht. Herrlich, das Sternenmeer über uns. Als wären sie sein schwaches Spiegelbild in unserer kleineren Welt, so schimmern drunten, in weiter Ferne, die Lichter der noch schlummernden Städte Genf und

Tanz der Elfen am Mont Blanc

Turin. Noch vor Anbruch der Morgenröte erreichen wir den Gipfel des Mont Blanc. Das Dach Europas! Doch ich fühle nichts, bin einfach nur angekommen. Ruhig, bewusst, klar. Eine Stunde lang kauern Walter und ich nebeneinander, jeder in seine eigenen Gedanken vertieft. Der Mond wirft sein silbriges Licht auf uns. Noch ist die Erde für uns hier nichts als ein einsamer Planet, blass und kalt. Doch dann: Lautlos, aber als gewaltige Explosion aus Licht und Farben, bricht der Tag an. Wo eben noch eine matte graue Linie den Horizont andeutete, ergießen sich jetzt Ströme aus Rot, Orange und Gelb über die Gletscher, wie glühende Magma einer Vulkaneruption. Nun erst brechen meine Emotionen hervor. Es raubt mir den Atem. Sprachlos, glücklich, dankbar, erfüllt von Leben.

»Ich freue mich für dich. Jetzt bist du wirklich glücklich! Merkst du etwas? Der Moment des Glücksgefühls! *Deine* Ankunft hier oben war belanglos, du hast nichts gespürt! Du hast aber geduldig gewartet, und auf einmal kam *es* bei dir an, einfach so. Das ist das Geheimnis!«

Was waren die Höhepunkte im beruflichen Leben des Herrn W.? Allgemein anerkannte Erfolge wie Abitur als Jahrgangsbester, Prädikatsexamen, Einstellungen in Top-Firmen, exzellente Beurteilungen, Beförderungen, Bonuszahlungen, erfolgreich abgeschlossene Transaktionen? Ja, da war jeweils ein Kick, aber das Hochgefühl verwelkte schnell, oft schon nach Stunden, wie eine kostbare exotische Blüte. Es waren regelmäßig diese scheinbaren Erlebnisse des totalen Erfolgs, auf die mit unheimlicher Präzision Orientierungslosigkeit, Sinnleere und Depression folgten. W. rappelte sich auf und suchte die neue Herausforderung. Ein Erfolgs-Sisyphus.

Oder war es die Anerkennung von Mitmenschen? Ein zufriedener Kunde klopfte W. auf die Schulter, junge Mitarbeiter, denen W. ein Vorbild war, zeigten offen ihre Bewunderung, ein Skiwochenende mit Kollegen, oder einfach eine gemeinsam verbrachte Wegstrecke aus Leid und Freud, aus Motivation und Frust? Ja, hier spürte W. so etwas wie nachhaltige Befriedigung. Eingebunden sein in ein soziales Gefüge. Eine Bedeutung für einen anderen Menschen gewinnen, eine Aufgabe erfüllen.

Doch wenn er ehrlich war: Richtig glücklich machten ihn andere Dinge. Sie waren auf den ersten Blick eher unscheinbar. Momente, die ihm erlaubten, vorübergehend der nie endenwollenden Arbeitsflut zu entgehen und in andere Erlebniswelten einzutauchen. Auf einem Winterspaziergang an der Nordsee, zwischen zwei Meetings, das Salz der Seeluft auf den Lippen und den eisigen Wind in den Haaren spüren. Im Englischen Garten Münchens zwischen zwei Terminen auf einer Parkbank sitzen und in die Sonne blinzeln, während die Vögel zwitscherten und die Schwäne im See ihre Köpfe immer wieder tief ins Wasser steckten. In einer namenlosen Stadt in einem Taxi, ohne Gedanken im Kopf einfach beobachten, wie sich Regentropfen auf der Scheibe sammelten, wie sie kleine Rinnsale bildeten und langsam abflossen. Während einer Geschäftsreise in Dubai barfuß durch Dünen laufen und spüren, wie der warme Sand durch die Zehen rinnt.

Abschied von Walter. Ich lade ihn und seine Freundin – eine durchtrainierte Bergführerin aus Neuseeland – zu einem letzten Abendessen in Chamonix ein. Richtig aufgeschickt haben sich die beiden! Walter frisch rasiert und – noch beeindruckender – frisch gekämmt. Seine Freundin – gar nicht wie eine Alpinamazone – im hübschen Sommerkleid und mit frech präsentiertem Dekolleté! Ich kann mich leider nur mit Badeschlappen und meinem schönsten azurblauen Funktionshemd aufbrezeln. Wieder heißt es loslassen, Adieu sagen. Wehmütig blicke ich den beiden nach. Sie steigen in ihr Auto, fahren heim nach Österreich.

Fast Ende September, auch für mich ist es Zeit, Chamonix in Richtung Süden zu verlassen. Mit heilen Knochen wieder unten! Hannibal ist stolz auf mich:

»Wow, all diese Wahnsinns-Bergabenteuer! Du hast dich gemausert – vom ängstlichen Bergmäuschen zum draufgängerischen Pickelschwinger und Gipfelstürmer! Dom, Liskamm, Matterhorn, Dufourspitze, Combin, alle geknackt, die stolzen Burschen! Die pure Lebensfreude! 33 Mal bezwangst du den Gipfel eines Viertausenders, das ist mehr, als mancher in einem ganzen Bergsteigerleben bewerkstelligt. Bist schon ein toller Typ, das macht sich ganz vortrefflich in deinem Blog!«

Pilger schmunzelt. Vielwissend. Mit souveränem Verständnis.

»Jaja, der Leistungsfreak, der Rekordjäger, der ruhelose Gipfelstürmer! Das ist gut so, du hast es gebraucht! Aber auch ich bin zufrieden mit dir. Es ist noch ein langer Weg bis zum Mittelmeer, aber du beginnst zu lernen!«

MONT BLANC – NIZZA

Ende und Anfang

Vom Mont Blanc bis Nizza
90. bis 120. Etappe,
24. September bis 26. Oktober 2007

Die Tage mit Walter werden etwas Besonderes für mich bleiben. Ein bemerkenswerter Mensch! Einer, der sich sein kindliches Staunen bewahrt hat. Obwohl er sicherlich zum x-ten Mal auf den Gipfeln stand, die für mich ein Initiationserlebnis waren, schien er genauso bewegt wie ich. Er ist verwachsen mit seinem Beruf – nein, das ist seine Berufung: Bergführer zu sein. Obwohl er rein äußerlich so lässig und cool wirkt, beweist er unbedingte Ernsthaftigkeit und ein hohes Maß an Verantwortung. Ohne Zögern vertraute ich ihm mein Leben an. Und etwas von seiner Lebensfreude strahlte auch auf mich ab.

Warum haben hoch bezahlte Banker und Berater so massive Glaubwürdigkeitsprobleme? Warum genießen gerade sie so selten Vertrauen? Doch wohl deshalb, weil die Bereitschaft, Vertrauen zu schenken, um so mehr abnimmt, je unklarer es ist, worin eigentlich die Kompetenz des Gegenübers besteht. Und was seine wahren Interessen sind. Wer sich im Graubereich des Halbwissens tummelt, sich nur auf seine Eloquenz verlässt, der muss damit rechnen, dass er früher oder später durchschaut wird. Probleme, die mit Walter gar nicht erst entstünden. Der gibt es unumwunden zu, wenn er erkennt, dass er einem Irrtum unterlag. Oder wenn er von einem Thema keinen blassen Schimmer hat. Ein Alptraum für jeden *Headhunter* und jeden *Personal Coach*!

Genüsslicher Nachklang zum Mont-Blanc-Abenteuer: Ich nehme mir eine kurze Etappe vor, von Pré Saint Didier nach La Thuile. Zum Entspannen. Dachte ich jedenfalls. Eigentlich sollte ich ja inzwischen wissen, dass sich auf italienischen Landkarten gewisse Wanderpfade immer weiter aufdröseln, nur um irgendwann tückisch im Nichts zu enden. Wieder hereingefallen! Und jetzt stecke ich also auf einer steilen Geröllhalde fest, eingekeilt zwischen einer lotrechten Felswand (rechts) und einem gähnenden Abgrund (links), von dem mich ein Steilhang aus faustgroßen Kullerbrocken trennt. Ganz unten, am Grund der Schlucht, tost ein reißender Gebirgsbach. Von hier aus kann ich ihn zwar nicht sehen, aber umso besser hören. In Millionen von Jahren hat er sich sein tiefes Bett gegraben.

Für mich geht es um Sekunden – Sekundenbruchteile, wenn ich nicht aufpasse! Jetzt bloß nicht nach unten hin ins Rutschen kommen! An allem, was mir irgendwie Halt bieten könnte, kralle ich mich fest: Büsche, Bäume und größere Steine. All meine frisch gebackene Kletterkompetenz – null und nichtig in dieser vertrackten Situation. Das ist echte alpine Drecksarbeit! Und eine gemeine Prüfung in Konzentrationsfähigkeit. Nach einer halbstündigen Hangelei, mit ramponiertem Nervenkostüm, aber heilfroh und sonst unversehrt, erreiche ich endlich La Thuile. Ein ganz adrettes Bergdorf im Übrigen. Nur, das scheinen hier noch keine richtigen Italiener zu sein. Es ist doch erst Nachmittag, und trotzdem schon die Gehsteige hochgeklappt? Ein einziges Restaurant und ein anspruchsloses Albergo sind noch geöffnet. Na gut, mehr brauche ich auch nicht. Der Rest kümmert mich wenig.

Schön warm ist es hier! Der Dorfbrunnen im Zentrum ist eine ideale Zwischenstation. Dort kann ich meine Trinkvorräte ergänzen und eine Ladung Klamotten waschen. Gesagt, getan. Auf der Brüstung einer Brücke breite ich sie zum Trocknen aus: Schuhe, Socken, Hemd, Unterwäsche – fast alles, was ich auf dem Leibe trage, liegt jetzt in der Sonne. Und auf der Hauptstraße. Ich selbst, nur mit Shorts bekleidet, sitze daneben und lasse den lieben Gott einen guten Mann sein. Da mir der Gesprächspartner fehlt, mache ich etwas, das ich auf meinen endlosen einsamen Wanderungen mittlerweile ganz gut gelernt habe: Ich stelle mir etwas vor, möglichst lebhaft und in bunten Farben.

Also, jetzt fehlen mir zum perfekten Caravanglück eigentlich bloß BILD, eine Büchse Bier und frische weiße Socken. Schade nur, dass ich diesen Traum nicht Wirklichkeit werden lassen kann. Aber ein dickes Fell, das habe ich mir inzwischen zugelegt. Stört doch nicht im Geringsten, dass sich jetzt eine Touristenkarawane nähert. Attention, s'il vous plaît! Französische Musterfamilie im Anmarsch! Der stolze Vater vorneweg, in zweiter Reihe Frau Mama mit Kleinkind an der Hand. Als Nachhut der nörgelnde

Erstgeborene, erkennbar darum bemüht, seinen zur Schau gestellten Trotz so geschickt zu dosieren, dass der Kontakt zum Familientross nicht abreißt. Schon hat Monsieur mich erspäht! Prompt das Signal nach hinten: Sofort die Straßenseite wechseln! Ich gnichle in mich hinein, still genießend gönne ich mir ein Stück derber Provokationslust – da gibt es einiges nachzuholen für mich! Wenn ich als Clochard durchgehe, dann bereitet mir das schon eine geradezu diebische Freude. Ein bisschen in Schutz nehmen sollte ich den besorgten Familienvater aber doch. Allein meine Fingernägel! Aufgrund der Erfrierungen haben sie sich mittlerweile leuchtend lila gefärbt. Schaut schon seltsam aus. Ein tuntiger Penner, doppelt gefährlich für Biedermann & Söhne.

Durch La Thuile verläuft eine alte Römerstraße, die über den Piccolo San Bernardo hinüber nach Frankreich führt. Aus der Ferne betrachtet, windet sie sich in die Höhe wie eine graue Schlange mit glänzenden Schuppen. Betritt man sie, erkennt man, dass die »Schuppen« handflächengroße, behauene Steinplatten sind: ein kilometerlanges, kunstvoll gefertigtes Mosaik. Ungezählte Füße, Hufe und Räder haben die Kanten der Steine abgetragen, zwei Jahrtausende hat das grandiose Bauwerk schon überdauert. Geschmeidig fügt es sich in die Gestalt der Landschaft ein. Keine Brücke wurde errichtet, kein Tunnel geschlagen, die Baumeister fanden auf alle Vorgaben der Natur eine wirksame und formschöne Lösung. Eine ganz andere Vorstellung von Effizienz als heute, ich vergegenwärtige mir noch einmal die Brennerautobahn, die eine tiefe Narbe ins Gesicht der Landschaft gräbt, in brutalstmöglicher Funktionalität. Diese Römerstraße, obwohl ein Zeugnis imperialen Herrschaftswillens, ist die reine Inspiration dagegen.

Ich fühle mich hier eingebettet in einen Strom von Traditionen, einmaligen Ereignissen, individuellen Schicksalen. Wie auf dem Jakobsweg im Brennertal, so treten auch jetzt vor meinem inneren Auge lebendige Menschen aus tiefer Vergangenheit heraus, um mich ein Stück zu begleiten. Inzwischen habe ich es gelernt, mit dem unwillkürlichen Gedankenfluss, der naturgemäß stärker wird, wenn man wochenlang einsam einen Schritt vor den anderen setzt, besser umzugehen. Oft nutze ich meine Gedanken zur Unterhaltung, um mir die Langeweile zu vertreiben. Heute marschiere ich in einer Kohorte von Cäsars Bogenschützen mit, auf dem beschwerlichen Weg nach Gallien. Es muss wieder Probleme mit dem Nachschub gegeben haben, denn ich trage nur das absolute Existenzminimum mit mir herum. Viel zu leicht bekleidet, frierend, die Fersen wund vom wochenlangen Marschieren, stelle ich mir die bangen Fragen des altgedienten Legionärs: Werde ich auch noch die nächste Schlacht überleben? Wann darf ich endlich meinen Abschied nehmen? Wird der große Cäsar sein Versprechen halten, dass wir treuen Krieger mit einem Stück Land in der Toskana belohnt werden? So ein schönes Fleckchen Erde, dort würde ich mich gerne mit meiner Familie niederlassen ... Und schon wieder dieser Hund von Zenturio! Bellt mich an, ich soll ordentlich Schritt halten ... Ich stelle mir alles so lebendig vor, dass es mir richtig schwer fällt, vom Legionärsdasein wieder in meine Pilger-Identität zurückzukehren. Dieses lange Alleinsein ...

So viele Truppen sind hier im Laufe der Jahrhunderte durchgekommen: Cäsars Kohorten, Hannibals Elefantenregiment, Napoleons Revolutionsarmee, alle fern der Heimat, mit ungewisser Zukunft. Ängstlich, wenn es in die Schlacht ging, freudig, wenn sie nach Hause durften. Und jetzt kommt also auch noch ein einsamer Bergpilger daher. Ein Mensch an der Wasserscheide seines Lebens, mit viel Zeit zum Nachdenken und Sinnieren, wohin ihn sein Weg wohl letztlich führen wird. Ein kleiner orangefarbener Fleck in einem unaufhaltsamen, gewaltigen Menschenstrom. Nicht mehr als ein winziger Tropfen im trägen Fluss der Jahrtausende. Im Koordinatenkreuz von Raum und Zeit schrumpfe ich, der Einzelne, zum Nichts. Und doch: Hier fühle ich mich beschwingt und heiter, frei und geborgen zugleich, denn ich reihe mich ein und werde zum Glied in einer langen Kette von Seelen. Gingen die allermeisten meiner Vor-Gänger hier, auf dieser Straße, etwa nicht unfreiwillig, ob als Sklaven, ob als Leibeigene, ob im Militärdienst? Ich dagegen bin ein Mensch einer glücklicheren Zeit, in der ich freiwillig und als freier Mensch unterwegs sein darf: unterwegs zu mir selbst. Welch ein Privileg.

Der kühle Wind riecht nach Schnee. Mich fröstelt. Das Ende meiner Reise wird fühlbar! Erstmals wird mir so richtig bewusst, dass ich den größten Teil meines Weges zurückgelegt habe. Hinter einer Wegbiegung gerate ich in eine Kuhherde, die von ihrem Hirten zu Tal getrieben wird. Almabtrieb, auch ein Zeichen des Herbstes. Etwas später, immer noch in Gedanken versunken, stolpere ich über eine verlorene Kuhglocke. Sie ist alt und schön. Ich hebe sie auf, bewundere die feine Handarbeit auf dem Lederband und nehme sie mit. Ich werde sie unterwegs abgeben, sicher findet sich eine Möglichkeit, dass sie zu ihrem Besitzer zurückfindet. Mit der Glocke in der Hand stelle ich mir das einfache, von den Rhythmen der Natur geprägte Leben des Hirten vor. Jedes Jahr im Herbst trifft er eine wichtige Entscheidung. Wann ist die beste Zeit, um die Tiere von der Alp hinunter ins Tal zu bringen, in die schützenden Ställe? Geschieht es zu früh, bliebe das frische Gras ungenutzt und das eingebrachte Heu reichte in einem langen strengen Winter nicht aus, um alle Tiere bis zum Frühling zu ernähren. Lässt er die Kühe aber zu lange auf der Alp weiden, könnten die weniger robusten Tiere bei einem plötzlichen Wintereinbruch Schaden nehmen. Solche Gedanken führen mich zu mir selber, zu meiner eigenen Situation. Zu dem Dilemma, vor dem ich bei meinem Ausstieg stand: Zu früh aufgehört, dann reicht das Ersparte vielleicht nicht aus. Zu spät aufgehört, und es rafft einen womöglich der Herzinfarkt auf dem Bürostuhl dahin …

Wieder setzen die äußeren Ereignisse meinem Gang durch die Gedankenwelt ein Ende. Die Passhöhe des Piccolo San Bernardo ist erreicht. Die Kuhglocke habe ich am Grenzposten abgegeben. Von nun an befinde ich mich auf dem Boden des einzigen Landes, das seine traditionelle Küche von der UNESCO als Weltkulturerbe schützen lassen will. Vive la France! Da muss ich doch gleich meine erste kulinarische Erfahrung ansteuern! Unmittelbar hinter der Grenze lockt ein kleines Restaurant mit dem Hinweis auf ein reichhaltiges Angebot frischer Crêpes. Rein in die warme Stube! Und ich soll nicht enttäuscht werden. Nicht mal eine Stunde im Schoße der Grande Nation, und schon wieder ist meine heiße Liebe zu ihrer Kochkunst entflammt. Ist es nicht ganz egal, wo man sich in diesem Lande durchzuschmausen beginnt? Dieser sagenhaft saftig-fruchtige, cremig-zarte Heidelbeer-Crêpe! Ich bin völlig ungestört und störe hier selbst auch niemanden. Die Gaststube ist fast leer, nur ein Motorradfahrer kauert in der Ecke und wärmt seine Hände an einem Glas dampfenden Tees.

Und wieder hinaus in die Nebelkälte. In einem großen Bogen will ich nach Süden ziehen, hinein ins Val d'Isère.

Schon wenige Kilometer später erfasst mich das kalte Grausen. Überall streckt die monströse Krake des hochgezüchteten Alpintourismus ihre gierigen Fangarme aus. In La Rosière – ein ebenso klangvoller wie irreführender Name, denn auf Rosen gebettet wird man hier nicht – wurden die einstmals üppigen Bergwiesen allesamt einplaniert und zu Steinpisten kastriert. Ein wenig Gras noch kümmert erbärmlich dahin. Keine natürlichen Barrieren mehr stoppen die zerstörerische Gewalt von Wind und Wetter, flächendeckende Erosion wird offenbar gern in Kauf genommen, wo es doch um ganz andere Werte als nur den Reichtum einer intakten Natur geht. Schon hat das abfließende Regenwasser hässliche Furchen in die Hänge gefräst, und so wird es wohl ungebremst weiter gehen, bis nur der nackte Stein übrig ist. Kreuz und quer durchschneiden die Stahldrähte der Sessellifte die Sicht auf die Berge, weggeschmissene Coladosen und Kaugummipapiere liefern die einzigen Farbtupfer im stumpfen Grau allüberall.

Im Restaurant, wo ich einen Erfrischungstrunk nehmen möchte, starren mürrische Bauarbeiter – die werden hier bestimmt ständig gebraucht – in den Schaum auf ihrem Bier, wie Kaffeesatzleser, die von einer öden Zukunft zu künden haben. Die Wirtin bellt mich an, ich sollte gefälligst meinen Rucksack nicht auf einem Stuhl abstellen. Na, in diesem Kaff wäre ich vermutlich auch so mies drauf. Aber schließlich sind wir in Frankreich, und zumindest der *Croque Monsieur* schmeckt wirklich passabel. Ich bin fast ergriffen! Eine gnadenlose Kommerzialisierung scheint zwar schon die gute Laune der Menschen zerstört, aber noch nicht die Spitzenstellung der Franzosen in Sachen gut essen und trinken beseitigt zu haben.

Ich setze weiter Schritt für Schritt in Richtung Sainte Foy

Tarentaise. Gemächlich ausschwingende Berghänge und idyllische Bergdörfer mit alten Natursteinhäusern sind eine willkommene Entschädigung für die gerade erlebten Entgleisungen der Urbanisierung. Ein alter Mann empfiehlt mir einen jahrhundertealten Hohlweg zum Wandern. Auch wenn es ein Umweg ist, dieses Schmankerl gönne ich mir. Alte, gebeugte Linden säumen den Pfad und neigen sich dem Pilgersmann zu, beschirmen ihn mit ihren breiten Stämmen vorm Wind und schenken ihm erquicklichen Schatten. Auf der Wanderkarte findet man so etwas nicht. Mit dem Alten wird auch die Kenntnis dieser Pfade sterben. Und dann werden auch die Pfade selbst verschwinden, überwuchert vom unverwüstlichen Leben der Vegetation, die sich ihren ureigenen Gestaltungsraum zurückholt.

Herr W. grübelte nun öfter über seine Lebenszeit nach. Die erste Lebenshälfte: vergangen, und was war davon übrig geblieben? Die verbleibende Lebenserwartung: täglich ein Stückchen weniger. Und auch schon weniger als das, was hinter ihm lag. Zumindest gemäß W.'s statistischer Lebenserwartung. Er liebte ja Zahlenfriedhöfe. Nur hält sich das Schicksal dummerweise nicht an Statistiken. Als wirklich beunruhigend aber empfand W., dass die Zeit offenbar unterschiedlich schnell verging. Die Sanduhr des Lebens, eine Fehlkonstruktion? Rinnt der Sand gegen Ende hin schneller? Eine Sanduhr mit feiner werdendem Sand als Verfallsbeschleuniger? Die scheinbar unerschöpfliche Ressource Zeit drohte knapp zu werden für Herrn W., und je kostbarer sie wurde, desto schneller schien sie unter seinen Händen zu zerrinnen. Seine Erinnerung an die unmittelbare Vergangenheit begann immer schneller zu verblassen. Bereits Mitte der Woche hatte er

keine Ahnung mehr davon, wo er am Montag gewesen war und was er da gemacht hatte. W. stellte Vermutungen an, was die Wahrnehmung von Zeit beeinflussen mochte und wie man sich dementsprechend verhalten sollte, um die empfundene Zeit möglichst auszudehnen. Lag es an der Monotonie, dass Zeit schneller verging? War Abwechslung die Lösung? Aber Abwechslung als Selbstzweck wäre doch nur eine weitere Form der Monotonie – und noch dazu eine, die viel Unruhe in das Leben brächte. Was also war das Geheimnis?

Rund vier Monate bin ich unterwegs. Das erscheint mir wie vier ganze Jahre meines vorherigen Lebens. Mindestens. Das macht also über 3½ Jahre Zugewinn an gefühlter Lebensdauer! Keine schlechte Rendite auf die eingesetzte Zeit. Es muss an der Dichte und Qualität der Erfahrungen liegen, am nie versiegenden Fluss faszinierender Erlebnisse. Daran, Tag für Tag neue Eindrücke sammeln zu können, ohne ein Getriebener zu sein. Ohne Mühe vermag ich die genaue Abfolge aller Tage, jedes einzelnen von ihnen, zu rekonstruieren. Sobald ich an einen beliebigen dieser Tage denke, purzelt eine ganze Reihe innerer Dominosteine – Erinnerung um Erinnerung, plastisch und klar. Warum ist das so?

Ein Wort drängt sich auf. Ein Wort, das ich aus meiner Kindheit kenne, das ich schon längst vergessen zu haben glaubte: Herzblut! Ja, das ist der Grund, warum ich jetzt alles so intensiv erlebe. Ich folge einer inneren Stimme, bin einverstanden mit mir selbst, bin begeistert, entwickle Leidenschaft, erlebe bewusst, wünsche nie, dass etwas vorüber gehen möge. Und Rituale! Jeder Tag spannt ganz natürlich einen Bogen aus Aktivitäten, die sich folgerichtig ergeben.

Dabei stört überhaupt nicht, dass es fast immer eine einförmige Abfolge von Handlungen ist, bis hinein in die letzten Details.

Wie Wegweiser ragen die Tageszeiten aus dem Fluss der Zeit heraus, natürliche Orientierungshilfen, um meine Lebensweise zum Lebensrhythmus zu ordnen. Aufwachen, das Schlafquartier aufräumen. Rucksack packen, losziehen. Pausen einlegen, die Natur betrachten. Quartier nehmen, Rucksack auspacken, den folgenden Tag planen. Einschlafen. Und natürlich das Ritual des Laufens selbst, eine ewiggleiche Abfolge von Millionen Schritten. Und, immer häufiger: bewusst gesetzten Schritten. Alles schlichte, erdgebundene Tätigkeiten. Und, schließlich: Ich habe ein Ziel! Ich stromere ja nicht kreuz und quer in der Gegend herum. Nicht nur, dass ich mir jeden Tag ein Etappenziel setze. Ich habe auch ein großes, letztgültiges Ziel. Immer öfter steht es mir vor Augen, je näher ich ihm komme. Wie einem Leitstern folge ich ihm: Eintauchen in die Wogen des Mittelmeeres! Somit ordnet sich jeder Tag in die Ganzheit meiner Erfahrung ein. Und erfährt einen tieferen Sinn. Jeder Schritt, jeder Tag ist ein Stück Annäherung ans Ziel.

Am Nachmittag, kurz vor Sainte Foy Tarentaise, spuckt mich der Hohlweg auf eine Teerstraße aus. Im Ort finde ich ein kleines Hotel. Chapeau, ein dezent und geschmackvoll renoviertes altes Haus. Sieht einladend aus, da kann ich meine Tagesetappe auch gleich hier beenden und noch ein wenig entspannen. Und, nachdem ich mich einquartiert habe, noch Gastlichkeit genießen. Gedacht, getan.

Eine Hausbar gibt es auch, also warum nicht einen Drink nehmen? Anscheinend bin ich hier nicht der Einzige, der gediegenes Ambiente zu schätzen weiß. Eine Schar Engländer in sündteurer, trendiger Freizeitklamotte belagert den Tresen. Mein geschultes Auge taxiert sie sofort als Investmentbanker in Zivil. Ja, bin ich hier in Südfrankreich oder in der After-Work-Hour eines Pubs im Londoner Financial District?

»Londoner Anwälte und Banker, die sich im Tal niedergelassen haben«, raunt mir der Barkeeper diskret zu. »Stinkreich, jeder von ihnen hat sich sein Chalet gekauft und genießt das Leben. Tja, wir können uns in dem Alter noch lange nicht zur Ruhe setzen.«

Ich bin natürlich einverstanden, dass er nicht im Entferntesten daran zu denken scheint, mich in dieselbe Kategorie einzusortieren. Auch ich befinde mich ja schon »im Ruhestand« und genieße mein Leben ebenfalls »wie Gott in Frankreich«, wenn auch auf meine Weise. Den Jungs dort wird wohl schnell langweilig in ihren Chalets. Also schlagen sie die Zeit an der Bar tot. Eigentlich nichts anderes als daheim in London. Und sein Alphatier hat das Rudel auch mit hergebracht! Der säuft wie ein Loch und redet am lautesten.

Am nächsten Morgen Londoner Wetter, Nebel und Nieselregen. Ich schlafe erstmal aus und setze mich nach dem Frühstück an den Gäste-PC, um meinen Blog zu aktualisieren. Vorher hole ich mir noch einen Tee aus der Bar. Die Engländer, schon wieder! Bereits am Vormittag haben sie glasige Augen und spielen Poker. Womöglich um die gleichen Unsummen wie an trüben Regentagen an der Themse. Auch eine Möglichkeit, seine zweite Lebenshälfte zu verbringen. Ich bin da schon wesentlich weiter, oder etwa nicht? Schlürfe genügsam meinen Tee und aktualisiere bienenfleißig mein interaktives Bergpilger-Tagebuch. Draußen steigert sich der Niesel- zum satten Landregen. Da beweist selbst der waschechte Engländer Indoor-Sitzfleisch, aber ich muss jetzt hier raus! Bevor meine Ex-Kollegen mich als einen der ihren erkennen und mich zum Binge-Drinking zwingen!

Bei diesem Sauwetter wie geplant über einen Höhenweg nach Val d'Isère gelangen zu wollen, könnte allerdings ebenfalls böse Folgen haben. Also gehe ich lieber auf Nummer sicher und taste mich auf einem Wanderweg im Tal in Richtung Süden voran. Später muss ich wohl oder übel auf die Landstraße ausweichen. Hämisch plätschert der Regen auf den glatten Asphalt, zäher Nebel klebt in den Bäumen. Immer wieder bollern LKW vorbei und schmeißen mir Dreckswasser und Abgase ins Gesicht.

Was ist denn das? Ein irritierendes Geräusch, irgendwo zwischen Brummen und Brausen, und bedrohlich anschwellend. Film ab im Einsiedler-Kopfkino – ist das jetzt schon eine Form von Autismus, wenn meine Fantasie derart ins Kraut schießt? Mich befällt die Vorstellung von einem Schwarm Hornissen, die in mir einsamem, wehrlosem Wanderer ein leichtes Opfer finden. Rasant kommt »es« näher – und schießt pfeilschnell vorbei. Ach, bloß ein Ferrari. Und nur der erste von gut 20 röhrenden Kraftpaketen auf vier Rädern. Meine Engländer! Haben zur Abwechslung ihre Spielzeuge hervorgeholt, machen jetzt eine kleine Spritztour zum Kaffeetrinken nach Val d'Isère. Mit einem beherzten Sprung in den Straßengraben bringe ich mich in Sicherheit. Es wäre schon Ironie des Schicksals, wenn ich mein Leben als Tippelbruder aushauchte, ausgerechnet unter den Rädern der Porsches und Ferraris ehemaliger Kollegen!

Doch hier kommen noch drastischere Mittel zum Einsatz, um mir endgültig vor Augen zu führen, dass ein Pilger auf Schusters Rappen sich in unserer durchmotorisierten Welt ganz, ganz unten in der Fresskette befindet. Ein klappriger Peugeot mit lokalem Autokennzeichen bremst direkt neben mir auf Schrittgeschwindigkeit ab. Die Insassen kurbeln die Fenster herunter. Eine Mitfahrgelegenheit? Irrtum! Eine Bierdose trifft mich am Kopf, gefolgt von derben Beschimpfungen. Die bespucken mich sogar! Ob nun zu faul oder zu feige, um mich auch noch zu verprügeln – jedenfalls holt der Mann am Steuer jetzt das letzte raus aus seiner Nuckelpinne und legt einen Kavaliersstart hin. Diesen Brüdern muss ich ein echtes Erfolgserlebnis beschert haben! Endlich haben sie einen entdeckt, der noch weiter unten ist als sie selbst. Ein Paria der Landstraße bin ich also. Verachtet von Underdogs und fast platt gemacht von Millionären.

Da bleibt dem Naturmenschen nur eins: Ab ins Gebüsch! Der Wald ist mein Freund. Schirmt mich ab von den Attacken übelwollender Mitmenschen. Der Wald, die soziale Knautschzone für uns Pilger. Er schenkt mir vielleicht doch noch den versöhnlichen Tagesabschluss. Als hätte ich wieder mal so eine Ahnung gehabt! Es scheint immer noch so etwas wie ausgleichende Gerechtigkeit zu geben. Von dort drüben her lacht mich ein formidabler Steinpilz an! Unter dem schützenden Blätterdach einer gewaltigen uralten Eiche hat er seine Evolutionsnische gefunden. Und erfüllt jetzt den Sinn und Zweck seiner Existenz – jedenfalls aus meiner Sicht. Vorsichtig ernte ich ihn mit meinem Taschenmesser, wie es sich gehört, oberhalb des Wurzelgeflechts. Mit dem Pilz in der Hand betrete ich das einzige noch geöffnete Restaurant von Val d'Isère, bestelle eine Portion Polenta und lasse mir vom Chef meinen Fund in Butter braten. Vor einem Glas gekühlten Weißweins der Region ruhend, ist es mir jedoch nicht lange vergönnt, in ungetrübter Vorfreude mein Mahl zu erwarten. Wer entert die Gaststube? Meine Ex-Kollegen natürlich, denn auch für den leidenschaftlichen Automobilisten soll ein guter Tag mit einem guten Essen enden.

Hereinspaziert, Gentlemen! Jetzt zeige *ich* Euch mal, wo der Frosch die Locken hat! Direkt an euren Nasen vorbei wird sie mir serviert, meine lecker duftende Delikatesse. Ganz grün vor Neid schielt ihr jetzt herüber, nicht wahr.

»Non, excusez-moi«, klärt der Wirt sie bedauernd auf, »das haben wir nicht auf der Karte, ist eine Sonderanfertigung für Monsieur dort drüben!«

Diese langen Gesichter sind die reinste Augenweide für mich!

»Cheers!«

Entspannt proste ich den Jungs zu, im wohligen Gefühl, ihnen eine Niederlage bereitet zu haben, an die sie noch denken werden. Und verzehre mit Hochgenuss meinen »Steinpilz à la Chef«.

N
W ✧ O
S

Heute Abend erhalte ich noch Besuch aus der Heimat. Alex wird mich ein paar Tage begleiten. Auch er ein ehemaliger Arbeitskollege, allerdings von ganz anderem Schlage als meine Tischnachbarn, die sich mittlerweile verzogen haben. Wir beide haben so manche Schlacht zusammen geschlagen, könnte man sagen: was auch deshalb passend ist, weil Alex aus uraltem preußischem Landadel stammt und das soldatische Gebaren seiner Vorfahren ihm immer noch im Blut liegt. Offenbar rechnet Freund Alex auch diesmal mit einer Art Kampfeinsatz, denn er kreuzt in seinen 20 Jahre alten Bundeswehrstiefeln auf. Wie stilecht. Es wird spät heute, denn bei mir hat sich in all den Wochen des Alleinseins doch ein enormes Mitteilungsbedürfnis aufgestaut. Auch wenn ich den guten Alex mit meinem Redefluss ziemlich zugeschüttet haben muss – es war heute Abend einfach nur schön, aus dem Nomadenleben auszutreten und einem alten Freund etwas erzählen zu dürfen.

Val d'Isère am frühen Morgen, noch dazu in der Zwischensaison: das ist wie eine Mischung aus MIR-Raumstation und Cottbusser Platte. Dauerhaft wohnen hier überhaupt nur wenige Menschen, wohl die Hiwis zur Instandhaltung der ganzen Kaputtheit. Wir flüchten in das Safrangelb eines schmucken Lärchenwaldes und schlendern Richtung Tignes Le Lac.

Dort kommen wir jetzt aber vom Regen in die Traufe! Val d'Isère ist im Vergleich zu diesem Horror ein niedlicher Frankenstein junior! Tignes Le Lac ist Ski-Retorte in höchster Potenz. Dumm wie Brot, das stadtplanerische Rezept: Wo nicht betoniert wird, dort wird eben geteert. Überall Pressluftbohrer im Einsatz, Bagger schaufeln und schieben Dreck und Steine auf unermesslich geräumigen Asphaltflächen herum, nur damit bei Saisonbeginn die Blechlawine hindernisfrei in alle Richtungen abgehen kann. Bauarbeiter montieren Spanplatten auf Hotels in Plattenbauweise: vielleicht, um sie für eine Bemalung im Stil alpiner Lüftlmalerei vorzubereiten? Diesen Ort potemkinscher Gemütlichkeit verlassen wir fluchtartig!

Aber es scheint einfach kein Herauskommen zu geben aus dem Bausündenpfuhl, in dem hier die schönsten Stücke der französischen Alpen dauerhaft verschandelt werden. Noch auf weit höher gelegenen Berghängen haben gefräßige Planierraupen und Bagger das Gelände skifahrerfreundlich gestaltet – sprich: zu abgeflachten Kieselsteinwüsten abrasiert. Erst auf dem Col de la Leisse, einem Pass auf über 2700 Metern Höhe, liegt der deprimierende Kahlschlag hinter uns. Endlich können wir in einem langgezogenen Hochtal durch wilde und menschenleere Landschaften stromern. Gletscherblick inklusive. So muss das sein, schließlich befinden wir uns im Naturschutzgebiet des Vaudois.

Möglichst unauffällig mustere ich Alex, der wurde nämlich auf einmal so still. Aha, mein Freund, du machst bald schlapp, wir sollten mal eine Unterkunft finden. Doch die Hüttenwirte hier in der Gegend haben schon abgeschlossen mit der Bergsteigersaison. Erste Hütte am Wege: Fermé! Zweite Hütte: ebenso. Rein psychologisch wirkt das auf Alex wie auf einen Verdurstenden, der eine Oase ansteuert – nur um sie ausgetrocknet vorzufinden. Wenngleich sein gequälter Gesichtsausdruck mir verrät, wie sehr er mich und meinen Hannibal-Schwachsinn jetzt verflucht, höre ich doch aber keine einzige Klage. Da merkt man halt die Klasse des preußischen Aristokraten. Contenance und eiserne Disziplin über alles!

Trotzdem zeigt unsere Marschordnung irgendwann unübersehbare Auflösungserscheinungen. Alex fällt zurück, bald bis zu hundert Metern, schleppt sich nur noch dahin. Geschont haben wir uns gegenseitig noch nie, aber das hat unserer Freundschaft keinen Abbruch getan, im Gegenteil. Mehr als dass ich den Abstand nicht noch größer werden lasse, kann und wird er jetzt von mir nicht erwarten. Nach stundenlangem Marsch retten wir uns beide – mich eingeschlossen, weil mein schlechtes Gewissen mich mittlerweile doch in arge Nöte bringt – in das Refuge du Plan du Lac, eine Hütte inmitten eines eindrucksvollen Bergpanoramas.

Glück gehabt, die Wirtsleute führen gerade Renovierungsarbeiten durch und sind nur deshalb überhaupt noch hier oben. Mit letzter Kraft robbt sich Alex in unsere Kammer, fällt sofort in sein Bett und ansatzlos in einen komatösen Schlaf. Dass dieser Sparfuchs auch mit seinen Kampfstiefeln unterwegs sein muss! Als ob er sich keine gut federnden Wanderschuhe leisten könnte. Oder ist es die Liebe zur Familientradition? Mit besser geeignetem Schuhwerk hätte er seinen physischen Einbruch um Stunden hinauszögern können! Aus eigener Erfahrung weiß ich: Der braucht heute noch etwas zu essen. So leid er mir also auch tut, nach einer Stunde wecke ich ihn gewaltsam. Gemeinsam nehmen wir das warme Abendessen ein, das die freundlichen Wirtsleute extra für uns bereitet haben. Doch in der wohligen Wärme, die der gusseiserne Holzofen verströmt, lauern neue Gefahren für meinen übermüdeten Freund. Einen Moment habe ich tatsächlich Angst, er könnte im Sekundenschlaf in seine Suppe kippen. Aufrechte Haltung ist dem Manne jedoch in den genetischen Code eingeschrieben: Im letzten Moment schafft er es doch noch, sich an seinem Löffel festzuhalten.

Mein Alex ist ein alter Kämpfer, der sich verblüffend schnell erholt. Gut gelaunt und ausgesprochen lauffreudig, fast wie ein junges Reh, sprintet er am Morgen los, mitten hinein in den dicken Nebel. Ob genetische Codierung oder Jahrhunderte lange Abrichtung des ostelbischen Junkerntums – erstaunlich ist seine neu gewonnene Fitness allemal. So schreiten wir elastischen Schrittes weit aus, meine Sohlen quietschen vergnügt auf dem nassen Gras der Hochebene des Plan du Lac, während Alex Botten ein mitleidloses Quetschgeräusch von sich geben. Schon huschen wir durch einen verwunschenen Märchenwald, wo eine mitteleuropäische Nebelnässe die mediterrane Baumvegetation in ihren kalten Atem einhüllt. Von bizarrer Gegensätzlichkeit auch das krasse Ineinander von urwüchsiger Natur und menschlichem Raubbau: Termignon ist eine sterbende Stadt, wenig mehr als nur eine Schlafstation für die Kapitäne der Superhighways, wenn sie die transeuropäischen Warenströme von A nach B bringen. Wie von einem Heuschreckenschwarm leer gefressen wirkt der Ort mit seinen kahlen Wänden und toten Straßen. Na ja, mit Heuschrecken kenne ich mich aus, jedenfalls die gefräßigen Insekten der Hochfinanz habe ich zur Genüge kennen lernen dürfen.

Hungrig auch zwei einsame Asphalt-Cowboys zu Fuß, auf der Suche nach Essbarem durch verlassene Häuserfluchten irrend. Nie war ich so dankbar, dass es selbst in den tränentreibendsten Winkeln postmoderner Zivilisation immer irgendwo eine Eatery gibt, die ihre Pforten all-day-long geöffnet hält! Heute kehren wir ein in den Typ Trucker's Delight, einen Fresstempel in dezentem Plastikblumen-Look. Hungrig wie die Wölfe, schnitzen wir bald lustlos an Koteletts im Brummi-Format herum. Was hat man nur den armen Schweinen ins Futter getan, dass ihre Brustkörbe sich so weiten mussten? Verläuft hier etwa eine Bergetappe der Tour der France? Könnte ja sein, dass die örtliche Viehwirtschaft sich einmal im Jahr bei den dopenden Radprofis mit Wachstumshormonen eindeckt.

Nur zu gern rege ich mich über nachlässig markierte Pfade auf. Darum jetzt mal ein dickes Lob: Der GR5 (»Grande Randonnée«) ist der Superhighway im Alpen-Hiking. Nichts weniger als die optimale Verbindung zwischen Genf und Mittelmeer für halbwegs ambitionierte Wanderer. Genau das richtige Laufmenü für einen wie Alex (noch im Aufbau seiner Schrittfrequenz) und einen wie mich (in der Abklingphase hochalpiner Bewegungsabenteuer). Auf den Appetitanreger lassen wir uns mit der Strecke nach Modane ein. Ganz entzückend am Gaumen des Bergwanderungs-Connaisseurs: Das Tal wird zur Schlucht, und an der schmalsten Stelle streben kühn und schroff die Mauern der Marie-Thérèse-Festung empor.

»Mal wieder ein schönes Beispiel für architektonische Meisterleistungen des Adels!«, schwärmt mein blaublütiger Wanderfreund.

»Klar, als Raubritter hätte auch ich diese Stelle zum Abkassieren gewählt!«

Meine bürgerlichen Instinkte sind voll intakt. Und schon sind wir mitten drin in unserem Lieblings-Streitgespräch über die Rolle des Adels in der europäischen Zivilisationsgeschichte: Kulturträger oder Hemmschuh? Wenige Kilometer talabwärts gehen Alex wegen Atmnot die Argumente aus, aber da kommt ihm der Skiort Norma gerade recht. Ein brachialer Kontrapunkt zur malerischen Festung, die wir gerade passiert haben, und ein deplorables Beispiel zeitgenössischer Baukultur der Grande Nation im Alpenraum.

»Ha, hab ich doch gesagt! Schau dir diese normierte Langeweile an! Null Stil! Deswegen geht's mit Frankreich seit der Revolution auch nur abwärts!«

Da fehlen mir wirklich die Gegenargumente. Hunderte replizierter »Chalets« reihen sich aneinander. Vermutlich nur am Grad der Verwahrlosung ihres Vorgartens erkennen die Eigentümer ihre maßlos überteuerte Real Estate wieder. Ich muss an die Zeitungsmeldung denken, die mir in Ascona in die Augen sprang. Was wird wohl zur Nemesis des Turbo-Kapitalismus werden: die hemmungslose Deregulierung der Finanzmärkte? Die ebenso hemmungslose Vertrauensseligkeit neureicher Hauskäufer? Oder die nicht weniger hemmungslose Gier der Bankberater, die vor der Überschuldung ihrer Kunden nur zu gern die Augen verschließen? Oder alles zusammen: Wir hier wissen es nicht. Noch nicht.

Hotelzimmer Downtown Modane

Was ich jedoch sicher weiß: Modane hätte ich Alex – ehrlich! – gerne erspart. Immerhin wäre er, gewisse weltgeschichtliche Ereignisse als ungeschehen gedacht, heute der erbberechtigt Verfügende über gediegenste Deutschherren-Gutshof-Architektur. Und als hätte er in meiner Gegenwart nicht schon genügend unter baulichen Entgleisungen gelitten! Und jetzt dieses Nest Modane – sowas von hässlich! Wie zwei eingeschüchterte Cops auf Streife in der Bronx schleichen wir durch die desolaten Gassen. Schlimmer noch: wie Harrison Ford in *Blade Runner,* im Visier der geklonten Lady, die von ihrem versifften Loft aus die Gegend unsicher macht. Unvorstellbar, aber wahr: Mitten im reichen Europa hausen hier 10 000 Einwohner hinter den verriegelten Türen ihrer verfallenden Häuser. Von ehedem fünf Geschäften sind vier pleite, die Schaufenster eingeschlagen, mindestens aber verklebt. Ein verlauster Straßenköter pisst an eine kaputte Laterne. Wir passen uns dem Niveau an, so gut wir können, und quartieren uns in einer Absteige in Bahnhofsnähe ein. Also wieder einmal Hollywood-Kopfkino, diesmal *Schwarze Serie:* tropfende Wasserhähne, durchgelegene Matratzen mit stechendem Geruch. Das Flackern der Leuchtreklame von der Straße dringt selbst durch die Lider meiner geschlossenen Augen. Vorbeidonnernde Güterzüge sorgen für die passende Begleitmusik.

Doch wir sind schließlich immer noch in Frankreich! Ohne langes Suchen finden wir ein ordentliches Restaurant. Bei gutem Rotwein und schmackhaftem Essen wird uns klar, was die eigentlichen Primärbedürfnisse sind. Vergessen die ästhetischen Anfeindungen des vergangenen Tages.

Auch Alex ist heute ein »freier Mann«, wir kündigten an ein und demselben Tag unsere Jobs bei derselben Bank. Keine leichte Entscheidung, zumal nicht ein einziges Wölkchen den Himmel der internationalen Finanzmärkte einzutrüben schien. Jeder von uns beiden leistete dem anderen damals moralische Unterstützung. Immer wieder richteten wir uns gegenseitig auf. Ich weiß noch, was ich ihn einmal fragte, hinter der verschlossen Tür seines Büros, damit uns niemand hören konnte:

»Alex, uns hält doch jeder für verrückt, so eine Karriere hinzuschmeißen! In diesen Boomzeiten!«

Seine Antwort kam prompt und im Brustton der Überzeugung:

»Aber was nützt denn die ganze Kohle, wenn wir jeden Tag depressiver werden!«

Selbstständig zu sein und als Unternehmer zu arbeiten, das ist Alex' Lebenstraum. Dabei muss er eine sechsköpfige Familie ernähren. Es hielt ihn nicht davon ab, den Ausstieg zu wagen. Hochachtung! Ich hatte es einfacher – dachte ich zumindest damals. Jetzt ist der Moment, da er von seinen ersten unternehmerischen Gehversuchen erzählt. Von ersten Erfolgen, aber auch von seinen Ängsten.

»Hast du es bereut, Alex?«

»Nein, keine Sekunde!«

Leider muss mein kongenialer Laufpartner schon wieder abreisen. Wie sich herausstellen würde, bekam er als Folge unserer Gewaltmärsche eine Knieinfektion und war zwei Wochen lang mit starken Antibiotika schachmatt gesetzt. Hoffentlich schmeißt Alex endlich seine Bundeswehrstiefel in den Müll – aber nie unsere Freundschaft!

Es ist jetzt Ende September, der nahende Winter schickt schon einmal Regen- und Schneeschauer durch die leeren Gassen. Also bleibe ich einen Tag länger in Modane, »zur Erholung«. Im Gemeindehaus ist es schön warm, hier finde ich den wohl günstigsten Internetanschluss in Mitteleuropa – vier Stunden kosten gerade einmal einen Euro. Sankt Moritz knöpft einem dafür alle zehn Minuten so viel ab! Nicht dass dies die Kollegen vom Rendite-Schnelldienst, die spekulativen globalen Arbitrageure, die dort so gern im Grand Hotel urlauben, davon abhalten würde, schnell mal im Internetcafé nebenan ins Netz zu gehen. Inkognito lassen sich eben die besten Windfall-Profits realisieren. In

Modane aber hätten sie ihre helle Freude! Total intransparent das Ganze, weil sich außer mir niemand aus der Branche jemals hier hat blicken lassen. Und was für eine Leverage, mit diesem lächerlichen Kapitaleinsatz!

Will sich dieses Dorf mit Dauerregen und Nebel verhüllen, weil es so hässlich ist? Je länger ich hier bin, umso mehr geht meine Lust zum Laufen gegen Null. Es ist schon mein dritter Tag hier. So kenne ich mich gar nicht. Lange schlafen, vor mich hin träumen, endlos im Internet surfen, lustlos im Essen stochern. Habe ich all meinen inneren Antrieb verloren?

Ein Nobelhotel in der Nähe von Wall Street. Unruhig wälzte sich Herr W. in seinem Bett hin und her. Er hasste Klimaanlagen, denn da holte er sich stets Erkältungen. Deshalb hatte er sich von seiner Sekretärin ein Zimmer in einem der unteren Stockwerke buchen lassen. Weil man da die Zimmerfenster öffnen konnte, anders als in den höheren Ebenen des Wolkenkratzers. Dafür dröhnte der Verkehrslärm der nie schlafenden Stadt ungefiltert herein. Direkt vor seinem Zimmer eine offene Baustelle, Autos rasten mit einem lauten »Padamm« über die provisorisch ausgelegten Eisenplatten. Die Zimmerwand reflektierte ein nervös flackerndes rotes Licht: die Leuchtreklame eines Fastfood-Ladens. Die gleiche Farbe wie die Leuchtanzeige des TV-Geräts.

W. litt unter Jetlag, spürte einen ekelhaft papierenen Geschmack im Mund, fühlte sich fiebrig. Direkt nach seiner Ankunft nachmittags war er im Büro gewesen, er hatte eine Unterredung mit einem seiner Vorgesetzten gehabt. Ein unangenehmes Gespräch, denn der Chef zeigte sich mit der Umsatzentwicklung sehr unzufrieden. Obwohl die Abteilung Rekordumsätze erzielte.

Aber die Bank extrapolierte Erfolge der Vergangenheit einfach endlos in die Zukunft. Morgen früh ein Meeting mit einem Kunden, dann gleich wieder zurück nach Europa fliegen. Wenn es hochkommt, würde der Termin zwei Stunden dauern, seine Redezeit vielleicht eine halbe Stunde betragen. W. fühlte sich auf einmal leer und einsam. Was wollte er eigentlich hier? Wohin sollte das alles führen?

Äußerlich und innerlich sind die Temperaturen heute nahe am Nullpunkt. Doch ich muss endlich weiter, wenn auch nur als Schatten meiner selbst. Am Ortsrand drücke ich mich in die Nebelwand hinein und schnüre wie scheues Wild durch dichten Nadelwald. Immer in Richtung Col des Vallées Étroites. Bald geht der Regen in Schnee über. Schritt für Schritt erkenne ich die Herausforderungen des Tagesgeschäfts: Oberhalb der Waldgrenze verschwindet der Pfad unter einer dicken Schneedecke. Ein Wegweiser mit nebulösen Hinweisen mitten im Nebel ... Kenne ich das nicht?

Aber warum fühle ich mich trotzdem jetzt so unbeschreiblich wohl? Weil ich wieder in mein Wandermantra versunken bin. So leicht fiel es mir diesmal! Schnell bettete mich der Nebel in den ruhig fließenden Strom stetiger Schritte.

Nur wird dieser Wegweiser davon auch nicht besser! Was soll ich mit von Hand beschriebenen, unleserlichen Plastiktafeln, ohne Richtungspfeile, achtlos an einen Pfosten genagelt? Soll es etwa moderne Kunst sein? Der GR5-Markierungsverantwortliche hat hier wohl im Formtief gesteckt. Als Orientierungshilfe völlig untauglich, also was tun? Ach ja, meine tolle multifunktionale Bergsteigeruhr besitzt doch einen Kompass! Eine Landkarte habe ich sowieso, und meinen Standort kenne ich auch. Alles zusammen sollte doch eine ungefähre Vorstellung davon ergeben, in welche Richtung ich laufen muss. In unwegsamem Gelände ist der Rest Feinarbeit fürs Bauchgefühl. Ein Modell, um sich im Dasein schlechthin zu orientieren! Mein Lebenskompass jedenfalls pendelt sich immer stärker auf eine Richtung ein: in die Berge! Der Rest wird sich finden.

Die Schneeschauer können mich jetzt höchstens noch ein wenig necken, aber nicht mehr richtig ärgern. Zwischen den Regenvorhängen blitzt schon wieder der eine oder andere Sonnenstrahl auf. Blick frei in die Ferne auf den Mont Thabor! Ein kantiger Klotz, endlich mal wieder ein echter Berg. Er scheidet zwei endlos lange Täler voneinander. Scheinbar endlos, denn da vorne, im Refuge Tre Alpi, sehe ich mich schon jetzt. Den müden Leib genüsslich vor dem Kamin räkelnd. Ein Glas starken Grog in der Hand.

»Rum muss, Zucker kann, Wasser braucht nicht« – so hat es mir mein norddeutscher Junkerfreund eingeschärft.

Ein schmerzlicher Fehler jedoch, so schön zu träumen! Die Alp ist wochentags schon geschlossen. Na prima, diesen Motivationsgau habe ich mir selbst gebastelt. Hätte ich mir nicht auch andere Reisetermine aussuchen können? Wer sich antizyklisch zur Jahresplanung der Tourismusindustrie verhält, muss eben eine Extraportion Pilgerleiden investieren: drei Stunden Sonderschicht, um auf den nächstliegenden Pass, den Col de Thures, und dann hinab nach Névache vorzudringen. Die reine Schinderei. Und wieder stemmt sich der orangefarbene Winzling gegen ein Schneegestöber. Tapfer setzt er Schritt vor Schritt, unbeachtet von der Welt, schnell verwischt der Sturm seine Spuren im Schnee. Immer wieder eine neue Lektion des wirklichen Lebens! Früher habe ich gesagt: Wenn es gut läuft, kriege ich einen feinen Bonus – wenn es schlecht läuft, einen gut dotierten neuen Job. Auf einer Pilgerfahrt wird anders abgerechnet.

Im Großen und Ganzen scheint meine Rechnung diesmal aber aufzugehen. Wie weit und wie lange ich jetzt schon wieder getippelt bin, weiß ich nicht. Es ist mir egal. Was zählt, ist diese Ahnung des Südens, dieser Anflug von Mittelmeer in der Atmosphäre, der mich auf einmal ganz kribblig macht. Ganz leicht, fast erahnt nur, schwebt zarter Winterflaum auf Zypressen, Buxus und Ginster. Als ob ein Theaterdirektor vor der großen Premiere noch einmal die Requisiten des Südens mit einem Leintuch abgedeckt hätte. Ganze Hänge treten in einem hellen, ockerfarbigen Ton in Erscheinung. Mitten drin meterhohe tropfsteinartig-spitze Hügel aus Geröllbrocken und Lehm, auf denen obenauf ein großer flacher Stein wie ein Deckel ruht. Vermutlich schützte er das weiche Bodenmaterial darunter vor Erosion, und so formte Wasser allmählich die Hügel.

Névache liegt in einem offenen, gut durchlüfteten Tal. All die Holzhäuser mit ihren großzügigen Gärten atmen die Weite der umliegenden Landschaft. Ja, hier gibt es freundliche Einheimische. Sie weisen mir den Weg zur Herberge »La Joie de Vivre«. In dem Namen schon schwingt ein sonorer Klang, der das Gemüt wärmt. Lebensfreude! Unbeschwerter Genuss! Und tatsächlich hält das Haus das Versprechen, welches es in seinem Namen trägt. Beim Eintreten strömt mir ein heimeliger Duft entgegen: holzbefeuerter Kamin, Bratenduft und ... Bohnerwachs. Eine Mélange, die einen unwiderstehlichen Lockstoff für den durchgefrorenen Wandersmann bildet. Allabendlich finden sich die Gäste zur feierlichen Tafelrunde vor dem lodernden Kaminfeuer ein. Im offenen Raum nebenan spielen die beiden Kinder

der Wirtsfamilie. Die Gäste haben teil an der intimen Atmosphäre, aber dezent schirmt die Familie ihre Privatsphäre ab. Da ist im Übrigen nur ein einziger weiterer Gast, ein freundlicher Franzose. Er kam, um ein paar Tage im fischreichen Bach in der Nähe zu angeln. Wir vertiefen uns in einen deutsch-französischen Erfahrungsaustausch über entspannte Lebensphilosophie im Allgemeinen und kurzweilige Outdoor-Aktivität im Speziellen.

Zu vorgerückter Stunde ziehe ich mich zum Schmökern in die beachtliche Bibliothek des Hauses zurück. Bei so viel kultiviertem Wohlbefinden à la française erwacht der Hedonist in mir. Um die Leiden der letzen Tage vergessen zu machen, plädiert er dafür, den nächsten Tag hier zu verbringen. Noch keine Entscheidung am Abend, trotz innerer Konferenzschaltung mit dem Pilger. Doch am nächsten Morgen regnet es wieder in Strömen. Die Entscheidung fällt somit von ganz allein. *Sine controversia,* um mit Cäsar zu sprechen. Der löste seine Kontroversen mit den unbeugsamen Galliern durch Feuer und Schwert, ich ersticke mein rebellierendes Pilgergewissen durch aktives Gedenken an das *Savoir Vivre* meiner Murmeltiere, dieser unerreichten Lebenskünstler des Alpenraums.

Wohlgetan! Durch meinen spontanen Entschluss finde ich endgültig wieder zu mir. Zwischenheimat: heimzukommen *in der Fremde,* als sei man an einem altvertrauten Ort. Wärme und Geborgenheit finden, sich frei fühlen von Anspannung und Sorge. Warum ist das so einfach, gerade jetzt? Ich war noch nie hier, bleibe auch nur kurz. Kann ich Geborgenheit am ehesten dann finden, wenn ich sie als vorübergehende Zuflucht akzeptiere, eben als Zwischenheimat? Scheitert die Suche nach Heimat, wenn sie der Illusion folgt, das Leben könnte für immer bestehen? Muss ich also zuerst Abschied nehmen und loslassen lernen? Heimat ist demnach Vergänglichkeit. Wir verlieren die Heimat, wenn wir sie festhalten wollen, wenn wir uns einbetonieren in unsere inneren Trutzburgen. Unser ganzes Leben ist Zwischenheimat. Eigenartig, auch früher war ich doch ständig in der Fremde, verweilte oft, wie auch jetzt, nur einen Tag, um dann gleich weiterzuziehen. Heimisch fühlte ich mich jedoch nirgends, eher gehetzt wie auf einer permanenten Flucht. Jetzt weiß ich, warum das so war. Der Beruf beraubte mich meines wertvollsten Besitzes: den Moment bewusst als Moment zu erleben. Im Zweifrontenkrieg zwischen Gestern und Morgen wurde das Heute aufgerieben, sein Terrain zwischen den Siegermächten des »Es war einmal« und des »Es wird schon« aufgeteilt.

Etwas wehmütig reiße ich mich schon frühmorgens los vom Haus der Lebensfreude, lenke meine Schritte nach Briançon, an einem glucksenden Bächlein entlang. Der Himmel verschleiert sich verschämt im Morgendunst. Abseits markierter Pfade bahne ich mir durch den Hochwald einen Weg zum Croix Corail, einem kleinen Aussichtsgipfel. »Klein« verglichen mit jenen Himmelskanzeln, die schon hinter mir liegen, wohlgemerkt. Das klare Licht des Mittags spielt in den Blättern, die der Herbst schon bunt gefärbt hat.

In der Ferne vielstimmiges Hundegebell. Richtig, heute beginnt die Jagdsaison! Die Meute scheint näher und näher zu kommen, langsam wird mir doch etwas mulmig. Oder gehen mir nur schon wieder die gedanklichen Pferde durch, ist es der mentale Furor, der den einsamen Wanderer von Zeit zu Zeit ergreift? Himmel, ich weiß es nicht! Unwillkürlich fantasiere ich eine James-Bond-Filmszene herbei: Goldfingers Verräterin flieht durch den Wald, von Bluthunden gehetzt. Fast fühle ich selbst schon schleimig-blutige Lefzen am Hosenboden ... von messerscharfen Zähnen an der Gurgel fixiert, fertig zum Fangschuss auf einer Drückjagd für senile, halbblinde Grandseigneurs ... Pas avec moi, Messieurs. Non, jamais! Wie eine flinke, scheue Gämse entwische ich in mein angestammtes Terrain, immer höher und höher, bis in baumloses, freies Gelände. Erstmal durchatmen, während unten Schüsse fallen. Wen oder was auch immer die Bluthunde für die wackeren Waidmänner gestellt haben mögen – ich jedenfalls war es nicht.

Ein von der Natur herbstlich geschmückter Wanderweg führt mich auf den Col de Granon und über den kilometerlangen Crête de Peyrolle, im leicht wogenden Auf und Ab, bis nach Briançon. Ein unspektakulärer mit Gras bewachsener breiter Bergrücken, ich hätte fast einen Fußball mitnehmen und ihn vor mir her kicken können! So weit mein Auge reicht, leuchten die Bergwiesen in kräftigem Purpur. Myriaden winziger Heidelbeerblätter! Ich zupfe eines der zarten Blattwerke und lege es in meine Hand.

»Du bist nur ein kleiner Pigment-Lieferant, und auch ohne dich bleibt die Wiese unverändert schön! Trotzdem bist du mir wertvoll, denn ohne dich und deinesgleichen wären all diese Berge hier grau!«

Im Westen streckt das Écrins-Massiv seine vergletscherten Zacken in den makellos blauen Himmel. Der Barre des Écrins in der Dauphiné ist ein fast menschenleeres hochalpines Gebiet, dreimal so groß wie das Mont-Blanc-Massiv. Nach Briançon hin senkt sich der Grat steil ab und mündet in einen Nadelwald. Zwanzig, ja dreißig Meter hohe Kalksteinformationen ragen zwischen den Koniferen auf. Die knochigen Bäumchen, in absurden Verrenkungen festgewachsen, werfen im letzten Licht der untergehenden Sonne bizarre Schatten.

Briançon

Spätabends erreiche ich Briançon. Eine alte Festungsstadt im Dunkeln einzunehmen ist doch viel stimmungsvoller als am helllichten Tage! In einem der engen Gässchen der Altstadt finde ich eine Unterkunft. Vor dem Schlafengehen nehme ich noch einen Absacker in einer Weinbar. Es kommt zu einem Schwätzchen mit Einheimischen. Meine Treibjagderzählungen erzielen einen unerwarteten Effekt: erst prustendes Gelächter, dann ernste Mienen.

»Da haben Sie aber Glück gehabt, Monsieur, Sie hatten sich in militärisches Sperrgebiet gewagt. Heute wurde dort scharf geschossen ...«

Morgenparadies! Man nehme: eine kleine Bäckerei mit einer gemütlichen Sitzecke, ein frisches Brioche, einen Cappuccino, eine Tageszeitung – und viel, viel Zeit. Den Körper erweckt der Wanderer am besten mit einer kalten Dusche, seine Sinne aber erwachen nur bei einer feineren Behandlung. Frisch gemahlenen Kaffee und duftendes Brot schnuppern und schmecken, in Ruhe die Morgenzeitung durchforsten. Ein beschaulicher Vormittag ... Wie wär's mit einer kulinarisch-kontemplativen Altstadtetappe? Und morgen auf leichten Wanderpfaden weiter nach Süden pilgern ... Nichts da, der Gipfelstürmer meldet sich zurück:

»Ruf mal endlich die Bergführer hier in der Gegend durch. Ist ja wohl eine Kleinigkeit.«

Hedonist gibt aber nicht auf. Erspürt mit unfehlbarem Instinkt seinesgleichen in der gallischen Bergführerseele:

»Die haben doch längst alle ihre Pickel eingemottet! Oberhalb der Baumgrenze hat der Winter schon begonnen!«

Gipfelstürmer scharrt mit den Steigeisen. Ungeduldig, Gipfel-gierig:

»Ganz Gallien schon bergführerlos? Darf doch nicht wahr sein! Jetzt setz dich hin und google dich durch. Statt immer nur dein dämliches interaktives Tagebuch zu führen. Du Alpin-Poser – hör doch auf, interessiert eh niemand!«

Voll ins Schwarze getroffen. Hoffentlich hat er noch nichts von meinen Buchplänen mitbekommen ... Aber was den Blog betrifft, da hat er nicht unrecht. Was habe ich in der letzten Zeit schon zu berichten gehabt? Soll das etwa so lau weitergehen, bis runter nach Nizza?

Also erst googeln am Gäste-PC, dann Handy ans Ohr. Und, was passiert? Ob reiner Zufall oder Hilfe vom Universum – ich habe ihn gefunden! Einfach so, innerhalb von nicht mal fünf Minuten: Jean-Luc, den unbeugsamen gallischen Bergführer. Er ist bereit, den feindlichen Legionen des Winters zu trotzen. Und ist genau so heiß auf eine eiskalte

Tour wie ich. Nicht mal eine Stunde später trifft er mich in einem Restaurant in der Nähe.

Der Mann ist in kompletter Ausrüstung erschienen! Dienstbereiter als ein stets dealfreudiger Investmentbanker! Aufbruchsbereit und motiviert bis in die Haarspitzen. Und sympathisch, mit einem herzlichen Lachen und unverstellter Rede. Ein echter Bergmensch, ich bin begeistert. Einer wie er hat sofort mein Vertrauen. Beim Pizzaessen schlägt er als Ziel zwei anspruchsvolle Gipfel in der Dauphiné-Gruppe vor. Ich fühle mich geschmeichelt. Hat er in meinen Augen das fanatische Blitzen des Gipfelkillers gesehen? Da nehme ich dich beim Wort, und zwar sofort, Jean-Luc, mein gallischer Bergfex. Schon eine halbe Stunde später geht es von Ailefroide aus – wir erreichen das Dorf mit Jean-Lucs Auto, sorry, Hannibal, kleiner lässlicher Lapsus – zum Basislager, dem Refuge du Pelvoux.

Lässig schultere ich meinen Rucksack. Ich komme mir jetzt ziemlich cool vor, mit 33 Viertausendern auf dem Kerbholz. (Habe erst gestern nachgezählt.) So, und jetzt werde ich dem Kollegen hier mal zeigen, was ich so draufhabe! Der ist ja bestimmt 10 Jahre älter als ich – wäre doch gelacht, wenn ich den nicht mal ein wenig kitzeln könnte. Kleiner Hüttensprint gefällig, Jean-Luc?

Aber was ist das? Wie eine Lok zieht er los. Und das auf einem Terrain mit diesem mörderischen Anstieg! Mannomann – so krass verspekuliert habe ich mich selten: ein schwacher Trost nur, dass ich hier lediglich mein eigenes Gesicht verlieren kann und nicht auch noch das einer Bank mit dazu. Gegen einen solchen Athleten habe ich konditionell nicht den Hauch einer Chance! Verzweifelt hechle ich hinterher, bin aber schon nach einer halben Stunde auf die Gnade dieses Bergübermenschen angewiesen.

»Un peu plus lentement, s'il te plaît, Jean-Luc!«

War da was? Ein leichtes Grinsen auf seinem wettergegerbten Gesicht?

Wortlos wendet er sich um und nimmt den Anstieg wieder auf, gnädigerweise nicht mehr im Trommelschritt. Trotzdem, immer noch ein irres Tempo! Düpiert und ausgelaugt erreiche ich die Hütte. Hoffentlich kann ich bis morgen früh einigermaßen regenerieren. Da wird mir der Gute am Mont Pelvoux wohl so richtig einheizen!

Wir haben nicht das Gefühl, dass die Natur uns zu dieser Jahreszeit hier oben noch willkommen heißt. Ringsherum nur dunkle, steile Felswände, unnahbar und bedrohlich wirkend, als könnten sie jeden Moment auf die Hütte herabstürzen und sie ein für allemal unter sich begraben. Die Linie des Horizonts ist eine nackte, schwarze Felskante, man muss den Kopf tief in den Nacken legen, um dort oben die Sonne untergehen zu sehen. Schnell wird das Tageslicht von pechschwarzer Dunkelheit verschluckt. Eine klamme Kälte kriecht heran. Drinnen in der Hütte suchen wir vergeblich nach Behaglichkeit, nur der Winterraum steht noch offen. Kahle, feuchte Betonwände. Ein altersschwacher Tisch, bedeckt von dickem Staub. Ein windschiefer Stuhl mit angebrochener Lehne. Ach, einen verdreckten Topf haben wir ja auch. So sieht Hüttenzauber nach Saisonende aus! Darauf können wir verzichten, wir werden draußen kochen. So was Dummes, jetzt hat Jean-Luc auch noch die Gaskartusche vergessen! Na, was er diesmal vielleicht nicht im Kopf hatte, das hatte er wirklich in den Beinen, wie ich bereits erleben durfte. Leicht angefressen durchfilzen wir Hütte und Umgebung nach etwas Brennbarem. Trocken Brot und kaltes Wasser, heute unser Los? Doch nein, da hinten liegt eine Holzpalette! Wir haben zwar weder Axt noch Hammer, aber an Felsbrocken besteht kein Mangel. Schon bald verfügen wir über handliche Scheite, und es dauert nicht lange, da brennt ein lustiges Feuer in schwarzer Bergfinsternis. Jean-Luc kocht Tee, Suppe und Spaghetti. Der Abend, doch noch gerettet!

Können wir unseren Ohren wirklich trauen? Da sind Stimmen! Tatsächlich, es stoßen noch zwei Franzosen zu uns. Der eine trägt Shorts! Ein Klotz von Mann, einer von diesen Typen, die rohe Kartoffeln mit der Hand zu Röstispänen quetschen könnten. Nur wer entweder hart ist oder verrückt, wird um diese Jahreszeit noch in die Berge gehen. Welcher der beiden Kategorien ich selbst zuzurechnen bin, wurde beim heutigen Aufstieg klargestellt. Allerdings: Jetzt unter einer modrigen Militärdecke einschlafen zu müssen, auf einer dünnen, durchgelegenen Matratze, in die Generationen von Bergsteigern ihr Körpermethan eingelagert haben – das ist für einen wie mich doch ein beachtlicher Schritt in Richtung der anderen Kategorie. Oder?

Ein Tag mit einer anspruchsvollen Alpinunternehmung beginnt für mich bereits am Vorabend, beim Zubettgehen. Ein solcher Tag dehnt sein Herrschaftsgebiet über die ihm zugeteilten 24 Stunden hinaus aus. Nicht nur, weil handfeste Vorbereitungen zu treffen gilt. Sondern auf den ganzen Menschen, durch Vereinnahmung seines Gedankenraums und seiner Gefühlswelt. In der Nacht zuvor tötet innere Unruhe den Schlaf.

»Ich muss schlafen!«

Schmerzhaft drückt die harte Unterlage auf den Beckenknochen. Ich drehe mich um.

»Mist, habe ich die Steigeisen dabei?«
Ich wälze mich. Durst. Wo ist bloß meine Trinkflasche? Ah, unten im Eingang.
»Das ist zu weit. Schlafen jetzt!«
Die Hüfte schmerzt, umdrehen. Auch das noch, ich muss pinkeln! Dann kann ich mir auch noch das Wasser holen. Wieder unter der Decke, beginne ich zu frieren.
»Schlafen!«
Ich drehe mich auf die andere Seite. Pinkeln!
»Wo ist meine Stirnlampe?«
So geht es stundenlang. Endlich falle ich in einen flachen Schlaf, aber da piepst schon der Uhrwecker. Geschmack wie von rostigem Eisen im Mund, ekelhaft. Die Augen brennen, dazu Übelkeit und quälender Durst. Unter Schmerzen stelle ich meine bleiernen Glieder mit ersten vorsichtigen Bewegungen auf die Probe. Das Denken ist fahrig, es geht einem alles Mögliche durch den Kopf, aber an nichts denkt man richtig. Ich zwinge mich dazu, endlich aufzustehen. Abgestandenen, grässlichen Tee vom Vorabend zu trinken. Trockenes Brot mit pappiger Marmelade, das am Gaumen klebt, hinunterzuwürgen.

Vor der Hütte friere ich erbärmlich. Schwarze Nacht und schmierig glänzender Fels, nur schemenhaft erhellt von der Funzel auf meiner Stirn. Alle paar Meter strauchle ich, kann Jean-Luc kaum folgen, obwohl er sich jetzt wirklich Mühe gibt, ein auch für mich erträgliches Tempo anzuschlagen. Schwerer Rucksack, schwere Beine. Schon nach kurzer Zeit fühle ich mich kraftlos. Plötzlich stehe ich auf kantigem Eis. Aha, der Gletscher. Steigeisen anlegen. Dazu muss ich die Handschuhe ausziehen. Der verdammte Riemen will nicht in die Öse passen, die Fingerspitzen sind im Nu taub vor Kälte.

»Pass auf, dass nicht der abgelegte Rucksack in die Tiefe rauscht.«

Habe ich das in die Stille gerufen? Mir in Gedanken gesagt? Durstig und hastig trinke ich einen Schluck Tee, will den komischen Eisengeschmack im Mund loswerden. Trage mit klammen Fingern Creme auf, bevor die Sonne aufgeht.

In einer stahlhart verkrusteten Eisrinne geht es ins Finale Richtung Gipfel. Selbst jetzt, Stunden nach dem Aufbruch, ist es noch immer dunkel. Das »Couloir« – so nennt der Franzose vornehm eine Fels- oder Eisrinne – ist inzwischen so steil, dass ich nur noch auf den Frontzacken meiner Steigeisen stehen kann. Andernfalls würde meine Achillesferse reißen. Sichern muss ich mich mit der Haue meines Eispickels. Aber es geht voran! Nicht einmal mehr 200 Meter bis zum Ausstieg aus dieser elenden Rinne ... Das Ziel ist greifbar nahe! Doch da zögert Jean-Luc, aus unerfindlichem Grund, wie mir scheint. In barschem Befehlston herrscht er mich an:

»Lass uns umdrehen. Sofort!«

Ich weiß zwar nicht, warum – aber anscheinend ist es ihm bitter ernst. Gut, wenn er meint, dann krebsen wir in diesem Kanonenrohr eben rückwärts wieder runter. Und das ist noch kniffliger, als sich nach oben zu hieven, denn man sieht nicht, wohin man tritt. Meine Waden zittern vor Anstrengung. So lange auf den vorderen Zacken zu stehen, kostet viel, viel Kraft. Bloß keinen Krampf bekommen! Erneut ergreift mein Chef die Initiative. Er will, dass wir im Schutz einer überhängenden Felswand eine Teepause einlegen. Wir verlassen die Rinne seitwärts. Und Sekunden später bricht es oben los: ein dumpfes Grollen, in Blitzesschnelle schwillt es an zu ohrenbetäubendem, Furcht erregendem Donner. Felsbrocken schießen krachend an uns vorbei, den Eiskanal hinunter, zerschmettern in der Tiefe. Dann Totenstille …

Langsam kommen wir wieder zu uns. Noch einmal fährt mir der Schreck in die Glieder, denn nun wird mir bewusst: Nur ein paar Minuten länger dort oben geblieben, und danach nicht auch noch im rechten Moment aus der Rinne ausgestiegen – unser Schicksal wäre besiegelt gewesen. Wiederum hat mich der wache Instinkt meines Bergführers vor dem sicheren Tod bewahrt. Und das gleich zweimal innerhalb kürzester Zeit!

Jean-Luc gehört zu jenen Zeitgenossen, die mit einem einzigen Pfeil im Rücken noch lange nicht nach Hause gehen. Seit die Gefahr vorüber ist, hat er wieder beste Laune. Unternehmungslustig schlägt er vor, einen erneuten Aufstiegsversuch über die Südflanke und den Felsgrat des Rochelles Rouges zu versuchen. Wie könnte ich dem Mann, der gerade meinen Arsch gerettet hat, jetzt so etwas abschlagen? Und wenn er mir in diesem Moment empfähle, meine gesamten Mittel auf argentinische Junk-Bonds zu verwetten, ich würde sofort das Handy aus dem Rucksack kramen und an Ort und Stelle die Transaktion tätigen! Und siehe da, dort sieht alles viel freundlicher aus als in der mörderischen Eisrinne: eine robuste Felsflanke aus rostrot schimmerndem Gestein, durch die Morgensonne sogar schon etwas warm geworden, und ausreichend stabile Griff- und Trittmöglichkeiten.

Wunder des Tagesanbruchs im Hochgebirge! In Minutenschnelle zwingt die aufsteigende Sonne der Eiswüste ein kalt brennendes Licht auf. Ich lasse mich inbrünstig von ihren Strahlen durchdringen und beleben, sauge gierig und dankbar zugleich Licht und Kraft in mich auf. Auf einen Schlag vertrieben die Müdigkeit, geweckt alle Sinne. Im berstenden Licht der arktischen Landschaft liegt alles gestochen scharf da, und jeder Schritt, jeder Griff erfolgt in glasklarem Gewahrsein. Wie in einem leichten Rausch, der das Bewusstsein nicht trübt, sondern erweitert, steige ich weiter und weiter auf. Nein, eigentlich *steigere ich mich hinauf*, denn mit jedem erklommenen Höhenmeter werden die Gefühle subtiler, die Sinne wacher, das Gesichtsfeld umfassender. Und jetzt sind wir angekommen, auf dem Gipfel des Mont Pelvoux! Ich drehe mich um meine Achse und kreisele langsam im Mittelpunkt eines Universums von atemberaubender Schönheit.

Geschafft! Zwei Männer, gestern noch Fremde, umarmen sich, klopfen sich gegenseitig auf die Schulter. Das gemeinsame Abenteuer hat sie zusammengeschweißt. Zwei Bergsteiger, die mehr verbindet als nur das Seil, das sie am Berg zusammenbindet. In kürzester Zeit haben sie begriffen, dass sie einander vertrauen dürfen, bedingungslos.

»Rudi, on y va!«

Der Berg ruft schon wieder – jetzt allerdings ohne Rücksicht auf große Gefühle. Mehrere Stunden wurden in der Eisrinne verloren, die Zeit drängt. Wir nehmen den letzten Schluck Tee, verstauen die Thermoskannen im Rucksack und ziehen auf dem Gletscher in Richtung Nordosten ab. In der immer stärkeren Sonneneinstrahlung verdicken sich die bisher locker geschichteten Schneekristalle zu einer feuchtschweren, fast hüfthohen, pappigen Masse. Jeder Schritt erfordert Kraft – und Wachsamkeit, denn auf diesem stark zerklüfteten Eispanzer könnten überall verdeckte

Spalten lauern. Ich stelle mich auf einen langen Gletschermarsch ein, meine Motorik auf die Funktion »Schneepflug« arretiert. Doch das anhaltende Hochgefühl trägt mich geschwind hinunter. Ein Energieschub, der noch für Stunden nachhallen wird.

Urplötzlich bricht das Gelände vor uns ab. Eine 40 Meter hohe senkrechte Felswand! Kein Problem, dann eben das Getriebe auf »Abseilen« schalten. Jean-Luc sichert mich, und ich steige lässig im 90-Grad-Winkel in der Vertikalen hinunter. Zu lässig! Auf halber Höhe verhakt sich mein rechtes Steigeisen in einer Felsritze. Statt sofort zu reagieren und »Stopp!« zu schreien, staune ich nur, gucke mir fasziniert meinen eigenen Film an. Jean-Luc kann mich von oben nicht sehen, lässt weiter Seil nach. Ergebnis: Ich hänge schlagartig kopfüber in der Wand. Na und, mutmaßt der Flachlandtiroler, der Mann ist doch angeseilt. Denkste! Die Tücke des Klettergurtes ist, dass er sich in dieser Stellung als nutzlos erweist. Man flutscht einfach heraus, als ob man an den Hosenbeinen gepackt, umgedreht und aus der Hose heraus geschüttelt würde. All das schießt mir in Sekundenbruchteilen durch den Kopf – ich packe reflexartig das Seil, zerre mich daran hoch, so kraftvoll es nur möglich ist, und reiße das Steigeisen mit einem Ruck frei. Zwei Meter freier Fall in die Tiefe, bis das Seil wieder spannt – und ich schlage mit dem Knie ans Gestein. Da baumle ich zitternd vor der Wand, wie das frisch geschlachtete Schwein am Haken, und muss mich vor Schmerz fast erbrechen. Ich betaste mein Knie, es scheint glücklicherweise nur geprellt zu sein. Die restlichen 20 Meter seile ich mich nun deutlich vorsichtiger und langsamer ab.

Doch das ist erst der Anfang, Jean-Luc gibt Gas. Ein gutes Dutzend Seillängen in der Senkrechten hinabturnen, auf einem waagerecht verlaufenden, brüchigen Grat mit geringen Sicherungsmöglichkeiten balancieren, über einen steinschlaggefährdeten Gletscher im Laufschritt hetzen, mich bei einem Gegenanstieg an Fixseilen nochmals eine Felswand hoch wuchten. Das volle Alpinprogramm! Spätestens danach sind die letzten euphorischen Energiewellen komplett verebbt.

Auch das noch! 1500 Höhenmeter Abstieg durch schwieriges Gelände – Geröll und stark abschüssige Grasmatten.

Neue Freunde

Die letzten Reserven sind mobilisiert, mein Bewusstsein verengt sich zu einem Tunnel, Fokus auf das Allernotwendigste: voranzukommen. Aber meine geistigen und körperlichen Notstromaggregate arbeiten perfekt zusammen, um mich schließlich ins Tal zu bringen. Mein bester Verbündeter: die Nebennieren. Immer wieder schießen sie Adrenalin in die schlaffen Muskeln. Das Bewusstsein verharrt in einem watteartigen Trancezustand. Nach 13 Stunden und fast 3000 Metern Abstieg sinke ich in Sichtweite des Ziels erschöpft zu Boden … Jean-Luc hopst munter weiter.

»Du Kampfschwein!«

»Quoi?«

Ha, er kann kein Deutsch!

Refuge der Madame Carle, du holdes Heim! Der pausbäckigen Wirtin falle ich fast um den Hals, als sie mich mit einer warmen Mahlzeit wieder aufpäppelt. Ihr Mann ist ehemaliger Bergführer, das Paar ließ sich hier im idyllischen Talgrund vor dem Barre des Écrins nieder. Wie sich herausstellt, sind beide heute überhaupt nur hier, um das Haus winterfest zu machen. Wieder einmal Glück gehabt! Wir verstehen uns auf Anhieb prächtig. Beide Wirtsleute löchern mich, was ich in meinem neuen Leben so anzustellen gedächte. Na ja, wenn Sie wüssten, dass ich gerade ein Zwischenhoch erlebe und ein glückliches Ende alles andere als garantiert ist. Sie bestehen darauf, mich umsonst übernachten zu lassen und verlangen nur einen lächerlich geringen Betrag für die Verköstigung. Bei diesen lieben Leuten geht es eindeutig anders zu als im Büro des Finanzdienstleisters. Der hätte mit Sicherheit die knappe Angebotslage ausgenutzt und den doppelten Preis verlangt.

Am Mont Pelvoux fühlte ich mich, als ob ich in den Himmel aufgestiegen wäre, und hinunter schien es durch finstere Höllen zu gehen. Das Auf und Ab meiner Gefühle war so extrem wie die Volatilität eines Optionsscheines kurz vor dem Verfallsdatum, in Börsenkreisen nicht ohne Grund »Hexensabbat« genannt. Und das alles an einem einzigen Tag!

Von überschäumendem Hochgefühl bis zu tiefster Niedergeschlagenheit, fast platzend vor Lebensfreude und vor Angst die Hosen voll, strotzende Vitalität und totale Erschöpfung. Der Gipfel? Teil der Inszenierung, wenn ich ehrlich bin, mehr nicht.

Was nehme ich mit? Zweifellos wieder den unvergesslichen Moment des Erlebens einer Seelenverwandtschaft. Aber auch dieser Mensch wird bald schon wieder aus meinem Leben verschwinden, andere Menschen werden kommen – und gehen. Will ich tatsächlich zum Karrieremenschen der eisigen Höhen werden? Sinnleere grinst dir überall hämisch entgegen, ob im Büro oder am Berg. Immer findest du deinen Meister. Immer höher die Dosis, um den ersehnten Kick zu spüren. Ohnehin überschritten, mein Zenit. Was macht das Dasein lebenswert – auch dann noch, wenn die Kräfte schwinden werden?

Die Pilgerschaft zu mir selbst wird niemals aufhören, doch die Wanderschaft zu dem Ziel, das ich mir gesetzt habe, neigt sich dem Ende zu. So weit, so gut. Doch ganz so einfach, wie ich es mir vor Monaten in Salzburg vorstellte, ist die Chose nicht! Damals wollte ich – im Sinne eines Sabbaticals – einige Monate, vielleicht auch ein ganzes Jahr darauf verwenden, um Körper und Seele einer Art Generalüberholung zu unterziehen. Hier und da lockere Schrauben festziehen und ausgediente Verschleißteile neu montieren, damit der Bolide wieder pfeilschnell auf die Piste gestellt werden konnte – auf welche auch immer. Doch mit jedem Schritt meiner Wanderung wurde mir bewusster: Ich darf nicht nur an der Oberfläche meines bisherigen Lebensmodells kratzen! Ich muss tiefergehen, muss alles hinterfragen, auch eine radikale Richtungsänderung in Betracht ziehen. Auf der Suche nach wirklicher Neuorientierung werde ich nun meiner delikaten Situation gewahr. Ich stehe vor einer Weggabelung, muss mich entscheiden.

Will ich wirklich nicht mehr »zurück«? Vielleicht wäre ich nun besser gewappnet, mit Stress, Konflikten und meinem eigenen Ehrgeiz angemessener umzugehen. Klar, ich fühle mich hervorragend erholt, mental und körperlich stark. Voller Energie, um wieder richtig loszulegen. Aber will ich das wirklich? Oder bin ich bereit für ein »neues Leben«? Einfach nie mehr in einer Bank arbeiten! In voller Eigenverantwortung mein Leben gestalten. Meines eigenen Glückes Schmied sein. Und, was soll das heißen? Wenn ich aufmerksam in mein Inneres hinein horche, flüstert es mir die Antwort zu:

»Lebe in den Bergen! Werde sesshaft! Finde Deine Heimat! Spüre täglich die Natur! Schreibe! Begeistere Menschen mit dem, was auch dich begeistert! Erfasse und genieße das Leben mit deinen Sinnen! Lebe im Einklang mit dir selbst! Sei du selbst!

Lässt sich Schlaf wie Fruchtsaft zu einem Konzentrat verdicken? Ja, heute klappt das. Nach drei Stunden solider, traumloser Erholung weckt mich Jean-Luc um 0:30 Uhr.

»On y va!«

Heute »morgen« fühle ich mich top-motiviert. Das wird ein Spitzentag!

»Bien. Je suis prêt!«

2200 Höhenmeter, um auf die beiden südlichsten Viertausender der Alpen zu kommen, den Barre des Écrins und den Dôme du Neige. Da steht man besser früh auf! Gut sechs Stunden lang fräsen die Punktstrahler auf unseren

Stirnen eine Bahn durch die Dunkelheit. Wie im Flug geht es hinweg über steile Moränen, über gewaltige Halden losen Gerölls – und über die mächtigen Schultern jener glazialen Riesen, die so charaktervoll wie heimtückisch sein können: die Gletscher. Im trüben Violett des Morgengrauens verblassen die leuchtkräftigsten Sterne heute besonders spät. Als wenn auch sie einmal sehen wollten, dass die messerspitzen Felszacken des Écrins bei vollem Tageslicht wie ein luftig-leichter Scherenschnitt gegen den Himmel gesetzt sind.

Kritisch mustert Jean-Luc den Gipfelgrat. In dessen Windschatten hat sich über Nacht bedenklich viel lockerer Triebschnee angesammelt. Ich kann die Guru-Gedanken lesen. Jederzeit könnte ein Schneebrett los brechen, unterhalb des Gipfels in der weit ausladenden Nordostflanke.

»Retour!«

Klare Ansage, Jean-Luc braucht mich nicht erst zu überzeugen, seit gestern hat sein Bauchgefühl bei mir das Rating AAA+. Und doch, tief in meinem Innern süchtle ich nach Erfolg: Unser Ziel so greifbar nahe, und all die Stunden mühsamer Plackerei ... Mit zwei Seelen in der Brust fällt mir jetzt eines besonders schwer: umzukehren. Aus freien Stücken mit einer lange genährten hohen Erwartung brechen. Sich selbst beschränken. Nicht bis zum Letzten gehen. Der Möglichkeit eines Unglücks Tribut zollen. Sich dem Vorwurf aussetzen, versagt zu haben.

Man kann es auch so sagen: Segen des Umkehrens. Überraschend schnell und rückstandslos verraucht mein Frust darüber, es wieder einmal nicht bis zum Gipfel geschafft zu haben. He, bin ich froh, unversehrt zu sein! Zufriedenheit statt Ärger. Mein Ego einer höheren Gewalt unterordnen. *Freiwillig* umkehren. Loslassen und Weitergehen! Umkehr ist für mich nicht mehr Versagervokabular, sondern Zauberformel. Es ist und bleibt eine Utopie, ins Grenzenlose wachsen zu wollen. Solange ich als Karrieremensch immer nur in eine Richtung strebte, wurden Zwiespalt und Zweifel schnell ad acta gelegt. Die ideale Karrierekurve verläuft linear, in einer Richtung, immer nach oben. In meiner Laufbahn fühlte ich mich wie ein Jet ohne Schubumkehr. Was meine Antriebskraft schwächte oder die Richtung änderte, war verpönt. Umkehr ist die radikalste Form, die Richtung zu ändern, und daher tödlich für die Karriere! Mag sein, dass es Menschen ohne jeglichen Selbstzweifel gibt, mögen sie ruhig ihre Karrierekapseln in den äußersten Orbit der Machtfülle katapultieren. Ich habe endlich gelernt, meinen inneren Widerstreit zu akzeptieren! Zweifel und Unbehagen sind das Zahnweh der Seele. Endlich bin ich zum Zahnarzt gegangen und habe mir *diesen* Zahn ziehen lassen! Und siehe da, kaum lasse ich von meinem Karrierestreben, fühle ich mich enorm erleichtert, seelisch schmerzfrei. Wow, da ist ja eine Fülle von Möglichkeiten, ein gewaltiger Energieschub! Und wo bleibt die befürchtete innere Leere?

Das alte Briançon ist eine monumentale historische Festungsanlage. Ihren Willen zur Wehrhaftigkeit unterstrich die Stadt eindrucksvoll mit der Errichtung massiver Mauerringe gegen die »italienische Gefahr«. Vor ihnen hatten die Nachbarn aus dem Osten stets großen Respekt, und wenn sie einmal vorrückten, dann nie weiter als bis in Sichtweite dieser Mauern. Sie tranken dann doch lieber den guten regionalen Rotwein in den umliegenden Tälern, und der gefiel ihnen so gut, dass so manche alte Rebsorte damals von hier ihren Weg in die italienischen Anbaugebiete fand. Im Zweiten Weltkrieg dann war mit Zugbrücken und Pechrinnen gegen die deutschen Panzer nichts mehr auszurichten. Briançon wurde *dans le Blitz* kettenrasselnd überrollt. Heute ist das kriegerische Antlitz des alten Briançon für den Tourismus von größter Bedeutung. Ebenso die malerischen Gässchen und Häuser, die charmanten Cafés und schmucken Bistros. Die Alteingesessenen dagegen sind in Scharen aus der Altstadt weggezogen. Wo keine Autos durchkommen, mag sich in Frankreich das moderne Leben nur sehr zögernd entfalten. Das blüht jetzt weiter unten in der Neustadt. Wer in der Altstadt ausharrt, lebt in einer Art Puppenstube historischer europäischer Stadtkultur und ist damit beschäftigt, den Touristen möglichst viele Euros abzuluchsen.

Ich bin bei meinem Morgenritual in einem Café, das mein Lieblingscafé werden könnte. Über diverse Landkarten gebeugt, brüte ich die Logistik der folgenden Etappen aus. Da bimmelt das Glöckchen an der Eingangstüre. Aus dem Augenwinkel bekomme ich mit, wer da eintritt, kann es aber erst richtig begreifen, als sie in voller Lebensgröße vor mir stehen. Mein Familientraum in voller Besetzung! Mutter, Schwester und Schwager. Das gibt es doch nicht! Eine Fata Morgana? Für einen Moment bin ich nicht sicher, dass ich nicht doch an Wahrnehmungsstörungen infolge Höhenkrankheit oder Einsamkeit leide.

Willkommen in der Realität! Einzig und allein um mich zu überraschen, haben die drei die Mühen der Reise auf sich genommen. Bewegt nehme ich sie erst alle zusammen und dann noch einzeln in den Arm. Fast ein halbes Jahr haben wir uns nicht gesehen! Beeindruckend, diese akribische Aufklärungsarbeit und logistische Präzision – hätte ich meiner

Familie gar nicht zugetraut. Doch gelernt ist gelernt, Schwager Werner verfügt als Blauhelmveteran über einschlägige Späh- und Spürerfahrung. Und Lisa über das schwesterliche Einfühlungsvermögen, bei gelegentlichen Telefonaten mit unauffälligen Fragen Informationen von Belang – sprich: meinen Aufenthaltsort – zu eruieren. Familiäre Nähe unter Bayern: Wo in Frankreich wäre dafür ein besserer Rahmen zu finden, als in einem Restaurant mit elsässischer Küche, bei Eisbein und süffigem Fassbier? Also auf! Es gibt viel zu erzählen.

Bereits beim Mittagessen verlängere ich meinen Aufenthalt in Briançon spontan um einen weiteren Tag. Unauffällig-kritisch begutachtet fühle ich mich gleichwohl, aber doch unter ehrlicher Anteilnahme und nur aus den Augenwinkeln heraus, wenn sie sich unbeobachtet wähnen. Wie nach einem schwierigen Experiment, etwa monatelanger Isolation in der Schwerelosigkeit einer Raumkapsel. Auch da fahnden wissbegierige Forscher bei der Testperson nach kleinsten Anzeichen einer Veränderung. Irgendwelche Anomalien zu verzeichnen? Es *muss* doch Veränderungen geben! Klar, das Äußere. Markantere Züge, Spuren von Strapazen und Entbehrungen, kein Bürobauch mehr, Fremdenlegionärshaarschnitt.

Und die Innenansicht? Überrascht von meiner Hartnäckigkeit sind sie schon seit geraumer Zeit. Aber sehen sie mir jetzt auch meine Gelassenheit und meine Zufriedenheit an? Leute, das ist mir mindestens genauso wichtig! Anfangs fremdelten wir leicht, aber nun fühle ich mich uneingeschränkt wohl. Und das im Kreise meiner Familie, wer hätte das gedacht! Ich tue Dinge, an denen mein Herz hängt – und ich präsentiere mich auch so! Keine virtuos konstruierten Doppelbödigkeiten, kein Drang mehr, mich vor ihnen zu rechtfertigen. Ob sie das alles merken? Wohl kaum, jedenfalls noch nicht. Aber so soll es in meinem neuen Leben bleiben!

Und zwar im ganzen Leben. Die Erfordernisse meiner Karriere und die Bedürfnisse meines Egos sollen nicht mehr das Maß aller Dinge sein. Ich werde mir Verantwortlichkeiten suchen, die mir heilig sind. Die ich nicht mehr mit der Ausrede »Aber meine Arbeit ...« abwürgen kann. Die Hauptcharakterzüge des Herrn W. – maximale Unverbindlichkeit, maximale Flexibilität – als seelischen Ballast zu entsorgen, das wird meine erste Aufgabe sein. Wie schwierig wird es werden? Diplomatisch geschickt durch Konflikte zu lavieren, verschaffte mir viele Vorteile. Ich war gut darin, die Wahrheit solange zu beugen, bis meine Version von ihr im besten Licht erstrahlte. Stromlinienförmigkeit und Effekthascherei sind Vitamine für die Karriere, fürs Privatleben dagegen gefährliche Schadstoffe. In der Mitte entzweigeteilt – so kann, will und werde ich nicht mehr leben!

Bunte Blätter trudeln im kühlen Herbstwind von den Ahornbäumen, schon gefallenes Laub klebt auf dem taunassen Asphalt. Heute Morgen ist es Zeit, Adieu zu sagen. Mit gemischten Gefühlen winke ich dem Wagen nach: ein wenig traurig über den Abschied, froh darüber, mein neues Leben mit selbstverständlicher Gelassenheit vertreten zu haben. Ich habe auch die Hoffnung, dass wir in neuer Herzlichkeit und Innigkeit zusammenwachsen werden.

Lebhaft dampfen die Wiesen unter der milden Herbstsonne, es wird ein warmer Tag. Eine kleine Pause in einem Bergdorf auf dem Weg zum Col des Ayes: Ich sitze auf einem

Stein und befasse mich mit der Sonnenuhr an der Hauswand vor mir. Ein Steinrelief mit einem Mond links und einer lächelnden Sonne rechts oben. Unter den römischen Ziffern sind Ähren eingemeißelt, ganz oben die Inschrift »Tempus fugit«. Ja, in der Tat: Die Zeit flieht. Es ist, als hielte mir jemand einen Spiegel vor. Ich betrachte mich vor dem inneren Auge und sehe mich auf meiner langen Wanderung. Sonne und Mond, im steten Wechsel habt ihr mich all die Monate begleitet, gabt ihr meinen Schritten Orientierung und meinem Handeln Ordnung. Euer lautloses Kommen und Gehen erinnert mich daran, dass auch für mich der Tag kommen wird, um zu gehen, für immer. Mit sanfter Geduld habt ihr mich gelehrt, jeden Tag als Gabe zu empfangen. Habt mich erinnert, auszusäen und die Ernte rechtzeitig einzuholen. Habt mich reich beschenkt, auch dank euch fühle ich mich endlich als Gast auf dieser Erde willkommen.

Südlich vom Col des Ayes beginnt das ausgedehnte Naturschutzgebiet des Queyras. Weitläufige herbstliche Lärchenwälder, wie ein honiggelber Teppich hingeworfen über sanfte Hügel. Zur Rechten begleitet mich ein lustiger Bach. In einem Föhrenwald stöbere ich mit Hilfe meiner Karte einen römischen Viadukt auf. Überwuchert von Kletterpflanzen, ist er doch erstaunlich gut erhalten. Mein Wanderer-Knowhow erwacht. Eine ausgezeichnete Orientierungshilfe! Denn erstens führt er garantiert ins nächste Dorf – wo sonst hätte man das Wasser gebraucht? – und zweitens schneidet er das Gelände in leichtem und gleichmäßigem Gefälle: das liegt hier in der Natur der Sache.

Da ist es schon, das Dorf. Brunissard liegt da wie eingepackt für den nächsten Winter. Alles ist verriegelt, kein Mensch auf den Sträßchen zu sehen, das Vieh abgezogen von den Wiesen. Die Häuser sind in traditioneller Bauweise errichtet, ganz aus Natursteinen aufgemauert, mit kleinen Fenstern. Eines von ihnen könnte ein *Gîte* sein, eine jener ländlichen Herbergen, halb privat, halb Wirtshaus, die oft nicht mal ein Gasthausschild haben, dem Durchreisenden sehr wohl aber anständige Kost und Logis bieten können. Irgendwie wittere ich Gastfreundlichkeit, und da sind auch drei, vier Klappstühle an die Hausmauer gelehnt worden. Davor stochert eine uralte Frau wie entrückt mit ihrem Gehstock in einem Laubhaufen. Ich kämpfe mit einem absurden Gefühl der Peinlichkeit, als ich sie anspreche, wenigstens kann ich auf meine Standardfrage der vergangenen fünf Monate zurückgreifen:

»Madame, vous-avez une chambre pour moi?«

Ihrem zahnlosen Mund entringt sich nur ein unverständliches Murmeln. Doch schon eilt die Tochter herbei und übernimmt feinfühlig die Initiative. Ich habe richtig erkannt, und dieser Gîte trägt auch einen Namen: »Les bons Enfants«. Sie ist die Wirtin. Und natürlich ist ein Zimmer für mich frei:

»Bien sur, Monsieur!«

Auf einer Steinbank mit abgesessener Kante hockend, beobachte ich, wie der Schatten einer großen Sonnenblume in der Abenddämmerung die Hauswand hochkriecht. Bedächtig setze ich zu einem Schluck Bier an. Bernsteinfarben schwappt der Gerstensaft in der Bügelflasche umher. Im Schrebergarten gegenüber zerrt ein alter Mann purpurne Zwiebeln aus dem harten Boden, reinigt sie mit bloßen Händen von der Erde und flicht sie mit ihrem welken Laub zu langen Zöpfen. Tempus fugit! In der Gaststube plaudere ich bei einer Karaffe Wein mit der Wirtin, das Essen ist vorzüglich und sorgfältig zubereitet, auch wenn ich der einzige Gast bin. »Les bons Enfants« – hier hält man noch seine Versprechen. Nicht nur gegenüber den Gästen, sondern auch gegenüber der dementen Mutter: Statt sie ins Altersheim zu stecken, pflegt man sie selber zu Hause. Gute Menschenkinder. Auch ich bin artig und gehe zeitig schlafen.

Am Morgen lacht die Sonne bis in meine Stube hinein. Das ist ja mal ein »Hannibal-Rekord« ganz anderer Art: eine volle Woche ohne Regen oder Schnee! Und das, obwohl es schon Anfang Oktober ist. Beim Frühstück – typisch französisch mit Café au Lait und Croissant – wird mir bewusst, dass ich mittlerweile die Gipfelstürmerei doch etwas satt habe. Wie wäre es damit, in tiefergelegenen Gefilden den goldenen Herbst zu genießen? Entspanntes Wandern könnte doch eine prima Gelegenheit sein, mir vertieft Gedanken über meine Zukunft zu machen. So ganz wohl fühle ich mich noch nicht bei dem Gedanken an mein »Leben nach Hannibal«. Ich weiß zwar, *wie* ich werden will, aber *was* ich werden will, das erahne ich nach wie vor nur unbestimmt. Doch halt! Eigentlich ist das schon ein gewaltiger Fortschritt gegenüber den vergangenen 20 Jahren. Da war es umgekehrt! Was oder wer ich war – meine Visitenkarte zeigte es. Aber *wie* ich war, das interessierte mich wenig. Und diejenigen, die mich nach der Business Card beurteilten, noch weniger. Ein paar einsame Rufer in der Wüste – wirklich gute Freunde – gab es, sie erinnerten mich daran, auch an das »Wie« zu denken. Doch das ließ mich kalt. Eben, ich war ja »Wer«! Jetzt gewinne ich zunehmend Klarheit über das »Wie«. Das »Was« sollte sich von selbst ergeben.

Aber wer würde an einem so sonnigen Tag morbide so Gedanken hegen? Ja, ich fühle mich glänzend! Und viel Schönes liegt bestimmt noch vor mir, auf dem Weg nach Nizza, zum Bad in den Fluten des Mittelmeers!

Im Überschwang entschließe ich mich zu einem großzügigen Schwenk nach Nordosten. Man kann doch gar nicht genug kriegen vom Leben eines freien philosophierenden Veganten! Ein geübter Blick auf die Karte, und schon haben wir's. Ich werde von hier aus nicht direkt Saint Véran anvisieren, das liegt zu weit oben und ist nur unter Mühen zu erreichen. Den herrlichen Parc Naturel de Queyras kreuz und quer zu durchwandern, das wär's doch jetzt. Schon Jean-Luc schwärmte von diesem landschaftlichen Leckerbissen. All den guten Kindern von Brunissard winke ich bei meinem Auszug aus ihrem gastlichen Ort im Geiste Lebewohl. Und schon weht mir würzige Frischluft um die Nase. Am Saum des nahen Waldes weist mir ein freundlicher Jägersmann noch den Weg.

»Bonne chasse, Monsieur!«, gebe ich ihm in aufgeräumter Stimmung meine guten Wünsche mit.

Also erst einmal hinauf zum Grand Vallon. Das ist ein guter Aussichtspunkt, für meine Verhältnisse aber doch nicht mehr als ein Grasbuckel! Immerhin reckt er sich doch so weit nach oben, dass auf seiner Kuppe der Herbst schon mit einem strengeren Gesicht grüßt. Auf einmal wirkt die Natur kraftlos, ihre Farbvorräte haben sich erschöpft. Gerade noch hat sie das Auge mit verschwenderischer Buntheit beglückt, mit dem satten Blau des Enzians, dem zarten Grün sprießenden Grases. In eintöniges Braun getaucht jetzt die Wiesen. Müde geworden, erwartet das Land den Schnee. Hier und dort werfen Hagebuttensträucher noch knallrote Früchte in die klare, trockene Luft.

Ich lenke meine Schritte über einen sanft gewellten Bergrücken hinauf zum Pic de Fond Queyras und von dort auf einem kleinen Pfad durch monotone Geröllfelder zum Petit Rochebrune, zwei schmucken braunen Bergen. Dort zeigt der Krieg dem friedlichen Wanderer auch nach über einem halben Jahrhundert noch seine rostigen Krallen. Wie erstaunlich lange widerstehen doch Stacheldraht und Bunkerbeton den heilenden Kräften der Natur! Im Zweiten Weltkrieg markierte dieser Gipfelrücken den Frontverlauf zwischen Frankreich und Deutschland. Am Pic de Fond Queyras wurde ein französischer Widerstandskämpfer in den letzten Wochen des Krieges von den Deutschen erschossen. Daran erinnert ein Denkmal, bereits 1946 von den ehemaligen Feinden gemeinsam hier errichtet. Sich zu versöhnen, wenn die Wunden noch offen sind und der Schmerz noch frisch: eine große Tat!

Während meiner »Projektvorbereitungen« stieß ich auf einen vergilbten Bergführer meines Vaters über die Stubaier Alpen, im Grenzgebiet von Österreich und Italien, erschienen wenige Jahre nach dem Ende des Zweiten Weltkriegs. Der Verfasser warnt seine deutschen Leser eindringlich davor, die Grenze nach Südtirol zu übertreten, da ja noch keine diplomatischen Beziehungen zwischen Italien und Deutschland bestünden. Ich dagegen habe heutzutage nicht einmal einen Reisepass benötigt! So viele interessante Führen – von Kennern empfohlene Berggänge – verlaufen über Kuppen und Grate, die auch die Landesgrenzen markieren. Und wie oft pendelte ich zwischen Deutschland, Österreich, der Schweiz, Frankreich und Italien hin und her. Kein einziges Mal wurde ich kontrolliert, nirgends sah ich Zöllner, ich konnte mich frei und gefahrlos bewegen.

In der Abenddämmerung erreiche ich Aiguille. In meinem Reiseführer renommiert es mit einem halben Dutzend Gasthöfen. Aber alles dicht, schon eingemottet für den Winter. In der Dorfkneipe denke ich bei einem Glas Tee über meine Möglichkeiten nach.

»Bonsoir, Monsieur! Vous êtes randonneur?«

Klar bin ich Wandersmann, und ein kleiner Plausch mit Einheimischen kommt mir wie gerufen! Schon habe ich den Nachbarn eines Nachbarn einer Hotelbesitzerin aus dem Nachbardorf kennengelernt. Und bereits eine Stunde später entspanne ich mich mit einem heißen Bad. Somit bin ich auch wieder reif für die Zivilisation und kann unbeschwert einer von mir hoch geschätzten Devise Theodor Fontanes folgen: »Das Wichtigste für den Kulturmenschen auf Reisen ist immer noch die Verpflegung.« Gleich um die Ecke erspähe ich hinter großen Atelierfenstern zierliche Bistrotische mit brennenden Kerzen. Wunderbar, ein Restaurant mit intellektuell-künstlerischer Note, passt perfekt zu meiner Gestimmtheit. Endlich wieder einmal Kultur und Kalorien miteinander in Einklang bringen!

Wie eine Operndiva schwebt die Wirtin heran. Zur Speisekarte erhalte ich gleich eine Visitenkarte mitgeliefert: »Lady Chef« steht da drauf. Wenn Sie schon im Englischen versiert ist, dann könnte sie mir doch das Menü in dieser mir gut geläufigen Sprache erklären. Sie aber haucht nur ein »Bienvenu, Monsieur!« und entschwindet sogleich wieder. Also doch selber lesen! Und das lohnt sich: So blumig und wohlklingend wie sonst nur Weine, wird hier die Speisenfolge beschrieben. Eigentlich ein interessantes literarisches Genre, eine Art »Speisedrama«. Und schon betritt die Hauptfigur die Bühne und begutachtet das Publikum: ein nervös gestikulierender Wuschelkopf mit stechendem Blick und besudelter Schürze. Aha, der Koch des Etablissements, der sieht ja aus wie Beethoven in der Spätphase, scheinbar an der Schwelle vom Genie zum Wahnsinn. Hegt er etwa Zweifel daran, dass sein Schaffen ausreichend gewürdigt werden könnte? Mit dem schiefen Grinsen des Weltverächters zieht er sich sogleich sein Reich zurück.

Das Menü, ein Drama in drei Akten!

Erster Akt, heiße Vorspeise, *hors d'œuvre chaud:* In der Lautmalerei des Speisenfolgedichters »bauen die weiche Zartheit frischer Meeresfrüchte und die kernige Bestimmtheit unseres sämigen Risottos einen verlockenden Spannungsbogen für das folgende Festival der Gaumenfreuden«. Was ich bekomme, sind ledrige Muscheln auf kauresistentem Reis. Eine Mischung, so zäh und pappig zugleich, dass mehr als genug Zeit zur Verfügung steht, um während des Essens der Frage auf den Grund zu gehen, wie lange das Meeresgetier bis in dieses Bergkaff unterwegs gewesen sein muss. Doch mein Magen ist ein zäher Brocken. Und ich kann doch jetzt nicht einfach aufstehen und die ganze Aufführung stören.

Zweiter Akt, Suppe, *potage:* laut Programmheft die »Vermählung einfacher Erzeugnisse des heimischen Ackers mit der gestalterischen Fantasie der Kochkunst zu einer Eruption der Sinne«. Im Klartext: halbgare säuerliche Gerstensuppe mit rohen, in groben Stücken hineingeschnittenen Tomaten. Sollte der Dichter mit »Eruption« auf die schon während des Verzehrs einsetzenden Blähungen anspielen, würde er den Tatsachen wahrlich gerecht! Nun aber habe ich schon zwei präzise kurze Haken auf die Magenspitze erhalten. Ich bin davon doch etwas angeschlagen. Meine Widerstandskraft, auch mental, erlahmt: Ich sitze einfach nur da und horche in meinen Bauch hinein. Mir fehlt bereits die Kraft, um zu protestieren oder einfach die Rechnung zu verlangen. Und da geht es schon in die nächste Runde.

Dritter Akt, Fisch, *poisson:* Der lobhudelnde Poet nennt es »schlichtweg die Ekstase! Logischer Höhepunkt einer sorgfältig inszenierten Klimax. Feuer, Wasser, Erde!« Dabei ist es nur ein schmierig-öliger, übelriechender Flossenträger mit zerkochtem Gemüse. Die alles entscheidende Links-Rechts-Kombination zum K.O.- Sieg über meinen Magen! Mit letzter Kraft erreiche ich die Toilette, nur um die Speisenfolge nochmals im Rückwärtsgang begutachten zu können.

Die Nacht verbringe ich meist sitzend und kniend, die entsprechenden Körperöffnungen wahlweise in Funktion. Nie mehr werde ich für mich in Anspruch nehmen, eine gute Nase für gastronomische Leistungsfähigkeit zu haben! Wie habe ich mich vom kulinarischen Omnipotenzanspruch dieses Landes täuschen lassen! Da ich sowieso nicht schlafen kann, diktiere ich im Geiste einen Brief an die UNESCO. Falls man dort die *cuisine française* tatsächlich zum Weltkulturerbe erklären sollte, dann bitte nur mit großem Warnschild: *Gilt nicht für dieses Restaurant!* Ich frage mich jetzt doch, welches Stück Lady Chef und ihr Hexenmeister da aufführen. Sicher nicht »Der eingebildete Kranke«. Waren sie etwa darauf aus, bei ihrem Gast den gleichen theatralischen Effekt zu erzielen wie ungewollt der große Molière bei sich selber? Der starb nämlich bei der Aufführung seines Stücks auf der Bühne. Er spielte selbst die Hauptrolle.

Der durchwachten Nacht lasse ich einen weiteren Tag im Bett folgen, bei Zwieback und Kamillentee. Und noch einen Tag später plagen mich die Folgen meines kulinarischen Fehltritts. Ich fühle mich nach wie vor geschwächt, habe mir deshalb nur eine überschaubare Etappe vorgenommen, nämlich über Abriès nach Ristolas. Jedes Mal, wenn ich an die Kochexperimente denke, verkrampfen sich meine Gedärme erneut, um mir unmissverständlich und ein für alle Mal mitzuteilen:

»Das machst du nie wieder mit uns! Bist doch sonst immer der große Klugscheißer mit allem, was auf den Teller kommt! Benutze deine Nase! Vertraue deiner Zunge! Schling nicht so in dich hinein, bloß weil du Schmacht hast!«

»Hast ja Recht«, antworte ich kleinlaut. »Ich werde auf deinen Rat hören, liebes Gedärm.«

Schließlich will ich mein Leben in Zukunft ja sowieso rund um die Weisheit meines Herzens organisieren, und da können wir ja jetzt gleich noch den ganzen Bauch mit hinzunehmen. Habe ich nicht mal auf einem meiner Flüge nach Shanghai im Reisemagazin der Fluglinie gelesen, dass im Dickdarm genau so viele intelligente Nervenzellen sitzen wie im Neocortex? Sollte mein Darm das mit dem Klugscheißer als verstecktes Kompliment für sich selbst gemeint haben?!

Wie die nepalesischen Sherpas ihre zahlenden Kunden auf den Gipfel des Mount Everest, so schleppe ich heute meine geschundenen Eingeweide samt höllisch schmerzendem Kopf (klarer Entgiftungsstress) ins Touristikbüro von Abriès. Im ganzen Tal ist keine einzige Unterkunft mehr geöffnet! Na, das passt doch. Ich funktioniere nur mehr auf Autopilot und werde gar nicht gewahr, dass neben mir jemand steht.

»Bonjour monsieur, je suis Theo. J'ai une chambre pour vous – pas de problème!«

Also, wenn das kein Angebot ist! Es stellt sich heraus, Theo ist Eigentümer eines Gîtes im Nachbarort und wird mir mit Kost und Logis aus der Klemme helfen. In Erwartung eines weichen Betts, in das ich mich endlich fallen lassen kann, lichten sich die Nebel in meinem Kopf spürbar. Nur mein Bauch bleibt beleidigt. Anscheinend nimmt er dem Kopf die Aufgabe ab, gesundes Misstrauen gegenüber weiteren Angeboten der französischen Touristenküche an den Tag zu legen. »Hannibalistische« Prinzipientreue aber hat sich immer für mich ausgezahlt, und so lehne ich es im Einvernehmen von Kopf und Bauch lieber dankend ab, bei meinem Retter-Gastgeber im Auto mit zu fahren.

So brauche ich noch eine Stunde bis nach Ristolas, auf unsicheren Beinen dahin staksend, entlang eines selbstvergessen vor sich hin murmelnden Bachs, unter der milden Herbstsonne. So viel gutmütige Natur, natürlich auch die Hoffnung auf Ruhe und Frieden in einer anständigen Gastronomie, wecken meine Lebensgeister spürbar. Hoppla – was ist das? Ein guter alter Bekannter meldet sich zurück: mein Hunger! Und siehe da, im »Chez Theo« erwartet mich ein gedeckter Mittagstisch.

Gemüsesuppe und gegrillter Fisch ... was werden meine intelligenten Innereien dazu sagen? Nichts, wie es scheint. Alles mucksmäuschenstill da drin. Ich habe eure Lektion auch so verstanden! Schnuppere und koste vorsichtig. Tatsächlich, alles frisch! Diesmal wird mich meine Intuition nicht trügen: Die Kochkünste von Theos Frau und eine Karaffe Wein, die werden meine Kräfte im Nu wieder herstellen.

Der rubinrote Wein schwappt träge im Kelch hin und her, hinterlässt einen sichtbaren, leicht öligen Film an der Innenseite des Glases. Ganz so, wie es sein muss. Ein langsamer Schluck, den erdigen Geschmack bewusst zwischen Zunge und Gaumen haltend. Langsam rollt das milde Feuer die Kehle hinunter. Nach ein paar Sekunden das eindeutige Signal von unten: Zufrieden gluckst es leise, just zwei Daumen breit unter dem Herzen.

Auf den ersten Etappen meiner Reise labte ich mich abends an kühlem Weißbier. Jetzt hat es mir der Rotwein angetan. So formt jede Landschaft die geschmacklichen Bedürfnisse. Oder sind es die Jahreszeiten? Im frischen Frühlingsgrün des bayerischen Bergforstes musste es einfach der bittersüße Gerstensaft sein. Durstlöschen aus großen Gläsern, an denen kaltes Wasser herab rinnt, kühl, frisch und überschäumend die Kehle netzend. Jetzt entspricht der filigrane Rotweinkelch meinem Lebensgefühl, dem Wunsche, in kleinen und bewussten Schlucken zu genießen. Die milde Herbstsonne bricht sich am polierten Glas in warmen roten Strahlen, unter den schattigen Kronen würzig duftender Bergpinien. Voll und reif der Wein.

So sitze ich bis Mitternacht mit Theo zusammen, wieder einmal angekommen in meiner Zwischenheimat – auf dem Grat, der das Alte vom Neuen scheidet. Heimgekommen in meiner eigenen Mitte, für einen einzigen Abend. Wieder erzählt mir jemand sein Leben. Ich frage mich, warum sie das machen, diese Menschen, die ich im Vorübergehen treffe. Sie kennen mich doch gar nicht. Früher wäre das so gut wie niemand eingefallen. Indem ich Theo so zuhöre, dämmert mir, warum: Er erzählt mir von sich, *weil* er mich nicht kennt. Ich bin für ihn wie eine weiße Leinwand, auf die er seine eigene Geschichte projiziert. Er öffnet sich, weil er sich sicher fühlen kann. Weil ich morgen wohl schon wieder fort sein werde. Und wohl auch, weil er spürt, dass ich ein Mensch zwischen zwei Welten bin. Einer, der selbst offen ist, weil er noch nicht so recht weiß, wohin es ihn treiben wird. Vielleicht fühlt er meine Unsicherheit sogar. Sie wird mir mit jedem Tag bewusster, mit dem auch das Ziel meiner Wanderschaft näher rückt. Bei allem inneren Suchen: Die Pilgerschaft selbst schenkt mir Sinn und einen täglichen Rahmen meiner Aktivitäten. Sobald ich aber das Meer erreiche, kann ich der einen Frage nicht ausweichen: »Was ist mein neues Leben?« Eines weiß ich, es gibt kein Zurück, die Brücken zum alten Leben sind eingerissen, und sie verfallen mit jedem Tag mehr. Meine innere Stimme sagt mir deutlich: »Brich auf zu neuen Ufern und finde dort dein Glück!«

Vor wenigen Jahren noch war Theo ein erfolgreicher Unternehmer in Paris. Baubranche. Trotz seiner Erfolge schlitterte er in eine Sinnkrise. Seine Gesundheit rebellierte, die Ehe war kaputt. Er fasste den radikalen Entschluss, sich von seiner Firma zu trennen und sie zu verkaufen (auch die Frau auszuzahlen), um die Großstadt zu verlassen. Er hatte nichts mehr zu verlieren, war daher für eine fundamentale Kehrtwende bereit. Auf der Suche nach dem ganz anderen Leben – nahe an der Natur und bei sich selbst – kam er hierher. Er ließ sich nieder, am hintersten Ende eines spärlich besiedelten Tales, um diesen Gasthof zu erwerben, in dem wir jetzt sitzen. Der Wirtsberuf gefiel ihm, aber er lastete einen wie ihn nicht aus. Was machte mein Theo? Er entwickelte eine Leidenschaft für Lamas. Damit ist nicht gemeint, dass er sein Gasthaus zum tibetischen Kloster umfunktionierte – nein, er begann Anden-Lamas zu züchten. Hochgebirgstauglich, seit Jahrtausenden domestiziert, scheint diese Spezies aus der Gattung der Kamele heute eine unerwartete Überlebensnische im wachsenden Alpentourismus zu finden. Theo also züchtet sie, und im Sommer veranstaltet er Treckings auf dem Lamarücken: wie ich staunend vernehme, eine äußerst angesagte Form des Urlaubs für Familien mit Kindern. Versteht sich, dass mein Gesprächspartner sich bereits zu einem Experten für seine vierbeinige Existenzgrundlage gemausert hat.

Mich stürzt diese Geschichte zunächst in eine Gemütslage zwischen Lachen und Verzweiflung: Wo nur in der angestammten alpinen Fauna soll man diese exotischen Hochleistungskraxler einordnen? Näher bei den Gämsen oder bei den Steinböcken? Ich entschließe mich für etwas Unbestimmtes irgendwo zwischen Murmeltier und Braunbär und höre Theo weiter höflich zu. Der hat von meiner Bedenkenträgerei rein gar nichts mitbekommen, sondern sich in schiere Begeisterung hineingeredet. Auf alle Fälle hat er eine starke sozialpädagogische Ader, denn schon seit einer guten Viertelstunde reitet er auf dem psychosozialen Potenzial seiner Anden-Kamele herum. Ich bin ehrlich beeindruckt von all den guten Erfahrungen mit behinderten Kindern, die im Umgang mit diesen Tieren ihre Ängstlichkeit überwänden. Nun bewundere ich Theo geradezu. Einer wie er war früher eine große Nummer im Business, und jetzt engagiert er sich im heilpädagogischen Lamareiten!

Und er hat sich, bei allem Herzblut, das er in seine wuschlige Herde steckt, eine erfrischende Fähigkeit bewahrt, über sich selbst zu lachen.

»Du, Rudi, wusstest du eigentlich, so ein Lama kann bis zu 40 Kilo tragen.«

»Vraiment? C'est pratique!«

Ich versuche den Gedanken sofort zu unterdrücken, aber wenn die Lama-itis schon bis Salzburg vorgedrungen gewesen wäre, dann hätte ich mir doch so einen kuschligen Warmblütler als Rucksackträger und Kopfkissen zugleich ausleihen können! Und das erfahre ich jetzt erst, fast schon am Ende meiner Schlepperei! Theo ist nun überhaupt nicht mehr zu bremsen:

»Rudi, weißt du was? 2010 mache ich dir Konkurrenz und durchquere die Alpen mit meiner Herde – von Triest nach Monaco.«

Vielleicht ist es doch der Wein, und er will mich nur foppen. Aber noch regt sich der Erwerbstrieb des Unternehmers auch in mir, mein lieber Theo! Ich weiß selbst immer noch am besten, wo meine Assets sitzen!

»Mon cher ami«, gebe ich zurück. »Ich muss dich darauf hinweisen, dass ich es bin, der das Copyright für Projekt Hannibal innehat!«

Wir lachen beide schallend.

»Wie wär's, Rudi: Komm doch einfach mit!«

Ich nehme meinen letzten Schluck Wein für heute und halte mich geschlossen. Und weiß ich's, was ich 2010 machen werde?

Menschen wie Theo sind die wahren Unternehmer, mutige Beweger ohne Risikoschutz. Eine Binsenweisheit, dass mit wachsendem unternehmerischem Ertrag auch das Risiko steigt. Gerne prahlte ich – wie fast alle meiner Kollegen – damit, Unternehmer im Unternehmen zu sein. Das fiel nicht schwer, denn die Bank selbst ermunterte ihre Führungskräfte, sich mit diesem Prädikat zu schmücken. Schließlich ist doch das freie Unternehmertum das Salz in der Suppe des Kapitalismus! Die Wahrheit aber sah für uns, die wir in der Corporate World das große Rad drehten, ganz anders aus. Für eine kleine Kaste, die in Echtzeit Milliarden um den Globus jagte, wurden die Gesetze von Ursache und

Wirkung in Pension geschickt. Zumindest, was den Zusammenhang zwischen dem Risiko, das sie für ihre Geldgeber einging, und ihrem eigenen Risiko betraf. Risiko-Vollkaskoschutz, wenn schon nicht für euch Investoren, dann wenigstens für uns, die wir euer Geld verplempern! Ist doch nur menschlich, Umsatz und Profit steigern zu wollen! Immer weiter rauf, ihr selbst wollt es ja so! Und wer hoch steigt, darf auch weich fallen! Verlieren sollen doch die anderen. Irgendjemand muss ja drangekriegt werden. Aber, wie die Geschichte zeigt: Man kann Risiken zwar ignorieren, sie aber nicht eliminieren. Sie tauchen dann anderswo wieder auf. Das ist ein Gesetz, wie in der Physik der Satz der Energieerhaltung.

Wer als wahrer Unternehmer Risiko trägt und erfolgreich ist, muss ehrlich zu sich selbst und gegenüber anderen sein. Sonst erliegt er der Selbsttäuschung. Der Markt eliminiert diejenigen mit falscher Selbsteinschätzung. Konzerne dagegen belohnen ihre Manager selbst dann noch. Das ist die Crux, denn diese Menschen treffen dann falsche und riskante Entscheidungen. Im dynamischen Spiel unter Wettbewerbern wird der Unternehmer gefordert, seine Organisation und Produkte ständig zu verbessern. Auch hier ist der Markt ein gesundes Korrektiv. Wer das nicht schafft, geht unter! Auch dies ein Gesetz, das für Bankmanager und Konzernherren außer Kraft gesetzt wurde.

Ein Unternehmer hat Erfolg, wenn er die Bedürfnisse seiner Kunden versteht und sie mit seinen Produkten bedient. Sicher, bei manchen Produkten fragt man sich, ob durch sie wirklich echte Bedürfnisse befriedigt werden. Aber kaum eine Branche hat raffinierter die vermeintliche Bedürfnisvielfalt ihrer Kunden aufgefächert als die Banken! Und jeder Schuhverkäufer versteht sein Produkt besser als der Bankvertrieb all seine hochkomplexen strukturierten Produkte! Erfolgreiche Unternehmer schaffen auch eine Kultur der Arbeitsfreude und persönlicher Erfüllung. Ihre Mitarbeiter bringen sich als Menschen ein und leben ihre Arbeit im Einklang mit ihren persönlichen und privaten Bedürfnissen. Der Banker wird zur Gier erzogen. Lieber arbeitet er sich im Akkord kaputt, anstatt noch einen weiteren Mitarbeiter neben sich zuzulassen. Eine Kultur der maßlosen Bereicherung, um alle sonstigen Defizite zu kaschieren.

Eine Prise Narzissmus ist das Schmieröl der menschlichen Motoren der Wirtschaft. Aber der Motorblock jeder Unternehmung sollte aus soliden Grundwerten bestehen. Demut und Dienst an einer Sache, die es wert ist, gehören dazu. Öl ist geschmeidig, hat aber keine feste Strukturen, sucht den Weg des geringsten Widerstands, ist beliebig formbar. Wenn selbstverliebte, rückgratlose Menschen die Macht übernehmen, kollabiert das ganze System.

Risiko bewusst gestalten, authentisch sein, menschliche Werte leben, echte Bedürfnisse befriedigen, ein in sich selbst ruhender, ausgeglichener Mensch sein, demütig handeln: all das verlor ich als Banker aus den Augen. Ich wurde daran krank. So habe ich beschlossen, Unternehmer meines Lebens zu werden: mich für Dinge zu engagieren, die mir Herzensangelegenheit sind. Bei denen ich meine Talente entfalten kann, die mir nachhaltige innere Befriedigung geben. Kein Garantiebonus mehr, keine Pension. Volles Risiko bei voller Lebensfreude. Es gibt kein Zurück.

Natürlich: Im alten Leben machte ich mir Gedanken über den »idealen« Ausstieg! Es war eine eindimensionale intellektuelle Übung: Wie viel Kohle muss ich zur Seite schaffen, damit es für den Rest des Lebens reicht? Immer vorausgesetzt, ich kann den gewohnten Lebensstandard halten. Zweitwohnsitz, Zweitwagen, Reisen – darauf wollte ich nicht verzichten. Als Banker kann man unter diesen Prämissen wunderbar punktgenau berechnen, welches Vermögen man ansparen muss und wann man dann aussteigen kann. Eigentlich war das eine fortlaufende Übung, der ich mich unterzog. Nun gut, als ich ins Büro meines Chefs ging, um zu kündigen, wähnte ich, dass ich diesen Punkt knapp erreicht hatte. Wie komplett falsch und naiv aber waren meine damaligen Überlegungen! Vermögen sind nicht statisch! Das musste auch ich während der Finanzkrise erfahren.

Kurzum, meine Bankaktien – als Altersvorsorge vorgesehen – sind nach dem Konkurs der Bank wertlos. Auch der Wert meiner sonstigen Vermögensgegenstände rauschte in den Keller. Fazit: Es reicht vorne und hinten nicht für ein sorgenfreies Leben bis zum Lebensende! Schiebe ich jetzt Panik? Mitnichten! Ich habe gelernt, mich einzuschränken: Autos verkauft, einen kleineren Wohnsitz genommen. In-Sourcing, statt im Out-Sourcing teure Dienstleistungen zu konsumieren. Auf meiner Pilgerschaft habe ich neue Freunde gewonnen. Sie lehrten mich, dass sich Visionen auch mit bescheidenen Mitteln verwirklichen lassen. Natürlich bin ich im Vergleich zu ihnen immer noch auf Rosen gebettet. Schwächt das meine Argumente, wenn ich mein Leben selbst in die Hand nehmen will? Es ist mir egal, wie viel oder wie wenig mir am Ende der Krise bleibt. Mein Entschluss zum Ausstieg ist unumkehrbar! Meine Pilgerschaft lehrte mich Zuversicht und Bescheidenheit. Ich bin auch gar nicht der Typ, um die Beine am Strand baumeln zu lassen. Wer die Gipfel sucht, braucht auch sonst im Leben Herausforderungen! Aber ich werde nur noch mit Dingen Geld verdienen – deutlich weniger – durch die ich mich auch als Mensch verwirklichen kann. Das ist *mein* Luxus!

Unternehmer zu sein, heißt Verantwortung zu übernehmen. Während meiner Wanderschaft lernte ich Menschen mit einer schlichten und entspannten Haltung zur Verantwortung kennen. Allen voran meine Bergführer: Ihnen vertraute ich meine Sicherheit an, und sie gingen souverän mit dieser Verantwortung um. Oder Theo mit seinen Lamas. Mir wurde klar: Die Gelassenheit und Zufriedenheit dieser Menschen hat etwas damit zu tun, dass sie irgendwann Mut zu klaren Entscheidungen bewiesen. Sie verzichteten bewusst auf bestimmte Optionen. Vielleicht hatten sie auch einfach weniger Möglichkeiten.

Eines bringen mir diese Menschen allemal bei: Verantwortung zu übernehmen und mit weniger Optionen zu leben, kann glücklich machen. Ich sehe aber auch, dass meine Annahme falsch war, man müsse erst ausreichend Vermögen auf die Seite schaffen, um wirklich selbstbestimmt zu leben. Das hieße nichts anderes, als jahrelang, vielleicht ein Leben lang alle Energien in die falschen Bahnen zu lenken. Es ist auch falsch, Selbstverwirklichung als eine Art Hobby zu »betreiben«, wenn man ausreichend Zeit und Geld hat. Dann fehlt das Salz in der Lebenssuppe! Eigentlich ist es mir schnuppe, wieviel ich auf die Seite geschafft habe und ob es reicht oder nicht. Ich werde überleben. »Leben heißt Auswählen«, sagte Tucholsky. Das aber ist eine Kunst, die uns keine Schule lehrt. Ich jedenfalls habe gewählt.

Morgens zeigt Theo mir stolz seine Lamaherde. In stoischer Entspanntheit lassen sich die Tiere von mir streicheln. Ein kesses Jungtier zupft neugierig an meiner Hose. Ich lasse es gewähren, und im Gegenzug behält der kleine Präzisionsspucker seinen Speichel bei sich. Für mich ist es nun Zeit, Adieu zu sagen. Am liebsten wäre ich hiergeblieben, hätte mit Theo die Lamas gesattelt und wäre mit ihm wieder zurück nach Salzburg geritten. Aber ich habe immer noch ein Ziel! Also hinaus in die Kälte, hinauf zum Col Vieux. Bäume und Wiesen sind über Nacht ergraut, voller Reif. Irgendwann schließe ich zu einem alten Mann auf. Auf einen Stock gestützt, arbeitet er sich nach oben, in seinem ihm gemäßen Tempo, gelassen und routiniert. Ich erfasse instinktiv, dass er hier schon seit vielen Jahren immer wieder gegangen ist. Ich überhole nicht, sondern drossele mein Tempo, um ihn zu grüßen. Natürlich bin ich auch ein wenig neugierig!

»Bonjour, Monsieur!«

Jetzt kann ich ihn eingehend betrachten. Sein Leben muss schon weit ins achte Jahrzehnt hinein fortgeschritten sein. Ein Mensch, so knorrig wie die Bäume am Wegesrand. Statt eines Grußes in Worten gibt er mir ein Lächeln zurück. Ich spüre warme Augen freundlich auf mir ruhen und sehe mich trotz seines Schweigens zu einem Gespräch ermuntert.

»Monsieur, wohin des Weges?«

»Ah, junger Mann, Sie legen ja ein flottes Tempo vor! So war auch ich in meiner Jugend! Ich gehe angeln, oben am Bergsee. Da bleibe ich den ganzen Tag und genieße die Natur!«

Eine erschöpfende Auskunft, in einem einzigen Satz. Seine Augen blitzen vor Lebensfreude. Ich stimme mich auf seine lakonische Art ein, obwohl ich eigentlich ganz gern ein wenig geplaudert hätte.

»Bonne journée à vous, Monsieur!«

Begegnungen mit Menschen in der Einsamkeit der Natur

sind plastischer und dichter als im Gewimmel der Stadt. In der Masse verschwimmen die Konturen eines Charakters. Es ist wie bei einem Porträtfoto: Das Gesicht hebt sich am schärfsten vor dem Hintergrund einer monochromen Leinwand ab. Den ganzen Tag lang allein zu sein, lässt das Interesse an einer menschlichen Begegnung wachsen. Eine fast kindliche Neugier kommt auf, der Geist wird aufnahmefähig, denn er ist von Ablenkungen befreit. Es bedarf jetzt nur weniger Worte. Jede Geste, schon ein einziger Blick können Wertschätzung signalisieren.

Die Passion des Alten für den Bergsee wird mir verständlich. In eine gemütliche Hügellandschaft ist das Gewässer wie ein düsterer schwarzer Spiegel eingebettet. An seiner glatten Oberfläche nicht das leiseste Kräuseln. Nur Ruhe und das Geheimnis der Tiefe. Vollkommen unverzerrt, messerscharf, reflektiert der See die kantigen Silhouetten der umliegenden Felszacken. Wie ist es möglich – in seiner Schwärze gibt er selbst die Farben des Herbstes naturgetreu wider! Sogar das fröhliche Himmelsblau. Ein magischer Ort. Und wie so oft, wenn man dem Geheimnis zu nahe tritt, da verschwindet es: Als ich mich über das Wasser beuge, huschen alle Farben und Formen beiseite und machen dem unbestimmten Schwarz Platz. Ich sehe mein Gesicht, es ist ausdruckslos. Mein Blick, hat er das Geheimnis entweiht?

Auf den Gipfel des Le Pain de Sucre – zu Deutsch »Zuckerbrot« – führt in engen Serpentinen ein Pfad. Wie doch Namen die Erwartung prägen und die Wahrnehmung beeinflussen! Wie würde ich mich wohl fühlen, wenn dieser Schutthaufen hier Teufelskopf hieße? So aber erklimme ich eine süße Brotkruste, total entspannt. Aha, da drüben, der Monte Viso! Theo erklärte mir, das sei der südlichste Fast-Viertausender der Alpen, ja wirklich, das letzte klotzige Bollwerk aus Fels und Eis vor den himmlischen Gestaden des Mittelmeeres!

Doch noch ist es nicht soweit, den direkten Durchstich nach Süden, zum Meer, zu suchen. Meine kommenden Etappen lassen mich noch ein wenig nach Ost und West schwänzeln, wie um die Vorfreude auf mein Ziel noch zu erhöhen. Oder weiche ich nur zu gern meinem ultimativen Moment der Wahrheit aus – dem Ende des unbeschwerten Vagabundierens? Wie dem auch sei! Hier ist hier, und Jetzt ist jetzt: Saint Véran liegt im Parc Naturel de Queyras, und der war doch das Ziel einer kleinen Sehnsucht, an jenem Morgen im Gasthof der braven Kinder. Noch trennen mich zwei Pässe, der Col Agnel und der Col de Chamussière, von meinem Tagesziel. Das ist doch aber ein fairer Preis, wenn man bedenkt, welche Versprechen dem eindruckshungrigen Wandersmann gemacht werden: »Das höchst gelegene Dorf Europas«, so heißt es über Saint Véran. Na, ich hätte vielleicht mal in Findeln bei Zermatt selber nachmessen sollen. Erbaut aus »malerischen Haus-Ställen (!) mit großen, aufwendigen Dachböden und multifunktionellen Lager-Balkonen«. Wer sich solchen Beschreibungsschwachsinn ausdenkt, kann sicher sein, meine Neugier zu wecken!

Doch zuerst die beiden Pässe: der eine mit Gras bewachsen, der andere von Felsbrocken übersät. Ein Viadukt hilft mir erneut, auf der Ideallinie in den Ort zu finden. Und der Weg scheint sich gelohnt zu haben. Saint Véran ist eine rühmliche Ausnahme im flächendeckenden Schrecken des französischen Alpentourismus. Eine romanische Kirche, der Dorfplatz mit gut erhaltenem Kopfsteinpflaster und einem alten Steinbrunnen, enge Gassen, rustikale Bauernhäuser. Jetzt verstehe ich den Werbesprech auf der Website des Ortes: Pfiffige Bauern früherer Jahrhunderte haben, um der

Platznot zu begegnen, ganze Heustadln als zusätzliches Stockwerk über ihre Wohnstuben gebaut! Das spart Raum und isoliert gut. »Heu statt Hotel« klingt einladend. Am liebsten würde ich in einen dieser Stadln kriechen, um dort zu nächtigen. Geht aber nicht! Für morgen Abend hat sich bei der mobilen Kleinstfamilie erneut Besuch angekündigt. Wenn ich meine Gäste schon nicht mehr im Maßanzug zu empfangen gedenke, dann doch jetzt wenigstens ohne Gras im Bart! Zumal, wenn mein Kumpel – wie sollte es anders sein – ein Banker ist.

Recht ordentlich, meine Unterkunft im einzigen noch geöffneten Gîte: ein geräumiges Zimmer, und ein hübsches Restaurant ist auch im Hause. Doch noch ist der Besuch nicht da. Zwar bin ich aus dem Hamsterrad heraus, aber auch ein Pilger kann ungemein unter Bewegungsdrang leiden. Den stille ich am kommenden Tag mit einer kleinen Tour auf den Pic Cascavelier, den Aussichts- und Hausberg von Saint Véran.

Mein Besuch, nennen wir ihn am besten »Doc«, sträubt sich vehement dagegen, in Schablonen gepresst zu werden. Um es zu verhindern, hat er eine ziemlich raffinierte Taktik entwickelt: in so viele unterschiedliche Muster passen, wie nur möglich! So kann er sich auch klischeehaften Einzelfacetten seiner Persönlichkeit hingeben, dennoch als Individuum über ihnen allen schweben. Als Kollege erlebte ich ihn als knallharten Verhandler. Als einen, der das Letzte aus seinen Mitarbeitern herauspresste. Als Freund vertraut er mir blind, würde sein letztes Hemd mit mir teilen. Dem würde ich einen Koffer Geld anvertrauen und ihn in einem Jahr wieder abholen. Im Übrigen ist er auch einer, der in der Fahrschule unentwegt mit dem Gaspedal spielte. Bremsen konnte ja der Fahrlehrer. Einer, der tagelang liebevoll und mit unerschöpflicher Geduld seiner kleinen Nichte Skifahren beibringt. Mit Herz und Seele geht er engagiert zur Sache – bei allem, was er anpackt. Einer, der nachts um zwei ins Auto steigt, um nach zehn Stunden Fahrt einem Freund aus der Patsche zu helfen. Ein Mann, der einen inneren Fahrplan hat. Aber noch steigt er gerne an der Haltestelle der Finanzmeile aus.

Doc kann gut austeilen und gut einstecken. Gleich bei der Begrüßung schimmert sie durch, unsere freundschaftliche Rivalität. Bei der Theorieprüfung für den Bootsführerschein hatte er einen einzigen Fehler, ich war fehlerfrei. Punktsieg für mich. Beim Langstreckenschwimmen hängte er mich ab. Punktsieg Doc. Remis beim letzten Bonus. Klar, dass ich für ihn morgen eine besondere Etappe basteln muss. Nur dann taugt die etwas, wenn sie Doc an den Rand seiner physischen Belastbarkeit bringt – und mir den Punktsieg. Nicht den K.O., denn es soll morgen nicht zur Belastungsprobe unseres Verhältnisses kommen. Mit seiner Ausrüstung setzt Doc – ambitioniert wie immer – einen hohen Maßstab. Betont professionell, betont optisch ansprechend. Alles neu gekauft und von bester Qualität! Stilecht fügen sich khakifarbene Wanderhose und Luis-Trenker-Karohemd in das rustikale Ambiente unserer herbstlichen Wanderung ein.

Jetzt schreite ich also Seit an Seit mit meinem *alter ego tempi passati* durch die Alpen. Na ja, mein Latein ist auch nicht mehr das, was es mal war, aber heute wird es eh um robustere Formen der Renommiersucht gehen: Wer von zwei Männern macht als erster schlapp? Wer wirft den anderen zu Boden?

Dabei hatte ich viel Zeit zum Nachdenken all die Monate. Und jetzt wäre doch eine gute Gelegenheit, dem *alter ego* mal ein paar peinliche Fragen zu stellen.

»Was ist eigentlich dein Ziel? Bist du glücklich, so wie du jetzt lebst? Bist du ehrlich zu dir selbst? Bist du ehrlich zu den Menschen, die du liebst und die dich lieben? Was soll dereinst an deinem Grab über dich gesprochen und gedacht werden? Was würde gedacht und gesprochen werden, wenn du heute stürbest? Was wirst du noch ändern in deinem Leben?«

Weder Zeit noch Bedarf für selbstquälerische Introspektion. Lassen wir den Dingen einfach ihren Lauf. Zunächst sprinten wir auf den Pic de Caramantran. Der erste Gipfelerfolg für *ego* und *alter ego*.

Die Pause wird ausgiebig genutzt, um sich in tiefschürfende Betrachtungen über die aktuelle Bankerszene zu versenken.

»Du, Rudi, in einem halben Jahr bin ich auch raus aus der Bank! Alles Pappnasen, ich mach mich selbstständig. Meine Zukunft liegt woanders!«

So ganz mag ich es nicht glauben, dass er wirklich aussteigen will. Dieser Mann verachtet doch nicht einen fetten Bonus im boomenden Markt! Bohren wir mal ein wenig tiefer:

»Na, aber das Geschäft läuft doch bombastisch. Oder willst du mir das Gegenteil erzählen?«

»Fantastisch, wir verdienen ein Schweinegeld mit unseren Derivatprodukten! Kursabsicherung, Hedging von Währungsrisiken, Fixieren von Kerosinpreisen. Einfach genial, wir können sogar deine Großmutter gegen Zahnausfall absichern! Aber das Geilste sind die fetten Margen, und keiner kapiert so richtig, wie die Produkte funktionieren! Man muss nur aufpassen, dass der Kunde immer ein bisschen weniger Ahnung hat als man selber.«

»Ja, aber wenn alle Großmütter dieser Welt gleichzeitig Zahnausfall haben?«

»Tja, lieber Rudi, dann sind wir pleite!«

»Ist doch kein Problem für euch! Einfach die Risiken mit ein paar Schrottanleihen weg-hedgen!«

Er grinst, scharrt schon wieder mit den Hufen. Also weiter. Noch üben wir uns in leichtem Wanderschritt, schlendern an einer Perlenkette aus spiegelglatten Bergseen vorbei und laufen Slalom um große Felswürfel. »Alles noch Peanuts«, um im Jargon zu bleiben.

Doch allmählich erwachen zwei Alphatierchen. Der Wettkampf beginnt! Wer hat mehr Power? Wer ist schneller? Wer hält länger durch? Wir nehmen den zweiten Berg – den Petite Tête Noire – in Angriff. Bösartig grinse ich in mich hinein und forciere stetig das Tempo. Mein Begleiter beginnt prompt zu dampfen. Aber ihn abzuhängen, das schaffe ich nicht, verbissen hängt er sich an meine Fersen. Immerhin: Allmählich verliert seine Kleidung diese amateurhafte Optik einer nagelneuen Anfängerausrüstung. In unserem Duell um die Krone des Fittesten wechseln wir die Waffengattung, springen nun im freien Gelände rasant von Stein zu Stein. Da öffnet sich ein weit auslaufendes Tal, endlose braune Wiesen erstrecken sich kilometerweit, in flächigen, leichten Wellen. Ein Filetstück der Langstreckendistanz! Mal liegt der eine, mal der andere Kontrahent in Führung. Wie in einem Zeichentrickfilm, wo sich zwei Häuptlinge bis tief in die Nacht hinein einen endlosen Ringkampf liefern, duellieren wir uns. Schweißgebadet, über Stock und Stein rennend, balgen wir uns um die Spitzenposition inmitten gelb leuchtender Lärchenwälder, hetzen durch die mäandernde

Niederung eines breiten Bachbettes. Zwölf Stunden stramm marschiert, beide Alphas hecheln, immer noch weit davon entfernt aufzugeben.

»Peace!« scheinen wir gleichzeitig zu denken. Zeit, uns zu verbünden in der gemeinsamen Suche nach einer Unterkunft in diesem gottverlassenen Tal. Kein Empfang für Mobiltelefone, alle Häuser verriegelt. Dünner Rauch kriecht aus dem Schornstein eines einsamen Steinhauses. Vorsichtig klopfe ich an und trete über die Schwelle, Doc sichert draußen meinen Rückzug. Schniefend schlurft ein altes Mütterchen heran, ihre spindeldürren Hände krallen sich an einem Holzstock fest. Und erst die Einrichtung – das Knusperhäuschen der Hexe aus »Hänsel und Gretel« lässt grüssen. Peng! Die Türe ist zu, Flucht ausgeschlossen. Ihr Krächzen klingt freundlich, wenn auch unverständlich. Zahnausfall! Doch ich entlocke ihr eine Auskunft: Ja, weiter unten im Tal, in Maljasset, da gebe es einen Gîte. Bevor sie es sich noch anders überlegt und mich im Hühnerstall einsperrt, schleiche ich mich von dannen.

Tatsächlich, wir finden die Herberge. Der Wirt sieht aus wie Picassos jüngerer Bruder, ein kleinwüchsig-kompakter, agiler Alter mit Glatze, listigen Augen und weiß-blau gestreiftem Pullover. Scheu lugen zwei kleine Kinder aus der Küche, dahinter rührt seine Frau – das muss sie sein, denn Picasso markiert gleich mit einem innigen Kuss sein Terrain – mit dem Holzlöffel in einem Kochtopf. Eine attraktive Frau, gut 30 Jahre jünger als ihr Mann. Doc und ich nehmen das staunend zur Kenntnis. Dürfen auch wir davon ausgehen, dass uns unsere beste Zeit mit Frauen noch bevorsteht? Inzwischen nehmen wir das Gebäude in Augenschein. Ein Jahrhunderte altes Steinhaus, kantige Felsquader, nur grob verfugt. Im Gewölbekeller, vielleicht früher eine Backstube, lodert ein prasselndes Kaminfeuer und wirft zuckende Schatten an die Steinwände. Köstlich zarter Coq au Vin, dazu kredenzt uns Picasso schweren rubinroten Landwein. Morgen packen sie zusammen, fahren hinunter in die Provence, um dort den Winter zu verbringen. Deswegen schlachtete er heute seinen Hahn. Doc, Kunstliebhaber, erwähnt anerkennend die ausdrucksstarken Holzstatuen im ganzen Haus.

»C'est l'œuvre d'un de mes amis, un artiste«, gibt der Hausherr beiläufig zu erkennen.

Wohl dem, der solche Freunde und so eine Familie hat! Der Mann ist wahrlich angekommen in seinem Leben.

Im Schlafsaal brauchen wir, obwohl die einzigen Gäste, dennoch keine Angst zu haben. Vor der Tür wacht Jeanne d'Arc, als expressionistische Heroine.

Doc ist wieder in die Welt der hochdekorierten Vielflieger eingetaucht. Diese Menschen sind es gewohnt, jeden Moment ihres Tagesablaufs minutiös zu planen. Vermutlich bleibt ihm von seiner Kurzreise in die Südalpen vor allem das verrückte 12-Stunden-Bergrennen mit seinem Freund im Gedächtnis haften. Aber vielleicht entging ihm auch nicht, dass er eines meiner täglichen kleinen Wunder miterlebte. Eine scheinbar ausweglose Situation – keine Unterkunft in einsamer Gegend – löste sich auf wundersame Weise in heiterer Entspannung auf. Auch ohne Reservierungssystem, ohne Sekretärin und ohne den Blackberry zu bemühen. Hätte eh keinen Empfang gegeben!

Wie Streichhölzer knacken und knicken die Grashalme unter meinen Schritten, wieder überzieht eine krustige Haut von Raureif das Land. Maljasset lasse ich nördlich liegen, eine lange Etappe im menschenleeren Grenzgebiet zwischen Italien und Frankreich steht mir bevor. Auf und Ab, wieder und wieder, zwischen kahlen, einsamen Bergpässen und -satteln: Col de Marinet, Colle di Ciaslaras, Monte Ciaslaras, Colle dell'Infernetto, Colle della Finestre, Col de Stroppia, Col de Vallonet. Überall Geröll, ich hätte nie gedacht, dass es so viele Farbnuancen von Hellbraun bis Dunkelgrau gibt. Dazwischen wuchtige Felszacken, und außer einem undeutlichen staubigen Pfad keinerlei Spuren menschlicher Zivilisation bis hin zum Horizont. Und nirgends auch nur Spuren von Wasser. Bin ich jetzt ein Astronaut auf dem Mars? Oder ein Eremit in den felsigen Wüsten der Sahara? Wer sich solcher Einsamkeit aussetzt, braucht innere Stärke und Ausgeglichenheit, sonst wird der Kopf wirr. Wer aber ruhig und gefasst bleibt, der darf hier das Flüstern der Ewigkeit hören, den Herzschlag des Universums spüren.

Ruppig reißt mich ein vorbeidonnernder LKW aus meinen Einsiedlerfantasien. Dieselabgase auf einer Brummi-Rennstrecke, das ist schon starker Zivilisations-Tobak nach zwölf Stunden Bergeinsamkeit. Larche, Etappenziel. Ein schmuckloses Kaff, lieblos drangeklebt an die Verkehrsachse zwischen Italien und Frankreich. Ich bin mir nicht so sicher, wer mehr innere Stärke zum Überleben benötigt, der Eremit oder ein Bewohner von Larche. Abendliches Dauerthema mit unerschöpflichen Variationsmöglichkeiten: Entnervt klappere ich in der Dunkelheit auf der Suche nach einem Bett Haus auf Haus ab. Apathisch, durstig, hungrig und müde stolpere ich weiter. Das Ortsende naht, die Hoffnung schwindet. Da, Licht im allerletzten Haus! Farbige Lettern künden von einem »Gîte chez Robert«. Obwohl das eher aussieht wie ein Wohncontainer, muss es der wundersame

Wendepunkt meiner Suche sein! Wie sooft: In scheinbar aussichtsloser Lage dreht sich das Geschehen doch noch ins Positive. Als hätte ich einen Zauberschlüssel gefunden, um verschlossene Türen zu öffnen.

Kinderstimmen. Bonsoir! Eine Schulklasse übernachtet hier, und deshalb ist die Herberge heute geöffnet.

»Kann ich hier …?«

»Bien sur, viens, bienvenu!«

Unvermittelt bin ich drin in einer lustigen Runde. Gerade bereiten die Lehrer mit ein paar Schülern das Abendessen zu, ich helfe am besten gleich mit beim Gemüseputzen und Spaghettikochen. Den Kindern werde ich als eine Art achtes Weltwunder präsentiert, ich erzähle ihnen von meinen Abenteuern und darf mich dafür mit dem herrlich-runden Rotwein abfüllen.

Jetzt schlüpfe ich noch einmal ganz kurz in meinen Bankeranzug und male einen Graphen meiner täglichen Ausgaben seit Reisebeginn. Das ergibt eine Kurve, die nach rechts hin so stark abstürzt wie eine Bankaktie in der Finanzkrise. Warum? Ganz einfach: Weil ich mich mit immer weniger immer wohler fühle! Je länger ich unterwegs bin. Klar, zwischendrin kann ich einem schönen Hotel, einem leckeren Menü, einer Wellness-Oase nicht widerstehen. Aber ich gönne es mir immer seltener. Brauche es auch immer weniger, da mein körperliches Wohlbefinden und meine innere Zufriedenheit stetig zunehmen. Wenn ich früher, oft hemmungslos und unbedacht, konsumierte, musste ich offenbar auch immer einen Mangel ausgleichen. Wenn der Mangel behoben ist, nimmt auch die Konsumlust ab. Esoterisches Geschwätz in den Ohren von Menschen, die am oder unter dem Existenzminimum leben müssen? Mag sein, aber ich bin nicht so vermessen, gerade ihnen Ratschläge geben zu wollen. Ich möchte vielmehr denen ein Stachel im Fleisch sein, die es sich leisten können, den üppigen Verlockungen westlicher Konsumgesellschaften zu erliegen!

Nach dem Frühstück mit der Schulklasse streune ich ein kurzes Stück in Richtung Col de Larche, um dann nach Süden abzubiegen in den Parc Naturel de Mercantour, in Richtung Pas de la Cavale. Die Maritimalpen, meine letzte Hürde vor dem Mittelmeer! Stahlblauer Himmel, ein milder Wind, karstige Kalkformationen, sattgrüne Vegetation, plätschernde Bäche. Leicht wogendes Gelände, dazwischen immer wieder kleinere spitze Felsgipfel. Erinnerungen an die Landschaftsformationen der ersten Etappen werden wach. Kein Wunder, ich nähere mich dem Südrand der Alpen, geologisch ist er dem Nordrand sehr ähnlich. Der urzeitliche Meeresboden hob sich durch den Druck der tektonischen Verschiebung an, und die Muschelsedimente am Meeresgrund wurden zu einem Kalkgebirge aufgefaltet. Damit enden die Gemeinsamkeiten aber schon, und dass dies hier nicht Bayern ist, lässt schon die zunehmend mediterrane Vegetation aus Zypressen, Ginster und Koniferen erkennen. Die Landschaft ist von einer großzügigen Offenheit, ja, sie scheint fast schon die Weite des Meeres zu atmen. Und wo das Überschaubare, das Pittoreske kleiner verspielter Bergdörfer fehlt, da fühlt der Wanderer sich auch schneller einsam. Zurückgezogene, vereinzelte Häuser ducken sich unter dem unfreundlichen Mistral. Dieser Wind bringt die Kälte des Nordens hierher. Kein lauer Föhn lockt übermütige Lebensfreude hervor.

Ja, ich nähere mich meinem Ziel, dem einst so fernen Mittelmeer, immer mehr. Bin ich erleichtert? Ja, und wie! Aber warum, weil ich bald alles geschafft habe, weil bald alles zu Ende ist? Nein, das macht mich eher traurig. Froh bin ich, weil ich nach dem ständigen Auf und Ab der vergangenen Monate hier nun endlich einen heiteren, gelassenen Gemütszustand gefunden zu haben scheine. Einen Rhythmus, der mich noch Monate weiter tragen könnte. So wird meine Wanderschaft auch zum Spiegel meines ganzen Lebens: Erst musste ich lernen und wachsen, dann tobte ich mich voller Ehrgeiz in möglichst großer Höhe aus, um endlich meinen eigenen Weg zu gehen, nicht in Extremen schwelgend, dafür aber glücklich und zufrieden!

Der Mont des Fourches ist ein schmuckloser Grashügel. Unweit des Gipfels stehen die Ruinen eines Schlösschens. Noch ragt ein kleiner gusseiserner Ausguck aus den Zinnen, die Decke ist bereits eingefallen. Auch ein paar hundert Meter weiter unten zeugen die traurigen Reste eines verlassenen Dorfes von besseren Zeiten. Der Wind treibt Staubwolken durch die Gassen. Es ist weniger deprimierend, durch menschenleeres Gebiet zu wandern, als den Verfall ehemals lebendiger Orte zu spüren. Abermals laufe ich über braune Grashügel, bis nach Bousiéyas. Der Ort besteht aus wenigen Häusern. Immerhin sind sie im Sommer bewohnt. Jetzt wurden alle Gebäude verriegelt, ein paar Bauarbeiter reparieren eine Mauer mit Spachteln und Schaufeln. Der Gîte ist geschlossen! Aber vielleicht lohnt es sich, das Ganze genauer zu inspizieren. Und tatsächlich ist da ein offener Winterraum, drinnen steht sogar ein Gaskocher. Schlafplatzproblem gelöst!

Vor einem Jahr war meine Corporate Credit Card mein Schlüssel zum Schlafglück – an der Rezeption von Fünf-Sterne-Etablissements. Jetzt öffnen mir Geduld und ein unerschütterliches Gottvertrauen darauf, dass es immer eine Lösung gibt, Tür und Tor! Erst einmal alles sortieren, denn wenn es dunkel wird, müssen die Ausrüstungsgegenstände griffbereit sein. Im Winterraum bereite ich meinen »Schlafanzug« vor: Daunenjacke, lange Unterhose, mehrere Socken. Ich habe ja keinen Schlafsack, muss mich also mit der entsprechenden Kleidung vor der Kälte schützen.

Vor dem Gîte steht ein schöner alter Steinbrunnen. Herrlich erfrischend, das Quellwasser! Ich wasche Unterhosen und Socken und lege sie zum Trocknen auf eine Bank. Mein Gott, wie ich aussehe! Unrasiert, gebräunt wie ein Penner nach einem langen Sommer im Englischen Garten. Knochig und abgemagert, seit Wochen binde ich meine Berghose mit einem Stück Kletterseil über den Hüften zusammen. Die Hosenbeine mit Löchern übersät – Einstiche von den Zacken der Steigeisen und Risse von meinen Stürzen auf harten Stein. Tiefe Furchen durchziehen meine rissigen Hände, die Gesichtshaut fühlt sich fast wie Leder an. Doch das Blut pulsiert voller Leben durch den Körper, so wie ich es seit meiner Kindheit schon nicht mehr erlebte. Ich beobachte die Arbeiter, wie sie ihr Tagwerk beenden, ihre Werkzeuge einpacken und abfahren. Ernte mitleidige Blicke, die mir sagen, dass diese Männer glauben, hier einen Clochard auf der Parkbank zurückzulassen.

Jetzt bin ich allein. Es wird Zeit, mich um das zweite Problem zu kümmern: Meine Vorräte sind aufgebraucht. Ich werde die Gegend nach etwas Essbarem abklappern. Ein Geschäft gibt es hier nicht. Ziellos streife ich umher. Die Sonne geht schnell unter und hinterlässt eine eisige Leere. Eine größere Hütte, unverschlossen. Zaghaft trete ich ein: ein Ineinander aus menschlicher Behausung und Schafstall, soviel ist erkennbar, zur Begrüßung kläfft mich der zottelige Hütehund zornig an. Schon poltern oben Schritte zur Treppe, erst sehe ich nur Gummistiefel mit Erdklumpen, dann kräftige Beine, schließlich den ganzen Mann. Der Schafhirte, ein freundlicher junger Mann.

»Bonjour!«

Er hält mir seine Hand entgegen und schüttelt die meine mit festem Druck. Bärtig, von kräftiger und aufrechter Statur, wasserblaue Augen, ein offener und intensiver Blick, große, harte Hände. Breitbeinig steht er da. Ich kenne seinen Namen nicht, denn wir stellen uns nicht einander vor, wechseln einfach nur ein paar freundliche Worte. Woher ich komme, wie viele Schafe er hat, wie rasch doch der Winter naht. Schnell bringe ich es auf den Punkt, ob er ein wenig Lebensmittel für mich hätte. Wortlos verschwindet er in seiner Kammer, kehrt lachend zurück mit einer großen Papiertüte voller Brot, Pasta, Salami, Käse, Sardinen und ein paar Büchsen Bier.

»Pour toi, ça suffit?«

Ob es reicht! Und er will mir alles schenken! Mit seiner Wundertüte bereite ich mir einen wahren Festschmaus. Auf maximaler Stellung wärmt der Gaskocher den Raum gerade so weit auf, dass ich mich in der Daunenjacke wohlig warm fühle. Besser als mit dem T-Shirt im AC-gekühlten Hotelzimmer auf Barbados!

Nachts sackt die Raumtemperatur unter null Grad ab, der Frost zeichnet bizarre Muster auf die Fensterscheiben. Mein Frühstück: ein Joghurt und ein Pott warmes Wasser, dazu ein Kanten hartes Brot. Beim Kauen entweicht mit jedem Atemzug eine kleine Dampfwolke. Ich bin jetzt im mentalen Niemandsland, irgendwo zwischen Melancholie und Heiterkeit, kann vollkommen ruhig einfach dasitzen, ohne nachzudenken, aber dennoch hellwach. Mit noch leicht klammen Gliedern verlasse ich mein Schlafgemach. Hinauf zum Tête de Vinaigre, dem »Essigkopf«. Oben angelangt, inspiziere ich die Ruine eines Forts aus dem 19. Jahrhundert und den noch intakten Bunker aus dem Zwei-

Biwak in Bousiéyas

ten Weltkrieg. In Saint Delmas, dem hübschen Dorf am Fuß des Essigkopfes, lasse ich mich auf dem Dorfplatz nieder. Ah, da kommt noch ein Vagabund! Ein herrenloser Hirtenhund trottet zu mir heran und legt sich neben mich auf den warmen Steinboden. Liebe auf den ersten Blick! Auch die geht durch den Magen, und so teilen wir meine leckere Brotzeit miteinander, ein Baguette und eine Walnuss-Salami. Ich genehmige mir ein Nickerchen in der Mittagssonne, und mein Freund wacht über mich. Vielleicht ist er dabei auch mal eingeschlafen. Anschließend verabschiede ich ihn mit dem letzten Wurstzipfel. Freudig schnappt er sich das Teil und trollt sich schwanzwedelnd. Früher bellten mich Hunde meistens an, oder sie machten einen weiten Bogen um mich! War dieser Zottel hier ein besonders gutmütiges Exemplar? Oder war ich ihm etwa sympathisch, weil meine entspannte Gemütslage einfach nicht mehr zu übersehen ist?

Neuer Freund

Weiter zum Col d'Anelle und hinab nach Saint Étienne de Tinée. Viele Orte hier in der Gegend haben ihrem Namen ein »Sankt« vorangestellt. Jetzt verstehe ich, warum das so ist. Jedes dieser Dörfer vermittelt mir das Gefühl, anzukommen. Willkommen zu sein. Das ist Freundlichkeit pur, ich er-lebe es einfach. Oberhalb von Saint Étienne sind fächerartig an den sonnendurchfluteten Südhängen kleine Landparzellen hingestreut, meist Obst- und Gemüsegärten. Ein schmaler Feldweg schlängelt sich durch die Grundstücke hindurch, gesäumt von niedrigen Mäuerchen aus Kalkfelsen. Efeu und Buxus überwuchern das Gestein. Plötzlich eine Stimme von hinten.

»Bonjour Monsieur, un verre de jus?«

Da sage ich nicht nein, lasse mir gerne von einem freundlichen älteren Mann ein Glas Apfelsaft einschenken. Der Alte schielt grinsend auf meine Bergsteigerausrüstung und erklärt unverblümt alle Bergsteiger und insbesondere Kletterer für lebensmüde Verrückte. Wir verstehen uns prächtig, und ich erkläre ihm die Lebensgefahren beim Schrebergärtnern.

»Vous savez, tomber de l'arbre, comme ...«

Gar nicht so einfach, das zu erklären: ungesichert bei der Apfelernte vom Baum fallen, oder barfuß in die rostigen Zacken – Mist, was heißt jetzt wieder »Zacken« auf Französisch – eines umgedreht liegenden Rechen treten. Der Alte haut mir laut lachend auf die Schultern, es bleibt unklar, was ihn mehr amüsiert, meine unbeholfenen Formulierungskünste oder die Vorstellung, vom Baum zu fallen.

Im Garten meiner bescheidenen Unterkunft streckt mir ein Apfelbaum Äste voller reifer roter Früchte entgegen. Vitamine, lecker verpackt! Die sind in den Bergen oft Mangelware. Schnell aus dem Fenster klettern und den Rucksack füllen!

»Monsieur, vous cherchez quelque chose?«

O je, erwischt! Doch die Stimme ist freundlich. Ich drehe mich um und grinse etwas verlegen.

»Bedien dich, das sind gute Äpfel, die verfaulen doch nur. Freut mich, wenn sie dir schmecken!«

Es ist Juliette, die Wirtin, eine alte gebeugte Frau.

»Komm doch in die Stube, Lust auf einen Kaffee?«

Langsam schlurft sie mir voraus in ihren abgewetzten Pantoffeln, ihre Hüften scheinen zu schmerzen. Mit fleckiger Schürze und achtlos zusammengesteckten Haaren wirkt sie ungepflegt. Doch sie ist zuvorkommend und höflich. Ein Mensch mit einer großen Seelenwunde? Trägt ein schweres Leid in sich und geht daran leise und langsam zugrunde? Juliette wirkt traurig und gebrochen. Ihre müden geröteten Augen sprechen Bände, sie hat sich mit ihrem Schicksal abgefunden und sucht Trost im Alkohol.

»Gefällt es dir hier? Unsere Berge sind schön, nicht wahr! Woher kommst du?«

Ich erzähle ihr ein wenig von meiner Wanderung, und dass ich vor ein paar Monaten in Salzburg gestartet bin.

»Was, dann kennst du ja auch Innsbruck! Weißt du, mein Mann ist vor 25 Jahren mit den Skiern von hier bis nach Innsbruck gelaufen! Im Januar ist er aufgebrochen und im April kam er dort an!«

Jetzt habe ich aber eine Erzähllawine ausgelöst! Wie verwandelt ist Juliette auf einmal, voller Stolz erzählt sie vom Bergabenteuer ihres Mannes, schwelgt in Erinnerungen, der Schleier stiller Trauer ist weggerissen, ein fröhliches Lachen blitzt auf. Beim Abschied ist sie wieder in ihre trübsinnige Apathie verfallen, distanziert und in sich gekehrt. Jetzt sehe ich ihre Wohnstube mit anderen Augen. Sie ist Spiegelbild ihrer Seele. Da sind noch gemütliche und liebevoll eingerichtete Ecken, aber Verfall und Unordnung überwuchern alles allmählich. Wie an einem Baum wachsender Efeu, der ihm langsam Licht und Luft nimmt und ihn erstickt.

Auron, diesem Dorf mit einem klangvollen Namen, wurde offenbar das Prädikat »Sankt« verweigert! Kein Wunder, es ist auch nur eine profane Skistation. Liegt es an den Skipisten, die in mir Assoziationen beschwingter Tiefschneeabfahrten auslösen, dass sich plötzlich Hannibal zu Wort meldet? Der war so ruhig in den letzten Tagen!

»Hey, Mann, wann gibt's endlich mal wieder Action? Die Pilgerei geht mir echt auf den Keks!«

Da, noch ein anderer muckt auf, der Hedonist in mir, auch das noch:

»Denkst du auch mal an mich? Ist ja cool, die Clochard-Nummer, aber genug ist genug!«

Recht haben sie, alle beide, nun mal nicht übertreiben mit der Askese! Schnurstracks steuere ich eine Bar an – vormittags!

»Jaaa, und jetzt muss ein ordentliches Fassbier her, bestell das belgische, nicht diese französische Eisbärpisse!« Klare Anordnung vom Hedonisten, ich folge und nuckle genüsslich an einem herrlich süffigen Bier. Beschwingt vom Gerstensaftdoping, düse ich auf den Sommet du Colombier, ein liebliches Gipfelchen. Hingestreckt zwischen kleine Lärchen und Felsbrocken, baue ich erstmal Restalkohol ab. Der Hedonist grunzt zufrieden, doch Hannibal stichelt weiter: »Schau mal da rüber, sieht nach einem ganz brauchbaren Berg aus!«

Der Mont Mounier, stelle ich auf meiner Karte fest, ist fast 3000 Meter hoch. Richtig, Juliette erwähnte, man könne von dort aus das Meer sehen!

»Ja, was gibt's da noch zu überlegen! Da kraxelst du morgen rauf! Vergiss doch diesen GR5-Selbsterleuchtungspfad! Action, go!«

Recht hat er, ich begeistere mich an der Idee, noch mal alles rauszukitzeln, was inzwischen in meinem Körper an konditioneller Power steckt. Eine hervorragende Idee. Der Mont Mounier! Ein erster Sichtkontakt mit dem Meer, das darf nicht beiläufig kommen, das muss als Höhepunkt inszeniert werden! Einen weiteren alpinistischen Höhepunkt mit der Verheißung des großen Ziels verbinden! Aufgeregt räume ich mein Mittagslager und eile ins Tal.

Roya ist ein verschlafenes, hübsches Nest mit einem Storchennest auf dem Kirchturm. Am Eingang des Gîte, einem einladenden, gepflegten Häuschen, steht eine Kreidetafel mit einem freundlichen Willkommensgruß:

Cher Rudy!
Die Tür steht offen, Mach es dir doch schon mal gemütlich, ich komme später.
Danke!

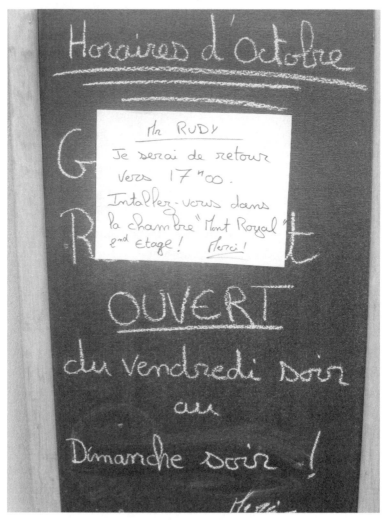

Grenzenloses Vertrauen in Roya

Ich bin sprachlos! Verleiht die gesunde Bergluft den Menschen hier übersinnliche Wahrnehmungen? Woher weiß der Wirt, wer ich bin und dass ich komme? Und für einen wildfremden Typ das Haus offen stehen lassen! Wie dem auch sei, das ist doch ein unablehnbares Angebot! Wenn ich schon ausdrücklich eingeladen werde, ist gegen ein Nickerchen im Etagenbett doch bestimmt nichts einzuwenden ...

Am frühen Abend wache ich auf. So lange geschlafen! Vorne in der Küche klappert Kochgeschirr – jetzt sollte ich mich mal zeigen, zumal der Hunger sich meldet. Der Chef des Hauses begrüßt mich wie einen alten Freund. Des Rätsels Lösung für den besonderen Empfang: Juliette hat mich angekündigt. Nichtsahnend hatte ich ihr mein Etappenziel verraten. Die Gute! Jacques ist ein geselliger, lockerer Typ, der sich das Leben im Rahmen seiner Möglichkeiten so abwechslungsreich wie möglich macht. Tapetenwechsel im Zweijahresrhythmus! Er und seine Frau, eine Kanadierin, leben abwechselnd in Roya und in Montreal. Nächstes Jahr ist wieder Kanada dran, seine Frau ist schon drüben und bereitet alles vor. Kochen kann Jacques auch noch, und vom Wein versteht er sowieso einiges. Bis spät in die Nacht schwadronieren wir über Gott und die Welt.

Eine knackige Tour steht nun auf dem Programm. Aufbruch in tiefster Dunkelheit, wie in meinen besten Zeiten. Adieu, Jacques, und *bonne chance* in Kanada! Die Landschaft um Roya ist wild und unberührt, es geht über herbstlich braune Grasmatten und weite graue Geröllfelder hinweg. Was mir noch vor wenigen Monaten als endlos langer, eintöniger Aufstieg vorgekommen wäre, das schaffe ich heute ohne jede mentale Ermüdung wie mühelos, in vier Stunden bewussten, gleichmäßigen Gehens. Und jetzt ist der Gipfel greifbar nahe! Ob ich das Meer wirklich sehen werde? Auf dem verbleibenden Wegabschnitt nehme ich mir viel Zeit, um die Vorfreude auszukosten. Wie bei einer Weihnachtsbescherung! Nur wenige Schritte noch, wenige Sekunden ... ich fühle mich wie ein Kind am Heiligen Abend, das jetzt endlich die Klinke drücken und die Türe öffnen darf, die ins Weihnachtsparadies führt ...

Das Gipfelpanorama des Mont Mounier ist in der Tat gewaltig. Dort, ganz weit im Norden, kann ich den Mont Blanc ausmachen! Der Écrins, der Monte Viso. Ich wende mich nach Süden. Und, wo ist mein persönliches Geschenk? Wo ist mein Pilgerparadies? Da, in weitester Ferne, im Dunst, es ist mehr als eine Ahnung, es ist tatsächlich zu sehen – das Mittelmeer! Nun bricht es aus mir heraus: die Spannung, die Erwartung, der Traum – alle Leiden, alle Freuden der vergangenen Monate. Hemmungslos fange ich zu heulen an. Vor Glück! Eine ganze Stunde lang sitze ich da oben, wie versteinert, und kann mich nicht satt sehen. Berge, Küste, Meer. Immer habe ich daran geglaubt, doch nun *weiß* ich es: Ich werde es schaffen! Und ich meine sie schon fast auf der Haut zu spüren, die rollenden, rauschenden, salzigen Wellen.

In Euphorie gebadet, beglückt meinen Träumen nachhängend, erliege ich unversehens einem emotionalen Blitzangriff aus einer ganz anderen Seelenregion. Scharfsichtig hatte wohl der Gipfelstürmer in mir erfasst, dass ihm bald die Stunde schlagen würde. Seine Chance lag darin, dass der beseligte Pilger sich zu sehr in Sicherheit wiegte, das hehre Ziel so nah vor Augen. Ohne den Hedonisten allerdings wäre der kurze, heftige Kampf wohl unentschieden ausgegangen. Er trat jedoch dem Komplott des Gipfelstürmers bei. Aus eigensüchtigen Gründen, natürlich. Der psychische Hebel, den er betätigte, war meine ausgeprägte Neigung zur Sentimentalität beim Anblick schöner Berge. Soweit die Analyse meines Innenlebens in dieser Situation. Schonungslos, ja, aber eben nur nachträglich. Vor Ort ging alles blitzschnell. Anstatt genügsam auf dem Wanderweg weiter zu traben, will ich mir noch ein alpinistisches Schmankerl genehmigen. Wie schön wäre es doch jetzt, spontan den Mont Mounier zu traversieren. Und nach Möglichkeit noch einige weitere Gipfel abseits des Pfades dranzuhängen. Die Freude währt jedoch nicht lange. Mir fehlt schlicht und ergreifend die letzte Entschlossenheit, nun auch noch diese 50-Meter-Felswand da vor mir ohne Seil hinunterzukraxeln! Kleinlaut kapituliere ich vor mir selbst und kehre reumütig zum Wanderweg zurück. Schon gut zehn Stunden bin ich jetzt auf den Beinen, da ist die Aussicht auf eine Biwakübernachtung im Winterraum des Refuge de Longon nicht ohne Reiz. Wenigstens noch etwas halbwegs Zünftiges in Aussicht, nach meinem verkorksten Berggänger-Revival.

Bergmenschen neigen etwas zum Aberglauben. Oder sagen wir, sie leben in der latenten Gewissheit, dass alles, was ihnen in der Natur begegnet, zeichenhaft sein könnte. Ich selbst durfte auf meiner Reise des Öfteren die beeindruckende, selbst unter größten gedanklichen Anstrengungen nicht wegzurationalisierende Evidenz des Eingriffs höherer Absichten in das Spiel des Zufalls besichtigen. Schein und Sein – wer kann sie dort oben, wo man sich nur durch einen leichten Schleier von der Unendlichkeit getrennt wähnt, mit bodenständiger Gewissheit und verlässlich auseinanderhalten?

Nun, ich bin nicht bereit, von einem Eingriff des Schicksals zu sprechen, jetzt, da ich mein vorgesehenes Nachtquartier erreicht habe. Wohl aber von einer Verschwörung jener Kräfte, die in meiner Innenwelt wirken – dazu auch noch im Bunde mit den äußeren Verhältnissen. Pilger, Gipfelstürmer und Hedonist – sie alle haben gegenwärtig gute Gründe, mit mir unzufrieden zu sein. Keinem habe ich es recht machen können. Und nun sitze ich in der Tinte! Bei aller Liebe zu spartanischen Unterkünften, aber hier halte ich es keine fünf Minuten aus! Ein penetranter Gestank von Urin entströmt dem düsteren Raum. Spinnweben spannen sich über zertrümmerte Waschbecken. Ein Haufen Müll in der Ecke. Und ein verrosteter Bettenrost. Laut pfeifend flüchten zwei Ratten vor mir ins Freie. Eine Collage des Grauens! Ein allzu hoher Preis für einen einzigen Moment der Schwäche auf dem Gipfel der Pilger-Ekstase. Niemand soll mir da noch etwas von »Zufall« erzählen.

Flucht ins Tal, egal wie lange es dauern mag. Aufgepasst, es wird dunkel und der Weg ist glitschig. Doch ich bin jetzt wieder in meinem liebsten Element. Es geht voran, ich habe meine Herausforderung, noch dazu endlich in der richtigen Dosierung. Der Wald, mein Freund! Doch was ist das? Ein lautstarkes Röhren, erst von der einen, dann von der anderen, schließlich von allen Seiten ... Eingekreist in eine Kakophonie tiefer, kehliger Urlaute – Brunftzeit! Wo stecken sie, die Hirsche? Es klingt beängstigend nah. Da hat sich was angestaut – Testosteron im Überangebot. Hoffentlich haben diese brünstigen Draufgänger noch den Durchblick, um mich nicht mit einer Hirschkuh zu verwechseln! Mit frischem Angstadrenalin im Blut pflüge ich quer durch den Wald, immer auf der Hut, nicht von einem Zwölfender aufgegabelt zu werden. Nach Stunden, es muss wohl schon gegen zehn Uhr sein, habe ich endlich die hirschfreie Zone erreicht.

Roure, ein kleines Nest. Das einzige Hotel im Ort macht Winterpause, ich habe auch nichts anderes erwartet. Doch da ist Licht! Was soll ich machen? Mal nachsehen kann nicht schaden. Die Tür ist unverschlossen. Ich trete ein. Zwei Männer, einer von ihnen wohl der Chef des Hauses, sitzen fröhlich schwatzend vor einer großen Schüssel Maroni und schälen die Früchte.

»Bonsoir, Messieurs!«, bringe ich meinen Gruß aus und schiebe gleich noch meine Standardfrage hinterher.

Ist es mein trostloses Erscheinungsbild? Die ausgeprägte Güte der Menschen dieses Landstrichs? Ohne Zögern entschließt sich der Patron, eine gute Tat zu vollbringen und mich übernachten zu lassen. Ein schmuckes, dezentrustikales Mansardenzimmer, fantastisch! Und das alltägliche Wunder nimmt seinen weiteren Lauf. Erst entschuldigt sich der Chef, er hätte nichts mehr in der Küche, doch nach einer halben Stunde tischt er mir ein phänomenales Dreigangmenü auf. Herrlich, beim Essen den beiden beim Maronischälen zuzuschauen.

Bei Tageslicht entpuppt sich Roure als reizvoller, verträumter Ort, der sich an die Felswände oberhalb des Tinée-Tales schmiegt. Nach dem abendlichen Gewaltmarsch gestern schmerzt mein linkes Knie wieder, das erste Mal seit Wochen. Ein Grund mehr, es heute locker angehen zu lassen. Schon wieder röhrt es ohrenbetäubend aus dem Wald. Liebestolle Hirsche auch am Tage? Spielt die Natur schon so verrückt? Es ist aber nur ein Möchtegern-Schumi. Brettert mit seinem prolligen Boliden die Bergstrasse hoch.

Sprung in den Straßengraben! Was, da kauert ja schon jemand. Schreit mich auch noch an, ich wäre wohl wahnsinnig, hier herumzulaufen. Es dauert etwas, bis ich begreife: eine Gebirgsrallye. Schon rauscht der nächste Traum jeder Provinzdisko vorbei, ein getunter Renault, fast einen halben Meter tiefer gelegt. Aus Selbsterhaltungstrieb, nicht aus Interesse am Rennsport, warte in sicherer Entfernung das Ende des Spektakels ab. Dann aber hinunter nach Saint Saveur sur Tinée, und zwar völlig emissionsfrei. Dann wieder rauf nach Rimplas. Eine Allee mit uralten Kastanienbaumriesen beschirmt meinen Weg nach Saint Delmas in den Alpes Maritimes. Auf einmal trübt sich der Himmel ein, es beginnt wieder einmal zu schneien. Dann bricht sogar ein heftiger Schneesturm aus, glücklicherweise in Sichtweite eines Gasthofs. Der Winter hebt mahnend den Zeigefinger, es wird jetzt wirklich Zeit, ans Mittelmeer zu gelangen.

Mit rauem Besen hat schneidender Nordwind nachts die Schneewolken weggefegt. Tief atme ich die klare Luft ein, wie flüssiges Eis strömt sie in meine Lungen. Für heute habe ich mir vorgenommen, Gipfelstürmer und Pilger gleichzeitig anzufüttern. Und genießen kann ich den Tag bestimmt auch noch – wenn alles klappt. Meine Karte habe ich jedenfalls sorgfältig studiert. Sie verspricht einen echten Bergwanderungs-Leckerbissen: ein gut zwanzig Kilometer langer Bergkamm, wie mit dem Lineal ausgerichtet, exakt von Nord nach Süd verlaufend. Genau meine Richtung! Und ich sehe mich nicht enttäuscht. Das ist heute wie Achterbahnfahren auf Schusters Rappen, schwupp, den Berg hinauf, schwupp, wieder runter, und wieder rauf. Ein schöner Wanderweg, mal auf grasigen Hügeln, mal in schattigen Wäldern, mal über zerklüftetes Kalkgestein. Insgesamt zehnmal darf der Gipfelstürmer jubilieren, und auch der Pilger, denn auf jeder Kuppe des langen Bergrückens ist der Ozean wieder ein klitzekleines Stückchen größer zu sehen! Jetzt stehe ich auf der neunten Kuppe und genieße die Aussicht auf die zehnte und letzte mehr denn je: Mit ihrem schönsten Purpurrot malt die untergehende Sonne den Felskopf des Brec d'Utelle an. Wie ein stolzer Flamingo reckt er sich dem wogenden Meer entgegen. Ja, ich kann sogar schon ganz fein die lang gezogenen Wellenbögen unterscheiden! Auch ein wenig kraxeln kann ich hier, spielerisch das in zahlreichen Lektionen Gelernte zur Anwendung bringen. Warmen, griffigen Kalkfels auf der Handfläche spüren, dabei erste Spuren von Salz in der Luft wittern. Anfang und Ziel beginnen miteinander zu verschmelzen. Aus der Ferne scheint schon ganz leise der rhythmische Klang der Brandung heraufzuklingen, die Melodie des Meeres. Meinem inneren Ohr ist sie wohlvertraut, in meiner Vorstellung habe ich sie in den vergangenen Monaten schon oft vernommen: auf den welligen Kuppen verschneiter Gletscher, auf Bergwiesen, im Auf- und Abwogen der Gräserteppiche in launigen Fallwinden. Meine Ankunft ist Rückkehr ins Paradies.

Wenn »Projekt Hannibal« mein Selbstfindungsmarathon ist, dann bin ich allerspätestens heute in die anaerobe Phase eingetreten. Ich bewege mich nicht mehr aus bewusstem Entschluss, sondern bin eingetaucht in einen permanenten Fluss von Bewegung. Wie ein Stamm in einem träge, aber unaufhaltsam dahin fließenden Strom. Entspannt staunend, an welchen Wunderwelten ich vorbei treibe. Offenbar sind meine Nervenbahnen von Endorphinen überschwemmt, ich kann gar nicht anders, als ständig zu lächeln. Beim gut trainierten Dauerläufer nennt man das »Runner's High«, ein Zustand von bestenfalls ein, zwei Stunden Dauer. Bei mir funktioniert es schon seit Tagen! Nichts kann mich aufhalten, nichts entmutigen, vor nichts empfinde ich Angst, ich fühle mich wohlbehütet. Je mehr ich in diese mentale Haltung drifte, desto zahlreicher und sinnfälliger werden die kleinen Wunder des Alltags. Wie Sternschnuppen fallen sie vom Himmel, mir direkt vor die Füße. Auch heute wieder.

Schon lange ist es finster, im Schein meiner Stirnlampe nähere ich mich Utelle, einem kleinen Bergnest. Mit einem lustigen Liedchen auf den Lippen! Im behäbigen Rhythmus des Pendels einer Standuhr setze ich meine Schritte. Tapptapp, tapp-tapp. Mir ist egal, ob ich eine Stunde früher oder später ankomme. Zehn Uhr abends, der Ort wie ausgestorben, Gasthöfe und Restaurants allesamt geschlossen. Der Dorfbrunnen, erst mal verschnaufen und Quellwasser trinken, dann sehen wir weiter. Köstlich! Ein wenig geistesabwesend nestle ich am Rucksack herum. Gegenüber öffnet sich eine Tür einen Spaltbreit, ein heller Lichtkeil zerschneidet die Dunkelheit. Ein Dackel, eine Hundeleine, ein Herrchen. Sie verlassen das Haus.

»Bonsoir, Monsieur!«

Ein junger Mann spricht mich, den Fremden, in tiefster Dunkelheit so höflich an!«

Bonsoir! Je cherche une chambre!« Standardfrage, leicht abgewandelt.

Nun, der Hundebesitzer ist tatsächlich der Eigentümer des Gîte. Eine Biwakhütte ein paar Schritte weiter. »Oui, c'est fermé, mais pour vous, pas de problème!« Also rein in die gute Biwakstube, und auch hier ein Gaskocher! Mein feudales Mahl, ein Päckchen Gemüsesuppe und eine Banane, zelebriere ich im Schein zweier Kerzen. Inzwischen traue ich mir sogar zu, auf dem Mond wandern zu gehen und dort spontan eine Bleibe zu finden.

Wenn mich jemand fragte: »Sag mal, was war eigentlich die wichtigste Erkenntnis für dich auf deiner Wanderschaft?« – so würde ich antworten: »Heitere Gelassenheit!« Ich fand die fein austarierte Balance zwischen dem Wollen und dem Geschehen-Lassen. Man muss schon etwas wollen und wissen, was man will, um es auch bekommen zu können. Aber eben nicht zu stark, denn man kann es nicht erzwingen. Auch nicht zu wenig, dann ist man orientierungslos. Somit ist Geschehen-Lassen zweischneidig. Ist es zu stark, dann ist man fatalistisch, ist es zu schwach, dann ist man nicht offen für Unerwartetes. Die Balance kopfgesteuert zu suchen, das geht schief, das wird Krampf. Lächelnd, gelassen, wohlwissend, dass man warten kann: das ist der Schlüssel des Erfolgs! Heitere Gelassenheit eben ...

Dank Daunenjacke war die frostige Nacht im ungeheizten Raum erträglich warm. Das wäre doch mal ein wirklich effizientes Konjunkturpaket – jeder Bürger bekommt eine Daunenjacke geschenkt! Das wärmt die Bekleidungsindustrie mit Umsatz und drosselt den Ölverbrauch und Schadstoff-Ausstoß. Solchen ketzerischen Ideen hänge ich beim Verzehr meines üppigen Frühstücks – ein Joghurt und eine kleine Trinkportion Apfelmus – nach. Und wieder hinein in die Wälder! Darauf freut sich inzwischen nicht nur meine Lunge, sondern auch meine Nase. Die durfte – über Monate befreit vom Gestank der Großstädte – ihre natürliche Sensibilität wiedergewinnen. Gerne lasse ich sie jetzt wie einen neugierigen Hund in der Botanik Witterung aufnehmen. Ginster, Wacholder, Buxus und Pinien sind allesamt recht stachelig und wehren sich mit ihrem harten Blätter- und Nadelkleid gegen das trockene Klima der Maritimalpen. Dafür gehen sie mit ihren Duftreizen umso verschwenderischer um. Da kann man richtig schnuppersüchtig werden! In dieser mediterranen Flora zupfe ich mich von Strauch zu Busch und zu Baum, zerreibe Blätter zwischen den Fingern und schnüffle daran. Olfaktorisch passt zur provençalischen Gewürzmischung der Weihrauch gut als Beimischung. Er nistet sich in meiner Nase ein, während ich das Innere einer kleinen Kapelle erschnuppere. Hat Gastfreundlichkeit einen Geruch? Aber ja, Kerzenwachs, kalte Asche in einem gusseisernen Stövchen, zwei Wolldecken, eine Schale mit Obst. Ein kleiner Zettel an der Tür der Kapelle lädt den Wandersmann ein, hier gerne auch zu übernachten! Beschwingt trabe ich weiter zum Pont du Cros am Talgrund. Vermehrt wachsen hier Steineichen und Zypressen in kleinen Wäldchen. Dazwischen karstige Kalkfelsen, haben die auch einen Geruch? Aber sicher, man muss nur ganz sachte nah herangehen, sie riechen leicht verbrannt, wie Feuerstein. So allmählich arbeite ich mich in immer feinere Duftabstufungen hinein. Der Hedonist ist ganz entzückt! Doch überall lauern Gefahren, insbesondere für ein so hochsensibles Instrument wie die Nase! Auf dem Hinterhof eines Landgasthauses bei Levens quellen Müllcontainer über. Verfaulte Fische und verrottende Lebensmittel sind heute der finale Knock-out für mein Riechorgan!

Zum Mont Cima – mit seinen 600 Metern ist das ein

netter Aussichtsbuckel mit Meerpanorama – und hinunter nach Aspremont. Fast ängstlich kleben kleine Häuschen an einem kreisrunden, etwa fünfzig Meter hohen Felsen, inmitten des Dorfes. Eigenartig, oben in den Bergen bauen die Menschen ihre Ortschaften – wo immer möglich – im flachen Gelände und sie meiden die steilen Felsen. Hier ist es genau umgekehrt! Auch meine Perspektive hat sich geändert, schienen mir früher wilde Naturlandschaften bedrohlich, so hat sie der Bergpilger als Orte der Inspiration und inneren Ruhe entdeckt!

Zu Füßen von Aspremont liegt Nizza, jetzt kann man ja schon fast die Fische im Mittelmeer erkennen! Auf meine höfliche Standardfrage im einem Gasthof vor Ort ...

»Bonsoir, avez vous ...?«, schnauzt mich der verkaterte, unrasierte Chef des Hauses an:

»Passeport!«

Verdattert krame ich in der Tiefe meines Rucksacks nach dem Dokument. Ungeduldig und herausfordernd fixiert mich der Mann.

»Moment, habe ich gleich, ich brauchte den doch im ganzen letzten halben Jahr nicht!«, gebe ich kleinlaut als Entschuldigung zu bedenken.

»Hier, bitte!«

»Ausfüllen!«

Jetzt klatscht er ein Stück vergilbtes Papier auf die Theke. Wieder krame ich im Rucksack, einen Stift offeriert mir der Mann natürlich nicht.

»Passnummer fehlt!«

Okay, okay, Moment, hier ist sie.

»Zimmer Nummer sieben!«

Zu guter Letzt knallt er mir den Zimmerschlüssel vor die Nase. Wo sind all meine wunderbaren Freunde aus den

Bergen? Tja, die Nähe der Großstadt wird spürbar. Meine gute Laune aber kann mir auch dieser Grantler nicht verderben.

Zum letzten Mal erhalte ich Besuch. So kurz vor der Côte d'Azur muss es natürlich ein Private Banker sein! Eine wunderbare Gelegenheit, um ein alchimistisches Experiment zu starten: Bergpilger und Hochfinanzverwalter in ein Reagenzglas stecken und kräftig schütteln! Tobias hatte mir schon vor meinem Aufbruch hoch und heilig versprochen, eine Etappe mitzuwandern. Auf den letzten Drücker schafft er es. Respekt! Da darf er auch gerne das Nützliche der Freundschaftspflege mit dem Angenehmen von Kundenbesuchen auf Jachten in Saint Tropez verbinden. Auch ohne Bergsteiger-Equipment hat Tobias dank mehrerer mitgeführter Outfitvarianten (von sportlich, über leger, bis hin zum gedeckten Dinner-Tenue) in puncto Volumen und Gewicht absolute Rucksackparität mit mir hergestellt. Ein Vollblut als Private Banker halt, auf staubigem Wanderweg genauso perfekt gestylt wie bei einem hochkarätigen Cocktailempfang.

Für unser gemeinsames Abendessen in Aspremont tut es das sportliche Outfit! Erstes Ergebnis des Versuchs im Reagenzglas, die Objekte nähern und umkreisen sich auf engstem Raum – es gibt ja auch keine Möglichkeit zu entwischen. Schon nach wenigen Minuten scheint sich eine erste Reaktion anzubahnen. Die harte Bankernuss Tobias bekommt erste Risse, und plötzlich springt der Panzer auf! Vom Bergpilger scheint ein Fluidum ausgeströmt zu sein, das den einen Banker von seinem psychischen Korsett befreite. Und auch der andere lässt sich darauf ein, führt das Gespräch in auch ihm noch ungewohnter, aber nicht mehr ganz neuer Weise, nämlich ganz und gar aus dem Bauch heraus. Eine angeregte Unterhaltung unter zwei alten Freunden bahnt sich an. Wie habe ich mich früher abgemüht mit drögen Smalltalks, mich verstellt und dabei gelitten! Ich habe keine Lust mehr auf steife, artige Konversation! Entweder ich bringe mich so ein, wie ich bin, oder ich lasse es besser ganz. Das Wunderbare jetzt hier: Mein Gegenüber belohnt mich und verhält sich genauso offen! Plötzlich zeigen zwei perfekte Rollenspieler ihre menschlichen Seiten. Tobias und ich kennen uns seit vielen Jahren, wir waren lange Kollegen.

»Mensch, Tobias, weißt du noch, als du deine Frau kennenlerntest. Wir saßen doch beide zusammen in diesem Alte-Oma-Café auf der Lauer, und da kam sie plötzlich rein, deine Saskia!«

»Jaja, und jetzt sind wir verheiratet und haben zwei süße Kinder!«

»Du wusstest halt immer, was du wolltest! Da bin ich doch mehr der Suchende.«

»Rudi, ein wenig beneide ich dich schon. Dein Abenteuer, deine Freiheit, deine Möglichkeiten. Und doch, tauschen möchte ich nicht mit dir! Ich bin glücklich mit meinem Leben.«

Die vorletzte Etappe! Eigentlich könnten wir von Aspremont aus schnurstracks nach Nizza laufen. Einfach Augen zu und drauf los! Vorbei an Kläranlagen, Fabriken, Lagerhallen, Schnellstraßen. Wie graue Geschwüre wuchern die betonierten Ausläufer von Nizza und fressen sich in grüne Täler. Wenn wir da durchmarschieren, könnten wir am Nachmittag an der Promenade des Anglais sitzen und unseren Mokka schlürfen. Nein, das wäre ein unwürdiges letztes Teilstück meiner langen Wanderschaft! Ich will einfach nicht ein halbes Jahr herrlicher Naturerlebnisse mit einem Stechschritt durch Betonwüsten beenden. Wir könnten uns auch leicht verirren im Wirrwarr von Gassen, Industriearealen und Hinterhöfen. Es muss eine andere Möglichkeit geben! Der Umweg auf einem Wanderweg über Èze bietet sich an, das ist eine winzige Siedlung auf einer Felsbastion direkt am Meer. Da schlängelt sich ein Pfad durch eine hügelige, kaum besiedelte Landschaft. Kleine Wäldchen wechseln mit vereinzelten Gehöften. Doch der Schutzmantel der Natur wird dünner, die geringe Entfernung zur Großstadt lässt sich nun nicht mehr verdrängen. Hinter einem wunderschönen Hain zeigt eine Mülldeponie ihr hässliches Gesicht. Dann stoßen wir auf eine Schnellstrasse. Wir können sie nicht überqueren, müssen am Straßenrand laufen. LKW donnern an uns vorbei. Nichts wie hinein in eine kleine Nebenstraße! Nun müssen wir durch das düstere, verfallende Areal einer alten Zementfabrik laufen. Natur, weichst du auf einmal vor mir zurück? Du hast mir doch monatelang Geborgenheit geschenkt! Habe ich mich einer Traumwelt hingegeben? Ist *das* die Realität? Jetzt hilft mir der Pilger:

»Ganz ruhig, alles ist in Ordnung! Niemand nimmt dir etwas weg! Deine Prüfung als Bergpilger hast du bestanden. Sieh das hier einfach als Zeichen, dass sich deine Reise dem Ende nähert. Jetzt kommt die eigentliche, viel schwerere Prüfung für dich. Lass dich nicht wieder vom alten Leben vereinnahmen. Nimm dein Leben in die Hand und gestalte es! Sei unbesorgt!«

Auf dem Mont Bastide, einer Felskuppe, liegt es mir zum ersten Mal direkt zu Füßen: das Meer! Deutlich zeichnet sich jede einzelne Welle in der Dünung ab, der Wind spielt mit den Schaumkronen. Eine gute Stunde Fußmarsch, und ich könnte eintauchen ins kühle Nass! Doch ich will die Nähe zum Ziel erst in mir Wurzel schlagen lassen. Morgen werde ich es ganz bewusst erreichen. Der letzte Morgen ist anders. Heute wird meine Pilgerfahrt enden. Sie war nur ein Puffer zwischen dem alten und dem neuen Leben, nicht das neue Leben selbst. Jetzt erst, ab heute, beginnt die wahre Prüfung: ob mich meine Suche verändert, ob sie mich etwas gelehrt hat. Zur Freude, nun endlich anzukommen, es wirklich geschafft zu haben, gesellt sich eine gewisse Bangigkeit. Mit gemischten Gefühlen packe und schultere ich ein letztes Mal den Rucksack. Das nahende Ende beschwert die Leichtigkeit meiner Schritte. Denn eines ist gewiss: Aus dem lieb gewonnenen Rhythmus meiner täglichen Rituale werde ich nun ausscheren. Ich denke daran, wie schwer es war, den Schritt aus der Karriere heraus zu tun. Jetzt will ich in ein selbstbestimmtes, hoffentlich glücklicheres Leben eintreten. Wird das noch schwieriger werden? Nein, ich habe doch alles gefunden, was ich suchte: Loslassen lernte ich auf meiner Pilgerschaft, jeden Tag mein neues kleines Glück finden. Bescheidener wurde ich, kann jetzt auch die kleinen Freuden des Lebens in vollen Zügen genießen. Menschen, denen ich begegne, schaue ich ins Herz. Meine Bedürfnisse – die vermeintlichen und die »wahren« – kenne ich nun, denn ich verstehe die Textur meiner Persönlichkeit besser. Also vorwärts ins neue Leben!

Es ist stark bewölkt, später setzt Regen ein. Der letzte Berg der Reise, Saint Michel. Ganze 384 Meter hoch ist er, auf seinem »Gipfel« tollen Kinder auf einem Spielplatz. Die letzten Stunden erlebe ich auf ganz eigentümliche Weise: irgendwie neben mir selber stehend, quasi als Zuschauer des Geschehens. Gleichzeitig will ich mit meinem Denken, mit meinem Fühlen, mit allen Sinnesorganen die Dichte und die Besonderheit des Augenblicks einfangen – und schaffe es doch nicht. Es ist, als wollte ich direkt ins grelle Sonnenlicht sehen. Diese Wirklichkeit kann ich nur gebrochen wahrnehmen. Ich bin überfordert, meine Wahrnehmung ist stark reduziert, wie in einer Taucherglocke. Vielleicht muss das so sein, wenn sich Monate intensivster Erfahrungen in einem einzigen Moment bündeln!

Das Ortsschild von Nizza. Ganz langsam gehe ich darauf zu, versuche gar nicht erst, die Situation feierlich in mich aufzunehmen wie ein Gipfelerlebnis. Das Schild zieht schlicht an mir vorbei, wie der Untertitel »The End« in meinem eigenen Film. Ja, ich bin endgültig angekommen. Bin in Nizza. Heute sehe ich die Stadt mit ganz anderen Augen als bei früheren Besuchen. Einerseits neugieriger, intensiver, andererseits aber auch distanzierter. Das hektische Treiben am Hafen, das stete Kommen und Gehen in den Strandcafés, es amüsiert mich. Aber ich verspüre keinen Drang, teilzuhaben. Nicht einmal, auf der Promenade Anglais einen Kaffee zu schlürfen, wovon ich monatelang geträumt habe. Ich will woanders hin. Zum Meer, dem kongenialen Bruder der Berge. Meinem Ziel.

Dann ist es so weit. Ich stehe am Strand, schaue ins aufgewühlte Meer. Mürrisch rollt es graue schaumige Wogen über die Kiesel vor meine Füße. Den Rucksack lege ich ab, gehe langsam nach vorne, hinein ins Wasser, immer weiter, bis mich die salzigen Fluten umschließen.

Herr W. verstaut die Schreibutensilien in seiner Aktenmappe und schließt das Fach seines Schreibtisches ab. Er hat sein Arbeitszimmer geräumt. Er wendet sich noch einmal zum Fenster und blickt hinunter auf die Fußgängerzone. Die Sonne scheint und trocknet die Pfützen, es wird Frühling. Herr W. verlässt sein Büro.

Ende und Anfang

Mein Traum hat sich erfüllt. Ich habe ein Buch geschrieben, sogar einen Verleger gefunden. Jetzt sitze ich am Schreibtisch und führe letzte Korrekturen aus. Mehr als ein Jahr seit meiner Ankunft in Nizza ist vergangen. Ich betrachte die verschneite Landschaft vor meinem Arbeitszimmer und lächle. Ja, ich habe meine Heimat gefunden, hier oben in den Graubündner Bergen. Meine Krawatten und Anzüge verstauben im Schrank. Florian und Tobias haben die Finanzkrise gut bewältigt, Doc ist inzwischen auch ausgestiegen und hat sich selbstständig gemacht. Alex gründete mit Erfolg seine ersten beiden Firmen, und Hans ist weiter als Controller tätig. Onkel Simon ist jetzt noch autarker. Er kaufte ein Waldstück und schlägt sein eigenes Holz. Mit einigen der Bergführer verbindet mich weiterhin eine Freundschaft.

Schneeflocken trudeln verspielt zu Boden. Nächsten Sommer werde ich ein kleines Bergrestaurant eröffnen. Auch ein Garten gehört dazu, in ihm werde ich Salate, Kräuter und Gemüse anbauen. Mein neues Leben ist wunderbar. Der Pilger hatte recht, ich durfte unbesorgt sein.

Mein Dank gilt all den freundlichen und hilfsbereiten Menschen, denen ich auf meiner Reise begegnet bin. Sie gaben mir das Gefühl, willkommen zu sein. Und sie haben meine Sichten verändert. Ebenso danke ich all meinen Bergführern für wunderbare Bergerlebnisse, für ihre Geduld und Umsicht. Danke, dass Ihr mich wieder sicher ins Tal gebracht habt! Meine Freunde, ich bedanke mich bei Euch fürs Mitkommen, für Eure Anteilnahme! Zum ersten Male ein Buch zu schreiben, war mit Abstand die anstrengendste aller Etappen! Mit unermüdlicher Geduld half mir mein literarischer Bergführer über zahlreiche Schlüsselstellen hinweg. Mein herzlicher Dank gilt Eckhard Graf und Katja Jensen vom Integral-Verlag.

SALZBURG-NIZZA – 1.800 KILOMETER

5 Millionen Schritte – 856 Stunden Marschzeit
120 Etappen – 129 Gipfel – 63 Hütten
33 Viertausender – 65 Dreitausender

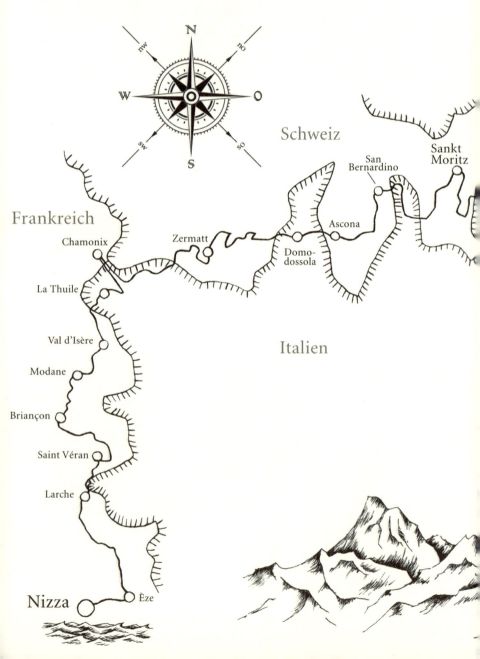